An Ennepe und Ruhr

Holger Krieg

ISBN 978-3-86037-447-4

1. Auflage

Lüchower Straße 13a, 29459 Clenze
Telefon (0 58 44) 97 11 63-0, Telefax (0 58 44) 97 11 63-9
mail@limosa.de, www.limosa.de

Redaktion:
Holger Krieg

Satz und Layout:
Zdenko Baticeli, Christin Stade, Lena Hermann

Korrektorat:
Doreen Rinke, Ulrike Kauber

Unter Mitarbeit von:
Britta Arndt

Medienberater:
Robin A. Schröder, Michael Bergmann

Gedruckt in Deutschland.
Der Inhalt dieses Buches ist auf säurefreiem, alterungsbeständigem Papier gedruckt, hergestellt aus chlorfrei gebleichtem Zellstoff aus FSC-zertifiziertem Holz.

Holger Krieg

An Ennepe und Ruhr

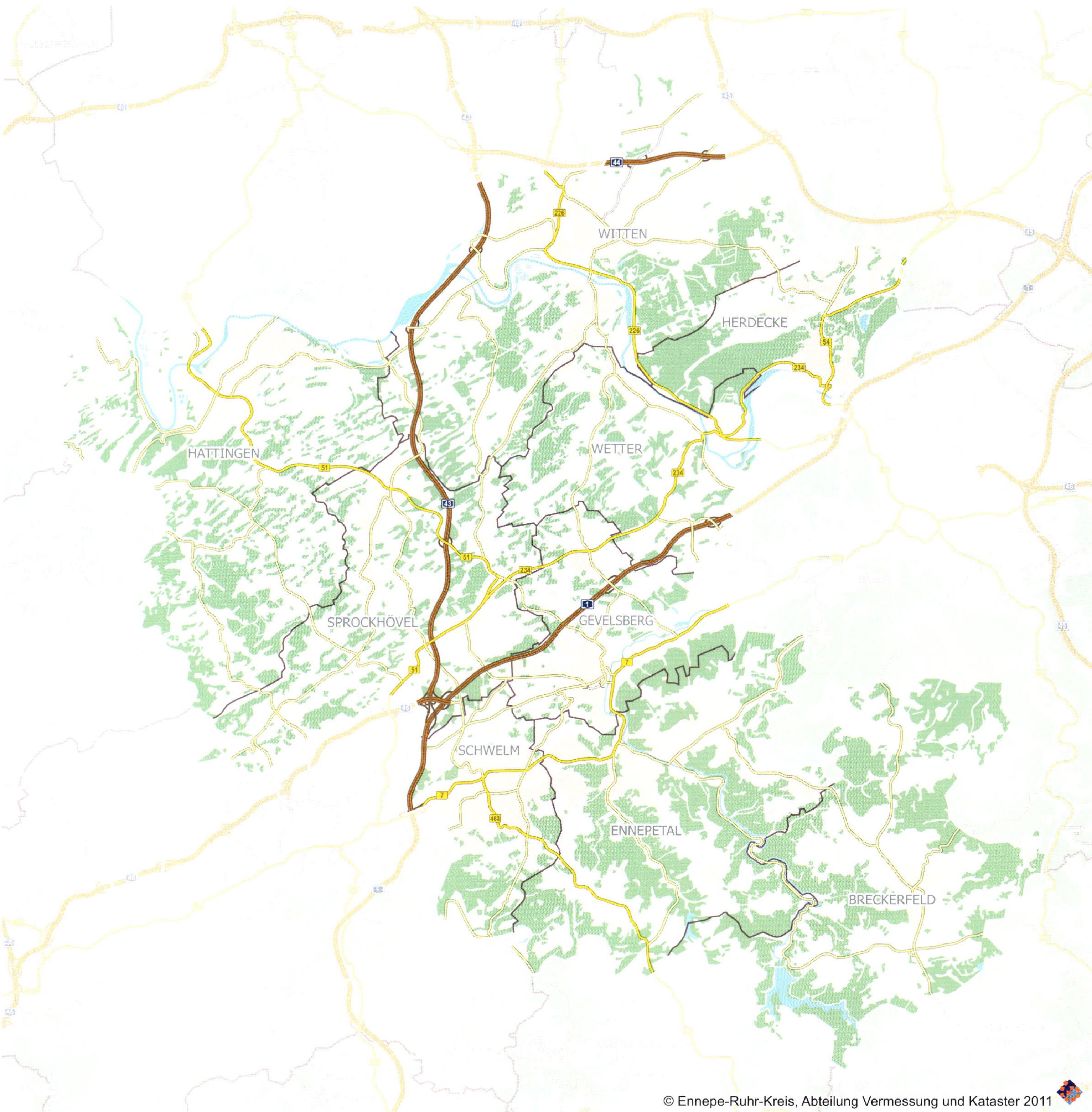

Vorwort des Landrats

Liebe Leserin,
lieber Leser,

neun Städte und zwei Flüsse als Namensgeber: Der Ennepe-Ruhr-Kreis.

Neben vielen Grünflächen und starken Städten, präsentiert sich der Ennepe-Ruhr-Kreis mit einer Vielzahl an kleinen und mittelständischen Unternehmen als industrielles Herz des Ruhrgebietes. Auch als Geburtsstätte und Heimat der einen oder anderen berühmten Persönlichkeit hat sich der Kreis ins Gespräch gebracht. Ebenso durch sein vielfältiges Kultur- und Freizeitangebot.

Waldreich ist der Kreis. Mit diesem Buch laden wir alle Leserinnen und Leser zu einer ausgiebigen Visite der schönsten Flecken an Ennepe und Ruhr ein.

Betrachtet man all die Besonderheiten, kulturellen Höhepunkte und wirtschaftlichen sowie industriellen Potenziale, so kann dem Ennepe-Ruhr-Kreis eine außergewöhnliche St(r)ahlkraft zugeschrieben werden.

Witten und Sprockhövel beanspruchen für sich, die Wiege des Ruhrbergbaus zu sein. Wie auch immer, das Fundament für die Industrialisierung im Ruhrgebiet wurde im Ennepe-Ruhr-Kreis gelegt. In Herdecke erbaute Arthur Koepchen 1930 das weltweit erste Pumpspeicherwerk. In Wetter verfasste Henriette Davidis 1844 mit dem »Ratgeber für die junge Haushaltsführung« das Kochbuch der damaligen Zeit. Heute verfügt die Stadt mit der evangelischen Stiftung Volmarstein über das größte Rehabilitationszentrum für körperbehinderte Menschen in der Bundesrepublik. Die Kluterthöhle in Ennepetal zählt zu den größten Naturhöhlen Deutschlands. Mehr als sechs Kilometer erforschter Gänge machen die Asthma-Naturheilstätte zum längsten Behandlungszimmer des Landes. Matthilda Franziska Anneke war es, die 1848 in Sprockhövel die erste »Frauen-Zeitung« herausgegeben hat. Der Kölner Erzbischof Engelbert wurde 1225 in Gevelsberg erschlagen. Ein Ereignis, das nicht nur die Zeitgenossen erschütterte und aufwühlte, sondern bis in die Gegenwart wirkt. Mit dem ehemaligen Rittergut Haus Martfeld, das aus einer Wasserburg hervorging, steht in der Kreisstadt nicht nur für

Wir gewähren spektakuläre Einblicke in die Schönheiten des Ennepe-Ruhr-Kreises.

Heiratswillige ein Kleinod mit nostalgischem Charakter. Kunst und Kultur haben zudem in Schwelm ihren Platz in der Kulturfabrik Ibach Haus. Hattingen bietet zusätzlich den nördlichsten Freiluftskilift des Ruhrgebiets. Schneesicherer ist allerdings der Wengeberg in Breckerfeld. Mit 442 Metern ist er die höchste Erhebung des Ruhrgebiets.

Doch möchte ich an dieser Stelle nicht zu viel vorwegnehmen und Ihnen daher mit dem bunten und vielseitigen Potpourri von Land und Leuten, gebettet in detaillierte Ausführungen und liebevoll illustrierte Seiten, viel Freude bei der Lektüre wünschen.

Den Ennepe-Ruhr-Kreis geballt auf über 280 Seiten in der Hand zu halten und dabei den Blick in die verschiedenen Himmelsrichtungen – geschichtlich und geographisch – schweifen zu lassen, wird mit diesem Buch zu einer gelungenen und unterhaltsamen Reise.

Ich hoffe daher, dass Sie diese literarische Reise zu einem Besuch oder zu neuen Erkundungen im Ennepe-Ruhr-Kreis animiert oder inspiriert, und heiße Sie bei uns im Landkreis der »europäischen Naturtalente« (EN) des Straßenverkehrs herzlich willkommen.

Ihr

Dr. Arnim Brux
Landrat des Ennepe-Ruhr-Kreises

Tour de Ennepe und Ruhr

Nein, Ennepetal ist mehr als Höhle, Hattingen nicht nur Hütte und Altstadt und Gevelsberg mehr als B7, Verkehrsfunk und einmal im Jahr Kirmes. Witten nicht einige paar Häuser zusätzlich am Rande von Zechen und Muttental. Und Sprockhövel, ja, Sprockhövel gibt es wirklich und es hat als Wohnstadt verdammt noch mal seine Reize ...

In der Tat: Den Ennepe-Ruhr-Kreis zu erkunden, ist eine spannende Angelegenheit. Gerade wenn man von außerhalb kommt. Vom Büro zur Kreisgrenze, von MK nach EN, das ist mit dem Labrador Retriever locker zu bewältigen. Aber halt eben doch von außerhalb. Von außerhalb guckt man manchmal richtig kritisch und manchmal findet man das, was man bei den eigenen Leuten hassen würde, richtig niedlich und sympathisch. Keine Sorge: Miese Ennepe-Ruhr-ler habe ich nicht kennen gelernt. Aber auch keinen, der mir so richtig sagen konnte, wie die Leute im Ennepe-Ruhr-Kreis eigentlich in echt heißen ...

Der Ennepe-Ruhr-Kreis ist grün. So schön grün wie der Rasen bei Loriot. Im Ernst: Die Landschaft ist wahnsinnig waldreich, auch von den Autobahnen aus. Und diese gibt es reichlich im Ennepe-Ruhr-Kreis. Fast so viele wie Seen, Burgen und Schlösser und Brücken und Festivitäten. Ja, sie sind Feierbiester, die Ennepe-Ruhr-ler oder wie immer sie heißen mögen.

Wieso liegt zwischen dem Sprockhöveler Stadtteil Hiddinghausen und der Nachbarstadt wirklich eine Wetter-Grenze? Diese Frage kann in diesem Buch leider nicht beantwortet werden. Nicht wegen dem fehlenden Kachelmann, sondern weil es zugegebenermaßen nicht recherchiert wurde. Was ortsansässige Gesprächspartner aber glaubhaft versicherten: Regen in Sprockhövel, Sonnenschein kurz über dem Tellerrand, das kommt öfter vor.

Jetzt aber noch mal im Ernst: Das Land an der kleinen Ennepe und der großen Ruhr ist schlicht schön. Und nicht nur das hier gebraute Bier schmeckte über Generationen. Das Land an Ennepe und Ruhr bietet Mannigfaltiges und ich habe das – und das möchte ich nicht als Floskel verstanden wissen – Vergnügen, es Ihnen mit und in diesem Buch zu präsentieren. Oben, von der Reiterei am Breckerfelder Wengeberg (das ist nicht nur der höchste Punkt im Kreisgebiet, es ist auch fast schon Sauerland!) bis zu den Saugbaggerpumpenproduzenten unten an der Ruhr in Witten, vom Kindergarten im Hattinger Industriegebiet bis zu den Jungs, die mit dem Learjet Kranke und Verletzte aus Kriegs- und Krisengebieten nach Hause fliegen.

Und genau dieser Tag in Niederwenigern dokumentiert des Autors Freude an diesem Buch, erschien da doch ein wunderbarer »Dom«, bei dem es nun wirklich schwer fiel, die Kirche im Dorf zu lassen ... Das war Tour de Ennepe und Ruhr live.

Alles, alles über einen Kreis kann auch ein 280 Seiten starkes Buch nun wirklich nicht zusammentragen. Nur Wichtiges, Schönes, Bedeutsames, Ausschnitte, Momentaufnahmen. Und Subjektives natürlich. Auch der Trainer einer Mannschaft muss letzten Endes sein Team im Detail subjektiv aufstellen. Ich hoffe, dass Ihnen mein Team aus Landschaften und Burgen, aus Zechen und Hütten, aus Persönlichkeiten und Protagonisten eine gute Partie liefern wird.

Entdecken Sie einen Flecken des Kreises, den Sie für sich noch nicht erkundet hatten, verstehen Sie dieses Buch als Anregung, ihn sich live anzutun. Finden Sie im Buch Vergessenes wieder, entdecken Sie es bitte neu. Es lohnt sich bestimmt. Und haben Sie Spaß an dem, was jetzt kommt. Dann hat dieses Buch zu erstellen Sinn gemacht.

Ihr

Holger Krieg

Mein Lieblingsplatz

Kein anderer Ort im Ennepe-Ruhr-Kreis bündelt auf so beeinruckende Weise die Schönheit und Vielfalt an Ennepe und Ruhr wie der Burgberg in Volmarstein. Alles, was EN ausmacht, führen Mensch und Natur hier eindrucksvoll und kompakt vor Augen: eine bedeutende Historie, atemberaubende Natur im Mittelgebirgshügelland und weitläufige Täler – atemberaubende Fernblicke inklusive. Unten in Wetter blitzen, teils an historisch bedeutsamener Stelle, die Local- und die Global Player von heute gleichermaßen heraus. Kein Wunder also, dass der Autor und Labradorhündin Nanga, die ihn neben dem Schreibtisch beim Formulieren treu begleitet hat – die Burgruine in Wetter-Volmarstein zu ihrem Lieblingsplatz im Ennepe-Ruhr-Kreis erhoben haben.

Inhalt

Vorwort des Landrats 4
Tour de Ennepe und Ruhr 5

Kreisgeschichten

Eine kurze Chronik 8
EN – ein Kreis mit Geschichte(n) 10
Kleine Statistik über den großen Ennepe-Ruhr-Kreis 14
Wo ein Bauwille ist, da ist manchmal ein Dreieck 16

Mythos EN

Ennepe-Ruhr-Kreis verkehrstechnisch auf außerordentlich guten Wegen 18
Was ist eigentlich mit Europas Königen? 23

Hansestadt Breckerfeld

Breckerfeld im Überblick 26
Willkommen in Breckerfeld 27
Alte Hansestadt ist modern aufgestellt 28
Mühlenzeit in Breckerfeld 30
Das ist der Gipfel 31
Winteridyll in Breckerfeld 31
Wie lange hätte er hier wohl Halt gemacht? Pilgern an Ennepe und Ruhr 34
Heimatmuseum: Kleinod mit viel Leben 35
Breckerfeld und Hattingen – Protagonisten im Europa des Mittelalters 36
Breckerfelder Kaufleute reisten einst bis Nowgorod 38
Waldbauer: Kein Jahr lang Hagen 40
Die gemütlichsten Märkte weit und breit 41

Ennepetal

Ennepetal im Überblick 44
Willkommen in Ennepetal 45
Höhlenkunst im Halbkreis dreier Talsperren 48
Rüggeberg: Idyll mit Charme 51
Schönes Hülsenbecker Tal 51
Aus zwei mach eins: Milspe + Voerde = Ennepetal 52
Die Straße als Museum 53
Im Krenzer Hammer ist die Zeit stehen geblieben 56
Blick in die Sterne über Ennepe und Ruhr 57
Fuchsination in der Klutertstadt 58

Höhlenwelt

Kluterthöhle – In der Welt ohne Sonne 62

Auf der Schiene

Bis 1969 auf der Schiene durchs Tal 64

Gevelsberg

Gevelsberg im Überblick 66
Willkommen in Gevelsberg 67
Gevelsberg: Es begann mit Mord 68
Ausgewogenheit zwischen Industrie und Grün 70
1886 – Stadtrechte für Gevelsberg 74
Mit Kraft in die nächsten 125 Jahre 75
Eine der ersten Eisenbahnen Deutschlands 77
»Poppi« verteidigt für Duisburg und stürmt für Deutschland 80
Gevelsberg war einst ein Teil Mylinghausens 82

Hattingen

Hattingen im Überblick 84
Willkommen in Hattingen 85
Ein Kronjuwel des Ruhrgebiets 86
»Der Aphorismus muss sitzen – Möglichst auf einem Nadelkissen« 88
Im Land der alten Hattuarier 92
Ein Dom, der gar keiner ist 98
Blankenstein lebte viele Jahrhunderte von der Burg 100
Ein festes Haus auf dem »Blancken Steyn« 101
Haus Kemnade lag einst nördlich der Ruhr 102

Henrichshütte

Die verbotene Stadt für Kohle und Stahl 106
Ein Traum von Roten Riesen 109

Herdecke

Herdecke im Überblick 110
Willkommen in Herdecke 111
Zwischen Beschaulichkeit und moderner Stadtatmosphäre 112
Dorp Herricke erhielt bereits 1355 die Marktrechte 116
Ein wirklich schönes Ende 119
Wichtiger Stromlieferant fürs Ruhrgebiet 123
Das Laufwasserkraftwerk 123

Kreisstadt Schwelm

Schwelm im Überblick 124
Willkommen in Schwelm 125
Die Kleinste von NRW ist die Kreisstadt von EN 128
Der Name Ibach klang in aller Welt 132
Wasserburg Martfeld diente dem Schutz des Fronhofes 136
Haus Martfeld bietet heute »Infotainment« 142
Die Stadt der Nachbarschaften 145
Die Schwelme gab der Kreisstadt ihren Namen 145
Ende der Schwelmer Braukunst 148

Sprockhövel

Sprockhövel im Überblick 150
Willkommen und Glück Auf in Sprockhövel 151
Verkehrsgünstig gelegenes Idyll am Rand des Ruhrgebiets 152
Sprockhövels Ortsteile gehörten stets verschiedenen Zentren an 154
Als Frauenrechtlerin auf Briefmarke verewigt 157

Wetter (Ruhr)

Wetter (Ruhr) im Überblick ... 160
Willkommen in Wetter (Ruhr) ... 161
Wasser spielt noch heute eine prägende Rolle ... 162
Freiheit und Burg prägten die Wetteraner Geschichte ... 166
Blick in die Ferne ... 170
Der Leimkasten ist das zweitälteste Haus im Ort ... 170
Deutschland verdankt sein bedeutendstes Kochbuch einer Wetteranerin ... 171
Der Vater des Ruhrgebiets ... 172
Burg Wetter als Vorposten gegen die Kurkölnischen ... 173
Einst wurde von Burg Volmarstein auch Hagen verwaltet ... 174

Witten

Witten im Überblick ... 176
Willkommen in Witten ... 177
An der Wiege des Kohlenpotts finden heute Angler ihr Paradies ... 178
Antonius, decanus in Wittene, trat 1214 zum ersten Mal auf ... 182
Ruhrschleuse in Herbede diente dem Kohlentransport ... 186
Von der WERK°STADT ins Märkische Museum ... 187
Hebezeug-Museum ist das einzige seiner Art ... 188
Germania grüßt heute auf dem Karl-Marx-Platz ... 189
Unbeschuht in Witten ... 189
Haus Herbede ist das älteste Herrenhaus im mittleren Ruhrtal .. 190
Spektakulärer Blick über das Ruhrtal ... 191
Architektonisches Meisterwerk ... 192
Zum Gedenken an Gattin Helene ... 193
Schloss Steinhausen veränderte häufig sein Gesicht ... 194
Die Hardensteins führten selbst Krieg gegen Dortmund ... 195
Segelyachten und Fahrgastschiffe an ehemaligem Zechengelände ... 197

Wirtschaft – Industrie – Traditionsbetriebe

Dienstleistungen auch in EN weiter auf dem Vormarsch ... 198
Ennepe-Ruhr – einfach naheliegend! ... 203
In Breckerfeld gesunder Branchenmix auf den Höhen ... 207
In Ennepetal wird Existenzgründungshilfe großgeschrieben ... 207
In Gevelsberg existiert heute ein gesunder Branchenmix ... 208
In Hattingen wird der Gesundheitssektor konsequent ausgebaut ... 208
Von Kohletransporteuren zur »Autostadt« ... 214
In Herdecke vom produzierenden ins Dienstleistungsgewerbe gesprungen ... 220
In Sprockhövel: viele Mittel- und Kleinbetriebe in neuen Gewerbegebieten ... 221
In Wetter regiert der Maschinenbau – und sprießen die Gewerbegebiete ... 221
In Witten sind Fahrzeugbau, Elektrotechnik und Chemie die Kernkompetenzen ... 224

Glück auf

Das Ruhrgebiet entstand am Muttenbach ... 228
Die Sage von den schwarzen Steinen ... 230
1937 satte 382 600 Tonnen Steinkohle gefördert ... 231
Zeche Nachtigall – dort, wo alles begann ... 232

Sport

Spitzen-Basketball an der Schwelme ... 234
KSV Witten 07 – Mehr als 100 Jahre Kraftsport ... 235
Ennepetal als Nabel der Fußball-Welt ... 236
Kanupolo auf der Ruhr und höchstem Niveau ... 237

Wasserlandschaften

Ruhrland – schönes Land ... 238
Mehr als nur ein Namensgeber ... 239
Traumhafte Bögen über der Ruhr ... 240
Wasser satt im Süden des Kreises ... 241
Harkortsee diente von Anfang an der Erholung ... 244
Der Hengsteysee als Flusskläranlage ... 244

Gesundheit

Gesundheitexperten in Ennepe-Ruhr-Kreis ... 246

Durch das Tal der Ruhr

Das Ruhrtal als attraktive Reiseregion ... 252
Schienenkult im Ruhrtal ... 252
Radlerparadies Ruhrtal ... 253

Kunst und Kultur an Ennepe und Ruhr

Reiches kulturelles Angebot im Kreis ... 254
»Route der Industriekultur« im Kreis ... 257

Promis in Ennepe – Promis aus Ennepe

Prominente aus Ennepe-Ruhr Prominente in Ennepe-Ruhr ... 258
Der Medicus aus Sprockhövel ... 261

Feste feiern

Eindrucksvolle Festivitäten-Agenda ... 262
Rubbeldikatz no'm Kiärmisplatz ... 264

Wissenswertes

Bildung an Ennepe und Ruhr ... 268

Verschwistert mit der Welt

Verschwistert mit der Welt ... 272

Orts-, Personen-, Firmen- und Sachregister ... 274
Bildquellennachweis ... 278
Protagonistenliste, alphabetisch ... 279
Danksagung ... 280
Der Autor ... 280

Bei den Beiträgen mit **roten** Überschriften handelt es sich um (Selbst-)Darstellungen der Protagonisten dieses Buches.
Die mit **grünen** Überschriften versehenen Beiträge sind redaktionelle Darstellungen zu verschiedenen Themen.

Eine kurze Chronik

um 0
Der germanische Volksstamm der Hattuarier lebt an der mittleren Ruhr.

819
In Herdecke entsteht eine karolingische Basilika, die zur Keimzelle der Stadt wird.

851
Erste urkundliche Erwähnung Herbedes.

1047
Volmarstein wird offiziell erwähnt.

1080
Die Stadtkirche von Wengern wird zur Pfarrkirche erhoben.

1147
Die Kirche in Niederwenigern wird erwähnt.

1184
Erste urkundliche Erwähnung Breckerfelds.

1214
»Antonius, decanus in Wittene« wird in einer Urkunde erwähnt.

1225
In Gevelsberg wird der Kölner Erzbischof Engelbert erschlagen.

1230
Burg Blankenstein ist fertig gestellt.
In Gevelsberg wird aufgrund der Ermordung Engelberts ein Zisterzienzerinnenkloster als Sühnekloster gegründet.

1243
Ein Teil des heutigen Ennepe-Ruhr-Kreises gelangt am 1. Mai mit dem Vertrag von Essen in den Besitz der Grafen von der Mark.

1249
Hattingen erhält Münzrecht.

1324
Der größere Teil des heutigen Ennepe-Ruhr-Kreises geht mit der Vertreibung der Herren von Volmarstein an die Grafschaft Mark.

1355
Die Verwaltungseinheit Freiheit und Dorf Wetter erhalten das Freiheitsprivileg. Das »dorp herricke« erhält die Marktrechte.

1396
Der so genannte Befestigungsvertrag gilt als Erhebung Hattingens zur Stadt.
Breckerfeld erhält die Stadtrechte.

1412
Gründung von drei Gilden in Hattingen – die Tuchmacher erlangen überregionale Bedeutung.

1424 und 1429
Hattingen wird völlig zerstört.

1435
Hattingen erhält das Privileg der Wochen- und Jahrmärkte .

1496
Schwelm erhält zum ersten Mal Stadtrechte.

1525
In Witten wird mit dem Steinkohlebergbau begonnen.

1554
Hattingen und Blankenstein werden Hansestädte.

1576
In Hattingen ist das (Alte) Rathaus fertig gestellt.

1582
In Hattingen gilt die Reformation als beendet.

1590
Schwelm erhält zum zweiten Mal (und endgültig) Stadtrechte.

1609
Der Kurfürst von Brandenburg erbt die Grafschaft Mark und damit das Ennepe-Ruhr-Kreis-Gebiet.

1614
Das Gebiet des Ennepe-Ruhr-Kreises fällt mit der Grafschaft Mark mit Abschluss des Jülisch-Klevischen Erbfolgekrieges im Vertrag von Xanten an Brandenburg.

1635
Hattingen muss sich nach zehntägiger blutiger Belagerung dem schwedischen Obristen Wilhelm Wendt zum Krassenstein ergeben.

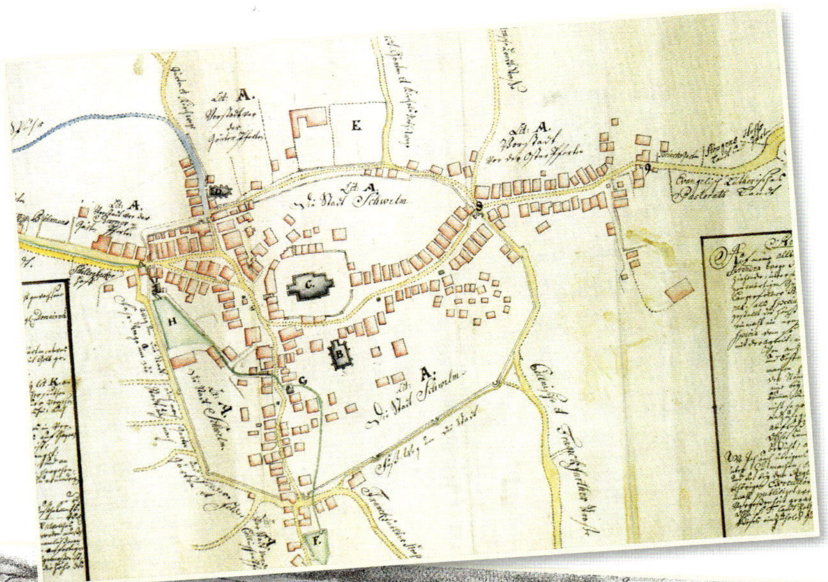

1662
Die baufällige Burg Blankenstein wird auf Befehl des Großen Kurfürsten »ganz rasiert und abbrochen«.

1675
Witten erhält das Marktrecht.

1698
Die Kluterthöhle wird erstmals erwähnt.

1714
Gründung der Zeche Nachtigall.

1739
Herdecke erhält Stadtrechte.

1754
Burg und Dorf Volmarstein werden durch einen Brand zerstört.

1776
In Witten wird die Ruhr schiffbar gemacht.

1790
In Witten entsteht die erste Stahlhütte.

1807 bis 1813
Während der französischen Besetzung liegt das Gebiet des Ennepe-Ruhr-Kreises fast vollständig im Arrondissement Hagen.

1816
Das Gebiet des Ennepe-Ruhr-Kreises kommt wieder zu Preußen.

1825
Witten erhält Stadtrechte.

1844
In Wetter verfasst Henriette Davidis mit dem »Ratgeber für die junge Haushaltsführung« das erste Kochbuch.

1848
Die in Sprockhövel geborene Mathilde Franziska Anneke gibt eine von Deutschlands ersten Frauen-Zeitungen heraus.

1854
In Hattingen wird die Henrichshütte gegründet.

1869
Hattingen erhält einen Bahnanschluss.

1867
Die Landgemeinde Mylinghausen wird offiziell in Gevelsberg umbenannt.

1886
Kaiser Wilhelm I. verleiht Gevelsberg die Stadtrechte.

1897
Die Zeche Alte Haase in Niedersprockhövel erhält ihren Malakowturm.

1913
Das neue Herdecker Rathaus wird feierlich eingeweiht.

1929
Am 1. August wird der Ennepe-Ruhr-Kreis ins Leben gerufen.

1930
In Herdecke geht mit dem Koepchenwerk das weltweit erste Pumpspeicherwerk in Betrieb.

1937
Auflösung des Amtes Sprockhövel und die Zuordnung der Gemeinden Nieder- und Obersprockhövel zum Amt Blankenstein.

1939
Ende wird von Herdecke eingemeindet.

1949
Gründung der Stadt Ennepetal.

1959
Beginn der Verlegung des Flussbettes der Ruhr bei Hattingen, durch die das Werksgelände der Henrichshütte vergrößert werden soll.

1969
In Hattingen wird der erste Abschnitt der Fußgängerzone – Heggerstraße, Gelinde und Obermarkt – eingeweiht.

1970
Neugliederung des Ennepe-Ruhr-Kreises – aus bis dahin 28 Gemeinden und fünf Ämtern werden neun Städte. Die Stadt Sprockhövel entsteht in ihrer heutigen Form.

1975
Witten – bis dahin selbstständig und zwischenzeitlich mit der Stadt Herbede zusammengelegt – wird mit in den Ennepe-Ruhr-Kreis aufgenommen. Die Gemeinde Waldbauer kommt zu Breckerfeld.

1976
Die Schließung der letzten westdeutschen Kleinzeche Egbert in Kämpen ist das Ende der Kohleförderung in Witten.

1979
Der Kemnader See ist fertig gestellt.

1983
Die Universität Witten/Herdecke wird als erste Volluniversität in privater Trägerschaft in Deutschland gegründet.

2000
Eröffnung des Westfälischen Industriemuseums Henrichshütte in Hattingen.

2007
In Gevelsberg wird der Engelbert-Tunnel eröffnet.

Das Ruhrtal bei Niederwenigern

EN – ein Kreis mit Geschichte(n)

Grün, Grün, Grün, ruhmreiche Frauen und ein gelungener Strukturwandel

Ennepe-Ruhr-Kreis

Das neue Logo des Ennepe-Ruhr-Kreises entstand 2004. Es symbolisiert mit den blauen Farben die Flüsse Ennepe und Ruhr, darauf bilden sich die neun Städte in Form von neun Quadraten in rot-orange ab. Sie gruppieren sich in einem »geöffneten« Kreis, der Dynamik, Offenheit und Entwicklung darstellen soll.

Der Ennepe-Ruhr-Kreis ist der südöstliche Zipfel der Metropolregion Ruhr. Und es ist ein ebenso schöner wie abwechslungsreicher. Vom kleinen Breckerfeld im südlichen Fast-Sauerland bis zur Großstadt Witten im Revier. Ennepe und Ruhr. Sie bilden einen Kreis, passen aber doch eigentlich gar nicht so recht zusammen. Die Ennepe, »geboren« im benachbarten Halver, bringt sie es nicht einmal auf Marathonstrecke, bis sie in Hagen in die große Ruhr mündet. Die Ruhr dagegen, mehr als 200 Kilometer lang, ist zwar auch »nur« ein Nebenfluss des Rheins, gibt aber nicht nur dem Kreis, sondern dem ganzen Gebiet ihren Namen und ist nebenbei noch der sauberste Industriefluss des Landes. So ist die Namensgebung Ennepe allein in der Tatsache begründet, dass mit Breckerfeld, Ennepetal und Gevelsberg immerhin drei der insgesamt neun EN-Kommunen von ihr durchflossen werden.

Ennepe und Ruhr sind aber hauptverantwortlich für eines der Markenzeichen des Ennepe-Ruhr-Kreises – die Talsperren. Von der Ennepetalsperre (die natürlich nicht auf Ennepetaler, sondern auf Breckerfelder Stadtgebiet liegt) über die Heilenbecker und Hasper Talsperre bis hin zu Kemnader, Harkort- und Hengsteysee ist das Wasser eines der belebendsten Elemente im Kreis. Nicht zuletzt tragen diese Gewässer auch einen erheblichen Anteil am hohen Erholungswert im östlichen Ruhrgebiet bei. Natürlich neben dem Grün. Denn Witten ist zwar die »grüne Großstadt« im Pott, die anderen Kommunen weisen aber keineswegs weniger Wald und Wiesen auf als die große Fast-100 000-Einwohner-Stadt. Sprockhövel, scheint es, ist mehr grün als Stadt. Und Gevelsberg ist das kleine Band zwischen Ruhr- und Sauerlandgrün. Grün war und ist die Hoffnung dieser Region und – sieht man den vortrefflich vollzogenen Strukturwandel zu Rate – bisher hat sie sich im Ennepe-Ruhr-Kreis weitestgehend erfüllt.

Aber wir waren beim Charakteristischen für den Kreis. Grün, Grün, Grün und mittendrin reichlich Autobahnen. Ja, das macht EN besonders reizvoll. Unendlich viel Natur und Landschaft und doch so schnell und leicht erreichbar. Von der A1 über die A43 und die A44 im Norden bis hin zum Stück A46 Richtung Wuppertal und Düsseldorf kann es kaum verkehrsgünstiger sein. Wenig mehr als eine viertel Stunde benötigen die Besucher aus Bochum, Dortmund, Essen, Hagen oder Wuppertal, um in den Kreis zu gelangen. Aber wer hat sich nicht schon auf der A43 gen Norden – in Erwartung des bevorstehenden Staus – der herrlichen Natur links und rechts der Autobahn erfreut?

Ach ja, die Basiszahlen sind wir noch schuldig: 40 828 Hektar Fläche, 332 722 Einwohner in neun Städten und 188 800 mal das berühmt-berüchtigte EN-Kennzeichen, das seinen ganz eigenen Mythos genießt.

Und sonst? Sonst gibt's viel rund um die Keimzellen des Ruhrgebiets. Schließlich wurde die Kohle im Wittener Muttental schon im 13. Jahrhundert abgebaut – jedoch war's damals noch lange kein Ruhrbergbau, sondern eher Kohlengräberei. Der Sage nach entdeckte ein Schweinehirt

Das Kreishaus in Schwelm

mit der ersten Kohle die Grundlage für die Industrialisierung. Der industrielle Bergbau startete im 19. Jahrhundert. Auch Sprockhövel meldet Ansprüche an, die Wiege des Ruhrbergbaus zu sein. Und Wetter (Ruhr) natürlich, Freiherr vom Stein reformierte den Ruhrbergbau von hier aus gründlich. Das Muttental mit seinen zahlreichen Zeugnissen von früher, allen voran die Zeche Nachtigall, und der Malakow-Turm in Sprockhövel dokumentieren die bedeutende Vergangenheit der Region eindrucksvoll. Technisch ging es stets voran an Ennepe und Ruhr: In Herdecke erbaute das man Koepchen-Werk 1930, das weltweit erste Pumpspeicherwerk.

Auch die Frauen liefen vorneweg: In Wetter verfasste Henriette Davidis 1844 mit dem »Ratgeber für die junge Haushaltsführung« das erste Kochbuch. Matthilda Franziska Anneke war es, die 1848 in Sprockhövel die erste »Frauen-Zeitung« herausgegeben hat. Heute schießt Alexandra Popp, früher mal SC Silschede, die Tore für Deutschlands Frauen-Fußballnationalmannschaft.

Strukturwandel hin, Strukturwandel her. Nach wie vor gehört der Ennepe-Ruhr-Kreis zu den am stärksten gewerblich-industriell geprägten Teilen Nordrhein-Westfalens. Ein Ansprechpartner für Wirtschaftsförderung im Ennepe-Ruhr-Kreis ist die EN-Agentur. Sie wurde im September 1996 als Wirtschaftsförderungseinrichtung für den Kreis gegründet. Seitdem wurden bereits unzählige Wirtschaftsförderungsprojekte initiiert und unterstützt.

Sport gibt es auch im Ennepe-Ruhr-Kreis. Zwar keine Fußball-Champions-League, aber doch zum Beispiel Spitzen-Basketball, Spitzen-Ringen, Jürgen Klopp und etliche andere Profis leben hier, Kanu-Polo auf der Ruhr und Ski-Fahren am Wengeberg in Breckerfeld. Direkt neben dem Halveraner Sauerland liegt der »Peak EN«, stolze 442 Meter hoch und im Winter schneereicher als Oberhausen. Dort begegnen sich Sauerland, Bergisches Land und Ruhrgebiet. Nicht umsonst heißt der TuS Breckerfeld nicht Turn- und Sport-, sondern Turn- und Skiclub. Segelferien auf dem Harkortsee sind übrigens auch schön.

Ja, es gibt so ziemlich alles im Ennepe-Ruhr-Kreis. Sogar Deutschlands längste Naturhöhle. Die Ennepetaler Kluterthöhle ist mit ihren sechs Kilometern erforschten Gängen als Asthma-Naturheilstätte auch das längste Behandlungszimmer des Landes. Künstler nutzen den Naturbau reichlich. Apropos Kunst und Kultur. Auch die findet zwischen Witten und Breckerfeld statt. Bis zum Museum Folkwang in Essen sind es zwar gerade einmal 40 Minuten und zum Bochumer Schauspielhaus oder zum Tanztheater nach Wuppertal geht es noch schneller. Doch gibt es vor Ort etliche auch hochkarätige Angebote vom Pianoforte und der Kunst in Haus Martfeld und im Kreishaus in Schwelm über die Werkstatt in Witten bis hin zur Weltmusik beim Kemnade Festival wird außerordentlich viel geboten. Nicht zuletzt hat der Kreis auch Geschichte. Ein Teil des Gebietes unterstand bis 1225 dem Grafen von Isenberg und ging am 1. Mai 1243 mit dem Vertrag von Essen an die Grafschaft Mark über. Der größere Teil kam erst 1324 mit der Vertreibung der Herren von Volmarstein an die Grafschaft Mark. 1609 erbte der Kurfürst von Brandenburg die Grafschaft Mark. Während der französischen Besatzung von 1807 bis 1813 lag das heutige Kreisgebiet fast vollständig im Arrondissement Hagen. Seit 1816 gehörte es wieder zu Preußen. Der Kölner Erzbischof Engelbert wurde 1225 in Gevelsberg erschlagen. Eine Felsquelle liefert seit 1830 in Schwelm Brauwasser für traditionsreiches und erstklassiges Bier aus der Region. Bis 2007 verfügte die Kreisstadt zudem mit der Firma Ibach über die älteste Pianofortemanufaktur der Welt. Herdecke, Wetter und Hattingen glänzen mit malerischen Altstädten. Hattingen bietet zusätzlich den nördlichsten Freiluftskilift des Ruhrgebietes.

Mit Breckerfeld, Ennepetal, Gevelsberg, Hattingen, Herdecke, Schwelm, Sprockhövel, Wetter (Ruhr) und Witten verfügt der Ennepe-Ruhr-Kreis über neun Städte. Er entstand am 1. August 1929 durch die Vereinigung des Landkreises Schwelm mit den Gebietsteilen der Landkreise Hattingen und Hagen, die nicht in die Städte Hagen und Bochum eingemeindet wurden. Das sollte auch 40 Jahre so bleiben. Erst mit der kommunalen Neugliederung in Nordrhein-Westfalen 1970 wurden die bis dahin 28 Gemeinden und fünf Ämter des Kreises zu neun Städten (einschließlich Herbede) zusammengefasst. Durch ein Urteil des Verfassungsgerichtshofes in Münster wurde die Eingemeindung der damaligen Gemeinde Waldbauer in die Stadt Hagen am 18. Dezember 1970 rückgängig gemacht. Waldbauer heißt heute Zurstraße und gehört zu Breckerfeld. Witten selbst gehört erst seit 1975 zum Kreis. Bei der damaligen Gebietsreform wurde Herbede der kreisfreien Stadt Witten zugeschlagen und in den Ennepe-Ruhr-Kreis eingegliedert.

Auch für Extremsportler eine Herausforderung: die Kluterthöhle in Ennepetal

Die Bever & Klophaus GmbH in Schwelm: Zeitreise von der Postkutsche bis zur Raumfähre

Zwei Jahrhunderte engagierte und innovative Unternehmensgeschichte im Türschlossbau

Johann Daniel Bever (1790 bis 1860) führte 1843 die beiden Firmen Büxenstein/Klophaus und Schäffer & Bever zur Firma Bever & Klophaus zusammen.

Mehr als 200 Jahre ist die Bever & Klophaus GmbH in Schwelm inzwischen alt. Den mächtigen Napoleon, die Industrielle Revolution, beide Weltkriege, die deutsche Einheit und nicht nur eine Weltwirtschaftskrise hat sie überlebt – von der Postkutsche bis zur Raumfähre, vom Dorfschmied bis zum Roboter. Das Unternehmen, direkt neben dem Kreishaus gelegen, ist in all den Jahren kein Branchenriese geworden. »Das ist auch künftig nicht unser Ziel. Wir wollen unsere Produkte und Produktionsmethoden stetig verbessern, unser Fertigungsprogramm um attraktive Artikel ergänzen und damit unsere Zukunft sichern«, sagt Hans-Dietrich Mohr, Geschäftsführer des 55 Mitarbeiterinnen und Mitarbeiter zählenden Unternehmens, heute bescheiden.

Das Firmenareal der Bever & Klophaus GmbH unmittelbar neben dem Kreishaus in Schwelm

Die Firma Bever & Klophaus GmbH fand ihren Ursprung im Jahre 1809 durch die Gründung eines Handelshauses durch Johann Ludwig Büxenstein in Elberfeld. 1820 nahm die Eisenhandlung Schaeffer & Bever in Schwelm ihre Arbeit auf. Die Firmen J.L. Büxenstein, weitergeführt durch den Teilhaber Wilhelm Klophaus und Schaeffer & Bever, vereinigten sich 1843 zur Firma Bever & Klophaus mit Firmensitz in Schwelm. Seit diesem Zeitpunkt stellt die Firma Bever & Klophaus Türschlösser in eigener Fertigung her. Unter dieser Tradition steht die Firma heute und ist als inhabergeführtes Unternehmen mit der siebenten Generation stolz, den steten Wandel von Land und Branche geschafft zu haben und die Vorteile eines mittelständischen Unternehmens zu nutzen. Der heutige Inhaber Hans-Dietrich Mohr ist dementsprechend ein Ur-Ur-Ur-Enkel Johann Daniel Bevers.

Tradition und Innovation sind kein Widerspruch – im Gegenteil. Die Protagonisten bei Bever & Klophaus nutzten stets Erfahrung und Innovationskraft gleichermaßen, um sich weiterzuentwickeln. Einen wichtigen Schritt sind sie zu Beginn der 1970er Jahre gegangen: Seit dieser Zeit beliefert Bever & Klophaus neben dem Fachhandel auch Baumärkte mit hochwertigen Türschlössern. 2001 erweiterte das Unternehmen sein Firmengelände um eine neue Produktionshalle. Ein Jahr darauf übernahm es die Produktion der Firma Peso. Seitdem gehören auch elektrische Türöffner zum Angebot. Neuester Zugang ist die Firma Ströter + Co. aus Heiligenhaus, Spezialist für Fenstersicherungen und Türschloss-Sonderanfertigungen, deren Produktion seit August 2011 von der Bever & Klophaus GmbH übernommen wurde.

Die Produktpalette des Jahres 2011 umfasst Sonderanfertigungen genauso wie Standard-

Geschäftsführer Hans-Dietrich Mohr

schlösser aus den Bereichen Einsteck- und Kastenschlösser, Schlösser für den Metallbau und Kastenschlösser für Altbaurenovierungen. Zu den Kunden zählen Baumärkte, der Eisenwaren-, Einzel- und Großhandel sowie Schlüsseldienste. Neben Deutschland und Europa wird auch in die USA, nach Kanada sowie nach Australien geliefert. Alle Kunden schätzen die enge, vertrauensvolle Zusammenarbeit, die hohe Termintreue sowie das große, mehr als 1500 Türschlosstypen umfassende Servicelager.

»Durch den Verzicht auf Produktverpackungen beteiligen wir uns aktiv am Umweltschutz«, erläutert Dietrich Mohr, der 2004 für seine 28-jährige Tätigkeit als ehrenamtlicher Richter am Arbeitsgericht sowie für seine 40-jährige außergewöhnliche unternehmerische Leistung mit dem Bundesverdienstkreuz ausgezeichnet wurde.

Beitrag von:
Bever & Klophaus GmbH
Lessingstraße 7 · 58332 Schwelm
Tel. (0 23 36) 8 05 96 · Fax (0 23 36) 80 59 89
info@bever-klophaus.de · www.bever-klophaus.de

Das Energiebündel an Ennepe und Ruhr

Die AVU versorgt den Kreis mit Strom, Erdgas und Wasser

Das AVU-Verwaltungsgebäude in Gevelsberg

Über ein Leitungsnetz von 3551 Kilometern liefert sie im Jahresschnitt rund 990 Millionen Kilowattstunden Strom. Damit ist sie die Energieversorgerin an Ennepe und Ruhr. In sieben der neun Kommunen des Kreises ist die AVU (Aktiengesellschaft für Versorgungsunternehmen) mit Sitz in Gevelsberg am Ball. Lediglich in Witten und Herdecke kümmern sich andere Unternehmen um Strom, Erdgas und Wasser.

102 000 Haushalte leben mit AVU-Strom, 38 000 Haushalte bekommen Erdgas von der AVU. Und Trinkwasser liefert die AVU an rund 147 000 Menschen. Die Eigentümer- beziehungsweise Aktionärsstruktur der AVU gestaltet sich halb/halb. Die Hälfte der Aktien hält die RWE, die anderen 50 Prozent sind kommunale Aktionäre. Der Kreis besitzt 29 Prozent, die Stadt Gevelsberg zwölf, Schwelm sieben und Ennepetal immerhin noch ein Prozent.

Das heute rund 450 Mitarbeiterinnen und Mitarbeiter zählende Unternehmen AVU kann aber auch zahlreiche Firmen von außerhalb zu seinen Industriekunden für Erdgas zählen. Dazu gehören unter anderem namhafte bayerische Brauereien. Der so genannte externe Markt nimmt inzwischen einen bedeutenden Teil des Gesamtgeschäfts ein und verzeichnete im Jahr 2010 nennenswerte Zuwachsraten.

Historische Aufnahme des Kraftwerks Ahlenbecke nahe der Ennepetalsperre aus dem Jahr 1930

Die Bürgermeister und Verwaltungsspitzen der Region vor den Sonnensegeln – einer Photovoltaik-Anlage, die mit der Sonne »wandert« – vor dem AVU-Verwaltungsgebäude in Gevelsberg

Es fing alles wesentlich bescheidener an. Die Ursprünge des regionalen Energie- und Wasserversorgungsunternehmens reichen mehr als 100 Jahre zurück. 1905 wurde die Ennepetalsperre und das Kreiswasserwerk an der Ahlenbecke in Ennepetal für die Erzeugung von Strom als Kreiselektrizitätswerk in Betrieb genommen. 1930 folgte die Umbenennung in AGFU, die »Aktiengesellschaft für wirtschaftliche Unternehmen des Ennepe-Ruhr-Kreises«, in die gleichzeitig die Stadtwerke Gevelsberg und Schwelm eingebracht wurden.

In der Bundesrepublik sah die Agfa Foto AG in »Agfu« eine Verletzung ihres Warenzeichens. Dies insbesondere, da beide Firmen den gleichen Schrifttyp für ihr Signum benutzten. Aufgrund einer außergerichtlichen Einigung mit der Agfa Foto AG änderte die Agfu am 1. Januar 1963 ihren Namen in Aktiengesellschaft für Versorgungs-Unternehmen (AVU).

1974 war die Umstellung von Kokerei- auf Erdgas im gesamten Versorgungsgebiet abgeschlossen. Zwei Jahre später stellte das Kraftwerk am Nirgena in Gevelsberg die Stromproduktion ein, 1984 ließen es die Verantwortlichen schließlich ganz abreißen. Einen bedeutenden Schritt ging die AVU Anfang 2007 mit der Gründung der AVU Netz GmbH. Denn damit waren die gesetzlichen »Unbundling«-Vorschriften für den liberalisierten Energiemarkt umgesetzt.

Die Energieeffizienz ist auch bei der AVU heute das bedeutende Thema. Zahlreiche Förderprogramme wurden diesbezüglich bereits angeschoben. Die eigens hierfür ins Leben gerufene AVU Serviceplus GmbH stellt sicher, dass Unternehmen und Häuslebauer Energie sinnvoll und kostengünstig einsetzen: Sie bietet Komplettlösungen in sämtlichen Energiefragen: Die Bandbreite reicht von der Bedarfsanalyse über Anlagen und Hersteller, Fördermöglichkeiten und Finanzierung bis hin zur Wartung der Anlagen.

In Sachen Regenerative Energien ist die AVU bereits seit längerem auch außerhalb des Kerngebietes aktiv. In Franken beispielsweise ist unter anderem eine große Photovoltaikanlage entstanden. Ökostrom wird, so wissen auch die AVU-Verantwortlichen, zunehmend schneller an Relevanz gewinnen und schon bald das Normalangebot sein. Darauf will die AVU früh genug eingestellt sein. Dementsprechend wird sich auch das Engagement in entsprechende Erzeugungsanlagen weiter steigern.

Beitrag von:
AVU Aktiengesellschaft für Versorgungs-Unternehmen
An der Drehbank 18 · 58285 Gevelsberg
Tel. (0 23 32) 7 31 23 · Fax (0 23 32) 7 36 00
info@avu.de · www.avu.de

Kleine Statistik über den großen Ennepe-Ruhr-Kreis

Kleinste (Einwohner)-Stadt Breckerfeld flächenmäßig eine der größten Kommunen im Kreis

Ennepe-Ruhr-Kreis

Einwohner: 331 575
Fläche: 408,34 Quadratkilometer

Hauptstraße 92
58332 Schwelm
Tel. (0 23 36) 9 30
verwaltung@en-kreis.de
www.enkreis.de

Breckerfeld

Einwohner: 9265
Fläche: 58,68 Quadratkilometer
Höhe: 375 Meter
Stadtteile/Ortsteile:
– Breckerfeld
– Waldbauer (Zurstraße)

Stadtverwaltung Breckerfeld
Frankfurter Straße 38
58339 Breckerfeld
Postfach 1 80
58333 Breckerfeld
Tel. (0 23 38) 80 90
Fax (0 23 38) 8 09 67
info@breckerfeld.de
www.breckerfeld.de

Ennepetal

Einwohner: 30 486
Fläche: 57,43 Quadratkilometer
Höhe: 200 Meter
Stadtteile/Ortsteile:
– Milspe
– Voerde
– Altenvoerde
– Rüggeberg
– Büttenberg
– Oberbauer
– Königsfeld
– Hasperbach
– Burg
– Homberge
– Heide Oelkinghausen

Stadt Ennepetal
Bismarckstraße 21
58256 Ennepetal
Tel. (0 23 33) 97 90
Fax (0 23 33) 97 92 80
stadt@ennepetal.de
www.ennepetal.de

Massenansturm auf der Gevelsberger Kirmes

Gevelsberg

Einwohner: 31 518
Fläche: 26,27 Quadratkilometer
Höhe: 170 Meter
Stadtteile/Ortsteile:
– Gevelsberg
– Asbeck
– Berge
– Silschede

Rathausplatz 1
58285 Gevelsberg
Postfach 23 60 und 23 80
58265 Gevelsberg
Tel. (0 23 32) 77 10
Fax (0 23 32) 77 12 30
Rathaus@stadtgevelsberg.de
www.gevelsberg.de

Hattingen

Einwohner: 55 510
Fläche: 71,40 Quadratkilometer
Höhe: 90 Meter
Stadtteile/Ortsteile:
– Innenstadt
– Blankenstein
– Bredenscheid
– Elfringhausen
– Holthausen
– Niederwenigern
– Stüter
– Welper
– Winz-Baak

Roonstraße 11
45525 Hattingen
Postfach 80 04 56
45504 Hattingen
Tel. (0 23 24) 20 40
Fax (0 23 24) 2 04 32 29
info@hattingen.de
www.hattingen.de

Herdecke

Einwohner: 24 428
Fläche: 22,40 Quadratkilometer
Höhe: 150 Meter
Stadtteile/Ortsteile:
– Herdecke
– Ende

Kirchplatz 3
58313 Herdecke
Tel. (0 23 30) 61 10
Fax (0 23 30) 61 11 55 55
stadtverwaltung@herdecke.de
www.herdecke.de

Die jungen Kumpel sind von dem Besucherbergwerk Zeche Nachtigall im Wittener Muttental sichtlich beeindruckt.

Schwelm

Einwohner: 28 614
Fläche: 20,50 Quadratkilometer
Höhe: 213 Meter

Hauptstraße 14
58332 Schwelm
Postfach 7 40
58320 Schwelm
Tel. (0 23 36) 80 10
Fax 0 23 36) 80 13 70
info@schwelm.de
www.schwelm.de

Sprockhövel

Einwohner: 25 408
Fläche: 47,8 Quadratkilometer
Höhe: 219 Meter
Stadtteile/Ortsteile:
– Gennebreck
– Haßlinghausen
– Hiddinghausen
– Niedersprockhövel
– Niederstüter
– Obersprockhövel

Rathausplatz 4
45549 Sprockhövel
Postfach 92 20 40
45541 Sprockhövel
Tel. (0 23 39) 91 70
Fax (0 23 39) 91 73 00
info@sprockhoevel.de
www.sprockhoevel.de

Wetter (Ruhr)

Einwohner: 28 113
Fläche: 28,11 Quadratkilometer
Höhe: 110 Meter
Stadtteile/Ortsteile:
– Alt-Wetter
– Wengern
– Esborn
– Albringhausen
– Volmarstein
– Grundschöttel
– Oberwengern
– Schmandbruch

Kaiserstraße 170
58300 Wetter (Ruhr)
Tel. (0 23 35) 84 00
Fax (0 23 35) 84 01 02
info@stadtverwaltung-wetter.de
www.stadt-wetter.de

Witten

Einwohner: 98 233
Fläche: 72,37 Quadratkilometer
Höhe: 104 Meter
Stadtteile/Ortsteile:
Witten-Mitte:
– Innenstadt
– Oberdorf-Helenenberg
– Industriegürtel-West
– Krone
– Crengeldanz
– Hauptfriedhof
– Stadion
– Industriegürtel-Nord
– Hohenstein
Düren:
– Düren-Nord
– Düren-Süd
Stockum:
– Stockum-Mitte
– Dorney
– Stockumer Bruch
– Wilhelmshöhe
– Tiefendorf
Annen:
– Wullen
– Annen-Mitte-Nord
– Annen-Mitte-Süd
– Kohlensiepen
– Wartenberg
– Gedern
Rüdinghausen:
– Industriegebiet-Ost
– Rüdinghausen-Mitte
– Buchenholz
Bommern:
– Steinhausen
– Bommerbank
– Bommerfeld
– Wettberg
– Buschey
– Bommeregge
Heven:
– Papenholz
– Hellweg
– Wannen
– Heven-Dorf
– Lake
Herbede:
– Herbede-Ort
– Vormholz
– Bommerholz-Muttental
– Durchholz
– Buchholz-Kämpen

Marktstraße 16
58452 Witten
Tel. (0 23 02) 58 10
Fax (0 23 02) 5 55 54
stadt@witten.de
www.witten.de

Der Hochofen der Henrichshütte bei Nacht

Einwohnerstatistik

Witten	98 233
Hattingen	55 510
Gevelsberg	31 518
Schwelm	28 614
Ennepetal	30 486
Wetter (Ruhr)	28 113
Sprockhövel	25 408
Herdecke	24 428
Breckerfeld	9265

Flächenstatistik

Witten	72,37 km²
Hattingen	71,40 km²
Breckerfeld	58,68 km²
Ennepetal	57,43 km²
Sprockhövel	47,80 km²
Wetter (Ruhr)	28,11 km²
Gevelsberg	26,27 km²
Herdecke	22,40 km²
Schwelm	20,50 km²

Wo ein Bauwille ist, da ist manchmal ein Dreieck

Bügeleisenhäuser im Ennepe-Ruhr-Kreis

Ein spitz aufeinander zulaufendes Grundstück. Was tun damit? Ein Gebäude zu errichten würde schwierig. Versuchen, es gewinnbringend an den Mann oder die Frau zu bringen, ist immerhin eine Chance. Ein Garten böte sich an. Aber dafür wäre das Grundstück in dieser Lage eigentlich zu schade. Also doch bauen ... Manchmal wird's gemacht. Zum Beispiel in New York City. Dort entstand 1902 an der Kreuzung der Fifth Avenue, des Broadway und der 23rd Street in dem später sogar nach ihm benannten Flatiron District von Manhattan ein Hochhaus mit dem beziehungsreichen Namen Flatiron Building – Bügeleisenhaus. Aufgrund seiner ungewöhnlichen, eben dem Bügeleisen ähnlichen, Keilform gehört das 87 Meter hohe Gebäude zu den Wahrzeichen New York Citys und darf bei keinem Sightseeing-Trip fehlen.
Bügeleisenhäuser gibt es – natürlich nicht ganz so hoch, aber die Form passt – auch im Ennepe-Ruhr-Kreis. Beispiel Hattingen. Dort steht das Schönste und das Bekannteste von allen. Das 1611 gebaute Haus beherbergt heute das Heimatmuseum. Auch am Haldenplatz, wo das Haus steht, ist die Form dem Zusammentreffen zweier Gassen geschuldet. Das breitere Obergeschoss wird von Knaggen gestützt. Die Balken sind teilweise mit Maskenschnitzereien und Voluten verziert. Das Gebäude ließ der Hattinger Wilhelm Elling 1611 errichten. Er war vermutlich Kaufmann. Im Jahre 1620 erfolgte an der Giebelseite ein Anbau. Der aus dieser Zeit stammende Brunnen ist sechs Meter tief. Das Gebäude ist unterkellert. Der Türbalken trägt bis heute den Hausspruch:

Das Bügeleisenhaus in Schwelm

BEHEVTE MICH HER FVR FEWR VND BRANDT
WILHEL ELLINGS HAVSZ BIN ICH GENANDT –
ALLE DIE MICH KENNEN DEN GEBE GOTT
WAS SIE MIR GVNNEN ANNO 1611

Behüte mich Herr vor Feuer und Brand,
Wilhelm Ellings werde ich genannt,
alle, die mich kennen, denen gebe Gott,
was sie mir gönnen.
Anno 1611

Von 1771 bis 1856 lebten in dem Haus Tuchmacher, die auf ihren Handwebstühlen Tuche für Damen- und Herrenbekleidung sowie für Uniformen herstellten. Der letzte Tuchmacher in diesem Haus war Franz Sindern. 1853 kaufte der Metzger Salomon Schmidt das Haus und ließ es umbauen. Er richtete einen Schlachtraum, eine Wurstküche und einen kleinen Laden ein. Neben der Haustür wurde ein Ladenfenster im klassizistischen Stil eingebaut, die anderen Fenster wurden vergrößert, die Giebelseite verschiefert, ein Treppenhaus und an der Giebelseite ein kleiner Pferdestall angebaut. Später vermieteten Schmidts Tochter und deren Ehemann, der Metzger Cahn, das Gebäude als Wohnhaus.

Der Heimatverein Hattingen-Ruhr erwarb das Haus 1955 auf Initiative Heinrich Eversbergs und renovierte es in Zusammenarbeit mit dem damaligen Landesdenkmalamt bis 1962, wobei auch das ursprüngliche Aussehen zum Teil wiederhergestellt wurde. Nach der Renovierung wurde das heimatkundliche Museum eröffnet, das nun Exponate zur Ortsgeschichte ausstellt.

Nur wenige 100 Meter vom Hattinger Haldenplatz entfernt, findet sich ein weiteres trapezförmig zulaufendes Gebäude. Wer offenen Auges durch den Ennepe-Ruhr-Kreis schlendert, findet weitere – unter anderem in Ennepetal und Schwelm.

Das Bügeleisenhaus in Ennepetal

Das 1611 gebaute Bügeleisenhaus am Hattinger Haldenplatz beherbergt heute das Heimatmuseum.

Unterwegs an Ennepe und Ruhr

Von der Hundeschule bis zum Weltmarktführer

Bereits Mitte 2010 fiel der Startschuss für das Buch »An Ennepe und Ruhr«. Von Beginn an war klar, dass es sich hier um eine interessante, aber auch sehr umfangreiche Aufgabe handelt. Nach der Vorstellung des Projekts und ersten Kontakten »rund um das Kreishaus« in Schwelm führte unser Weg vom tiefsten Punkt des Kreises an der Ruhr in Hattingen bis hinauf auf den Wengeberg, dem höchsten Punkt im gesamten Gebiet.

Das Buch sollte kein reines Industriebuch werden und auch keine Aneinanderreihung von Werbeanzeigen im Bereich Handel und Handwerk darstellen. Um ein breites Spektrum der Unternehmen im Ennepe-Ruhr-Kreis abzudecken, gab es viele informative Gespräche sowohl im Ein-Mann- beziehungsweise Ein-Frau-Unternehmen bis hin zum Global Player.

Von der Malschule über therapeutisches Reiten oder Kindertagesstätte bis hin zur Schlüsselmanufaktur mit Jahrhunderte alter Tradition, Automobilzulieferern und Firmen, die zu den Top 100 Unternehmen in Deutschland zählen, gibt es viel zu berichten. Allein über die Besuche ließe sich schon ein durchaus unterhaltsames Buch schreiben.

Am Anfang war es manchmal eine größere Aufgabe, an »Frau Firewall« vorbei zum richtigen Ansprechpartner zu gelangen und die gesendeten Mails nicht zwischen der Werbung für potenzsteigernde Arzneimittel oder diversen Gewinnbenachrichtigungen abgespeichert zu wissen, kamen hinterher mit zunehmender Bekanntheit selbst nach Redaktionsschluss noch Anfragen aus den verschiedensten Bereichen.

In den Gesprächen zeigte sich, dass viele die Möglichkeit nutzen möchten, sich in einem lesenswerten Umfeld einmal auf eine ganz andere Art und Weise zu präsentieren – nicht in klassischer Form plakativ oder schrill-bunt, sondern informativ mit Bildern und Texten, welche die Geschichte oder Besonderheiten des Unternehmens widerspiegeln.

Während viele ihre Zielgruppe direkt erreichen, gibt es auch Aussagen wie: »Wir werden durch die Teilnahme am Projekt nicht unbedingt mehr Werkstücke verkaufen, aber das Buch gefällt uns, wir sind Teil der Region und es wird sicherlich ein schönes Präsent für Mitarbeiter, Kunden oder Lieferanten.«

Viel Spaß beim Stöbern,

Michael Bergmann
Robin Schröder

Rund um die Kemnade

Bei einem großen Gebiet wie dem EN-Kreis ist es sicherlich nicht leicht zu sagen, welches dort der schönste Ort ist. Im Winter geht es zum Rodeln nach Breckerfeld, im Sommer mit dem Rad an der Ruhr entlang mit Zwischenstopp in Herdecke.

Schon während der Studienzeit in Bochum führte der Weg aber immer mal wieder an den Kemnader See. Schwimmen und Sauna im Freizeitbad Heveney, mit Inlinern »eine Runde um den See« oder einfach mal eine Bootstour mit dem Kanu oder einem der Ausflugsdampfer. Immer gut besucht sind auch die Veranstaltungen wie »Kemnade in Flammen« oder das Zeltfestival – egal ob mit der Familie oder Freunden, von Minigolf bis zum Stranddeck ist für jeden etwas dabei …

Michael Bergmann

Mit der Familie am Hohenstein

Fragt man sich, wo ist man denn während der vielen Monate der Reise durch den Ennepe-Ruhr-Kreis am liebsten gewesen, so fällt einem die Antwort nicht sofort ein. Es könnte das Gebiet um die Kemnade sein, aber auch der weitreichende Blick von der Burgruine Volmarstein. Idyllisch ist es auch in den Gassen der Hattinger Altstadt, welcher der Ort war, an dem wir die Unternehmenskommunikation starteten, aber auch das berühmte Eis in der Schwelmer Innenstadt wurde an dem einen oder anderen Sonnentag genossen.

Während der Ruhepausen zwischen den Besuchen an Ennepe und Ruhr verweilte ich an den Wochenenden am liebsten mit Kind und Kegel auf dem Hohenstein in Witten. Die Tochter konnte sich im Streichelzoo, dem schönen Wald, im Wildgehege und auf der großen Wiese mit Spielplatz vor dem Aussichtsturm austoben.

Robin Alexander Schröder

Ennepe-Ruhr-Kreis verkehrstechnisch auf außerordentlich guten Wegen

Beste Erreichbarkeit aus nah und fern – und untereinander

Gleich fünf Bundesautobahnen machen den Ennepe-Ruhr-Kreis ganz hervorragend erreichbar. Die A1, A43, A44, A45 und die A46 erschließen das Gebiet sowohl für den geschäftlichen Fernverkehr als auch für Ausflügler aus dem westlichen Ruhrgebiet. Bis auf Sprockhövel und Breckerfeld haben alle Städte einen Anschluss an das Nahverkehrs-Bahnnetz. Die nächsten Fernbahnhöfe liegen in Hagen, Wuppertal, Bochum, Dortmund und Essen. Beim Straßenverkehrsamt des Ennepe-Ruhr-Kreises sind rund 200 000 Fahrzeuge mit dem Kennzeichen EN angemeldet. Ungeachtet dessen existieren einige Besonderheiten, die in diesem Buch nicht unerwähnt bleiben sollen.

Breckerfeld mit guten Verbindungen in alle Richtungen

Gute Straßenverbindungen bestehen nach Hagen und Halver sowie nach Ennepetal. Der Bahnhof Breckerfeld war die Endstation der Kleinbahn Haspe-Voerde-Breckerfeld. Heute ist Breckerfeld mittels verschiedener Busverbindungen aus den Nachbargemeinden zu erreichen. Einen Bahn- oder Straßenbahnanschluss gibt es nicht mehr.

Bahnhof Ennepetal-Milspe seit dem Jahr 1949

Ennepetal wird im Stadtgebiet von drei Regional-Express-Linien am Bahnhof Ennepetal (Gevelsberg) angefahren. Der Bahnhof an der Bahnstrecke Wuppertal-Dortmund (der Stammstrecke der ehemaligen Bergisch-Märkischen Eisenbahn-Gesellschaft) in Milspe wurde seit seiner Eröffnung 1949 Bahnhof Milspe, wie der Stadtteil, in dem er sich befindet, genannt. 1954 wurde der Bahnhof in Ennepetal-Milspe umbenannt. 1963 wurde der nur etwa drei Kilometer entfernte Bahnhof Gevelsberg aufgegeben und später abgebrochen. Die Stadt Gevelsberg besaß seit dieser Zeit keinen Bahnhof mehr. 1968 nannten die Verantwortlichen den Bahnhof daher in seinen heutigen Namen Bahnhof Ennepetal (Gevelsberg) um.

Gevelsberg: Kleinster Hauptbahnhof in Deutschland

Gevelsberg liegt an der A1 und den Bundesstraßen 7 und 234. Ein Eisenbahnanschluss besteht über die S-Bahnlinie 8 Richtung Hagen und über Wuppertal und Düsseldorf nach Mönchengladbach. Es existieren hierfür

Graue Streifen in sattem Grün: So stellt sich die Stadt Sprockhövel in vielen Teilen aus der Luft dar.

Der Hauptbahnhof mitten in Witten. Das heutige Empfangsgebäude aus dem Jahre 1901 nach den Entwürfen des Wittener Architekten Richard Sauerbruch steht unter Denkmalschutz und ist Teil der Route der Industriekultur.

die vier Haltepunkte Gevelsberg-Knapp, Gevelsberg Hauptbahnhof, Gevelsberg-Kipp und Gevelsberg West. Der Gevelsberger Hauptbahnhof gilt als kleinster Hauptbahnhof der Bundesrepublik. Er ist nach strenger Definition nicht als Bahnhof zu bezeichnen, da sich dort keine Weiche befindet.

Mit der S-Bahn von Hattingen nach Bochum und Essen

Über die Nachbarstädte Sprockhövel und Witten ist über die A 43 die Stadt Hattingen erreichbar. Mitten durch Hattingen verläuft eine Landesstraße. Auf dieser verkehrt von ihrer Endstelle Hattingen Mitte aus die Straßenbahnlinie 308 der Bogestra nach Bochum-Gerthe über Bochum Hauptbahnhof. Am S-Bahnhof Hattingen-Mitte besteht zudem ein Anschluss an die S-Bahnlinie 3, welche über Bochum-Dahlhausen, Essen Hauptbahnhof und Mülheim (Ruhr) Hauptbahnhof zum Hauptbahnhof Oberhausen fährt. Über den Zentralen Omnibusbahnhof, der sich unmittelbar am Einzelhandelszentrum und der Hattinger Altstadt (Reschop) befindet, gibt es zudem ausreichend Verbindungen in die Ortsteile und zu allen umliegenden Städten.

Herdecker Bahnhof 1960 wieder aufgebaut

Herdecke ist im eisenbahntechnisch über zwei Stationen, den Bahnhof Herdecke und den Haltepunkt Wittbräucke erschlossen, an denen stündlich die Volmetalbahn von Dortmund über Hagen nach Lüdenscheid verkehrt. Außerdem hieß der heutige Bahnhof Hagen-Vorhalle früher Herdecke beziehungsweise Herdecke Vorhalle.

Der Ende des 19. Jahrhunderts errichtete Bahnhof Herdecke wurde im Zweiten Weltkrieg am 23. März 1945 bei einem Luftangriff auf Herdecke zerstört und konnte erst 1960 wieder hergestellt werden. An den alten Bahnhof erinnert noch ein Schlussstein mit der Jahreszahl 1878, der in die Fassade des neuen Bahnhofes eingemauert wurde.

Es gibt sechs Buslinien, die den Ort mit benachbarten Städten verbinden, darunter die Bogestra-Buslinie 376, die Herdecke mit Witten, die VER-Linie 564, die Herdecke mit Witten-Rüdinghausen, und die Buslinie 518, die Herdecke mit Hagen verbindet.

Durch das Herdecker Stadtgebiet führt keine Autobahn. Die Anbindung an das Fernstraßennetz erfolgt über die Anschlüsse Hagen-West der A1 und Dortmund-Süd der A45. Durch das Stadtgebiet, zum Teil durch die Innenstadt, verlaufen die Bundesstraßen 54 und 234.

Vom Rande der Hattinger Altstadt (Reschop) aus existieren mit öffentlichen Verkehrsmitteln Verbindungen in alle Himmelsrichtungen.

Das Schienennetz der Bahn erreicht so ziemlich alle Städte des Ennepe-Ruhr-Kreises bestens. Unser Foto hier entstand in Wetter (Ruhr).

Schwelm liegt an verschiedenen Verkehrsknotenpunkten

Schwelm ist in jeder Hinsicht fantastisch erschlossen. »Bahnmäßig« ist die Stadt hervorragend an den regionalen und überregionalen Verkehr angebunden: Im äußersten Westen liegt die Anschlussstelle Wuppertal-Langerfeld/Schwelm, über welche die Autobahn A1 zu erreichen ist. Zum Nord-Westen liegt direkt vor der Stadtgrenze das Autobahnkreuz Wuppertal-Nord, das Zugang zur A1, A43 und A46 bietet. Das Autobahnkreuz Wuppertal-Nord stellt einen der bedeutendsten Verkehrsknotenpunkte im zentralen Nordrhein-Westfalen dar; die A1 ist auf Schwelmer Stadtgebiet teilweise zehnspurig ausgebaut.

Von Osten nach Westen über das Stadtgebiet verläuft die im Schwelmer Bereich überwiegend vierspurige B7, die Schwelm mit dem Großraum Wuppertal und dem Sauerland verbindet. Der Abschnitt im Schwelmer Raum wurde 1788 als eine der ersten Kunststraßen im heutigen Westen Deutschlands fertiggestellt. An der Kreuzung Tal-

Der Hauptbahnhof von Gevelsberg ist der kleinste in ganz Deutschland, streng genommen aber eigentlich gar keiner, da er keine Weichen besitzt.

Das »Wegenetz« im Ennepe-Ruhr-Kreis ist in der Tat vielschichtig und birgt so manche reizvollen Einblicke, wie hier bei Sprockhövel-Haßlinghausen.

straße/Hattinger Straße/Bahnhofstraße kreuzen sich die B7 und die B483, über die Hattingen und Radevormwald zu erreichen sind.

Früher verlief der Nord-Süd-Durchgangsverkehr über die gesamte Kölner Straße und damit durch die Schwelmer Altstadt. Als in den 1970er Jahren beschlossen wurde, die historischen Gebäude der Altstadt zu erhalten und unter Denkmalschutz zu stellen, fiel 1974 auch die Entscheidung, den Verkehr langfristig umzuleiten. Heute ist die untere Kölner Straße verkehrsberuhigt und die Obermauerstraße wird stattdessen genutzt. Mit der Deutschen Alleenstraße führt durch Schwelm eine landschaftlich reizvolle Strecke. Die zentralen Haltestellen des Busverkehrs in Schwelm sind Bahnhof, Kreishaus und Markt. Sie werden von bis zu sieben Buslinien angefahren, die unter anderem nach Ennepetal, Wuppertal, Hattingen und Bochum führen.

Der Bahnhof liegt an der Strecke von Wuppertal nach Hagen. Außerdem gibt es im Westen den S-Bahn-Haltepunkt Schwelm West, der für das Gewerbegebiet Graslake von Bedeutung ist. In Schwelm halten die Züge der S-Bahnlinie 8 sowie der Wupper-Express, der Rhein-Münsterland-Express und der Maas-Wupper-Express. Die direkte Verbindung der Stadt mit dem Ruhrgebiet über die Bahnstrecke Witten-Schwelm wurde 1980 endgültig stillgelegt. Als Anfang des 20. Jahrhunderts eine Verbindungslinie von Langerfeld zum ehemaligen Bahnhof Schwelm Loh angelegt wurde, entstand in Schwelm die 13-Bogen-Brücke, die zu den markantesten Bauwerken der Stadt gehörte, bis sie 1990 wegen Baufälligkeit abgerissen wurde.

Sprockhövel, grüne Stadt an drei Autobahnen

Gleich drei Autobahnen (A1, A43, A46) verbinden Sprockhövel mit den umliegenden Großstädten Wuppertal, Essen, Bochum und Dortmund. Auf Sprockhöveler Stadtgebiet liegt auch das Autobahnkreuz »Wuppertal Nord«. Ferner führt auch die ehemalige Bundesstraße 51 (seit 2010 Landesstraße 651) von Hattingen bis zur Anschlussstelle Sprockhövel der A43 im Hammertal durch das Stadtgebiet. Auf der Bahnstrecke (Wuppertal)-Wichlinghausen-Hattingen, die durch Sprockhövel führte, wurde 1979 der Personenverkehr und 1982 auch der Güterverkehr eingestellt. Die Trasse wird als Rad- und Wanderweg genutzt.

Durch Wetter führen Autobahnen und Radfernwege

Wetter liegt an der A1 (Ausfahrt Volmarstein) und den Bundesstraßen 226 und 234 und verfügt über einen Bahnhof. Eisenbahnanschlüsse bestehen über die S5 nach Dortmund und über Hagen, Wuppertal und Düsseldorf bis nach Mönchengladbach, sowie einem Regionalbahnbeziehungsweise Regionalexpressanschluss über Witten und Bochum nach Essen und in der Gegenrichtung nach Hagen beziehungsweise Siegen und Iserlohn.

Die Radfernwege »Ruhrtalradweg«, von der Ruhrquelle in Winterberg bis zur Mündung in den Rhein bei Duisburg, und »Kaiser-Route«, von Aachen nach Paderborn, führen entlang der Ruhr durch Wetter.

Ab 1803 Postkutschen durch Witten

Gegen Ende des 18. Jahrhunderts erhielt die Stadt Witten mit einer durch den Crengeldanz führenden Chaussee ihren ersten Verkehrsknoten. Ab 1803 verkehrte dort eine Postkutschenroute von Essen über Bochum und Hamm nach Unna. 1808 folgt eine weite Relation von Bochum über Stockum und Brünninghausen nach Hörde. 1823 wurde am Crengeldanz eine feste Poststelle eingerichtet. Nachdem in der Innenstadt eine weitere Poststelle eingerichtet wurde, verlagerte sich der Verkehr vom Crengeldanz weg, so dass 1850 die zwischenzeitlich eingerichtete Post-Expedition schließen musste. Auf Betreiben der Glasfabrik Crengeldanz und der Brauerei Crengeldanz wurde diese 1881 als kaiserliches Postamt wiedereröffnet und erhielt 1882 eine eigene Telegrafenanstalt. Das Gebäude Crengeldanzstraße 92, in dem sie eingerichtet war, existiert heute noch.

Witten ist durch die Autobahnen 43, 44 und 45 an das Fernstraßennetz angebunden, wobei sich an der A43 die Anschlussstellen Witten-Heven und Witten Herbede befinden. An der A44 die Anschlussstellen Witten-Zentrum, Witten-Stockum und Witten-Annen sowie an der A45 die Anschlussstelle Witten-Stockum.

Der Wittener Hauptbahnhof liegt an der zweigleisigen DB-Kursbuchstrecke 427 von Hagen nach Dortmund beziehungsweise Bochum. Diese Strecken wurden 1848 bzw. 1862 von der Bergisch-Märkischen Eisenbahn-Gesellschaft gebaut. Eine weitere Bahnstrecke Witten-Wengern Ost/Schwelm auf der anderen Ruhrseite wurde in den 1930er Jahren von der Deutschen Reichsbahn eröffnet.

Über die Autobahnen sind die Städte des Ennepe-Ruhr-Kreises bestens erreichbar, ganz egal, ob über die 1, die 43, 44, 45 oder die 46 …

Qualitativ hochwertige Immobilien durch den Markenvermittler

Engel & Völkers in Witten-Herdecke und Hattingen vor Ort

Engel & Völkers mit der Unternehmenszentrale in Hamburg gehört seit mehr als 30 Jahren zu den weltweit führenden Maklern bei der Vermittlung von hochwertigen Immobilien. 2009 eröffnete international bereits das 400. Büro. Engel & Völkers-Shops sind heute in 37 Ländern weltweit zu finden – von Florida über Südafrika bis Phuket – und zwei Mal auch im Ennepe-Ruhr-Kreis. Der Shop in Witten betreut seit Mai 2007 die Städte Witten, Wetter, Herdecke und Hagen. Der Shop in Hattingen kümmert sich um die Kundinnen und Kunden aus Hattingen, Sprockhövel, Gevelsberg, Schwelm und Ennepetal.

In beiden Shops sind je fünf kompetente und erfahrene Immobilienberater aktiv. Das Unternehmen setzt vor Ort auf Innovation, Professionalität und Verlässlichkeit. Engel & Völkers vermittelt Wohn- und Gewerbeimmobilien sowie Yachten im Premium-Segment. Durch das einzigartige, ständig wachsende Netzwerk und durch den starken Markennamen haben die einzelnen Shops Zugang zu einem exklusiven Kundenkreis.

Die 1977 durch Dirk C. Engel gegründete Gesellschaft Engel & Cie beschäftigte sich mit der Vermarktung von hochwertigen Immobilien in Hamburg. 1981 wurde Christian Völkers Partner und Geschäftsführender Gesellschafter des Unternehmens, das schließlich 1987 in Engel & Völkers GmbH umfirmierte. 1990 eröffnete in Palma/Mallorca der erste Engel & Völkers-Shop im Ausland. Mit dem auch heute noch erfolgreich praktizierten Franchise-System startete das Unternehmen 1998. Die Engel & Völkers AG wurde ein Jahr später gegründet.

»Für uns ist es wichtig, für unsere Kundinnen und Kunden die Qualität des Wohnens an den Standorten des Ruhrgebiets herauszuarbeiten«, erläutert Ralf Lapan, Inhaber der Shops in Hattingen und Bochum. »Die persönliche Betreuung unserer Kunden steht für uns im Vordergrund. Für jede Immobilie entwickeln wir ein individuelles Vermarktungskonzept. Frische Ideen ergänzen dabei immer wieder die bewährten Methoden.«

Hattingen, Witten, Bochum, New York, Hong Kong ... Engel & Völkers, das bedeutet ein globales Netzwerk und damit weltweite Verbindungen, um Angebot und Nachfrage zueinander zu bringen. »Unsere Marke ist stets ein Vertrauensvorschuss«, erläutert

Das Engel & Völkers-Team der Shops Hattingen und Bochum

Der Engel & Völkers-Shop in Witten

Engel & Völkers geht in vielen Bereichen aktiv in die Werbung.

Franziska Roxlau, Geschäftsführende Gesellschafterin für den Standort Witten-Herdecke-Hagen. Die erfahrene Immobilienmaklerin weiß: »Der Kauf in der Immobilienbranche basiert zu 70 Prozent auf Emotionen. Gerade deshalb ist ein Verkäufer gut beraten, einen professionellen Vertriebspartner für seinen Immobilienverkauf zu beauftragen. Der optimale Verkaufserfolg hängt stark davon ab, dass die Immobilie gut präsentiert und dem passenden Käufer persönlich angeboten wird.«

In der jüngsten Vergangenheit hat die Engel & Völkers Gruppe ihr Wachstum fortgesetzt. Insgesamt stieg der Markenumsatz im ersten Halbjahr 2011 um 16 Prozent auf 92,4 Millionen Euro.

Beitrag von:
Engel & Völkers Hattingen
Dipl.-Ökonom Ralf Lapan
Hauptstraße 12 · 45527 Hattingen
Tel. (0 23 24) 3 91 22 58
Fax (0 23 24) 3 91 23 80
Hattingen@engelvoelkers.com
www.engelvoelkers.com/Hattingen

Engel & Völkers Witten-Herdecke-Hagen
Dipl.-Ing. Franziska Roxlau
Ruhrstraße 37 · 58452 Witten
Tel. (0 23 02) 91 46 10 · Fax (0 23 02) 91 46 11
WittenHerdecke@engelvoelkers.com
www.engelvoelkers.com/Witten-Herdecke

Starke Partner

Mehr als 20 Jahre Erfahrung im Polizeidienst garantieren maximale Kompetenz und Seriosität

Gregory Staats (rechts) und Carsten Heile

Die Firma Staats und Niggemann Security in Schwelm wurde von Gregory Staats und Thomas Niggemann 1994 in Bochum gegründet. Seit 1999 führte Staats das Unternehmen allein verantwortlich. In den Folgejahren entwickelte sich das Unternehmen sehr rasant.

Aufgrund der immer größer werdenden Auftragslage stieg Carsten Heile 2006 als Mitgesellschafter und Geschäftsführer in das Unternehmen ein. Staats und Heile verbindet die Zugehörigkeit zur Polizei Nordrhein-Westfalen in den Jahren 1987 bis 1994. Heile versah in der gehobenen Laufbahn mehrere Jahre Dienst bei einem SEK (Spezialeinsatzkommando) bei der Kriminalpolizei und als Leiter eines zivilen Einsatztrupps (»Zivilfahndung«) im Ennepe-Ruhr-Kreis.

Heute deckt das Unternehmen bundesweit sämtliche Aufgabengebiete der »privaten Sicherheit« ab. Dazu gehören insbesondere die Bereiche Personenschutz, Gastronomie- & Eventsecurity, Objektschutz, Verkaufsflächenüberwachung, Observation & Ermittlungen, Pförtnerdienste und auch der Chauffeurservice.

Autogrammstunde mit Sarah Knappik

Aufgrund der großen Bedeutung des Themas Sicherheit greifen immer mehr Städte und Kommunen in Nordrhein-Westfalen auf das Unternehmen Staats und Niggemann zurück, wenn es um kompetente Veranstaltungs- und Objektsicherheit (Stichwort »Sicherheitskonzept«) geht.

Zudem betreut das Unternehmen alle Arten von privaten Events, angefangen von der Betriebsfeier oder der Firmenpräsentation über zahlreiche Bürger- und Schützenfeste bis hin zu Großveranstaltungen mit über 100 Sicherheitskräften wie zum Beispiel in den Dortmunder Westfalenhallen.

Viele bekannte Persönlichkeiten wie Modern Talking, Backstreet Boys, DJ Bobo, Margarete Schreinemakers oder US-Rapper P. Diddy sowie aktuell der »König des deutschen Pop-Schlagers«, Michael Wendler, vertrauen auf die professionelle Betreuung durch das Schwelmer Unternehmen.

Gregory Staats und »der Wendler«

Starke Kooperationen sind in allen Branchen wichtig. So arbeiten Staats und Niggemann in vielen Bereichen, zum Beispiel bei komplexen Ermittlungen (Observation und ähnliches), in enger Kooperation mit der Rechtsanwaltskanzlei Heuser und Regeniter in Schwelm zusammen.

Rechtsanwälte Heuser und Regeniter

Die Rechtsanwälte Thilo Heuser (rechts) und Jens Regeniter arbeiten seit Jahren in enger Kooperation mit der Staats und Niegmann Security zusammen. Die Fachgebiete der Schwelmer Rechtsanwälte sind Familienrecht, Strafrecht, Mietrecht, Verkehrsrecht, Arbeitsrecht, Zivilrecht, Erbrecht, Gesellschaftsrecht, Handelsrecht, Ordnungswidrigkeitenrecht und Vertragsrecht.

Beitrag von:
SNS Security
Barmer Straße 13a · 58332 Schwelm
Tel. (0 23 36) 4 44 44 44
Fax (0 23 36) 4 44 44 48
Gregory Staats (01 71) 3 44 03 39
Carsten Heile (01 63) 3 12 54 01
info@sns-security.de · www.sns-security.de

Rechtsanwälte
Heuser + Regeniter
Schulstraße 9 · 58332 Schwelm
Tel. (0 23 36) 47 02 80 · Fax (0 23 36) 47 02 90
info@ra-heuser-regeniter.de
www.ra-heuser-regeniter.de

Was ist eigentlich mit Europas Königen?

Alles EN – Das Autokennzeichen EK ist noch nicht vergeben

Kreativ ist das ja nun wirklich nicht ...

Schreibt man das nicht eigentlich mit vorne A und hinten Y?

Märkisch Kongo liegt direkt nebenan, die Blöden Ochsen und die Dummen Ochsen wohnen um die Ecke und die Esel sind auch nicht weit weg. Eigentlich sitzen Europas Nieten mittendrin im Chaos und sind nicht nur bloß dabei. EN genießt halt einen eigentümlicheren Ruf als DO, BO oder ganz simpel E.

Europas Nieten? Nicht wirklich, hört der Interessierte die Verkehrsunfallzahlen 2010 für den EN-Kreis (außer Witten). Denn Europas Nieten sind in Wirklichkeit Deutschlands Spitze. 507 Unfälle mit Personenschäden im Jahr 2010 – das ist das Beste, seit es die Verkehrsunfallstatistiken hier gibt. Das Allerallerfeinste: Die Kinderunfälle sind ebenfalls zurückgegangen, um satte 35 Prozent. Auch das ist als Vergleichswert spitze.

Landrat Dr. Arnim Brux ist mit der Verkehrsunfallsituation glücklich, ist es doch in ganz NRW am unwahrscheinlichsten, im Gebiet von Europas Nieten verletzt zu werden. Eine Verkehrsunfallstatistik gibt es übrigens seit 1958. Der Blick auf die Zahlen belegt, dass es auf den EN-Straßen deutlich sicherer geworden ist. 1964 starben noch 76 Menschen, 2010 waren es »nur« noch neun.

EN ist also nicht mit außergewöhnlich hoher Gefahr gleichzusetzen. EN – Warum ist auf dem Kennzeichen nur die Ennepe, nicht aber der metropolenstiftende Hauptfluss Ruhr verzeichnet? Wieso nicht ENR oder am besten gleich ENRU? Das wäre denn auch mal ein Alleinstellungsmerkmal für den Kreis, denn vier Buchstaben gibt's anderswo nicht.

Oder wir lassen den ganzen Schabernack mit dem Kreis kennzeichenmäßig ganz sein und konzentrieren uns schlicht und einfach auf's Wesentliche: die Städte im Gebiet: Witten bekommt sein WIT zurück und Hattingen HAT(s). Und auch die anderen sieben Kommunen werden adäquat bedient: Breckerfeld ganz hansestädtisch mit HBR, wenn Ennepetal das frei werdende EN nicht will, bekommt es ENP.

Für Schwelm wird es schon ein bisschen kniffliger, wie für alle SCH-Kommunen und -Kreise. Bleibt halt nur SWM. HER ist leider ebenso schon belegt wie HR und HE ... Wir müssen wohl auf HD ausweichen, oder die Herdecker bleiben künftig einfach Zuhause. Traut man den Gevelsbergern GV zu? Wenn nicht, liegt GE bereits im schönen Gelsenkirchen und die Verantwortlichen müssten sich auf GEV einigen, was letzten Endes nun wirklich nicht die schlechteste aller Alternativen wäre. Egal, ob es regnet oder schneit – auf dumme Wetter-Witze mit WE werden wir konsequent verzichten und auf WET umswitchen. Kommen wir schließlich nach Sprockhövel. Als hätte die Welt auf die Kennzeichenreform und ein freies Sprockhövel gewartet, ist SH noch frei – und flugs an die schöne grüne Stadt inmitten des Ennepe-Ruhr-Kreises vergeben.

Nette Gedankenspiele bloß, wohl wahr. Aber seien wir ehrlich: Haben Europas Nie ... äh Könige Derartiges wirklich nötig? Wenn in dieser Sache wirklich Handlungsbedarf bestünde, hätten sich die Autolenker in Hessisch Uganda (HU), die Arschl... im Cockpit (AIC) oder die Taub-Blöd-Blinden aus TBB doch längst die Kugel geben müssen, oder?

Wohl ein Nachrichtenfreak ...

Das passt ja nun mal überhaupt nicht zusammen. Respektlos.

Von der »Elektrischen« an der Ennepe zum Nahverkehrs-Dienstleister im Kreisgebiet

Die Verkehrsgesellschaft (VER) garantiert seit mehr als 100 Jahren Mobilität an Ennepe und Ruhr

Bereits seit 1907 hat die Verkehrsgesellschaft Ennepe-Ruhr mbH beziehungsweise ihre Vorgängergesellschaft den Sitz in Ennepetal. Am 24. Februar 1907 wurde der Fahrbetrieb der elektrischen »Straßenbahn Gevelsberg-Mühlinghausen-Voerde« auf der 9,31 Kilometer langen Strecke mit acht Triebwagen und vier Anhängern aufgenommen. Nach einem erfolgreichen ersten Jahr mit 1,16 Millionen Fahrgästen wurde im Mai 1909 eine zweieinhalb Kilometer lange Verlängerung bis Haßlinghausen Kirche in Betrieb genommen. Doch während des Ersten Weltkrieges kamen einige schwere Jahre auf das Unternehmen zu.

Die Verkehrsgesellschaft Ennepe-Ruhr sorgt für Mobilität im Kreis.

Am 1. Februar 1925 nahm die erste Buslinie ihren Betrieb auf und beförderte die Menschen zum Bahnhof der Bergisch-Märkischen Strecke in Gevelsberg. Noch im gleichen Jahr folgten zwei weitere Buslinien, von Milspe nach Rüggeberg und von Gevelsberg über Silschede und Volmarstein nach Vogelsang. In den folgenden Jahren ging es Schlag auf Schlag weiter. Es folgten Linien von Schwelm nach Beyenburg, von Volmarstein-Loh nach Wetter, von Schwelm über Haßlinghausen nach Sprockhövel und von Silschede über Esborn, Wengern bis nach Witten. Die darauf folgende Weltwirtschaftskrise und die damit verbundenen geringeren Fahrgastzahlen zwangen das Unternehmen, die Taktzeiten zu ändern und einige Linien wieder einzustellen. Erst nachdem die Weltwirtschaftskrise überwunden war, stieg auch die Zahl der Fahrgäste wieder an. Dieser Trend setzte sich auch während des Zweiten Weltkrieges fort. 1941 saßen 4,08 Millionen, 1943 über 5,25 Millionen in den Bahnen und dies obwohl der Wagenbestand nicht erweitert wurde.

Am 31. März 1956 erfolgte ein zukunftsgerichteter Schritt für die Neuausrichtung des Unternehmens: Die Straßenbahn verabschiedete sich mit ihrer letzten Fahrt für immer von den »Ennepestraßen«. Die topographische Lage, die verkehrlichen Gegebenheiten sowie die siedlungsstrukturellen Entwicklungen der Städte im Kreisgebiet erforderten die komplette Umstellung auf den Busbetrieb.

Heute 50 Buslinien und 18 Millionen Fahrgäste

Ausgehend von einer etwa zwölf Kilometer langen Straßenbahnverbindung zwischen Ennepetal-Voerde und Haßlinghausen wurde in den letzten Jahrzehnten ein dichtes Liniennetz geknüpft, das im Jahre 2011 aus 50 Buslinien besteht und 18 Millionen Fahrgäste sicher und stressfrei an ihr Ziel bringt.

Die Grundlage für das Nahverkehrsangebot der VER bildet der Nahverkehrsplan des Ennepe-Ruhr-Kreises. Durch die regelmäßige Überprü-

Mobilität von einst

Ein Foto aus längst vergangenen Tagen

Straßenbahngesellschaft Ennepe – natürlich in schwarz-weiß

fung des Nahverkehrsplanes wird das Leistungsangebot regelmäßig den sich verändernden Erfordernissen angepasst. Für das VER-Liniennetz bedeutete das in den letzten Jahren: die Verdichtung des werktäglichen Angebotes auf verschiedenen Hauptachsen, die Erschließung neuer Bereiche sowie die Einführung ergänzender Angebote am Wochenende.

Vom Ortsbus bis zum StädteSchnellBus reicht die differenzierte Angebotspalette, entsprechend sind vom Midibus zum Gelenkomnibus die unterschiedlichsten Omnibustypen im Einsatz. Doch nicht jedem Bus sieht man auf dem ersten Blick an, was in ihm steckt. So sind die Fahrzeuge mit einem hochmodernen Drucker ausgestattet, welche mit einer Haltestellenanzeige im Fahrgastbereich und der elektronischen Fahrscheinkontrolle im Eingangsbereich verknüpft sind. Zudem besitzen sämtliche Fahrzeuge, welche ab 2007 angeschafft wurden, eine Klimaanlage.

Verkehrsmittel der neuesten Generation: der Hybrid-Bus

Mittlerweile sorgen etwa 330 Mitarbeiter an 365 Tagen im Jahr für umweltfreundliche Mobilität im Verkehrsgebiet der VER. In Ennepetal sind die Fachbereiche für Planung, Steuerung und Einsatzplanung ebenso wie sämtliche kaufmännische Funktionen beheimatet, während der Fahrdienst mit den orangefarbenden Bussen ein vertrauter Anblick auf den Straßen der Region ist.

Mit insgesamt 23 Verkaufsstellen ist die VER in allen Städten des Ennepe-Ruhr-Kreises vertreten und bietet vor Ort umfassenden Kundenservice rund um das Thema Mobilität mit Bus und Bahn an. Das KundenCenter befindet sich auf dem Betriebshof am Wuppermannshof in Ennepetal. Um noch näher bei den Kunden zu sein, wird ab August 2012 ein zusätzliches KundenCenter in Schwelm im neu gestalteten Bahnhof eröffnet. Dort sind Mitarbeiter auch samstags für die Kundinnen und Kunden da und beraten sie gern in Fragen rund um das Angebotssortiment und Fahrzeiten.

Giganten im Ennepe-Ruhr-Kreis

Ein kleiner Teil der neuen VER-Flotte

Beitrag von:
Verkehrsgesellschaft Ennepe-Ruhr mbH
Wuppermannshof 7
58256 Ennepetal
Tel. (0 23 33) 9 78 50
Fax (0 23 33) 97 85 15
info@ver-kehr.de · www.ver-kehr.de

Breckerfeld im Überblick

Quelle: RVR, Essen

Willkommen in Breckerfeld

Breckerfeld ist mit seinen rund 9300 Einwohnern zwar die kleinste Gemeinde, dafür aber eine der reizvollsten Städte im Ennepe-Ruhr-Kreis. 1975, im Zuge der kommunalen Neuordnung mit der früheren Gemeinde Waldbauer vereinigt, verfügt sie über eine Fläche von 59 Quadratkilometern. Die Verleihung der Stadtrechte durch den Grafen Dietrich von der Mark erfolgte 1396. Ihre wirtschaftliche Blütezeit fällt in die Zeit des Hansebundes. Heute gehört sie dem Westfälischen Hansebund an.

Durch die Ansiedlung von Unternehmen mit verschiedenen Produktionszweigen hat die Stadt das Arbeitsplatzangebot seit Anfang der 1970er Jahre erweitert. Das so in Breckerfeld entstandene Industriegebiet trägt wesentlich dazu bei, ihre Lebensfähigkeit zu sichern. Mit dem Gewerbeerweiterungsgebiet östlich der L528 konnten heimischen Betrieben Bestandssicherungs- und bauliche Erweiterungsmöglichkeiten gegeben werden, um vorhandene Arbeitsplätze zu sichern. Zusätzlich wurden in den letzten Jahren 100 neue Arbeitsplätze geschaffen.

Bürgerengagement und soziales Verantwortungsbewusstsein, die Pflege von Bildung, Kultur, Landschaft sowie innovativer Unternehmungsgeist, das sind die Stärken der Stadt Breckerfeld und das macht ihre Attraktivität aus. Investitionen in ihre Zukunftsfähigkeit werden fortgesetzt, zum Beispiel durch Kindergartenumbau, U3 Betreuung und ein neues Einkaufszentrum. Noch sichert die Schuldenfreiheit der Stadt den kommunalen Handlungsspielraum, der benötigt wird, um auch künftig freiwillige Leistungen gewähren zu können. Die mit der Realisierung des Wohnparks Wengeberg begonnene sinnvolle Stadtentwicklung wurde fortgesetzt mit den Neubaugebieten »Südlich Westerfeld« und »Heider Kopf«. Die große Nachfrage nach Grundstücken ist ein Zeichen für die hohe Wohn- und Lebensqualität der Stadt.

Auch im Ortsteil Waldbauer mit dem Hauptort Zurstraße war in den letzten Jahren eine Bautätigkeit zu verzeichnen. Breckerfeld verfügt über alle für eine moderne Kleinstadt erforderlichen Infrastruktureinrichtungen, wie eine Grund-, eine Hauptschule und eine Realschule in Trägerschaft der Evangelischen Landeskirche sowie sieben Kindergärten in freier Trägerschaft. Darüber hinaus ist ein Altenzentrum, bestehend aus Altenwohnungen und einem Altenpflegeheim, vorhanden.

Der hohe Stellenwert des Sports findet seinen Niederschlag in gut ausgebauten Sporteinrichtungen (Spiel- und Sporthalle, Turnhalle, Kleinschwimmhalle, Sport- und Freizeitanlage). Breckerfeld liegt auf der Hochfläche des märkischen Oberlandes und ist mit 442 Metern über NN höchste Erhebung im Kreis- und Ruhrgebiet.

Zu allen Jahreszeiten genießen Besucher in großer Zahl die landschaftlichen Schönheiten Breckerfelds. Sinnvolle Freizeitgestaltung ist aber auch durch Schwimmen, Reiten, Tennisspielen, Skilaufen (Loipen, Lift) in Breckerfeld möglich. Die Glörtalsperre mit Naturbad und Jugendherberge bildet einen regionalen Freizeit- und Erholungsschwerpunkt. Kunstliebhaber finden historische Kostbarkeiten in der evangelischen Kirche (Flügelschnitz-Altar), eine Pieta in der katholischen Kirche sowie im Heimatmuseum. Kurz: Breckerfeld ist eine aufstrebende Stadt, in der man leben, arbeiten, wohnen und sich erholen kann.

Klaus Baumann
Bürgermeister

In Breckerfeld

Der Herr des Kreises II: die zwei Türme

Alte Hansestadt ist modern aufgestellt

Breckerfeld: Anerkannter Erholungsort bietet mit 442 Metern den Gipfel des Kreises

Klein, aber fein. Stimmt, abgedroschener geht's nun wirklich nicht. Aber keine Frage: Breckerfeld, die alte Hansestadt, der staatlich anerkannte Erholungsort, ist mit Abstand das Kleinste, was der Ennepe-Ruhr-Kreis zu bieten hat. Und die Breckerfelder sind oft traurig, dass sie bei den Sachen, die über den Kreis oder mit dem Kreis gemacht werden, nicht so gut wegkommen. Denn Breckerfeld hat mehr. Und man muss nicht alles gesehen haben, um Interessantes, Schönes und bisweilen Geheimnisvolles über diese Stadt zu entdecken.

Breckerfeld lebt von den Natur. Nicht umsonst wird die Hansestadt das »Sauerland des Ruhrgebiets« genannt. In dem Erholungsort liegt in der Ruhe die Kraft. Breckerfeld mit seinen rund 9300 Einwohnern kam im Jahr 1975 im Zuge der kommunalen Neuordnung mit der früheren Gemeinde Waldbauer zusammen. Dahl war auch mal Breckerfeld, das Projekt wurde aber bereits nach kurzer Zeit wieder zu Grabe getragen.

Der Breckerfelder Raum war bereits um 800 besiedelt. 1184 zum ersten Mal urkundlich erwähnt. Graf Dietrich von der Mark verlieh Breckerfeld 1396 die Stadtrechte. Am wirtschaftlich Erfolgreichsten war Breckerfeld, als die Stadt dem Hansebund angeschlossen war. Das war vom 15. bis zum 17. Jahrhundert. Dokumentiert wird dies durch den Schnitzaltar in der evangelischen Jakobuskirche (um 1520) und die Pieta in der katholischen Kirche St. Jakobus (um 1700). Heute gehört Breckerfeld übrigens dem Westfälischen Hansebund an.

Für die Aktivitäten zur Völkerverständigung »im Sinne eines geeinten Europas« erhielt Breckerfeld 1993 das Europa-Diplom und 1996 die Europa-Fahne. Die außerordentlich gut funktionierende Städtepartnerschaft zu der französischen Kleinstadt Gencay besteht seit 1972.

Seit Anfang der 1970er Jahre ging es in Breckerfeld auch bezüglich des Arbeitsplatzangebotes kontinuierlich bergauf. Etliche neue Unternehmen aus den unterschiedlichsten Branchen siedelten sich auf den Höhen an. Das entstandene Industriegebiet trägt seinen Teil dazu bei, die Stadt handlungsfähig zu halten. Auch die heimischen Betriebe profitieren von dem zusätzlichen Gewerbegebiet östlich der L528.

Mit der Wohnbebauung am Wengeberg begann diesbezüglich die Stadtentwicklung. Mittlerweile kamen die Neubaugebiete »Südlich Westerfeld« und »Heider Kopf« dazu – gut sichtbare Zeichen für die hohe Wohn- und Lebensqualität der Stadt. Auch im Stadtteil Zurstraße

Sommer in der Stadt

Echte Breckerfelder ...

(Waldbauer) wurde in den vergangenen Jahren konsequent weiter gebaut.

Breckerfeld ist stolz auf seine Infrastruktur, die der einer modernen Kleinstadt entspricht. Das Angebot reicht von der Grund- über eine Haupt- bis zur Realschule. Bei Letzterer fungiert die Evangelische Landeskirche als Träger. Die jüngsten Breckerfelder gehen in insgesamt sechs Kindergärten, die sich in freier beziehungsweise städtischer Trägerschaft befinden. Für die Seniorinnen und Senioren existieren vor Ort ein Altenzentrum und ein Altenpflegeheim.

Breckerfeld liegt auf der Hochfläche des märkischen Oberlandes und wartet mit dem Wengeberg und seinen 442 Metern Höhe mit der höchsten Erhebung im Gebiet des Ennepe-Ruhr-Kreises auf. Besucherinnen und Besucher kommen zu allen Jahreszeiten in die alte Hansestadt und genießen die Vorzüge in und rund um Breckerfeld. Neben der historischen Altstadt stehen natürlich auch die drei Talsperren im Umland im Fokus. Die Glörtalsperre mit ihrem Naturbad und der Jugendherberge dient als regionales Freizeit- und Erholungstentrum – längst nicht nur für die Breckerfelder selbst.

Herzlich Willkommen im Hochland

Wanderwege mit einer Gesamtlänge von mehr als 100 Kilometern bieten den Wanderern Pfade durch die Natur. Sportliches ist aber auch durch Schwimmen, Reiten, Tennisspielen und Skilaufen möglich. Richtig: Bei Schnee werden rund um den Wengeberg die Loipen gespurt und das Skilift in Betrieb genommen. Die Bedeutung des Sports findet seinen Niederschlag zudem in bestens ausgebauten Sporteinrichtungen. Zum Sportangebot gehören eine moderne Sport- sowie eine Kleinschwimmhalle; darüber hinaus steht eine moderne Sport- und Freizeitanlage zur Verfügung.

Und nicht zu vergessen die Breckerfelder Schützenvereine. Kaum anderswo wird Schützentradition so intensiv gelebt wie in Breckerfeld. Groß ist die Zahl der Vereine, entsprechend umfangreich liest sich auch die Liste der jährlich – in erster Linie in Mai und Juli – stattfindenden Schützenfeste in der Stadt – allen voran das Junggesellenschützenfest, während dem auch zur großen Breckerfelder Kirmes in die Innenstadt eingeladen wird. Eine Veranstaltung, die neben dem Breckerfelder Bauernmarkt im Herbst und dem Breckerfelder Weihnachtsmarkt zu den jährlichen Highlights gehört, die stets zahlreiche Besucherinnen und Besucher von außerhalb in die Hansestadt locken.

Brunnen in der Innenstadt

Mühlenzeit in Breckerfeld

Am Nordrand der Hansestadt trohnt die 1846 in der Nähe von Frankfurt/Oder in der Mark Brandenburg entstandene Bockwindmühle. 1996 hatten sie ihre Besitzer kurzfristig abgebaut, restauriert und später hier wieder aufgebaut. Ausgestattet ist die Mühle mit zwei Kammrädern, einem Sackaufzug und einem Steinhebekran. Zwei Flügel werden mit Segeltuch bespannt, die beiden anderen sind Jalousieflügel.

Auch der Backspeicher – er stammt aus Ostönnen im Kreis Soest – wurde original mit Backstube, Küche und Altenteilerstuben aufgebaut. Das Obergeschoss diente früher als Schüttboden, in dem Korn gelagert wurde. Daneben gehören auch ein Kornspeicher (original Lehmspeicher), ein Bienenhaus, ein aus dem Jahr 1755 stammendes Dreiständerhaus mit Backofen sowie ein bäuerliches Wohnhaus zum Breckerfelder Mühlenensemble. Der Mühlenhof hatte sich bereits bald nach seiner Eröffnung zu einer beliebten touristischen Attraktion in der Hansestadt entwickelt.

Die Breckerfelder Mühle und der Mühlenhof sind ein in der Region angesagter Ausflugstipp.

Schraube für Schraube Qualität, die verbindet

Rüggeberg (Breckerfeld) – ein erfolgreicher Anbieter moderner Verbindungselemente

Die Herstellung von Schrauben hat heute längst höchsten technischen Anforderungen Rechnung zu tragen und muss zugleich auf individuelle Wünsche des Kunden zugeschnitten sein. Mit jahrzehntelanger Erfahrung und mit einer hochmodernen Produktionsstätte in Breckerfeld gehört die traditionsreiche Schraubenfabrik W. Rüggeberg GmbH heute zu den erfolgreichsten Anbietern moderner Verbindungselemente.

Die Herstellung von Schrauben muss heute höchsten technischen Anforderungen Rechnung tragen. Die Präzisionsschrauben der W. Rüggeberg GmbH in Breckerfeld erfüllen alle Anforderungen.

Schrauben von M2 bis M8 nach ISO/EN und nach Zeichnung, mit allen aktuellen Kopfformen, Kraftangriffen, Scheiben und Gewindeformen werden in mehr als 1000 verschiedenen Ausführungen nur nach Auftrag exakt nach den Bedürfnissen und Anforderungen des Kunden gefertigt. Maßgeblich unterstützt wird die Produktion vom hauseigenen WR-Norm-Programm. Sämtliche Abläufe sind selbstverständlich gesteuert durch ein Qualitätsmanagement und zertifiziert nach ISO/TS 16949. Die Rüggeberg-Kunden sind in erster Linie in der Elektro- und Automobilzulieferindustrie zu finden.

Walter Rüggeberg hatte seine Firma 1932 im Hagener Volmetal gegründet. Bereits seit 1969 leitet Marlies Malmendier-Rüggeberg die Geschicke des Unternehmens. Seit Juni 1998 arbeiten die mehr als 30 Mitarbeiter am neuen Standort in Breckerfeld. Eine moderne Betriebsstätte auf mehr als 9000 Quadratmetern Grundfläche ermöglicht nicht nur einen guten Ausblick auf die Zukunft des Unternehmens, sondern aufgrund der exponierten Lage in 400 Metern Höhe auch einen außergewöhnlich schönen Blick über die Berge des nördlichen Sauerlandes.

Hightech im Kleinformat – Schrauben der Marke WR

Beitrag von:
Schraubenfabrik W. Rüggeberg GmbH
Schützenstraße 16
58339 Breckerfeld
Tel. (0 23 38) 91 98 60
Fax (0 23 38) 91 98 85
mail@rueggeberg-schrauben.de
www.rueggeberg-schrauben.de

Das ist der Gipfel

Mit 442 Metern über dem Meer ist der Wengeberg die höchste Erhebung des Ruhrgebiets

Der Wengeberg von Süden gesehen

Für die Jungs von der Tour de France wäre er sicherlich kein Berg der ersten oder gar der Haute Categorie. Aber unterschätzen würden ihn die Fahrer der Frankreich-Rundfahrt bestimmt nicht, den Wengeberg in Breckerfeld. Herrlich gelegen, bietet der Gipfel in viele Richtungen eine traumhafte Aussicht. Von Hagen kommend sicherlich schwieriger zu bezwingen als vom sauerländischen Halver, ist der Wengeberg mit seinen 442 Metern Meereshöhe nicht nur die höchste Erhebung der Stadt Breckerfeld und des gesamten Ennepe-Ruhr-Kreises, sondern des gesamten Ruhrgebiets. Da der Ennepe-Ruhr-Kreis dem Zweckverband Regionalverband Ruhr angehört, ist auch der Wengeberg in Verwaltungshinsicht ein Teil des Ruhrgebiets. Geografisch gesehen ist der Wengeberg die höchste Erhebung der Breckerfelder Hochfläche, dem westlichsten Höhenzug des Altenaer Sattels im märkischen Sauerland.

Auf dem »Gipfelplateau«

Der doppelkuppige Wengeberg liegt auf der Wasserscheide zwischen Volme und Ennepe. Der nordöstliche Gipfel (442 Meter) ist bewaldet. Die Landesstraße 528 führt am südwestlichen Gipfel auf maximal 438,2 Meter. Dort befindet sich die zu Breckerfeld gehörende Ortschaft gleichen Namens.

Auf dem Wengeberg thront weithin sichtbar ein Sendemast. Die exponierte Lage diente bereits Mitte des 19. Jahrhunderts für einen solchen. Die Station 45 der Preußischen optischen Telegrafenlinie zwischen Berlin und der Rheinprovinz war dort aufgestellt.

Der Wengeberg in Breckerfeld ist der höchste Punkt im gesamten Ruhrgebiet.

Winteridyll in Breckerfeld

Und während in Hagen noch in Halbschuhen spazieren gegangen wird, können die Stiefel zehn Kilometer südlich in Breckerfeld bei diesem Schneetreiben nicht hoch genug sein ... Schnee im Ennepe-Ruhr-Kreis kann Spaß machen. Mehr als zehn Kilometer Loipen werden in der Hansestadt von fleißigen Helfern gespurt und der Skilift in Epscheid in Betrieb genommen. Nicht nur die Aktiven vom TuS, der in Breckerfeld eben auch nicht Turn- und Sportclub, sondern Turn- und Skiclub heißt, sind dann Feuer und Flamme für die weiße Pracht, sondern auch außerordentlich viele auswärtige Winterfans und natürlich die Kinder, die sich mit ihren Schlitten freudig in die weiße Pracht aufmachen.

Die Kirche St. Jakobus im Schnee

Winteridyll in Breckerfeld

Und sonst? Sonst präsentiert sich die Hansestadt im weißen Kleid noch ein bisschen schöner als in den warmen Jahreszeiten. Wenn auch die Breckerfelder selbst unter dem Ansturm der Schneemassen in den vergangenen Jahren doch mehr als nur ein wenig litten, so genießen auch sie insbesondere vor Weihnachten das winterliche Vergnügen. Das Idyll ist ebenso perfekt wie die Tatsache, in der Innenstadt keinen Parkplatz zu finden, definitiv. Wer in Oberhausen würde da behaupten wollen, der Winter sei im Ruhrgebiet dort am schönsten?

Wo kann Winter schöner sein?

Kaiser: Kompetenz in Spannverschlüssen

Bei dem Breckerfelder Unternehmen reichen sich Tradition und Innovation die Hand

Der Firmenkomplex der Firma Kaiser in Breckerfeld

Die Ansprechpartner bei der Firma Kaiser (von links): Elke Frenzel (Verkauf), Jana Mach (Geschäftsführung), Gerd Schaukellis (Technik/QM), Jutta Jost auf der Stroth (Rechnungswesen/Personal) und Nicole Schlösser (Einkauf/Versand)

Tradition und Innovation reichen sich bei der Firma Kaiser die Hand. Der Nischenanbieter aus der Hansestadt Breckerfeld entwickelt und produziert Spannverschlüsse nach dem Exzenterprinzip (Kniehebelverschlüsse und Exzenterverschlüsse) sowie verwandte Artikel wie Spannschlösser, Griffe, Kistenbeschläge, Spannbänder und Spannringverschlüsse – und das ausschließlich »made in Germany«.

Die Bandbreite der Einsatzgebiete der Kaiser-Produkte ist ebenso umfangreich wie vielfältig. Sie reicht von Kisten, Gehäusen und Behältern über Container, Schornstein- und Lüftungssysteme bis hin zur Filterindustrie. Zu den Kunden zählen namhafte Unternehmen aus Deutschland, Europa und auch aus Übersee. Sie alle schätzen die Qualitätsware des Unternehmens, das ausschließlich in Breckerfeld produziert. Als weiterer erheblicher Pluspunkt der Firma Kaiser ist zweifelsohne die Belegschaft anzusehen, die aus motivierten, engagierten Mitarbeitern mit jahrelanger Erfahrung besteht. So feierte das qualifizierte Personal in der Vergangenheit zum Teil bereits 25-jährige Betriebszugehörigkeit.

Moderner Maschinenpark und leistungsstarker Werkzeugbau

»Unser moderner Maschinenpark und der eigene, leistungsstarke Werkzeugbau ermöglichen es uns, schnell, flexibel und vielseitig auf die Kundenwünsche zu reagieren«, erläutert die Geschäftsführende Gesellschafterin Jana Mach. »Unser Name steht für erstklassige Qualität und das soll auch so bleiben.« Vor der Zukunft ist der engagierten Unternehmerin nicht bange.

Die Kaiser-Spannverschlüsse sind in fünf Hauptgruppen unterteilt, wobei diese an manchen Stellen ineinander übergreifen. So sind Spannverschlüsse nach DIN, starr, federnd, verstellbar und schließlich auch sicherbar zu haben – je nach Anwendungsgebiet. Außer in Stahl (mit und ohne Oberflächenveredelung) liefert Kaiser die meisten Artikel auch in Edelstahl – einige in Aluminium.

Unternehmensgründung im Jahr 1918

Türen- und Fensterbeschläge und verwandte Artikel waren bereits die Basis des Kommissionsgeschäftes, das Carl Arnold Kaiser 1918 in Voerde gründete und zunächst mit zwei Hilfskräften betrieb. Nach Abschluss seiner Kaufmannsausbildung trat 1925 sein ältester Sohn Karl in den Betrieb ein, den er kontinuierlich ausbaute und um eine kleine Eigenfertigung erweiterte. Das Hauptaugenmerk legte er bereits damals auf Spannverschlüsse nach dem Exzenterprinzip.

Nachdem die Räumlichkeiten am ursprünglichen Standort in Voerde nicht mehr ausreichten, kauften die Inhaber 1932 ein Fabrikationsgebäude mit daneben liegendem Wohnhaus im nahen Außenbezirk (Peddenöde), wohin sie den Betrieb in der Folge auslagerten. Die gesamte Familie zog später dorthin. Zu dieser Zeit hatte sich die Firma Kaiser bereits auf verschiedene Arten von Spannverschlüssen spezialisiert und zählte stolze 25 Mitarbeiter.

Gerd Schaukellis an der Koordinatenmessmaschine

1973 Firmenverlagerung nach Breckerfeld

1962 wurde es auch in Peddenöde trotz zwischenzeitlich erfolgten Erweiterungsbauten zu eng. Die Verantwortlichen erwarben eine Werkshalle in Breckerfeld hinzu. Die Produktion zog um, die Verwaltung blieb zunächst in Peddenöde. Erst 1973 wurde auch die Verwaltung in die Hansestadt verlegt.

Karl Kaisers Tochter, Gisela Spiess-Kaiser übernahm 1980 die Firma in der dritten Generation. Sie führte sie mit Unterstützung im technischen Bereich durch ihren Mann, Dipl.-Ing. Stephan Spiess, bis 2003. Mit Gisela Spiess-Kaisers Firmeneintritt nahmen die Verantwortlichen eine Betriebsaufspaltung in eine Besitzgesellschaft (Kaiser & Co., Inh.: Gisela Spiess) und eine Betriebsgesellschaft (Kaiser + Co. GmbH) vor.

Seit 2003 nun wird das Unternehmen in der vierten Generation von Dipl.-Ing. Dipl.-Kffr. Jana Irina Mach, der Tochter von Gisela Spiess-Kaiser, zukunftsorientiert geführt.

Die Firma Kaiser verfügt über einen hoch modernen Maschinenpark, das Foto zeigt eine Drahterodieranlage.

Beitrag von:
Kaiser + Co. GmbH
Frankfurter Straße 21–23
58339 Breckerfeld
Tel. (0 23 38) 10 37
Fax (0 23 38) 10 36
info@kaiser-fasteners.de
www.kaiser-fasteners.de

Wie lange hätte er hier wohl Halt gemacht? Pilgern an Ennepe und Ruhr

Auf dem Westfälischen Jakobsweg Richtung Santiago de Compostela

Die Menschen kaum einer anderen Stadt sind so auf den Heiligen Jakobus fokussiert wie die Breckerfelder. Evangelische Jakobuskirche, Katholische Kirche St. Jakobus, Altenzentrum St. Jakobus, Jakobusbrunnen, Jakobusfreunde ... Und das, obwohl der eigentliche, der Haupt-Jakobusweg durch Westfalen eigentlich gar nicht durch die Hansestadt führt. Aber der Reihe nach:

Von Osnabrück aus verläuft eine Jakobspilger-Route auf einer Länge von rund 170 Kilometern quer durch den Ennepe-Ruhr-Kreis nach Wuppertal und dann weiter Richtung Santiago de Compostela. Das ist der Westfälische Jakobsweg. Und das hat seinen Hintergrund: Die Pilger im Mittelalter wollten schnell und sicher ans Ziel gelangen. Deshalb nutzten sie das vorhandene Wegesystem. In Westfalen existierten nämlich keine extra ausgebauten Pilgerstraßen mit Herbergen. Und auch heute gestaltet sich die Pilgerwanderung noch als äußerst engagiertes Vorhaben: Vom Ennepe-Ruhr-Kreis nach Santiago de Compostela braucht der Pilger zu Fuß rund 100 Tage, mit dem Rad etwa 50. Es sind einiges mehr als 2000 Kilometer.

Die Altertumskommission des Landschaftsverbandes Westfalen-Lippe (LWL) hat den Pilgerweg durch Westfalen nach historischem Vorbild rekonstruiert. Er gliedert sich nahtlos in das weit verzweigte Wege-Netz der Jakobspilger in Europa ein. Er wirkt wie ein Lückenschluss, denn mit dem etwa 200 Kilometer langen Teilstück zwischen Osnabrück und Wuppertal-Beyenburg ist die Route vom Baltikum bis nach Nordspanien, wo sich das Grab des Apostels Jakobus befindet, jetzt durchgehend nachvollziehbar.

Die Vorlage des Weges, der europäisch einheitlich mit dem Erkennungsmerkmal »gelbe Jakobsmuschel auf blauem Grund« gekennzeichnet wurde, waren die Spuren jener Pilger, die sich bereits im Mittelalter von hier in Richtung nordspanischer Wallfahrtsort aufmachten. Eine kleinteilige Arbeit. Entstanden ist nach siebenjähriger Forschungszeit ein Weg, der über Lengerich, Ladbergen, Münster, Herbern, Werne, Cappenberg, Lünen, Dortmund, Hohensyburg, Herdecke und Schwelm bis nach Wuppertal führt. Dort knüpft der Weg an den bereits bekannten Etappenteil nach Köln und Aachen an.

Für Pilger von heute hat der LWL deshalb eine Strecke ausgewiesen, die auf landschaftlich schönere Alternativen ausweicht, etwa, wenn die historische Route zu nah an Fernstraßen entlang führt. Zudem haben die Verantwortlichen einige Kulturdenkmäler ohne direkten Bezug zum Jakobsweg in die Pilgerstrecke mit aufgenommen.

Die evangelische Jakobuskirche

Entstanden ist so die Chance, den immer populärer werdenden Weg nach Santiago de Compostela direkt vor der Haustür seiner westfälischen Heimat zu beginnen. Die Anreize sind dabei vielfältig: Die sportliche Herausforderung gehört genauso dazu, wie die Begegnung mit historischen Glaubensspuren der Pilger in Kirchen und Klöstern oder das Erleben der kulturellen Vielfalt Westfalens in Wasserschlössern und Industriedenkmälern. Die Erforschung weiterer Strecken, die als Zubringer zu dem westfälischen Jakobsweg gedient haben, wird vom LWL geplant.

Die einzelnen Etappen von Osnabrück nach Wuppertal: Lengerich – Ladbergen – Schmedehausen – Münster – Drensteinfurt – Habern – Werne – Cappenberg – Lünen (über Lippe) – Dortmund – Hohensyburg – Hengsteysee – Herdecke – Hagen – Lüdlang – Ennepetal – Hagen – Gevelsberg – Schwelm – Wuppertal – Beyenburg.

Der Jakobusbrunnen in Breckerfeld

Die katholische Kirche St. Jakobus

Heimatmuseum: Kleinod mit viel Leben

Das Breckerfelder Heimatmuseum wird seinem Namen mehr als gerecht: Die gezeigten Exponate sind in der Tat durch und durch heimatbezogen und geben den Besucherinnen und Besuchern einen hoch interessanten Einblick in das Leben und in die Arbeit früherer Zeiten in der Hansestadt. So sind zum Beispiel alte Schmiedewerkzeuge und Türschlösser ebenso zu bewundern, wie eine Kirchenuhr aus dem 17. Jahrhundert.

Das Breckerfelder Heimatmuseum in der Innenstadt

Aktionstage wie »Vom Schaf bis zum Pullover« sorgen im Heimatmuseum für regen Zulauf.

Vorher noch in einem Dachgeschoss in der Nähe untergebracht, zog das Museum 1996 in »sein« eigenes Haus, in die von der Stadt angekaufte Hufschmiede mit Wohnhaus in der Innenstadt. Die Schmiede ist auch heute noch intakt. Der rührige Breckerfelder Museumsverein organisiert zudem über das ganze Jahr hinweg spannende Wechselausstellungen.

Das Heimatmuseum ist ein – aufgrund der Qualität und Quantität der Events – viel beachteter Veranstaltungsort. Die Palette reicht vom literarischen Frühschoppen über den stadtgeschichtlichen Vortrag bis hin zum Kammerkonzert. Umfangreichere Ausstellungen und Aktionstage mit Rahmenprogramm behandeln Themen wie den interessanten Weg »vom Schaf bis zum Pullover« oder parallel zum Weihnachtsmarkt die »weihnatlichen Kinderträume aus Breckerfeld«. Auch die Breckerfelder Vereine nutzen das Heimatmuseum in der Museumsgasse gerne als Veranstaltungsort mit Ambiente.

Mit Pferdehilfe den Problemen begegnen

Reittherapie und Reitpädagogik Anna Trier am Hof Wengeberg in Breckerfeld

Die Praxis für Reittherapie & Reitpädagogik Hof Wengeberg ist nicht einfach ein Reitstall. Seit 2006 bietet Anna Trier (geborene Palluch), Diplom Sozialpädagogin und Reittherapeutin IPTh, dort Reittherapie und Reitpädagogik mit speziell ausgebildeten Pferden an.

Bei der Reittherapie handelt es sich um ein ganzheitliches und körperorientiertes Therapieverfahren, das den Menschen emotional, sozial und kognitiv positiv beeinflusst. Der Umgang mit dem Pferd und das Reiten selbst bieten eine Vielfalt von Eindrücken und Erfahrungen. Diese werden durch die Begleitung der ausgebildeten Reittherapeutin initiiert, vertieft und besprochen. Dabei steht der Mensch mit seinen individuellen Problemen und Vorlieben im Mittelpunkt.

Mit Unterstützung des Pferdes soll der Mensch die Möglichkeit erhalten, seinen Problemen positiv zu begegnen. Es existiert keinerlei Leistungsdruck. Die Praxis für Reittherapie und Reitpädagogik ist eine Einrichtung, in der Kinder, Jugendliche und Erwachsene durch das Medium Pferd in ihrer Entwicklung gefördert und gestärkt werden. Das Angebot richtet sich an Menschen mit den unterschiedlichsten Behinderungen und Verhaltensauffälligkeiten.

Das Angebot von Anna Trier richtet sich an Menschen mit den unterschiedlichsten Behinderungen und Verhaltensauffälligkeiten.

Bei der Reittherapie steht der Mensch mit seinen individuellen Problemen und Vorlieben im Mittelpunkt.

Die dazu eingesetzten Therapiepferde leben in Gruppenhaltung im Offenstall. Um eine pferdegerechte Haltung zu sichern, sind alle Pferde täglich bei jedem Wetter auf der Weide oder auf dem wetterfesten Auslauf. Seit 2001 ist der Hof von der Deutschen Reiterlichen Vereinigung (FN) als Pensionspferdestall anerkannt und wird, um die Qualität zu sichern, in regelmäßigen Abständen auf seine Haltungsbedingungen geprüft.

Beitrag von:
Anna-Katharina Trier
Hof Wengeberg · Praxis für Reittherapie
Wengeberg 1 · 58339 Breckerfeld
Tel. (0 23 38) 91 25 19
annapalluch@gmx.de · www.hof-wengeberg.de

Breckerfelder Kaufleute reisten einst bis Nowgorod

In der Zeit der Hanse erlebte die Stadt auf den Höhen ihre wirtschaftliche Blütezeit

Die Breckerfelder Höhen waren schon sehr früh besiedelt. Den Ur-Breckerfelder, den gab es schon im 2. Jahrhundert nach Christus. Das beweist der Fund einer römischen Marsstatuette in Windhagen. Auch bei Bühren entdeckte Münzen aus dem 1. bis 3. Jahrhundert deuten darauf hin, dass sich bereits die alten Germanen die Breckerfelder Höhen als Siedlungsgebiet ausgesucht hatten.

Im Hochmittelalter waren die wichtigsten Fernhandelsstraßen Höhenwege, da sie leichter als die meist sumpfigen Täler zu befahren waren. An der Kreuzung der Handelsstraßen von Dortmund nach Frankfurt entstand Ende des 12. Jahrhunderts der Ort Brecheruuelde, der sich rasch als Markt-, Gewerbe- und Kirchort entwickelte. Urkundlich erwähnt wurde Breckerfeld zum ersten Mal 1184. Der Müller Eppechinus aus Brecheruuelde war während der Arbeit mit seinem Arm in das Mühlradgetriebe geraten und hatte sich dabei schwer verletzt. Hilfesuchend rief er den Heiligen Anno (Erzbischof Anno II. von Köln) an – und seine Wunden heilten in Windeseile. Aus Dankbarkeit pilgerte der Gesundete zum Grab des Heiligen Anno nach Siegburg, wo Mönche seine Geschichte in einer Klosterhandschrift festhielten. Eppechinus war wieder fit und der Name Breckerfeld belegt.

Die katholische Kirche St. Jakobus in Breckerfeld

In den folgenden Jahrhunderten entwickelte sich die Stadt prächtig. Schon bald wurde die bisherige Pfarrkirche zu klein und die Breckerfelder begannen um 1390 mit dem Bau einer Basilika. Sie ist heute die einzige spätgotische Basilika Westfalens und wurde dem Jakobus geweiht, da die Handelsstraßen zugleich Jakobsweg waren. Sechs Jahre später, am 1. August 1396, verlieh

Blick in die Breckerfelder Altstadt: Im Hintergrund ist die evangelische Jakobuskirche zu sehen.

Breckerfeld historisch

Graf Dietrich von der Mark Breckerfeld die Stadtrechte. Der Graf versprach sich von der bis dahin noch unbefestigten Stadt wohl auch strategische Vorteile, da sie an der Grenze zum Herzogtum Berg lag, mit dessen Herzog er nachhaltig verfeindet war. Dietrichs Nachfolger, die Herzöge von Kleve, befestigten die Stadt und verliehen ihr auch die Rechte, eine Schlacht-, Brau- und Mahlsteuer sowie das Zollrecht zu erheben.

Seit dem 15. Jahrhundert Hansestadt

Mitte des 15. Jahrhunderts wurde Breckerfeld Mitglied der Hanse und seine Kaufleute bereisten ganz Europa. Wann konkret der Anschluss an den Hansebund erfolgte, weiß niemand so genau. Sicher ist jedoch, dass in diese Zeit die wirtschaftliche Blüte der Stadt fällt. Breckerfelder Kaufleute sind bereits im 14. Jahrhundert in Köln, Brügge und London nachzuweisen, im 15. Jahrhundert hielten sie sich in Lübeck, Riga, Reval, Nowgorod oder Moskau auf. Ihre Söhne wurden als Juristen und Theologen an Universitäten wie

Innenstadtidyll

In der Breckerfelder Altstadt

von Köln oder Rostock ausgebildet. In Lübeck wurde 1420 sogar ein Kort von Breckerfeld als Bürgermeister geführt.

Erzförderung und Stahlerzeugung waren die wesentlichen Faktoren für diesen Erfolg. Der Stahl wurde in den umliegenden Wäldern aus Raseneisenstein gewonnen. Bauern und Waldschmiede bauten die vielen kleinen Erzvorkommen ab und verhütteten sie in einfachen Rennöfen. Zahlreiche bereits in das 11. Jahrhundert datierbare Schlackehügel in den Wäldern zeigen bis heute die Plätze der damaligen Erzgewinnung in den Kohlenmeilern. Der Stahl wurde dann von Breckerfeld aus in Holzfässern nach Köln oder zu den anderen Handelspartnern transportiert oder in den außerhalb der Stadtmauern liegenden Schmieden (wegen der Brandgefahr) weiterverarbeitet. Die Breckerfelder Kaufleute handelten ihre Erzeugnisse wie Sporen, Schlösser, Klingen und Messer am Londoner Stahlhof genauso wie in den baltischen Ländern. Begehrt und berühmt war der »Breckerfelder«. Hierbei handelte es sich um einen zu Ruhm und Ehre gekommenen Kurzdolch. Nicht selten wurden diese Messer »veredelt« und hochstehenden Persönlichkeiten verehrt.

Im 17. Jahrhundert schwand die Wirtschaftskraft der Stadt. Auch in anderen europäischen Ländern wurde nun Stahl in ähnlicher Qualität wie in Breckerfeld produziert, vor allem die Nutzung der Wasserkraft in den Flusstälern, mit der Eisen und Stahl nun weitaus billiger und besser verarbeitet werden konnte, brachte für Breckerfeld den wirtschaftlichen Niedergang.

Böse Breckerfelder Jahre

Breckerfelder Ansichten

Als äußerst bescheidene Jahre gingen 1520, 1557, 1628, 1655, 1658, 1711 und 1727 in die Breckerfelder Geschichtsbücher ein, denn verheerende Brände wüteten in der Hansestadt und legten sie in Schutt und Asche. Im Jahr 1719 wohnten nur noch 483 Bürger und 441 Kinder in der Stadt. Der letzte Brand war so zerstörerisch, dass der Landesherr, Friedrich Wilhelm I. von Preußen, am 8. September 1728 eine Generalkollekte starten ließ, um die Not zu lindern. Doch er musste auch noch anderweitig eingreifen: Die reformierte Gemeinde der Stadt hatte bei dem Brand 1727 ihr Gotteshaus verloren und die lutherische Gemeinde weigerte sich trotz königlichen Befehls, ihre Jakobus-Kirche zur Mitnutzung zur Verfügung zu stellen. Erst der Einsatz von 264 Soldaten zwang die Aufmüpfigen zur Toleranz.

Auch die Webstühle, die Mitte des 18. Jahrhunderts kurzfristig eine kleine Textilindustrie ins Leben gerufen hatten, konnten der Bedeutung der Stadt keine neue Kraft mehr verleihen. Ein wegen seiner Kurzlebigkeit kaum beachtetes Gewerbe entstand im 19. Jahrhundert: das Uhrmacherhandwerk. Gebaut wurden Standuhren von den Uhrmachern Schmirnbach und Flüß.

Die Stimmung in Breckerfeld war zum Ende des 19. Jahrhunderts offenbar dermaßen mies, dass 1896 sogar die 500-Jahrfeier abgesagt wurde. Die Entwicklung der Stadt war hinter den Erwartungen zurück geblieben, nicht zuletzt, da Breckerfeld nicht an das Eisenbahnnetz angeschlossen worden war. Die »Postkutschenzeit« ging dementsprechend erst 1907 zu Ende, als die Kleinbahn Haspe-Voerde bis nach Breckerfeld verlängert wurde.

1970 wurde die ehemals selbstständige Gemeinde Dahl in die Stadt Breckerfeld eingemeindet – auch bekannt als Breckerfeld 2. Bereits nach fünf fruchtlosen Jahren beschloss der Landtag jedoch die Umgemeindung dieses Gebiets in die kreisfreie Großstadt Hagen. 1975 wurde jedoch Waldbauer, heute Zurstraße, eingemeindet. Dieser Stadtteil sollte bleiben. In den vergangenen Jahrzehnten nahm die alte Hansestadt dann endlich wieder Fahrt auf. So wiesen die Verantwortlichen Mitte der 1960er Jahre nicht nur ein Industrie- und Gewerbegebiet nördlich der Innenstadt aus, südlich der Stadt entstanden auch umfangreiche neue Wohngebiete, die die Zahl der Einwohner bis heute stetig steigen ließ.

Waldbauer: Kein Jahr lang Hagen

Der nördlichste Teil der Hansestadt Breckerfeld heißt Waldbauer. »Zentrum« Waldbauers ist die Ortschaft Zurstraße. So steht es auch auf dem Ortsschild. Daneben existieren noch etliche Weiler und Hofstellen. Mit Schöpplenberg geht die beurkundete Geschichte des Stadtteils sogar bis ins 11. Jahrhundert zurück.

In Zurstraße (Waldbauer)

Am Rafflenbeuler Kopf beim Hof Rafflenbeul haben Historiker hügelartige Erhebungen entdeckt, die durchaus Grabbauten aus prähistorischer Zeit sein können. Waldbauer gehörte nach Abschluss der Napoleonischen Feldzüge 1807 zum neu eingerichteten Ruhr-Departement und hier zur Mairie Enneperstraße im Kanton Hagen.

Seit dem Ende des Zivilgouvernements zwischen Weser und Rhein im Juli 1816 gehörte die Bürgermeisterei Enneperstraße mit den Gemeinden Haspe, Vorhalle, Voerde, Waldbauer und Westerbauer sowie einer Anzahl von kleineren Hofstellen und Weilern dem neu gebildeten Landkreis Hagen an.

Waldbauer wurde am 1. Januar 1970 in die Stadt Hagen eingemeindet. Nach einem Gerichtsurteil wurde die Gemeinde jedoch bereits am 18. Dezember des gleichen Jahres wieder selbstständig. Da sie ihrer Größe und Einwohnerzahl nach in der Ballungsrandzone nicht selbstständig bleiben durfte, wurde sie am 1. Januar 1975 in die Stadt Breckerfeld eingemeindet.

Die Kirche in Zurstraße

Die gemütlichsten Märkte weit und breit

Zum Bauernmarkt und zu Weihnachten lockt die Höhengemeinde nach Breckerfeld

Zwei Traditionsveranstaltungen locken im Jahresverlauf in die Höhengemeinde des Kreises: der große Breckerfelder Bauernmarkt und der Breckerfelder Weihnachtsmarkt. Highlights, die nicht nur die Hansestädter selbst, sondern auch Besucherinnen und Besucher von außerhalb bereits seit Jahrzehnten genießen wollen.

Bauernmarktwetter

In Breckerfeld existiert seit mehr als 20 Jahren das Phänomen des typischen Letzte-Septemberwochenende-Wetters. Strahlender Sonnenschein, Temperaturen von mehr als als 20 Grad ... Wer beim Breckerfelder Bauernmarkt nicht aufpasst, fängt sich einen Sonnenbrand. Ansonsten ist der Besuch des Marktplatzes und des benachbarten Freigeländes stets ein Genuss ohne Reue. Was den Gästen an kulinarischen Köstlichkeiten zum sofortigen Verzehr oder für Zuhause geboten wird, kann sich sehen und vor allem schmecken lassen. Was auf den heimischen Höfen aufwuchs oder angebaut wurde, nehmen immer mehrere tausend Besucherinnen und Besucher aus der ganzen Region gern mit nach Hause. Denn sie wissen: frischer und gesünder geht es nicht. Auch das Kunsthandwerk nimmt breiten Raum ein, pfiffige Mode und Holzspielzeug gibt es in breiter Auswahl.

Der Breckerfelder Weihnachtsmarkt rund um die evangelische Jakobuskirche lockt die Besucherinnen und Besucher seit Jahrzehnten.

Hier lassen sich in Ruhe die schönsten Geschenke aussuchen.

Fahrten mit der Ponykutsche sind der absolute Renner beim Breckerfelder Bauernmarkt.

Zu Weihnachten nach Breckerfeld

Und auch im Winter geht es rund. Ohne Trubel wohlgemerkt. Er ist einer der Schönsten seiner Art weit und breit, der Breckerfelder Weihnachtsmarkt. Das war schon immer so. Auch vor 30 Jahren bei der Premierenveranstaltung. Das adventliche Treiben rund um die evangelische Jakobuskirche im Ortskern hat Stil. Es ist halt besinnlicher und ruhiger als die meisten anderen Märkte ähnlicher Machart. Was den Breckerfelder Weihnachtsmarkt auszeichnet, ist sein einzigartiges Flair. Ein Flair, das die Menschen selbst bei Regen zum Richtigen-Weihnachtsmarkt-Genießen anreisen lässt.

Kunsthandwerk ist das Markenzeichen des Breckerfelder Weihnachtsmarktes.

Groß ist das Angebot beim Breckerfelder Bauernmarkt.

Wo Präzision Zuhause ist

ZL Microdent – Engagement ohne Kompromisse

Der Firmensitz der ZL Microdent

Im Land der Talsperren, dem Tor zum Sauerland, liegt Breckerfeld. Was sich romantisch anhört, birgt jedoch Überraschendes: In Breckerfeld haben sich Firmen angesiedelt, die für höchste Präzision stehen. Das gilt in besonderem Maß für die ZL Microdent-Attachment GmbH & Co. KG. Seit über 40 Jahren im Bereich Medizintechnik und Feinmechanik tätig, ist der familiengeführte Betrieb seit über 30 Jahren in Breckerfeld ansässig.

Werkstückkontrolle im Mikrometerbereich

Höchstmaß an Funktionalität und Exaktheit

Bei ZL Microdent geht es – wie es schon der Firmenname vermuten lässt – um kleine und kleinste Teile im Millimeter und Mikrometerbereich für die dentale Medizintechnik. Genauer gesagt um Implantate und Attachments. Während Implantate künstliche Zahnwurzeln sind, handelt es sich bei Attachments um kleinste Präzisionsbauteile, womit eine Teilprothese (als Ersatz für verloren gegangene Zähne) an den verbliebenen echten Zähnen stabil und elegant befestigt werden kann. Diese im Fachjargon »Ankersysteme und Geschiebe für die Teilprothetik« genannt, haben sich millionenfach bewährt und sind in der dentalen Welt als Standard anerkannt. Nicht zuletzt darauf ist das hohe internationale Renommee von ZL Microdent zurück zu führen.

Implantatsystem »DURAPLANT®«

Wie ein Original

1992 überraschte ZL Microdent die Fachwelt mit einer weiteren Innovation, dem Duraplant® Implantatsystem mit seiner einzigartigen Ticer®-Oberfläche. Sie wurde von ZL Microdent gemeinsam mit Prof. Dr. Hans-Ludwig Graf, dem heutigen Leiter der Klinik und Poliklinik für Mund-, Kiefer- und Plastische Gesichtschirurgie am Universitätsklinikum Leipzig, entwickelt und findet sich mittlerweile auch auf den Implantaten eines der Weltmarktführer wieder. In den, einem Vulkankrater ähnelnden, kreisrunden Öffnungen auf der Implantatoberfläche verankern sich die Knochenzellen und halten damit das Implantat regelrecht fest. Diese Öffnungen haben einen Durchmesser von weniger als fünf Mikrometer oder 0,005 Millimeter. Ein normales menschliches Haar mit seinem Durchmesser von etwa 0,05 Millimeter ist dagegen dick. Wie schon mit den Attachments konnte ZL Microdent auch mit seinen Duraplant®-Implantaten Standards setzen. Zum Beispiel die Etablierung durchmesserreduzierter Implantate (weniger als drei Millimeter Durchmesser) als Therapiealternative, das spannungsfreie Verkleben von Brücken auf Implantaten oder das so genannte Platform Switching.

Stillstand ist Rückschritt

»Die Zusammenarbeit zwischen namhaften Universitäten und ZL Microdent mit seinen ›Made in Germany‹-Produkten ist der Garant für fortschrittliche Lösungen in partieller Prothetik und Implantologie.« Dieser Leitsatz der beiden Geschäftsführer Volkhard-Hagen Clostermann und Kai-Uwe Packheiser ist Motivation für 50 hochqualifizierte Mitarbeiter sich immer wieder in Neuerungen und Produktoptimierungen zu beweisen. Das Produkt TectuSil® ist so eine Idee der ZL Microdent Entwickler. Das Dichtsilikon wird in die produktionstechnisch bedingten Hohlräume zwischen den Implantaten und ihren prothetischen Aufbauten appliziert und verhindert so zuverlässig deren Besiedelung mit Bakterien. Und natürlich zählen zu den firmeneigenen Innovationen auch eine ganze Palette von Instrumenten, Werkzeugen und prothetischen Aufbauteilen für eine sichere und auf die Möglichkeiten des Patienten hin abgestimmte Versorgung mit implantatgestütztem Zahnersatz.

Wer aufhört besser zu werden, hört auf gut zu sein

Um dieses Engagement der Mitarbeiter zu fördern, wird entsprechend viel Wert auf ihre stete Weiter- und Fortbildung gelegt. Das gilt ebenso für die Kunden aus dem Dentalbereich, denen zahlreiche Schulungskurse mit namhaften Referenten angeboten werden. Hierfür wurden unter anderem Schulungsräume für Zahntechniker und Zahnärzte sowie eine zahnärztliche Praxis eingerichtet.

Werkstoffprüfung in der Wareneingangskontrolle

Feinstmechanische Produkte

Alle Produkte von ZL Microdent sind Medizinprodukte der Klassen 1, 2a und 2b. Sie werden mit modernster Maschinenausstattung unter strengster Beachtung festgelegter und zertifizierter Qualitätsprozesse sowie Hygienevorschriften gefertigt. Im Mittelpunkt stehen dabei so genannte CNC-Hochleistungsfräsen. Diese Maschinen arbeiten absolut erschütterungsfrei, so dass sie auf 1/1000 Millimeter genau die gewünschten Formen aus dem Material fräsen können. Ganz gleich, ob das Produkt aus Edel-, Nichtedelmetallen oder aus produktspezifischen Sonderwerkstoffen gefertigt wird.

Geschäftsführer Kai-Uwe Packheiser (links) und Volkhard-Hagen Clostermann

Made in Breckerfeld

Dieses Know-how der Mitarbeiter und die technische Ausstattung nutzen daher auch namhafte Fremdfirmen, um ihre Produkte in Lohnfertigung von ZL Microdent nicht nur herstellen, sondern auch optimieren zu lassen.

Mittlerweile hat ZL Microdent viele renommierte ausländische Unternehmen als Partnerfirmen für den Vertrieb im europäischen Ausland und in Übersee gewinnen können. Fragt man nach dem Erfolgsrezept, erhält man eine verblüffend einfache Antwort: Verlässlichkeit, Präzision und gleichbleibend hohe Qualität »Made in Germany« und alles grundsätzlich aus einer Hand.

Beitrag von:
ZL Microdent-Attachment GmbH & Co. KG
Schützenstraße 6–8
58339 Breckerfeld
Tel. (0 23 38) 80 10
Fax (0 23 38) 8 01 40
info@zl-microdent.de
www.zl-microdent.de

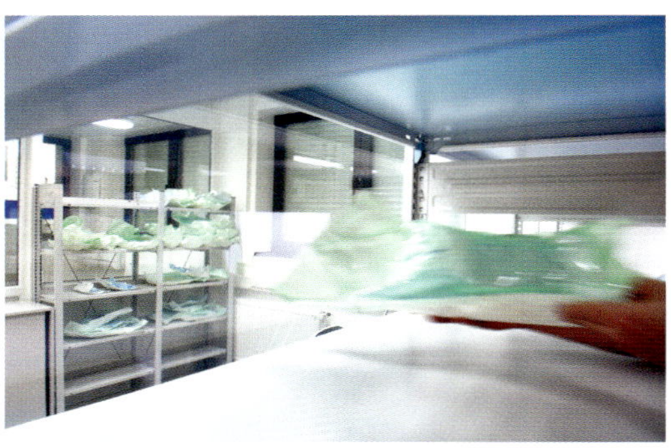
Vorbereitung Sterilverpackung

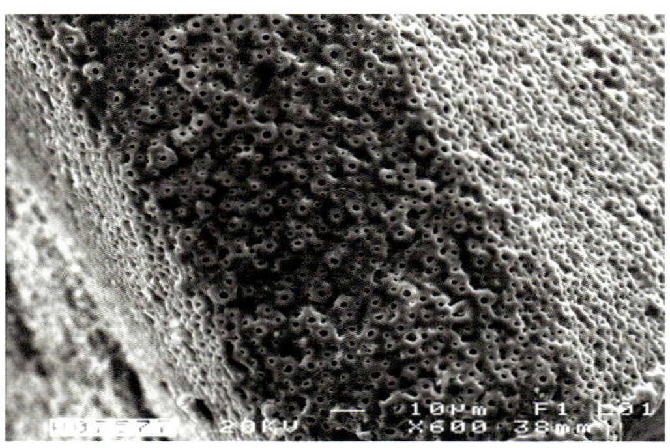
Implantatoberfläche in 600-facher Vergrößerung

Bohrvorgang mit einem 1,0 mm Versenker

Ennepetal im Überblick

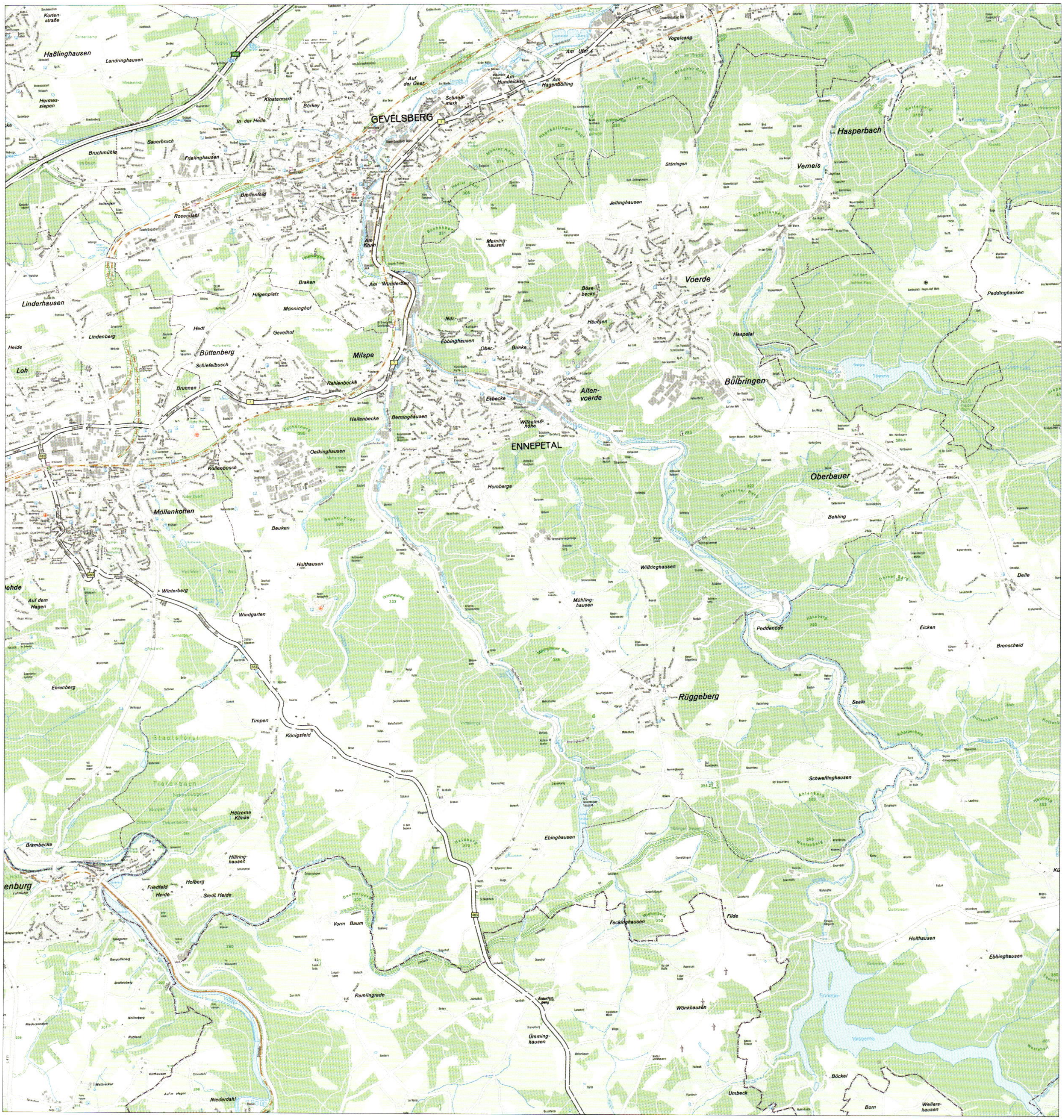

Quelle: RVR, Essen

Willkommen in Ennepetal

Ennepetal

- die Stadt an der Schwelle vom Ruhrgebiet zum Sauerland und zum Bergischen Land
- die Stadt im Halbkreis dreier Talsperren
- die Stadt der Kluterthöhle
- Industriestadt im Grünen.

Das sind einige der gängigen Bezeichnungen für Ennepetal. Sie sind alle nicht falsch; sie reißen etwas Typisches unserer Stadt an, ohne sie jedoch vollständig charakterisieren zu können.

Ennepetal, das sind viele verschiedene Merkmale, die sich zudem oft widersprechen und erst in der Summe aller Komponenten und ihrer Widersprüche in etwa ein zutreffendes Bild unserer Stadt ergeben. Das erklärt sich aus ihrer Geschichte. Denn Ennepetal ist keine gewachsene Stadt; Ennepetal ist vielmehr die Summe von Ortsteilen, die bis 1949 eine eigene Entwicklung hatten und sich bis heute eine auffallende Eigenständigkeit bewahrt haben. Das drückt sich in der Gestaltung dieser Ortsteile aus, aber auch in ihrer bürgerschaftlichen Darstellung, den Festen

In Voerde

In Milspe

und dem Vereinsleben. Daraus erklärt sich die manchmal widersprüchliche Vielfalt der Ennepetaler Stadtteile und damit auch der Gesamtstadt.

Doch eine Stadt versteht sich als ein von Menschen gestalteter Lebensraum, in dem die Vergangenheit ebenso präsent ist wie die Gegenwart mit ihren Erfordernissen und Ansprüchen. So darf rückschauend festgestellt werden, dass trotz der schwierigen Entwicklungsbedingungen die Integrationsfähigkeit Ennepetals stark genug war, die vielfältigen Probleme und Aufgaben einer Stadt unserer Größenordnung zu bewältigen. Seit der Stadtgründung im Jahr 1949, als sich die selbstständigen Gemeinden Milspe und Voerde zusammenschlossen, hat sich das Leben unserer Stadt in wirtschaftlicher, sozialer und kultureller Hinsicht dynamisch entwickelt.

Neben dieser Integrationsfähigkeit waren und sind viel Kraft, zähe Arbeit, Unternehmungsgeist und die Mitarbeit der gesamten Bürgerschaft Voraussetzungen für die Aufbauarbeit und die Weiterentwicklung. Der lebendige Bürgersinn bildet das gute und feste Fundament, auf dem auch die Zukunft unserer Heimatstadt ruhen wird.

Auf den folgenden Seiten sind Stimmungen, Orte und Details, die Ecken und Kanten einer Stadt eingefangen, die so gar nicht mit anderen Städten vergleichbar ist.

Ihr

Wilhelm Wiggenhagen
Bürgermeister

Verbindungselemente, Konsolen und Regalsysteme

August Vormann: In fünf Generationen zum international operierenden Unternehmen

Auf dem Weg zur Heilenbecker Talsperre liegt inmitten ausgedehnter Wälder und Wiesen die Firma August Vormann. Weit über drei Jahrhunderte findet man an diesem Ort bereits industrielle Produktionsbetriebe, für deren Ansiedlung der Große Kurfürst persönlich im Jahre 1678 die Genehmigung erteilte. Dort im Heilenbecker Tal, genauer gesagt am Grimmelsberg, erwirbt auch Ludwig Vormann im Jahre 1857 ein Haus und eröffnet darin eine Schankwirtschaft, ehe er 1863 im Anbau des Hauses eine kleine Schmiede errichtet. Der Grundstock für das Industrieunternehmen August Vormann, dessen Namensgeber der Sohn des Gründers ist, wird gelegt.

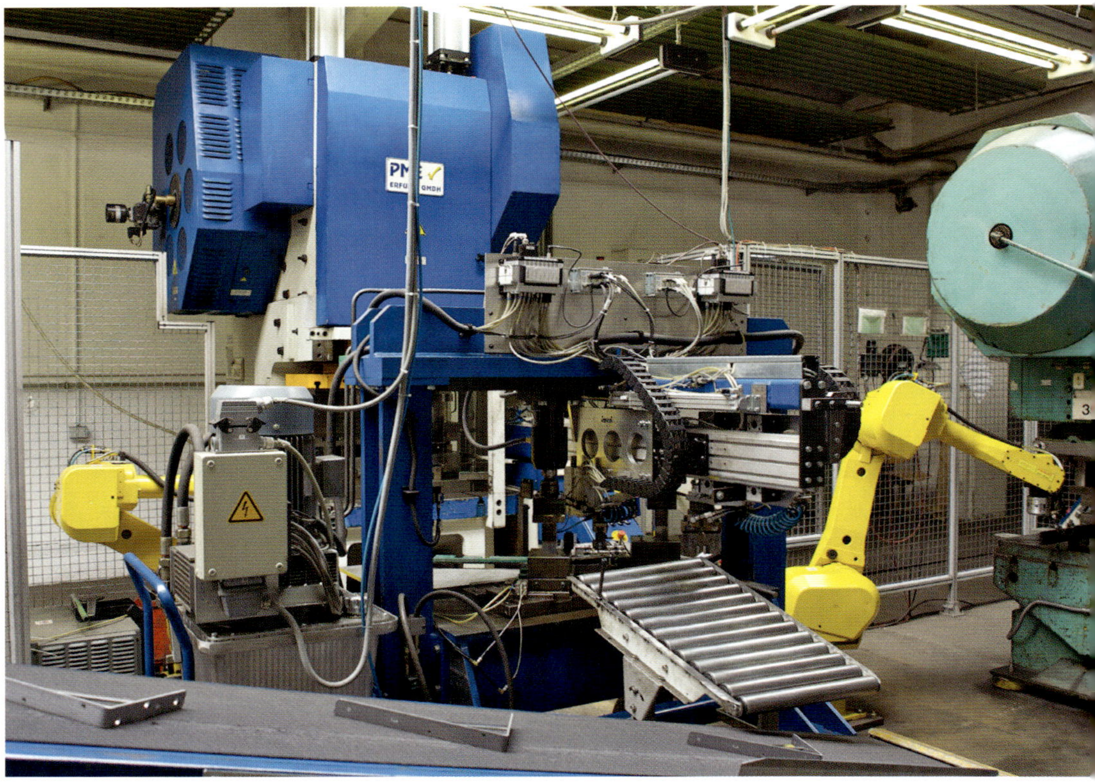

Robotertechnik

Heute, etwa 150 Jahre später, ist aus dem kleinen Familienbetrieb, der in der fünften Generation inhabergeführt wird, ein international agierendes Unternehmen geworden. Die Firma August Vormann beliefert von Ennepetal aus die bekannten Bau- und Heimwerkermärkte sowie den Holz- und Eisenwarenfachhandel im gesamten Bundesgebiet. Im Laufe der Jahre hat sich der Mittelständler aber auch in beinahe ganz Europa und auf anderen Kontinenten einen Namen gemacht.

Neben dem Stammsitz in Ennepetal – die Hauptverwaltung ist nach wie vor im Heilenbecker Tal, das Lager und Logistikzentrum im nahe gelegenen Industriegebiet Oelkinghausen angesiedelt – besitzt das Unternehmen seit 1991 ein modernes Werk im brandenburgischen Elsterwerda.

Die Firma Vormann hat sich neben der Produktion und dem Vertrieb von Standardsortimenten im Bereich Verbindungselemente, Konsolen- und Regalsysteme sowie Ketten, Seile und Zubehör auf die Herstellung von Sonderanfertigungen auf Kundenanforderung spezialisiert. Vormann setzt bei der Produktion auf das Gütesiegel »Made in Germany«. Mit dem Erwerb der bauaufsichtlichen Zulassung sowie der CE-Kennzeichnung für seine statisch relevanten Holzverbinder und Balkenschuhe bietet Vormann überdies Handel und Anwendern die Garantie für sichere und nach den geltenden europäischen Vorschriften getestete Produkte.

Hochregallager

Das Erfolgsrezept des nach DIN ISO 2001 zertifizierten Unternehmens ist die gelungene Kombination aus Entwicklung, Konstruktion, Werkzeugbau, Produktion mit zum Teil hohem Automationsgrad sowie kundenorientierter Service- und Logistikleistungen. Modernste Fertigungshallen, ein überwiegend über CAD-CAM-System gesteuerter Werkzeugbau, eine Pulverbeschichtungsanlage, ein Maschinenpark auf technisch höchstem Niveau sowie ein vollkommen integriertes und barcodegesteuertes Lagerverwaltungssystem setzen Maßstäbe in allen Unternehmensbereichen.

Vormann-Produkte sind – bewusst oder unbewusst – schon von fast jedem Heimwerker im eigenen Haus oder Garten verarbeitet worden. Aber auch der professionelle Verarbeiter im In- und Ausland schätzt die Qualitätsprodukte aus Ennepetal, weshalb Vormann nicht nur auf dem deutschen Markt etabliert ist, sondern auch im Ausland einen beachtlichen und stetig wachsenden Kundenstamm besitzt.

Eine eigene Vertriebsniederlassung in Südafrika sowie feste Kooperationen mit Partnerunternehmen, unter anderem in Russland, Lettland, Rumänien und der Türkei, zeugen von der internationalen Ausrichtung des Unternehmens, welche sich auch im fünfsprachigen Internetauftritt widerspiegelt.

Beitrag von:
August Vormann GmbH & Co. KG
Postfach 15 52 · 58244 Ennepetal
Heilenbecker Straße 191–205 · 58256 Ennepetal
Tel. (0 23 33) 97 8-0
Fax (0 23 33) 97 8-24 15 99
info@vormann.com · www.vormann.com

DORMA – eine Erfolgsgeschichte

Weltmarktführer hat seinen Sitz in Ennepetal

Das DORMA-Verwaltungsgebäude in Ennepetal

Wer im Berliner Bundeskanzleramt, in der Eremitage St. Petersburg, der Messe Wien oder im höchsten Gebäude der Welt, Burj Khalifa, in Dubai durch eine Tür geht, hat höchstwahrscheinlich ein Produkt der Firma DORMA in der Hand. DORMA ist nach Umsatz Weltmarktführer in den Bereichen Türschließtechnik, mobile Raumtrennsysteme und Glasbeschlagtechnik. Das Unternehmen gehört außerdem im Bereich automatischer Türsysteme zur Weltspitze. Auch in der Sicherheitstechnik ist DORMA aktiv und hier Deutschlands Nummer eins im Segment Fluchtwegsicherung.

Begonnen hatte alles 1908. Rudolf Mankel hörte aus Amerika von den dort weit verbreiteten Pendeltürbändern, speziellen Türscharnieren, mithilfe derer eine Tür in beide Richtungen auffedert. Vom möglichen Erfolg dieses Spezialscharniers auf dem deutschen Markt überzeugt, gründete er zusammen mit seinem Schwager Wilhelm Dörken am 1. Juli 1908 in Ennepetal die Dörken & Mankel KG. Neben den Pendeltürbändern stellte das Zwei-Mann-Unternehmen in den Räumen einer alten Schmiede an der Quabecke als zweites Standbein gefräste Schrauben her. Ihr hoher Qualitätsanspruch verhalf ihnen schnell zu einem beachtlichen Wachstum. 1913 zog das aufstrebende Unternehmen innerhalb von Ennepetal an einen neuen Standort mit größeren Räumen. Hier befindet sich bis heute der Firmensitz. Anfang der 1920er Jahre entstand der Markenname DORMA, der sich aus den Familiennamen der beiden Firmengründer zusammensetzt und am 21. Dezember 1927 beim Patentamt eingetragen wurde. Nach dem Zweiten Weltkrieg erweiterte die Firma ihre Produktpalette zeitweise um den Mekanik-Metallbaukasten sowie um Stanzteile für die Rundfunk und Fernsehindustrie, zum Beispiel Lautsprecherkörbe.

Komplettürenfertigung bei DORMA

Wer im Burj Khalifa in Dubai durch eine Tür geht, hat höchstwahrscheinlich ein Produkt der Firma DORMA in der Hand.

Die heutige DORMA Gruppe, die sich auf ihre Kernkompetenz von Premium-Zugangslösungen und -Serviceleistungen in Gebäuden konzentriert, besteht aus 71 eigenen Gesellschaften in 49 Ländern. Mit weltweit 6600 Mitarbeitern und Exporten in 140 Länder erwirtschaftet die DORMA Gruppe einen Jahresumsatz von über 900 Millionen Euro. Bis heute ist DORMA im Besitz der Familie Mankel.

Seit 1970 ist mit dem Gründerenkel Karl-Rudolf Mankel die dritte Familiengeneration im Unternehmen. Er legte sein Augenmerk in den 1970er Jahren auf die Internationalisierung des Unternehmens. 1977 gründete er DORMA France als erste Vertriebsgesellschaft im Ausland, 1978 folgte dann im fernen Singapur die erste Produktionsstätte außerhalb Deutschlands. Dennoch legt er weiter unvermindert Wert auf den traditionellen Firmenstandort Ennepetal. Die Konjunkturschwäche des deutschen Marktes und der grassierende Preisverfall erforderten 2005 am Standort Ennepetal das Zukunftssicherungsprojekt Premium. Mit einer effizienzsteigernden Umstrukturierung der DORMA Werke in Ennepetal und der Optimierung von Prozessen und Logistik konnte der Stammsitz langfristig gesichert werden. Im Juli 2008 wurde hier mit insgesamt 9500 Gästen das 100-jährige Firmenjubiläum gefeiert. Anfang 2009 übertrug Karl-Rudolf Mankel den überwiegenden Teil seiner Geschäftsanteile auf seine Töchter Christine und Stephanie Mankel. Mit der vierten Unternehmergeneration ist die Kontinuität gesichert.

Beitrag von:
DORMA Holding GmbH + Co. KGaA
DORMA Platz 1 · 58256 Ennepetal
Tel. (0 23 33) 79 30
Fax (0 23 33) 79 34 95
marketing-master@dorma.com
www.dorma.de

Höhlenkunst im Halbkreis dreier Talsperren

Ennepetal: Neues Gewerbegebiet unterstützte Strukturwandel in der jüngsten Stadt im Kreis

Nee, so richtig eine Stadt ... ?! Das soll mitnichten ein Qualitätsurteil sein. »Jung und knackig«, so sieht sich die jüngste der Ennepe-Ruhr-Kommunen selbst. Wohl nicht ganz zu unrecht. So soll auch Ennepetal, das schöne Ennepetal, an dieser Stelle nicht auf die Kluterthöhle beschnitten werden. Es gibt Milspe mit seiner gemütlichen Fußgängerzone, es gibt Voerde, es gibt Rüggeberg, es gibt naturgeschützte Flussauen und Talsperren und es gibt sanfte Hügel und Täler mit zum Teil uralten, einsam gelegenen Bauernhöfen und dichte Wälder – dies alles gemeinsam macht mit vielen kleinen Zentren die Stadt Ennepetal aus. Gut zwei Drittel des 57 Quadratkilometer großen Stadtgebietes bestehen aus Wald, Wiesen und Feldern. Gerade die abwechslungsreiche Landschaft überrascht den Betrachter immer wieder.

Weihnachtsstimmung in Voerde

Ennepetaler Rathaus im Winter

Voerder Kirmes

Wie gesagt: Ennepetal ist eine absolut junge Stadt. Sie entstand erst am 1. April 1949 aus den Gemeinden Milspe und Voerde. Heute ist sie mit ihren 30 500 Einwohnern nach Witten, Hattingen und Gevelsberg die viertgrößte des Ennepe-Ruhr-Kreises. Ihr Herzstück und Markenzeichen ist unbestritten die Kluterthöhle. Mit 360 Gängen und einer Gesamtlänge von sechs Kilometern ist sie die größte Naturhöhle Deutschlands. Aufgrund ihrer Heilkraft bei Asthma, chronischer Bronchitis, Heuschnupfen und allergischen Hautkrankheiten ist sie als Heilhöhle anerkannt. Sechs Therapiestationen und 120 Therapieplätze machen sie zum längsten Behandlungszimmer der ganzen Welt. Wer keine Beschwerden hat, kann die Höhle natürlich auch einfach nur besichtigen. Die Besucher erwarten unterirdische Seen, Bäche, rund 370 Millionen Jahre alte Fossilien und interessante Tiere. Auch Künstler haben das Außergewöhnliche der Kluterthöhle längst entdeckt: Alljährlich findet die Ausstellung »Höhlenkunst« statt, bei der überregional bekannte Kreative ihre Werke präsentieren.

Doch auch über Tage hat Ennepetal etliches zu bieten. Die Stadt liegt im Halbkreis dreier Talsperren – der Heilenbecker, der Hasper und der Ennepetalsperre. Während die rund 100 Jahre alten, imposanten Staumauern und -seen in der Vergangenheit auch Triebwasser für die hier gelegenen Fabriken und Mühlen lieferten und als Stromquellen genutzt wurden, dienen sie heute fast ausschließlich als Trinkwasserspeicher. Mit ihren Rundwanderwegen, mit Wasser, Wald sowie den Fluss- und Bachläufen bieten sie Natur pur und üben eine besondere Anziehungskraft auf Einheimische und Gäste gleichermaßen aus. Das Wasser hat in den Zeiten der frühen Industrialisierung auch die Entstehung wasserunabhängiger Industrien vor allem aus dem Metallbereich – zum Beispiel Hammerwerke und Schmieden – erheblich unterstützt.

Landschaftlich ähnlich attraktiv ist das Hülsenbecker Tal. Auch da gibt es – vor allem für junge

Besucher – besondere Erlebnisse. In Wildgehegen und Vogelvolieren können Tiere in ihrer natürlichen Umgebung beobachtet werden. In der Nähe des Hülsenbecker Tals liegt das Hallen- und Freibad mit seiner 90 Meter langen Rutsche.

Für kulturell Interessierte ist das Haus Ennepetal die erste Anlaufstation. Es liegt direkt an der Kluterthöhle und leistet mit zahlreichen Veranstaltungen einen wesentlichen Beitrag zum gesellschaftlichen Leben in der Stadt. Darüber hinaus sind die Barockkirche Johannes der Täufer, deren Giebelteil des Tabernakels noch aus der Zeit um 1360 stammt und das Gut Ahlhausen sehenswert.

Es besteht aus einem zweigeschossigen Herrenhaus im Baustil des Frühbarocks von 1678. Das Gesindewohnhaus und eine freistehende Fachwerkscheune gehören zu den ältesten, urkundlich erwähnten Ansiedlungen im Stadtgebiet.

Etwas außerordentlich Bemerkenswertes ist das Museum auf den Straßen Ennepetals. Es ist Tag und Nacht geöffnet, kostet keinen Eintritt und lockt zu einem Ausflug in 400 Jahre Eisenzeit. Mühlstein, Schleifstein, Wasserrad, Kurbelrad, Säulenbohrmaschine, Ambosse und viele andere Geräte sind in diesem Straßenmuseum Zeugen der in Ennepetal einst ansässigen Industrie.

Mittagsruhe in Milspe

Die Hasper Talsperre

Auch die heutige Industrie kann sich durchaus sehen lassen. Dank einer intensiven Wirtschaftsförderung konnten nicht nur traditionsreiche Unternehmen am Standort Ennepetal gehalten werden, auch durch die Erschließung neuer Gewerbegebiete entstand ein gesunder und bunter Branchenmix. Heute präsentiert die Stadt eine bunte Vielfalt aus den Bereichen Schrauben, Beschläge, Schlösser/Sicherheitssysteme und vielem mehr. Mit der Ausweisung des Gewerbegebietes Oelkinghausen vor einigen Jahren wurde der Strukturwandel in der Region nachhaltig unterstützt.

Blick gen Bülbringen

Mit Frey & Frey zu den optimalen vier Wänden

Architekten und Baugesellschaft aus Ennepetal im Dienste des »schönen Wohnens«

Alles Frey, oder was? Wenn es sich bei den Architekten Frey & Frey und bei der Frey-Bau GmbH in Ennepetal um ein echtes »Familienkonsortium« handelt, ist das sicherlich für die Kundschaft alles andere als von Nachteil. So sind die Frey & Frey Architekten die vater-töchterliche kreative Partnerschaftsgesellschaft und die abgekoppelte Frey-Bau die ebenfalls von einer Tochter geführte Gesellschaft für innovatives Bauen. Alle sind zusammen angesiedelt in Ennepetaler Randlage. Vater Wolfgang Frey gründete sein Architekturbüro bereits im Herbst 1978. Unzählige »Objekte« sind seitdem von seinem Büro im südlichen Ennepe-Ruhr-Kreis und darüber hinaus entstanden, vorzugsweise in Ennepetal, Schwelm und Gevelsberg. Zur Partnergesellschaft wurde das Architekturbüro durch den Einstieg von Tochter Sandra im Jahr 2008.

Das neue Zuhause ...

Göckinghof mit Frey-Bau

»Entscheidender Faktor sind für uns Architekten gute Grundstücke«, erläutert Wolfgang Frey, dessen Büro in Branche und Öffentlichkeit gleichermaßen einen guten Ruf genießt. Neben der Optik ist es bei einem vernünftig arbeitenden Architekten Grundvoraussetzung, dass »nicht nur die Kosten passen, sondern auch der Termin«. Frey & Frey bauen in massiver Bauweise, Einzelhauslösungen genauso wie Reihenhäuser oder Doppelhaushälften. Ausführende Organe sind vorzugsweise örtliche Handwerker. Industriebauten werden aber ebenso »gern gemacht«. Sie sind eben vielschichtiger. Dabei geht es natürlich längst nicht nur darum, »schöne Hüllen zu setzen, sondern genauso Funktionalität zu garantieren«, so Freys. Im Wohnungsbau reicht der Radius bis nach Hagen, Wuppertal und Remscheid. Auch die »kleine Garage« wird gerne genommen.

Frey & Frey arbeiteten bereits äußerst früh sehr fortschrittlich, mit heute vielfach eingesetzten Techniken. Alternativenergien gelten bereits seit acht Jahren im Hause Frey als »konventionelle Variante«. Diese rechnen sich. Spätestens bei der Überprüfung der Unterhaltskosten hat sich eine solche Investition ausgezahlt. Luft- oder Erdwärme zum Beispiel. Auch der Einsatz einer Pelletheizung wurde schon vor etlichen Jahren erfolgreich umgesetzt.

Die Frey-Bau Gesellschaft für innovatives Bauen mbh ist seit 1998 der zweite Teil des »Familienkonzerns« und wird von Wolfgang Freys Tochter Susanne Lohmann geführt. Sie ist von Hause aus Dipl.-Ökonomin. Susanne Lohmann: »Schlüsselfertig bezahlbaren Wohnraum in ebenso guter wie solider Qualität mit dem Einsatz örtlich ansässiger Handwerksbetriebe zu erstellen – mit diesem Ziel ist die Frey-Bau GmbH als in Ennepetal ansässiger Bauträger gestartet.« Und das Unternehmen hat es geschafft in den vergangenen Jahren diese Ziele umzusetzen. Zuverlässigkeit in der Bauausführung, kompetente Beratung, Sicherheit bei der Bauabwicklung – eben ein Rund-um-Paket für die Erwerber ohne eigenes Bauherrenrisiko. So steht der Wohntraum der mittlerweile 170 zufriedenen Kundinnen und Kunden auf festem Boden.

Sandra Frey, ihre Schwester Susanne Lohmann und Wolfgang Frey leiten in Ennepetal ein Architekturbüro und eine Gesellschaft für innovatives Bauen.

Auch der Neubau von febi Bilstein in Ennepetal stammt von Frey & Frey.

Beitrag von:
Frey & Frey Architekten PartG
Planung + Bauleitung
Scharpenberger Straße 40c · 58256 Ennepetal
Tel. (0 23 33) 9 79 50 · Fax (0 23 33) 7 45 25
buero@frey-en.de · www.frey-en.de

Frey-Bau GmbH
Scharpenberger Straße 40c · 58256 Ennepetal
Tel. (0 23 33) 83 39 09 · Fax (0 23 33) 83 39 19
frey-bau@frey-en.de · www.Frey-Bau-EN.de

Rüggeberg: Idyll mit Charme

Sehenswerter Ortskern und zu Fuß zu Heilenbecker Talsperre

Idyllisch – Rüggeberg hat Charme. Der Ort ganz in der Nähe der Heilenbecker Talsperre wurde im Jahre 1315 zum ersten Mal unter dem Namen »Royckeberg« urkundlich als Freihof erwähnt und gehört von Beginn an zur Stadt Ennepetal.

Eine Visite wert ist in jedem Fall der Ortskern mit Kirche, Glocke, Denkmal und etlichen bergischen Fachwerkhäusern – verschiefert und weiß/grün gestrichen. Alle Straßen führen irgendwie in die Mitte, Richtung Marktplatz. Dort trohnt die evangelische Kirche. Sie wurde 1827 fertig gestellt und 2002 renoviert. Ganz in der Nähe steht das Ehrenmal für die Opfer der Kriege aus dem 19. und 20. Jahrhundert sowie der »Schmittenboom«, ein heimatgeschichtliches Denkmal aus Stahl, das der Heimatverein Rüggeberg aus Anlass seines 50-jährigen Bestehens 2004 an dieser Stelle errichtet hat. Er soll an die industrielle Blütezeit Rüggebergs erinnern und trägt an seinen Armen außer den Namensschildern von acht umliegenden Bauernschaften auch typische Stahlprodukte der früher im Ort ansässigen Betriebe (Schmitten).

Neben dem 1636 angelegten »Alten Friedhof« mit restaurierten und erhaltenen Grabsteinen

Der Gedenkstein erinnert an die Gefallenen der Kriege im 19. und 20. Jahrhundert.

Die evangelische Kirche von Rüggeberg am Marktplatz

aus dem 17. Jahrhundert liegt der »Haferkasten« aus dem Jahr 1717, ein in dieser Gegend häufig zu findender Getreidespeicher aus massivem Eichenholz, der sowohl zur Aufbewahrung des Getreides als auch zum Schutz der Familien vor Plünderern und bei Feuersbrunst diente.

Richtig Leben gibt es in Rüggeberg natürlich auch. Seit nunmehr zehn Jahren laden die Rüggeberger zu ihren Bauern- und Erlebnismarkt ein.

Schönes Hülsenbecker Tal

Das Hülsenbecker Tal ist ein weit über die Stadtgrenzen Ennepetals hinaus bekanntes und beliebtes Naherholungsgebiet. Nur wenige Minuten vom Ennepetaler Stadtzentrum entfernt finden die Besucherinnen und Besucher dort neben traumhaft schöner Natur ein großes Wildgehege, Vogelvolieren und Ententeiche. Auch ein kleiner Spielplatz für die Kleinsten befindet sich am ersten Teich. Übrigens: Weiter oben gibt es auch noch einen Sandkasten direkt neben der Ennepe – denn matschen ist einfach klasse!

In diesem Naherholungsgebiet sind schon viele Kinder groß geworden und die Großen kommen heute noch gern. Zuerst können sie in aller Ruhe Tiere schauen – Ziegen, Rotwild, Pferde und Vögel. An den Wasserrädern geht es vorbei Richtung Musikmuschel, einem in Ennepetal beliebten Open-Air-Veranstaltungsort. Dort gibt es sonntags hin und wieder ein Konzert. Kurz darauf kommt direkt am flachen Bach der erwähnte Sandkasten mit Bänken, die zum Verweilen einladen – Erholung für alle Generationen.

Das Hülsenbecker Tal liegt an vier verschiedenen – auch für Nordic-Walker bestens geeigneten – Wanderwegen mit maximal acht Kilometern Länge, die an der Teichlandschaft des Tals ebenso entlang führen wie an dem Wasserkraft-Park mit zwei Wasser-Schaufelrädern und Lehrtafeln zur historischen Nutzung. Das Gebiet erhielt seinen Namen von der Hülsenbecke, einem in die Ennepe mündenden Bachlauf. Von ihm werden die Teiche und der Wasserkraft-Park gespeist. Das Hülsenbecker Tal ist kostenlos zu nutzen und ganzjährig geöffnet.

Wunderschöne Teichanlagen im Hülsenbecker Tal

Aus zwei mach eins: Milspe + Voerde = Ennepetal

Stadtgeschichte beginnt erst am 1. April 1949 – Jugendliche Stadt auf der Höhe der Zeit

Ennepetal ist eine ziemlich junge Stadt. Die Stadtgründung datiert mit dem 1. April 1949, wobei es sich mitnichten um einen Scherz handelte. Leben gab es hier aber schon außerordentlich früh. Werkzeugfunde aus der Mittelsteinzeit belegen, dass zumindest zeitweise bereits vor etwa 8000 bis 10 000 Jahren Menschen auf dem Gebiet der Stadt Ennepetal gelebt haben müssen. Historiker gehen davon aus, dass die Vorgängerinnen der Stadt, die Gemeinden Milspe und Voerde, bereits vor etwas mehr als 1000 Jahren existierten. Mit dem Verbund konnten die beiden aufstrebenden Industriegemeinden viele kommunale Aufgaben schlicht und einfach besser bewältigen. Im Laufe der Jahre wurde aus dem einstmals von Hammerwerken und Stahl verarbeitenden Betrieben geprägten Industriestandorten eine jugendliche Stadt auf der Höhe der Zeit.

Das Werden der Stadt kann also keinesfalls mit der Stadtbildung von 1949 gleichgesetzt werden. Die vielen Neubaugebiete könnten im ersten Moment wirklich darauf schließen lassen. Man ist sich sicher, dass die alten Siedlungen Mühlinghausen, Oelkinghausen, Schweflingausen sowie West- und Ostvoerde bereits um 800 n.Chr. existierten. Erstmalig erwähnt wurden die Namen Willringhausen und Voerde in einem Werdener Urbar aus dem 12. Jahrhundert. In dieser Urkunde ist auch zu lesen, dass »von Willringhausen über den Werdener Oberhof Halver jährlich vier Denare gezahlt werden müssen und Waldo de Fordi eine Jahresgabe von zwölf Scheffeln Braumalz zu leisten« hatte. 1324 kam das Gebiet der Stadt Ennepetal zur Grafschaft Mark. Im Schatzbuch der Grafschaft von 1486 sind namentlich 112 Höfe angegeben.

Das Amt Voerde entstand 1868, als die Gemeinde Voerde aus dem Amt Enneperstraße ausschied. 1923 schlossen sich die Gemeinden Mühlinghausen, Oelkinghausen und Schweflinghausen zur Gemeinde Milspe zusammen. Das aus den gleichen Gemeinden bestehende Amt Ennepe wurde in Amt Milspe umbenannt. Das Amt Milspe-Voerde schließlich wurde 1937 ins Leben gerufen. Aber erst in den Nachkriegsjahren gaben die amtsangehörigen Gemeinden ihre Selbstständigkeit gänzlich auf und schlossen sich zur Stadt Ennepetal zusammen.

Die Evangelische Pfarrkirche »Johannes der Täufer« wurde 1780/1781 unter Pfarrer Reichenbach als schlichter, rechteckiger Saalbau mit älterer Ostsakristei von 1735 im Stil des Barock erbaut.

In Voerde

Die katholische Kirche St. Johann Baptist am westlichen Ortsrand von Alt-Voerde entstand 1907/1908 im Stil der Neuromanik. Das Gebäude ist ganz in Bruchsteinmauerwerk errichtet; die Dächer sind verschiefert. Am ganzen Gebäude befinden sich Rundbogenfenster.

Die Gründe, die zum Zusammenschluss von Milspe (damals 14 000 Einwohner) und Voerde (damals 10 000 Einwohner) führten, waren aus einer nüchternen Überlegung geboren. Durch den Krieg und seine Folgen waren den Städten und Gemeinden ungeheure Lasten auferlegt worden. Es stellte sich heraus, dass die zwei aufstrebenden Industriegemeinden in einem engen und zusammenhängenden Talgebiet so viele kommunale Aufgaben gemeinsam zu bewältigen hatten, dass nur die kommunale Einheit die richtige Basis bilden konnte. Bei der kommunalen Neugliederung des Ennepe-Ruhr-Kreises zum 1. Januar 1970 war für Ennepetal übrigens mit keinen besonderen Grenzänderungen verbunden.

Milsper Ansichten

Die Straße als Museum

Alte Maschinen-Zeitzeugen von 400 Jahren Ennepetaler Industriegeschichte

Die Stadt Ennepetal lädt rund um die Uhr zu einem kostenlosen Museumsbesuch, einem Ausflug in »400 Jahre Eisenzeit« ein. In ein ganz besonderes Museum übrigens: Es steht auf den Straßen der Stadt und besteht aus Industriedenkmälern inklusive in Bronze gegossenen Informationstafeln.

Die historischen Maschinen der Ennepetaler Betriebe, die von den handwerklichen Anfängen der Metallverarbeitung bis zur Umstellung von mechanischen auf vollautomatische, elektronische Fertigungsabläufe in Gebrauch waren, sind an vielen Standorten in Voerde und Milspe installiert.

Die Informationstafeln beschreiben die Art der Konstruktion und Funktion der alten »Schätzchen« und informieren über die Firmen, in denen sie genutzt wurden. So sind diese intelligenten

In Voerde

Im Zentrum der Arbeit

Werkzeuge, in denen das technische Wissen von mehr als 400 Jahren steckt, wichtige Zeugen der industriellen Geschichte Ennepetals und der näheren Umgebung.

Für den Betrachter ist das Straßen-Industriemuseum zum Begreifen, zum Anschauen und zum Lernen ein gleichermaßen interessantes Angebot. Ein Museumsweg führt anschaulich durch Jahrhunderte eisenverarbeitender Technik und eröffnet gleichzeitig den Blick auf das Ennepetal von heute.

AHE künftig nicht nur Ent-, sondern auch Versorger

Der Abfallentsorgungsbetrieb als Stromproduzent: In Witten entsteht eine Vergärungsanlage zur Erzeugung regenerativer Energien

Innovativ war die AHE seit jeher. 2012 steht ein weiterer großer Coup bevor: Aus Bioabfall wird Strom – Das hiesige Abfallentsorgungsunternehmen baut in Witten eine Biogasanlage, um bald rund 2000 Haushalte mit Strom aus dem im Ennepe-Ruhr-Kreis anfallenden Bioabfall zu versorgen. In unmittelbarer Nähe der Umladeanlage in Witten, auf dem »Walfischbachgelände«, entsteht eine geschlossene Biogasanlage mit kombinierter Vergärungs- und Kompostierungsstufe, die jährlich rund 4,5 Millionen Kilowattstunden Strom produzieren wird.

Haushaltsauflösungen

Vergärungsanlage

Die Voraussetzungen dafür sind günstig: Die Bürger des Ennepe-Ruhr-Kreises zählen landesweit zu den fleißigsten Sammlern von Bioabfall. Pro Einwohner und Jahr kommen rund 75 Kilogramm zusammen, unter dem Strich macht das kreisweit in zwölf Monaten 25 000 Tonnen. Während diese 2011 noch auf Kompostierungsanlagen verwertet werden, sollen sie zukünftig Strom liefern.

Damit wird der Abfallentsorger nun auch zum Energieversorger. Im Jahr 1991 gegründet, ist die AHE GmbH mit ihren Standorten in Wetter, Witten und Gevelsberg das führende Entsorgungsunternehmen in der Region. Heute sorgen die 100 AHE-Mitarbeiter für professionelle Dienstleistungen in allen Bereichen der Abfallerfassung und -entsorgung: von Wert- und Reststoffen bis hin zu gefährlichen Sonderabfällen. In Wetter betreibt die AHE eine zertifizierte Anlage zur Vernichtung von vertraulichen Akten/Informationsträgern nach dem Bundesdatenschutzgesetz.

Ob Industrie oder Gewerbe, Handwerk oder Handel, Kleinbetrieb oder Großkonzern – die AHE organisiert und betreibt zudem die interne Abfalllogistik sowie Abfallannahmestationen und übernimmt die Unterhalts-/Glasreinigung oder den Winterdienst.

Das Einzugsgebiet der AHE ist ganz Nordrhein-Westfalen mit dem Schwerpunkt im Ennepe-Ruhr-Kreis und der Stadt Hagen. Die AHE bewegt jährlich rund 200 000 Tonnen an verschiedenen Rest- und Abfallstoffen. Sie startet heute im Ennepe-Ruhr-Kreis für mehr als 330 000 Einwohner auf unterschiedlichsten Feldern Entsorgungsleistungen, wie beispielsweise den Betrieb von Umladeanlagen inklusive Annahmestellen für Privatanlieferungen, die Sammlung und Entsorgung von Hausmüll, Bioabfall, Altpapier, Altglas, Leichtstoffverpackungen, Sonderabfällen, bietet Reinigungsdienste und vieles mehr.

»Nichts ist älter als die Zeitung von gestern« – das gilt zwar für die Nachrichten, keineswegs

Sortier- und Umladeanlage Gevelsberg

Depotcontainer für Altpapier

jedoch für das Papier, auf dem sie geschrieben sind. Denn das hat, wenn es im Ennepe-Ruhr-Kreis in der Blauen Tonne landet, noch eine lange Zukunft vor sich. Die AHE sammelt ein und bereitet das Altpapier auf sein zweites, drittes oder viertes Leben vor. Die AHE garantiert ihren Kunden, dass die verschiedenen Papierqualitäten ihrer optimalen Weiterverwendung zugeführt werden.

Ein anderes Beispiel: Die bundesweite Rücknahme aller Verkaufsverpackungen, die bei den privaten Haushalten anfallen, wird durch die Verpackungsverordnung geregelt. So sind in Deutschland alle »Marktteilnehmer«, die mit Ware befüllte Verkaufsverpackungen erstmals in Umlauf bringen, verpflichtet, sich für die Rücknahme und Entsorgung dieser an einem dualen System zu beteiligen. Die dualen Systeme organisieren dann im Auftrag ihrer Kunden die Sammlung, Sortierung und Verwertung der Verpackungen. Sie bedienen sich zu diesem Zweck der Entsorgungsunternehmen. Das System der getrennten Erfassung von Verpackungsabfällen hat Deutschland, durch die hohen Verwertungsquoten, zum Recyclingweltmeister gemacht. Im Ennepe-Ruhr-Kreis nimmt die AHE an dem System teil, in dem sie unter anderem Leichtstoffverpackungen in »Gelben Säcken« sammelt.

Altaktenvernichtung

Nicht nur die »gelben Säcke«, sondern fast alles sammelt die AHE in der Stadt Sprockvövel. 1996 beauftragte die Kommune in Form einer »Drittbeauftragung« die AHE GmbH, nahezu die komplette Abfallentsorgung für das Sprockhöveler Gebiet zu übernehmen.

Nicht ohne Stolz verweisen die Verantwortlichen zudem auf ihr Gebrauchtwarenkaufhaus »Novum«, das im Internet unter www.novum-witten.de zu finden ist. Das Haus der Neu- und Gebrauchtprodukte ist mit einer Verkaufsfläche von mehr als 3000 Quadratmetern eines der modernsten seiner Art. In dem verkehrsgünstig gelegenen Komplex an der Bahnhofstraße 69 in Witten erwartet die Besucherinnen und Besucher montags bis freitags von 9.30 bis 19 Uhr und samstags von 9.30 bis 15 Uhr ein Team von mehrsprachigen Verkaufsberatern. Die vorgelagerte Shopping-Mall bietet mit Kunstausstellungen und einem Café zudem Platz zum gemütlichen Verweilen.

Doch zurück zum ambitionierten Biogas-Projekt in Witten: Da bereits heute die Bioabfälle aus Witten, Hattingen, Wetter und Herdecke vor Ort angeliefert und umgeladen werden, kann die bereits vorhandene Umladeanlage in Witten sinnvoll ergänzt werden. Bebbelsdorf ist der optimale Standort für eine Vergärungsanlage im Ennepe-Ruhr-Kreis.

Die neue Anlage setzt sich aus Annahme- und Aufbereitungshallen, einem Fermenter zur Biogaserzeugung, der Nachkompostierung in Intensivrottetunneln, einem geschlossenen Biofilter mit Kamin, dem Flüssiggärrestspeicher und einem Blockheizkraftwerk als Hauptkomponenten zusammen. Die bisher in der »offenen« Umladeanlage entstehenden Gerüche von Bioabfall werden zukünftig durch die Anlieferung in geschlossen und mit bewährter Abluftreinigungstechnik ausgestatten Hallen vermieden.

Hauptsitz der AHE in Wetter (Ruhr)

Depotcontainer für Altglas

Erfassung von gelben Säcken

Durch den Einsatz der im Ennepe-Ruhr-Kreis anfallenden Bio- und Grünabfälle (tierische Ausscheidungen wie Gülle aber auch nachwachsende Rohstoffe wie Mais werden nicht eingesetzt) werden etwa 2,2 Millionen Kubikmeter Biogas produziert und zu 4,5 Millionen Kilowattstunden elektrischer Energie pro Jahr umgesetzt. Gleichzeitig werden im Vergleich zur Energieerzeugung in herkömmlichen Kohlekraftwerken, bei der Produktion der angestrebten Strommenge, rund 4000 Tonnen/a CO_2 eingespart. Der erste »EN-Bioabfall-Strom« soll Ende 2012 ins Netz eingespeist werden.

Beitrag von:
AHE GmbH
Nielandstraße 36 · 58300 Wetter
Tel. (0 23 35) 84 57 70
Fax (0 23 35) 8 45 77 50
ahe@ahe.de · www.ahe.de

Städtischer Werbefuchs

Heimatverein Voerde

Bronzefuchs

Freistaat Oberbauer

Fuchsination in der Klutertstadt

Ein Markenzeichen eroberte Ennepetal im Handstreich

»Markenzeichen mobilisieren Menschen und tragen erheblich zur Identifikation mit der Heimatstadt bei«, weiß Ennepetals Bürgermeister Wilhelm Wiggenhagen. Und genau aus diesem Grund eroberte der Fuchs als Tiermarkenzeichen der Stadt Ennepetal 2008 quasi im Handstreich die Stadt der Kluterthöhle. Was für Berlin der Bär und für Wuppertal der Pinguin ist, konnte für Ennepetal nur das Symboltier, der Fuchs, sein. Der Steinbildhauermeister Karsten Müller schuf den künstlerischen Entwurf.

Die 1,50 Meter großen Skulpturenrohlinge sollten denn auch nicht lange auf kreative Hände, die sie verzierten, warten müssen. Um die Skulpturen so standfest wie möglich zu gestalten, wurde der sitzende Fuchs mit festigender Schwanzhaltung als Motiv gewählt. Ein Fuchs auf Beinen hätte eine aufwändigere Statik nach sich gezogen und wäre damit auch in der Herstellung teurer geworden. Darüber hinaus bot das gewählte Modell sehr geringe Angriffsflächen, um etwas abzubrechen. Die Skulptur ist aus einem glasfaserverstärkten Kunststoff hergestellt.

Fuchs, du hast die Gans gestohlen …

Wappenfuchs

Garten- und Landschaftsbau-Fuchs

Alle Ennepetaler – ob Privatmann, Verein, Unternehmen oder Partei – können sich den Skulpturenrohling bei der Stadt kaufen, selbst gestalten und öffentlich ausstellen. Rund 50 Mal ist das bereits passiert, so dass ein fuchsloses Leben in der Stadt schon lange nicht mehr möglich ist …

Der Fuchs war es übrigens der Sage nach, der einem Wanderer in früherer Zeit in der Kluterthöhle half, einem Riesen zu entkommen. Der Wanderer wollte auf kürzestem Weg nach Limburg und nahm dem Fuchs am Schwanz, der ihm den Weg weisen sollte. Plötzlich entdeckte die beiden ein in der Klutert lebender Riese. Dessen Gebrüll erschreckte den Wanderer dermaßen, dass er den Fuchsschwanz los ließ. Es kam, wie es kommen musste: Der Fuchs war plötzlich frei und suchte sofort das Weite, der Riese jagte ihm hinterher und der Wanderer konnte in aller Ruhe seinen Weg fortsetzen …

Coiffeur Team Iris Debes

Seit mehr als 20 Jahren erfolgreich in Ennepetal

1991 eröffnete Friseurmeisterin Iris Debes ihren Salon in der Voerder Straße 108 in Ennepetal. Im Jahr 2010 erfolgte eine komplette Neugestaltung der Räumlichkeiten mit ausschließlich eigenen kreativen Ideen, die bei der zahlreichen und treuen Kundschaft begeistert aufgenommen wurde.

Der ebenso persönliche wie elegante Stil des Salons findet sich im Gesamtkonzept und auch bei den Friseurdienstleistungen selbst wieder. Elegante, trendige, auf den Typ der Kunden abgestimmte Frisuren, Farben, Umformungen, das komplette Herrenfach mit Bartpflege und entspannender Kopfmassage sowie das Steckenpferd Brautfrisuren, Hochsteckfrisuren, Make up – die kompetente Friseurleistung für Junge und Junggebliebene beherrschen alle Teammitglieder.

Jeder im Team bedient seine Kunden von der Begrüßung bis zur Verabschiedung selbst, so dass ein Entspannen und Wohlfühlen bei erstklassigem Service Programm ist. Den Anspruch an Friseurqualität unterstreicht die Auswahl an Haarkosmetikprodukten der Firma Goldwell.

Das Coiffeur-Team Iris Debes in Ennepetal (von links): Gaby Tepel, Rosi Süther, Iris Debes und Conny Schievelbusch

Der Salon

Der Wartebereich

Der Empfangsbereich

Inhaberin Iris Debes ist seit mehreren Jahren Mitglied im Vorstand der Friseurinnung Ennepe Ruhr und Mitglied im Gesellenprüfungsausschuss. Die Liebe zum Beruf, stetiges Arbeiten auf hohem Niveau, ständige Weiterbildung, immer ein offenes Ohr für Freude und Sorgen der Kundschaft sind weitere Faktoren für eine stetig wachsende Kundenzahl.

Die Öffnungszeiten des Salons von Iris Debes in Ennepetal sind dienstags bis freitags von 9 bis 18 Uhr und samstags von 8 bis 13 Uhr.

Beitrag von:
Coiffeur Team Iris Debes
Voerder Straße 108 · 58256 Ennepetal
Tel. (0 23 33) 7 44 99

(T)Räume zum Wohlfühlen

Von der hohen Kunst der Farben und Formen und ihrer Wirkung auf Räume

Pure & Colorful steht für die Ur-Emotion der Farben und ihrer Wirkung. Seit vielen Jahren beschäftigt sich das Unternehmen mit der Wirkung der Farben auf Raum und Objekt. Der Ursprung des Unternehmens entstand vor vielen Jahren im niederländischen Winterswijk, wodurch für die Protagonisten ein lang gehegter Traum in Erfüllung ging.

Pure & Colorful-Chefin Ingrid Kiffen

Haarstudio vor der Gestaltung

Kompletteinrichtung nach Fertigstellung

Pure & Colorfuls Aufgabenbereich liegt nicht allein in der Stilberatung. Die Experten analysieren die Farbwirkung, beraten in Sachen Inneneinrichtung und nehmen deren Wirkung nach außen umfassend und professionell unter die Lupe – und dies sowohl im privaten als auch im geschäftlichen Bereich.

Begonnen in Holland dehnte Pure & Colorful den Wirkungskreis ins Ruhrgebiet und den Ennepe-Ruhr-Kreis aus. Heute betreut das Unternehmen zahlreiche namhafte Firmenkunden im Industriebereich, Eventeinrichtungen, konzipiert Bistro- und Bar-Interieur, ist im Messebau tätig und stellt die Einrichtungen kompletter Familienhäuser und Ferienwohnungen zusammen.

Der Arbeitsbereich von Pure & Colorful gestaltet sich spannend und abwechslungsreich: Denn ein Interieur dokumentiert die Persönlichkeit und Philosophie seines Besitzers im privaten sowie im geschäftlichen Umfeld. Ein passendes Interieur benötigt klare Linien und Strukturen: Denn dann erst fühlen sich die Menschen wohl. Eine individuelle Beratung sorgt deshalb für das gewisse Etwas in der Wohnung, an der Arbeitsstätte oder im geschäftlichen Umfeld.

Pure & Colorful erweckt Ideen zum Leben. Eine auf Maß geschnittene Beratung garantiert erfrischende und überraschende Erkenntnisse. Sämtliche Einrichtungsgegenstände werden von den Fachleuten harmonisch aufeinander abgestimmt. Das Unternehmen legt besonderen Wert auf Qualität, Kostentransparenz und die Einhaltung des zuvor geplanten Budgets.

Einen ersten Eindruck erhalten Kundinnen und Kunden anhand von vorgestellten Vorher-Nachher-Bildern. Interessierte können sich auf den Webseiten einen ersten Eindruck verschaffen, die unter www.pureandpowerful.nl zu finden sind. Promblemlos ist auch der unmittelbare Kontakt mit Inhaberin Ingrid Kiffen, um eine kostenlose Anlyse der einzurichtenden Räumlichkeiten abzustimmen.

Formvollendete Ausstaffierung eines Studios

Beitrag von:
Pure & Colorful
by Ingrid Kiffen
Mobil DE: +49 (0) 1 71 9 40 94 10
Mobil NL: +31 6-84 55 44 50
info@pureandcolorful.nl · www.pureandcolorful.nl

Tradition, Präzision und Flexibilität

Bruchmann & Buchenauer in Ennepetal Experte für CNC-gesteuerte Zerspanungstechnik

Die Bruchmann & Buchenauer GmbH ist der kompetente Ansprechpartner in allen Bereichen der CNC-gesteuerten Zerspanungstechnik. Es handelt sich hierbei um ein klassisches Familienunternehmen mit etwa 80 Mitarbeitern. Gegründet 1977 in Sprockhövel von Achim Bruchmann und Peter Buchenauer und seit 1991 erfolgreich in Ennepetal für die Kunden aktiv.

Ob Edelstahl, Stahl oder Messing, mit dem Know-how aus langjähriger Erfahrung ist alles möglich. Die teilweise hoch komplexen Teile sind hauptsächlich für die Bereiche: Maschinen- und Werkzeugbau, den Bergbau, die Baufahrzeug-, die Automobilzulieferer- und die Eisenbahnindustrie. Bruchmann & Buchenauer bieten ein breites Spektrum an Produktionsmöglichkeiten für Auftragsarbeiten, aber auch ein umfangreiches Angebot von Eigenprodukten, wie zum Beispiel VDI-Werkzeugaufnahmen und Kettenspannsysteme für Baumaschinen. In den Bereichen Drehen- und Fräsen bearbeiten sie sowohl Groß- und Kleinserien als auch Einzelteile, die nach Zeichnung komplett einbaufertig geliefert werden. Dies beinhaltet natürlich auch Härten, Oberflächenschutz, Montage und Teilmontage.

Werkstücke

Firmengebäude

Bremsscheibe und Messmaschine

Auch Sonderanfertigungen gehören zur täglichen Arbeit der Bruchmann & Buchenauer GmbH. Das erfahrene Team richtet sich ganz nach dem Anliegen des Kunden und erstellt die technischen Zeichnungen nach dessen Vorgaben. Diese ermöglichen im Anschluss, das spezifische Teil komplett zu produzieren. In enger Zusammenarbeit mit dem Kunden entsteht so das gewünschte Produkt.

Als gut ausgestatteter Dreischichtbetrieb verfügen sie über einen modernen Maschinenpark, sowie ausschließlich fachlich qualifizierte und erfahrene Mitarbeiter. Mit Engagement und Motivation sind sie bei der Arbeit. Wenn es beim Kunden eilt und er schnellstmöglich ein Teil benötigt, sind sie auch rund um die Uhr im Einsatz. Flexibilität ist eben ihre Stärke und Qualität ihr Anspruch.

Hinzu kommt, dass das Unternehmen Bruchmann & Buchenauer GmbH nach ISO DIN EN 9001: 2008 zertifiziert ist und damit einmal mehr der hohe Anspruch unter Beweis gestellt wird. Entsprechend der Qualitätsmanagement-Norm verfolgt die Bruchmann & Buchenauer GmbH wichtige Grundsätze, die einen hohen Qualitätsstandard bei allen Produkten aus der Metallverarbeitung und CNC-Fertigung gewährleisten.

Jeden Auftrag sehen sie als neue Herausforderung an und bearbeiten ihn individuell nach den Wünschen und Vorgaben des Kunden. Die Kundenzufriedenheit ist das Maß aller Dinge – daher wenden sie sich mit Präzision, Zuverlässigkeit und einem hohen Maß an Verantwortungsbewusstsein ihren Aufträgen zu.

BRUCHMANN & BUCHENAUER GmbH
CNC | Dreh- und Frästechnik

Beitrag von:
Bruchmann & Buchenauer GmbH
CNC Dreh- und Frästechnik
Memelstraße 1 · 58256 Ennepetal
Tel. (0 23 33) 8 79 66 · Fax (0 23 33) 87 96 79
info@bb-ennepetal.de · www.bb-ennepetal.de

VDI-Werkzeugaufnahmen

Kluterthöhle – In der Welt ohne Sonne

Die größte Naturhöhle Deutschlands liegt in Ennepetal

Es ist eine ebenso schöne wie geheimnisvolle Unterwelt mitten in Ennepetal. Sie gehört zu den faszinierendsten Phänomenen der Natur, regt die menschliche Phantasie zu Märchen und Sagen an. Im Ennepe-Ruhr-Kreis kann jeder die steinerne Welt unter der Erdoberfläche eindrucksvoller entdecken als anderswo. 370 Millionen Jahre ist sie alt. Ausgestattet mit 360 Gängen, die eine Gesamtlänge von 5497 Metern aufweisen. Der Schauhöhlenbereich ist 1000 Meter lang.

Der ganze Höhlenkomplex der Kluterthöhle ist angeordnet auf 400 mal 200 Metern Grundfläche. Wer hinein geht, wird empfangen von konstant zehn Grad Temperatur. Denn auch die Kluterthöhle ist eine Welt ohne Sonne. Und sie lädt aus den unterschiedlichsten Gründen in eine faszinierende Welt unter Tage ein. Im Schein der Lampen erforschen die Besucherinnen und Besucher die vom Wasser geformten Gänge und entdecken riesige unterirdische Hallen. Als Heilhöhle ist sie anerkannt und auch Künstler haben sie längst als bezaubernde Location entdeckt.

In der Höhlenwelt

Zu den Honseler Schichten

Die Kluterthöhle liegt in einer nach Norden abfallenden, etwa 12,50 Meter mächtigen Riffkalkschicht. Geologisch gehören die Schichten des Klutertberges zum Oberen Mitteldevon (Givet-Stufe), genauer zu den Honseler Schichten, die dereinst im Meer gebildet wurden. Von Ost nach West ist die Schicht in kleinere Sättel und Mulden gegliedert. Im Bereich der westlichsten Mulde verschwinden die Schichten unter dem Karstwasserspiegel und tauchen erst in der benachbarten Bismarckhöhle wieder auf.

Junge Höhlenforscher auf Schatzsuche – eine der beliebten Themen-Führungen durch die Kluterthöhle

Die Hohlräume der Höhle sind durch Laugung im Grundwasserbereich entstanden. Zu einem Zeitpunkt, an dem die Kalkschicht noch unter dem Grundwasserspiegel lag, drang aggressives, mit Kohlensäure gesättigtes Wasser durch winzige Spalten in den Kalk ein und begann mit der chemischen Lösung. Im Laufe von geologischen Zeiträumen bildeten sich dann immer größere, komplett wassergefüllte Gänge. Erst später, mit Hebung der Mittelgebirge und Eintiefung der Ennepe, fiel die Höhle trocken.

Die heute in der Kluterthöhle fließenden Bäche haben nichts mit ihrer Entstehung zu tun. Das Wasser benutzt die vorhandenen Hohlräume lediglich. Ebenfalls erst nach dem Trockenfallen der Hohlräume setzte, besonders in den hangnahen Bereichen, die Bildung von Tropfsteinen ein. Leider wurden die Sinterformationen im Laufe der Jahrhunderte größtenteils von Menschenhand zerstört. Lediglich an wenigen unzugänglichen Stellen und in benachbarten Höhlen, die der Öffentlichkeit nie zugänglich waren, ist die volle Pracht der Sinterformen noch zu bewundern.

1586 zum ersten Mal erwähnt

Die Kluterthöhle wurde 1586 zum ersten Mal schriftlich erwähnt. Das Original des Papiers ist nicht mehr vorhanden, lediglich ein Zitat aus dem Jahr 1927. Konkret beschrieben wurde sie dann 1733. Im Jahr 1800 folgte eine weitere detaillierte Beschreibung und ein erster auf einer Vermessung beruhender Höhlenplan von L. Castringius und C. H. Stucke. 1883 verirrte sich Heinrich Schmidt sieben Tage und acht Nächte in der Höhle. Vom Eigentümer erwarb Schmidt anschließend die Erlaubnis, die Höhle gangbar zu machen. Ein Jahr später fanden entsprechend die ersten Führungen statt.

Mit der wissenschaftlichen Erforschung begannen die Verantwortlichen 1914. Die Brüder Ewald und Emil Schulten erforschten die Kluterthöhle 1935 gründlich und Griepenburg erstellte einen exakten Höhlenplan. Im Zweiten Weltkrieg diente die Kluterthöhle den Ennepetalern als Luftschutzkeller.

1951 elektrisches Licht in der Höhle

Erst 1951 wurde die elektrische Beleuchtung der Höhle installiert. Ebenfalls Anfang der 1950er Jahre entdeckte der Ennepetaler Lehrer und Heimatforscher August Bartz die Heilkraft der Kluterthöhle und ein Jahr später, 1952, begannen die Forscher mit ernsthaften wissenschaftlichen Untersuchungen, insbesondere zur Speläotherapie. Aufgrund ihrer hervorragenden Heilwirkung wurde die Kluterthöhle am 4. November 1954 mit der Bezeichnung »Ennepetal mit Klimahöhle« als Mitglied des Deutschen Bäderverbandes anerkannt und in den Deutschen Bäderkalender aufgenommen. Es fanden in der neugewonnenen Heilhöhle die ersten Kuren unter ärztlicher Aufsicht statt. Als anerkanntes Kurmittel dient der Aufenthalt in der Kluterthöhle der Behandlung zahlreicher Atemwegserkrankungen und Allergien. Heute bestehen die Mitgliedschaft im Deutschen Heilbäderverband, im Nordrhein-Westfälischen Heilbäderverband und im Deutschen Heilstollenverband.

Der Arbeitskreis Kluterthöhle e.V. startete 1976 mit der Erforschung der Höhle

Im Rahmen der Local Heroes Woche zur Ruhr.2010 in Ennepetal wurde die Kluterthöhle zum ganz besonderen Kunstausstellungsraum der Kulturhauptstadt Europas. Bereits 1997 und 1999 in einen Kunstausstellungsraum verwandelt, in dem moderne Kunst aus Südwestfalen und dem Ennepe-Ruhr-Kreis gezeigt wurde, gingen die Protagonisten diesen Weg nun weiter. Während der »Höhlenkunst« in den Jahren 2006 und 2008 wurden in der Kluterthöhle Skulpturen, Objekte und Lichtinstallationen präsentiert.

Beeindruckende Welt ohne Sonne

Erlebnistour durch die Kluterthöhle

Der Eingang zur Kluterthöhle

Fledermaus

Gevelsberg im Überblick

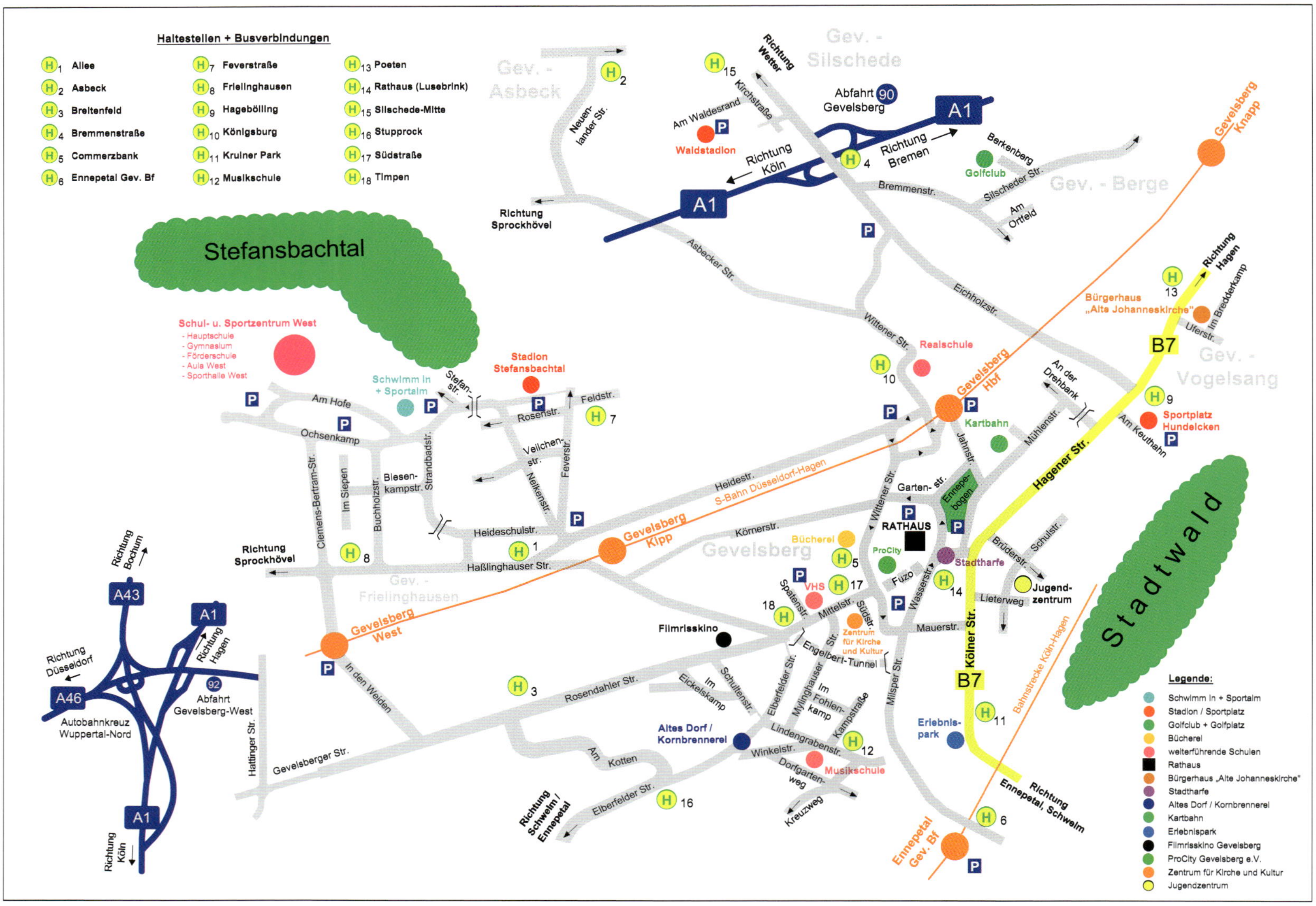

Quelle: Stadt Gevelsberg

Die Kirmes

Willkommen in Gevelsberg

Ich freue mich, Sie auch im Namen der Stadt Gevelsberg hier auf das Herzlichste begrüßen zu dürfen und lade Sie ein, auf den folgenden Seiten die Schönheit und Vielseitigkeit unserer Stadt kennenzulernen.

Gevelsbergs geschichtlicher Ursprung liegt inzwischen mehr als 785 Jahre zurück. Am 7. November 1225 wurde im Hohlweg am »Gievilberch« der Kölner Erzbischof und Reichsverweser Engelbert, Graf von Berg überfallen und erschlagen. In Nähe der Todesstelle wurde etwa um 1230 ein Sühnekloster errichtet, das zur Keimzelle der heutigen Stadt wurde. Viele Jahrhunderte später, am 1. Februar 1886, unterzeichnete der damalige König von Preußen und Deutsche Kaiser Wilhelm I. die Verleihung der Städteordnung für die Provinz Westfalen an Gevelsberg und machte es damit zur selbstständigen Stadt.

Die rund 32 000 Einwohnerinnen und Einwohner genießen den Vorzug einer überschaubaren Kommune, die in allen Bereichen vielfältige Möglichkeiten dessen bietet, was Lebensqualität schafft und ausmacht. Die herrlichen Wälder an den im Süden gelegenen sieben Steilhängen und Sattelkuppen, wie auch das Hügelland im Norden rund um die Ortsteile Silschede und Asbeck vermitteln Ausgewogenheit zwischen Industrie und Natur. Durch den bis an das Stadtzentrum reichenden Wald und das darüber hinaus im Stadtbild vorhandene umfangreiche Grün entlang der Ennepe und überall in den Wohngebieten ist Naherholung unmittelbar vor der Haustür garantiert.

Im Herzen der Stadt lädt der »Ennepebogen« mit seinem Naturstrand zum Verweilen und Wohlfühlen ein. Die Veranstaltungsfläche des Parks bietet in den Sommermonaten viel Platz für Open-Air-Events und am angrenzenden Skaterpark vollbringen Kinder- und Jugendliche aus der gesamten Region wahre Kunststücke mit ihren Skateboards, Inlineskates und BMX-Rädern.

Gut ausgebaute Sport- und Erholungsstätten im Wander- und Erholungsgebiet »Stefansbachtal«, im Nordwesten, aber auch am Südrand des Stadtgebietes und in den Stadtvierteln haben die Lebensqualität unserer Stadt wesentlich erhöht. Im »Stefansbachtal« befinden sich das attraktive Freizeit- und Sportbad »Schwimm in« mit angegliedertem Freibad und einer großzügigen Saunalandschaft, aber auch das Stadion Stefansbachtal.

Gevelsberg verfügt auch als beliebte Einkaufsstadt des Ennepe-Ruhr-Kreises über einen großen Stellenwert. Die »Neue Mittelstraße« bietet mit zahlreichen Geschäften, Cafés und Bistros den Besucherinnen und Besuchern eine hohe Flanier- und Aufenthaltsqualität.

Außerdem begeistert Gevelsberg mit einem regen und anspruchsvollen Kulturleben, dessen Maßstäbe sich an dem Angebot der benachbarten Großstädte ausrichten. Einen besonderen Höhepunkt im Stadtleben stellt die alljährlich am letzten Juni-Wochenende stattfindende Gevelsberger Kirmes dar, die Gevelsberg weit über seine Stadtgrenzen hinaus bekannt gemacht hat. Sie sehen, ein Besuch lohnt sich, denn unsere Stadt hat viel zu bieten. Vor allem aber zeichnet sich Gevelsberg durch seine gastfreundlichen und engagierten Bürgerinnen und Bürger aus. Durch ihren beherzten Einsatz in Vereinen und Verbänden verschiedenster Art und ihre ehrlich empfundene Heimatliebe machen sie Gevelsberg lebendig und liebenswert.

Ich wünsche Ihnen viel Vergnügen bei der Lektüre über unsere wunderschöne Region.

Ihr

Claus Jacobi
Bürgermeister

Von Statikern mit Muskelkraft

Gerüstbau Büchner in Gevelsberg: Traditionsunternehmen mit Perspektive

Auch die Kornbrennerei im Gevelsberger Dorf wurde von Büchner eingerüstet.

»Die interessanten Gerüste sieht man nicht, die stehen nicht direkt an der Straße«, erläutert Andre Windgassen. Er leitet die Geschicke des in Gevelsberg und Umgebung ebenso bekannten wie traditionsreichen Gerüstbau-Unternehmens Büchner. Otto Büchner gründete die Firma bereits 1928 mit einem Handkarren und eigenem Leiterbau. 70 Jahre später übernahm Windgassen den kleinen Betrieb mit zwei Mitarbeitern von Hans Joachim Büchner dem Enkel des Firmengründers. Mit großem Engagement und ständiger Innovationsbereitschaft hat Andre Windgassen ein modernes Unternehmen entwickelt, das heute neun Mitarbeiter beschäftigt, darunter etliche langjährige.

Kamineinrüstung

Und die warten mit der gesamten Palette auf. Gerüstbau Büchner bietet Fassadengerüste, Fahrgerüste, Hängegerüste, Industriegerüste, Sonderkonstruktionen, Wetterschutzdächer, Treppentürme und verleiht zudem auch noch Aluminium-Rollgerüste. Bei dem einen oder anderen Projekt wird sicherlich mehr als das übliche Know-how abverlangt. Wie zum Beispiel bei dem Bau der eigenen Lagerhalle, die komplett aus Gerüstmaterial erstellt wurde: Ein optischer Leckerbissen für alle Fachleute und eine technische Herausforderung für den Gerüstbauer gleichermaßen.

Auf exakte Planung kommt es gerade auch im Gerüstbauer-Handwerk an. »Nichts wird dem Zufall überlassen«, beteuert Windgassen. Sicherheit wird in diesem Beruf groß geschrieben. Natürlich nicht nur für die eigenen Leute. »Wir verkaufen Sicherheit, und das konsequent«, sagt Andre Windgassen, dem die Weiterbildung seiner Mitarbeiter sehr wichtig ist.

Gerüstbau Büchner rüstet jedes »Objekt« ein.

Sicherheit ist also im Gerüstbau das A & O. Und Sicherheit erlernt sich in der Theorie. Seit den 1990er Jahren ist der Gerüstbauer ein in die Handwerksrolle eingetragener Handwerksberuf, der auch einen Meisterbrief anbietet. Die dreijährige Ausbildung wird als sehr hochwertig angesehen. Die Auszubildenden absolvieren in einem Schulungszentrum unter anderem in Dortmund eine intensive Schule, die rund die Hälfte der gesamten Ausbildungszeit ausmacht und enorm viel mathematisches und statisches Handwerkszeug vermittelt. Trotzdem ist Gerüstbau nicht nur etwas für Denksportler, Muskelkraft ist auch gefragt. Und die lernt sich eben in keinem Internat. Gerüstbau Büchner ist übrigens seit 2007 ein Ausbildungsbetrieb.

Andre Windgassen und sein Team

Windgassen sieht sein Unternehmen als »lokalen Anbieter in der Region«. Nicht zuletzt die jahrzehntelang erfolgreiche Zusammenarbeit mit Architekten und örtlichen Handwerksbetrieben bildet das unternehmerische Fundament. Zu den Referenzobjekten gehören neben unzähligen Privathäusern, Industrieunternehmen sowie dem Kreishaus und dem Gevelsberger Rathaus auch viele andere öffentliche Einrichtungen. Mit dem Firmenslogan »Ob Kirchen, Häuser, groß und klein, Büchner rüstet alles ein« unterstreicht Andre Windgassen mit einem Augenzwinkern sein Leistungsspektrum.

Beitrag von:
Gerüstbau Büchner · Inh. Andre Windgassen
Rheinische Straße 20 · 58285 Gevelsberg
Tel. (0 23 32) 38 08 · Fax (0 23 32) 91 34 06
info@geruestbau-buechner.de
www.geruestbau-buechner.de

Eine der ersten Eisenbahnen Deutschlands

Silscheder Kohlenbahn versorgte Industrie an der Ennepe einst mit Steinkohle

Die Silscheder Kohlenbahn – sie hatte gleich mehrere Namen. Sie wurde auch Hasper Kohlenbahn und Schlebusch-Harkorter Bahn genannt. Es war aber jedes Mal eine Schmalspurbahn von Silschede durchs Sprockhöveler Revier über Wetter-Grundschöttel nach Hagen-Haspe. Sie war eine der ersten Eisenbahnen in Deutschland. Die als Pferdebahn errichtete Strecke von zunächst acht Kilometern Länge – was einer preußischen Meile entsprach – verlief von den Zechen Trappe und St. Peter zunächst zur Harkortschen Fabrik und später bis zur Hasper Hütte und versorgte die Industrie an der Ennepe mit Steinkohle aus dem Bergbaurevier Schlebusch.

Die Familie Harkort betrieb im Ennepe-Tal die Herstellung und den Handel von Sensen und Sicheln sowie Waffen und Küchengeräten. Zur Versorgung dieser Betriebe hatte Johann Caspar Harkort IV bereits mehrere Kohlenwege aus dem Kohlerevier ins Ennepe-Tal und von Witten nach Elberfeld errichtet. Um den wachsenden Absatzschwierigkeiten der Zechen gerecht zu werden und nicht zuletzt, um die Familienbetriebe mit Kohlen zu versorgen, wurde am 14. Juli 1820 ein Konsortium (vergleichbar mit einer Aktiengesellschaft) zur Errichtung des Schlebusch-Harkorter Bahnprojekts gegründet, an denen Friedrich Harkort führend beteiligt war.

Mit einem Pferd konnten etwa 90 Zentner Ladung abwärts, zum Kohlenmagazin an der Ennepe, und 15 leere Behälter aufwärts gefahren werden. Für den Transport von Schlebusch bis nach Haspe und zurück benötigten die Arbeiter 1836 etwa einen halben Tag. Etwa auf der Hälfte der Strecke gab es eine Wechselstation für die Pferde. Die Strecke wies trotz ihrer frühen Bauzeit schon viele Elemente moderner Eisenbahnstrecken auf, wie ein gleichmäßiges Gefälle, eine Anpassung an die Form des Geländes durch Kurven mit großen Kurvenradien, mehrere Dämme und Einschnitte, eine heute noch sichtbare Wegunterführung, Durchlässe zur Ableitung des Oberflächenwassers sowie einen Tunnel.

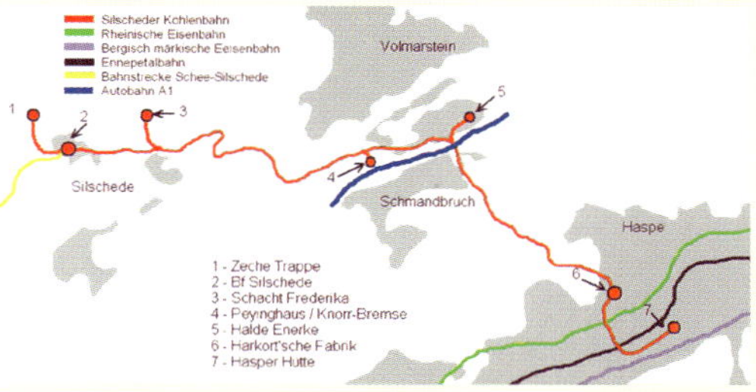

Karte der Silscheder Kohlenbahn

Der erste Teilabschnitt wurde bereits 1829 in Betrieb genommen. Damit war Kohlenbahn die erste Eisenbahn, die den Betrieb auf einer Länge von einer preußischen Meile aufnahm. Bis zum Kohlenmagazin an der Ennepe, unterhalb der harkortschen Fabrik, wurde nochmals zwei Jahre gebaut. Der Anschluss an die Hasper Hütte erfolgte 1858.

Vom 1. April 1876 an lief der Betrieb als Dampfeisenbahn. Die Zeche Trappe wurde 1889 an die Bahnstrecke Schee-Silschede angeschlossen und 1890 erfolgte auch der Anschluss der Kohlenbahn an die Staatsbahn in Silschede. Von 1911 bis 1921 betrieb das Hasper Eisen- und Stahlwerk das Teilstück Haspe-Enerke als Dampfeisenbahn zum Schlackentransport. Während der Ruhrbesetzung 1923 wurde der Kohlentransport auf der gesamten Strecke Schlebusch-Haspe sporadisch wieder aufgenommen. Die Hasper Hütte gab 1965 ihren Schlackentransport über die Kohlenbahn auf. Der weitere Betrieb diente nur noch zum Abbau der eigenen Gleise. Im Mai 1966 wurde die Grundschöttler Straße, an deren Rand die Bahn verlief, verbreitert und das Gleis in diesem Bereich entfernt. Mit diesem Rückbau hatte die Kohlen- und Schlackenbahn aufgehört zu existieren. Heute befindet sich auf dem oberen Teil der Kohlenbahn ein Waldweg, während der untere Teil mit einer Straße überbaut wurde, die den Namen »An der Kohlenbahn« trägt.

Die Silscheder Kohlenbahn ist Teil der Route der Industriekultur.

Rekonstruiertes Portal der Unterführung unter den Bahnhof Harkorten

Vom Licht zum Automobil

Ein Gevelsberger Unternehmen im Wandel der Zeit

Firmensitz in der Rosendahler Straße, 1911

Als im Jahr 1911 die erste Rallye Monte Carlo im Fürstentum Monaco stattfindet, legen die Gebrüder Vollmann 1100 Kilometer nördlich den Grundstein der heutigen Vollmann-Gruppe in Gevelsberg. Zu diesem Zeitpunkt ahnt noch niemand, dass Vollmann rund 100 Jahre später ein Teil der Automobilwelt ist und fast in jedem Serienfahrzeug Technik aus dem Ennepe-Ruhr-Kreis steckt. Denn angefangen hat alles mit der Produktion von Lampenfassungen für Edisons große Erfindung.

Mit der Handkarre zum Bahnhof (1911 bis 1960)

Die ersten Vollmann-Fassungen aus Porzellan und Metall werden 1911 mit 20 Mitarbeitern gefertigt. Außerdem gehören Lichtschalter und diverse Fahrradkomponenten zum Lieferprogramm. 1938 trennt sich dann das Gründerpaar – Adolf Vollmann spezialisiert sich in der Hammerstraße auf Metallarbeiten und Otto Vollmann bleibt der Elektrosparte in der Rosendahler Straße treu. In den Wirren des Zweiten Weltkriegs kann der Betrieb zunächst aufrecht erhalten werden, muss dann jedoch ruhen. 1945 übernimmt der erst 19-jährige Otto Vollmann (zweite Generation) den väterlichen Betrieb und wagt somit den Sprung ins kalte Wasser. Es gelingt ihm, das Unternehmen mit nur fünf Mitarbeitern wieder aufzubauen. Anfangs holt er noch die Materialien mit der Handkarre am Bahnhof ab. Vollmann erweist sich als wahrer Unternehmer und baut die Produktpalette kontinuierlich aus. Bereits 1951 wird erstmalig in Hannover auf der größten Industriemesse der Welt ausgestellt. 1960 gehören neben einer Vielzahl unterschiedlichster Fassungen auch Lüsterklemmen, Nähmaschinen-Leuchten und Buchleselampen zum Sortiment.

»Aufschlag« für Vollmann (1961 bis 1983)

Mit Ausdauer und unermüdlichem Einsatz etabliert sich Otto Vollmann am Markt. Er erkennt früh die Vorteile des Einsatzes von Kunststoff für den Elektrobereich und stellt schon 1962 die ersten Fassungen aus Duroplast her. Da sich das Unternehmen somit auch räumlich den wachsenden Anforderungen stellen muss, wird der Betrieb in zwei Bauabschnitten vergrößert. Und nicht nur der Betrieb wächst – 1979, als der schwedische Tennisspieler Björn Borg unangefochten an der Spitze der Tennis-Weltrangliste steht und Boris Becker in der Jugend-Auswahlmannschaft des Deutschen Tennisbundes spielt, erkennt Vollmann den kommenden Tennisboom und baut die familieneigene Tennishalle Breitenfeld direkt neben dem Produktionsbetrieb.

Montageplätze in Gevelsberg, 1921

Ein Waschraum als Büro (1984 bis 1989)

Anfang 1984 muss Vollmann die Ärmel hochkrempeln und sich einer großen Herausforderung stellen. Ein Großbrand zerstört in der Rosendahler Straße den kompletten vorderen Gebäudeteil mit Verwaltung und Teilen der Produktion. Aber dank der Flexibilität und des Engagements der Mitarbeiter kann die Verwaltung in den provisorisch eingerichteten Waschräumen des Betriebes bereits nach 24 Stunden wieder aufgenommen werden. Vollmann setzt voll auf Wachstum und bezieht 1985 einen um 50 Prozent größeren Neubau, der schnell wieder ausgelastet ist. Im selben Jahr tritt Axel Vollmann nach seinem Studium an der Universität zu Köln mit 29 Jahren als dritte Generation in das Unternehmen ein.

Gevelsberg stemmt sich gegen China (1990 bis 1998)

Das Geschäft läuft besser denn je. Zahlreiche Patente werden angemeldet und Vollmann bietet Halogenfassungen mit integriertem Reflektor quasi konkurrenzlos an. So platzt der Betrieb in kürzester Zeit aus allen Nähten. Nach jahrelanger Grundstücksrangelei mit der Stadt entsteht 1990 in unmittelbarer Nähe (In den Weiden/Ecke Gewerbestraße) ein 15 Meter hohes Logistikzentrum. In Spitzenzeiten mit bis zu 100 festen Mitarbeitern und 50 Heimarbeitern werden in den folgenden Jahren rund 2000 verschiedene Produkte aus dem Leuchtensortiment gefertigt und vertrieben – immer weniger aus Porzellan und Bakelit (Duroplast), sondern immer mehr aus hochhitzebeständigem Kunststoff (Thermoplast). Vollmann bietet nun das europaweit größte Sortiment an Lampenfassungen für die Wohnraum-Leuchtenindustrie an. Bis zu 300 000 Fassungen verlassen täglich den Hof.

1993 beteiligt sich Vollmann an der Firma ALUX in Korschenbroich, einem namhaften Hersteller von Aluminium-Reflektoren. Der Druck der Billiglohnländer wie China wächst und fast die gesamte Hochburg der Wohnraum-Leuchtenindustrie im Sauerland und Westeuropa bricht weg – neue Strategien müssen entwickelt werden. Daher folgt 1995 die Gründung der heutigen Vollmann (Sachsen) in Scheibenberg, in der Produkte mit Stanz- und Tiefziehtechnik hergestellt werden. Axel Vollmann geht in die Offensive – er bietet den Herstellern an, Leuchten nach ihren Entwürfen und Vorgaben zu realisieren und als verkaufsfertige Verpackungseinheit (OEM) zu liefern. 1998 wird die Vollmann-Service in Welzow/Brandenburg gegründet. An diesem Standort können voluminöse Montage- und Logistikdienstleistungen realisiert werden, so dass weitere OEM-Großaufträge aus der Leuchtenbranche unter anderem für Paulmann, Brilliant, Fischer Leuchten und Wofi folgen. Ein großer Coup gelingt, als 1999 ein Auftrag für Tchibo, die Herstellung von Klemmstangenleuchten, an Land gezogen wird. Nach nur zwei Monaten Produktionszeit verlassen innerhalb von zehn Werktagen 68 Sattelzüge mit 150 000 Leuchten den Hof.

Produkt-Skulptur/Auszubildendenarbeit

Starke Nerven in kritischen Situationen (1999 bis 2010)

Das sichere Gespür für Marktveränderungen von Axel Vollmann erweist sich auch als Vorteil, als er auf ein neues Standbein setzt und mit Stanzteilen aus Scheibenberg in die Automobilzulieferindustrie einsteigt. Dies hat eine rasante Entwicklung zur Folge, denn bereits 2005 ist der Wendepunkt erreicht und über 50 Prozent der gesamten Produktion wird für die Automobilbranche getätigt. Vollmann setzt von nun an ganz auf den Automotivesektor und erwirbt 2006 ein in diesem Bereich etabliertes Unternehmen mit Standorten in Remscheid und Hohenlockstedt, die heutige N.I.E.R. Stanz- und Umformtechnik. Hervorragendes Know-how im Präzisionsstanzen und Tiefziehen sowie Pressaggregate bis zu 630 Tonnen Pressleistung sind nun Bestandteil der Unternehmensgruppe. 2007 folgt die letzte Konsequenz der strategischen Neuausrichtung – der Geschäftsbereich Lichttechnik wird an Vossloh-Schwabe, ein Panasonic Unternehmen, verkauft.

In Folge der großen Finanz- und der daraus resultierenden Weltwirtschaftskrise muss das Unternehmen 2009 von heute auf morgen mit Umsatzeinbrüchen von bis zu 60 Prozent kämpfen. Fingerspitzengefühl und starke Nerven sind nun gefragt. Auch hier zeigt Axel Vollmann sein unternehmerisches Geschick. Durch den Verkauf zweier Standorte bei gleichzeitigem Ausbau der Aktivitäten im Werk Scheibenberg geht die Unternehmensgruppe gestärkt aus der kritischen Situation hervor.

Zentralverwaltung der Vollmann-Gruppe

Die Vollmann-Gruppe heute

Heute finden sich Komponenten von Vollmann zum Beispiel für Fahrwerke, Airbags und Türschloss-Scharnier-Systeme bei allen namhaften Automobilherstellern wieder. Jährlich werden mehr als 350 Millionen Teile produziert, verteilt auf bis zu 5000 verschiedene Artikel. An vier Standorten auf über 40 000 Quadratmetern Produktionsfläche in Deutschland mit mehr als 500 Mitarbeitern erwirtschaftet die Vollmann-Gruppe, deren Zentralverwaltung sich in Gevelsberg befindet, einen Umsatz von 75 Millionen Euro. Mit den Töchtern von Axel Vollmann, Viktoria und Alexandra, wächst bereits die vierte Generation der Unternehmerfamilie heran, um mit Leidenschaft die Tradition weiterzuführen.

Von rechts:
Otto, Axel, Viktoria, Alexandra Vollmann

Vollmann Group

Beitrag von:
Zentralverwaltung Vollmann Group
Otto Vollmann GmbH & Co. KG
Rosendahler Straße 98 · 58285 Gevelsberg
www.vollmann-group.com

»Poppi« verteidigt für Duisburg und stürmt für Deutschland

Gevelsberger Fußball-Nationalspielerin Alexandra Popp auf der Erfolgsspur

Ja, der Autor weiß es: Es gibt nichts Dämlicheres, als eine traumhafte Erfolgsstory mit einem Misserfolg zu beginnen. Vielleicht liegt eben genau darin der Reiz. Und vielleicht ist es auch ein bisschen die Gewissheit, dass der Misserfolg ja eigentlich gar nicht so schlimm und gar nicht ihr eigener war. Was soll's denn auch. Weltmeisterin!?!? »Poppi« ist es ja. Mit der U-20 war Alexandra Popp WM-Torschützenkönigin. Beste Spielerin auch. Was will junge Frau mehr? Mit den »Großen« hat es halt im ersten Versuch nicht klappen wollen. War ja nicht ihre Schuld.

Aber fangen wir von vorne an: in Silschede. Dort lebt die am 1991 geborene Alexandra Popp noch heute bei ihren Eltern. Genauer gesagt in Gevelsberg-Silschede. Beim FC Schwarz-Weiß erfolgte der Anpfiff. Und im heimischen Waldstadion natürlich. Mit vier. Mit dem Einstieg ins »Fußballgeschäft« begann auch gleich das Härtetraining. Bis sie zwölf war – D-Jugend – war nix mit Mädchenmannschaft. Da wurde nur mit Jungs gekickt. Dann aber gleich mit den Mädels in der Bezirksliga.

2006 der erste Sprung weg von Gevelsberg. Zum 1. FFC Recklinghausen ging es. Verbandsliga. Der Erfolg sollte nicht ausbleiben. Im Mai 2008 wurde sie mit der U-17-Nationalmannschaft Europameisterin und erzielte im Finale gegen Frankreich das vorentscheidende 2:0. Zur Saison 2008/2009 wechselte sie zum damaligen Vizemeister FCR 2000 Duisburg und schlug ein Angebot des französischen Spitzenvereins Olympique Lyon aus. Am 7. September 2008 gab sie ihr Bundesligadebüt gegen den Herforder SV und erzielte beim 8:0-Sieg gegen den TSV Crailsheim ihre ersten Bundesligatore.

Beim DFB-Hallenpokal 2010 wurde »Poppi« mit fünf Toren Torschützenkönigin des Turniers, im Februar 2010 dann zum ersten Mal in den Kader der A-Nationalmannschaft berufen und feierte ihr Debüt am 17. Februar 2010 gegen Nordkorea. Beim Algarve Cup gelangen ihr beim 7:0 gegen Finnland ihre ersten beiden Länderspieltore. Dann der Triumpf: Fifa U-20 Frauen-Weltmeisterschaft 2010. Sie gewann nicht nur mit ihrer Mannschaft den Titel, sondern traf auch noch in jedem Spiel. Mit insgesamt zehn Treffern wurde sie im Anschluss an das Turnier von der Fifa mit dem »Goldenen Schuh« für die beste Torschützin und dem »Goldenen Ball« für die beste Spielerin des Turniers ausgezeichnet.

Multitalent Alexandra Popp: Im Verein spielt sie in der Verteidigung, im Nationaltrikot im Sturm.

Großes Plus der Super-Sportlerin ist sicherlich ihre Vielseitigkeit. Spielt sie doch bei ihrem Verein in Duisburg in der Verteidigung, während dessen sie im National-Trikot als Stürmerin auf den Platz läuft.

Silschede ist für Alexandra Popp aber allgegenwärtig. Nicht nur, weil dort ihr Zuhause ist. Auch, was den Fußball betrifft. Wie informierte doch ihr »Ur-Verein« auf seiner Homepage: »Jetzt hat es der FC SW Silschede, dank Poppi, auch in die ›Sport Bild‹ geschafft. In der Rubrik ›Mein erster Klub‹ stellt Alex ihren Heimatverein kurz vor. ›Ich habe zehn Jahre mit Jungs gespielt, dann zwei Jahre mit den Mädels. Ich kenne noch viele, die heute da spielen. Ich habe nicht vergessen, wo ich herkomme‹, sagt Poppi den Lesern. Und auch der ›Chef‹ kam zu Wort. Unser 1. Vorsitzender Thomas Bühne kündigt in dem Bericht an, dass er gerade dabei ist. einen Popp-Fanclub zu gründen.« Wohl denn.

Seit der Saison 2008/2009 spielt »Poppi« für den FCR Duisburg.

Auf Automatisierung in der Nahrungsmittelindustrie spezialisiert

Schäfer & Flottmann (Gevelsberg) bedient weltweit viele bedeutende Unternehmen

Die Schäfer & Flottmann GmbH & Co. KG in Gevelsberg ist seit 60 Jahren spezialisiert auf die Automatisierung von Verpackungs- und Kommissionierungsvorgängen, vorrangig in der Nahrungsmittel- und Getränkeindustrie, aber auch in vielen Non-Food-Bereichen. Weltweit haben dem 85 Mitarbeiterinnen und Mitarbeiter zählenden Unternehmen viele bedeutende und namhafte Hersteller ihr Vertrauen geschenkt und es beauftragt, die personal- und somit kostenintensiven Vorgänge vollautomatisch abzuwickeln.

Begonnen mit der Analyse des Ist-Zustands über die Verpackungsberatung, Fertigung und Lieferung der Komponenten bis zur Installation und Inbetriebnahme kompletter Verpackungslinien inklusive Schnittstellenverantwortung bietet die Firma Schäfer & Flottmann alles aus einer Hand. Das Unternehmen kann einen Jahresumsatz von rund 10 Millionen Euro verbuchen, wobei der Exportanteil am Gesamtumsatz etwa 65 bis 70 Prozent beträgt.

Zum Lieferumfang zählen unter anderem Aufrichter und Herstellautomaten für Kartons und Steigen, Anlagen zum Verpacken von zum Beispiel Bechern, Butterstücken oder Flaschen in Wrap-around-Kartons, Trays oder Kunststoffkästen, Sortieranlagen, Robot-Palettiersysteme sowie Hochleistungs-Flaschen-Einwickelanlagen, geeignet zum Einwickeln von Flaschen in Zellophanfolie oder Seidenpapier.

Die Maschinen aus dem Hause Schäfer & Flottmann sind an speziellen Kundenwünschen orientiert.

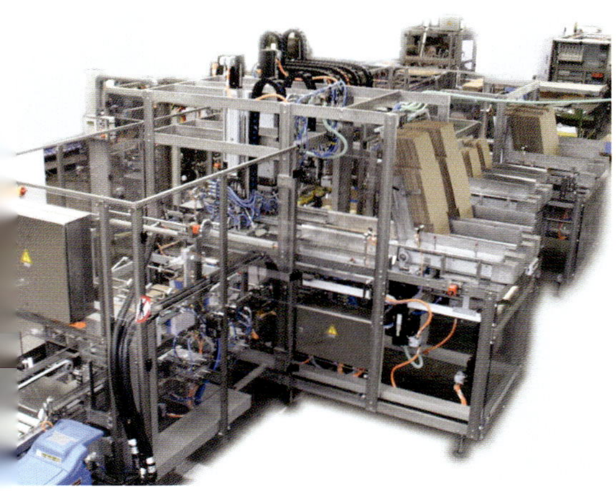

Die Firma Schäfer & Flottmann in Gevelsberg

Schäfer & Flottmann bietet seit 1951 an Kundenbedürfnisse und spezielle Produktanforderungen angepasste optimale, vollautomatische Verpackungslösungen – entweder als einzelne Verpackungsanlage oder als komplexe, individuell und spezifisch ausgelegte Verpackungsstraße bis zur Abgabe von beladenen Paletten an das Lager. Die Geschwindigkeit und Höchstleistungen dieser Systeme sind das Ergebnis innovativer Entwicklungs- und Konstruktionsarbeit. Die Verpackungsmaschinen und Aufrichter der neuen Generation sind konsequent und ausschließlich mit Servoantrieben ausgelegt. Neben einem daraus resultierenden hohen Leistungsspektrum zählen enorme Flexibilität und einfaches Umstellen der Anlagen auf unterschiedliche Formate zu den Vorteilen dieser Maschinen.

Diese Eigenschaften treffen selbstverständlich auch auf alle anderen Verpackungsanlagen aus dem Hause Schäfer & Flottmann zu. Nicht umsonst entscheiden sich sowohl internationale Konzerne, große und kleine Genossenschaftsbetriebe und auch namhafte Privatunternehmen weltweit für SFS.

Mehr als 60 Jahre Erfahrung: die Firma Schäfer & Flottmann GmbH & Co. KG

Beitrag von:
Schäfer & Flottmann GmbH & Co. KG
Esborner Straße 97–103
58285 Gevelsberg
Tel. (0 23 32) 9 59 60
Fax (0 23 32) 9 59 61 90
info@sfs-net.de · www.sfs-net.de

Gevelsberg war einst ein Teil Mylinghausens

Als zweite Stadt in Deutschland die elektrische Straßenbeleuchtung eingeführt

Viele Namen, die gleiche Stadt – gesehen an der westlichen Einfahrt in den Engelbert-Tunnel: Das Kunstwerk ist eine Spende der Tunnelpatin Dr. Margret Korn und wurde von Siegfried W. Lunau geschaffen.

Gevelsberg ist eine typische kleine Industriestadt, die früher entlang der Ennepe von der Kleineisenindustrie lebte. Erste Spuren menschlichen Lebens auf dem heutigen Stadtgebiet stammen bereits aus der Steinzeit. Gevelsberg ist aus der früheren Bauernschaft Mylinghausen hervorgegangen. Urkundlich erwähnt wurde »Milinchusen« zum ersten Mal 1096. In dieser Urkunde überließ der Erzbischof von Köln dem Kloster von Siegburg unter anderem einen Hof in Mylinghausen. Aufgrund der Endung des Namens auf -inghausen wird angenommen, dass die Besiedlung aus dem 9. Jahrhundert stammt.

1102 musste Friedrich von Westfalen die Hälfte seiner Grafschaft an den Erzbischof von Köln abtreten. Zu dem abgetretenen Teil, mit dem die Edelherren von Volmarstein belehnt wurden, gehörte auch das Gebiet um Gevelsberg.

Gevelsberg »Dorf«

Ab 1180 wurden die Erzbischöfe von Köln als Herzöge von Westfalen auch weltliche Herrscher über Gevelsberg. Bekannter wurde Gevelsberg am 7. November 1225, als in einem Hohlweg am Hange des Gevelsbergs der Reichsverweser und Kölner Erzbischof Engelbert, Graf von Berg, vom Sohn seines Vetters, dem Grafen Friedrich von Isenberg, überfallen und erschlagen wurde. Am Tatort wurde fünf Jahre später zur Sühne ein Zisterzienserinnenkloster errichtet, das die Keimzelle der heutigen Stadt wurde. Seit 1324 gehört Gevelsberg zur Grafschaft Mark.

Ab Mitte des 15. Jahrhunderts wurde im heutigen Stadtteil Silschede Steinkohle abgebaut. Rund 100 Jahre später, ab 1577, wurde das Zisterzienserinnenkloster in ein freiweltliches adeliges Damenstift umgewandelt, das im Jahre 1812 unter Napoleon schließlich aufgelöst wurde. 1609 kam Gevelsberg unter die Herrschaft des Churfürsten von Brandenburg, da dieser die Grafschaft Mark erbte. Da die Erbteilung auf Schwierigkeiten stieß, erfolgte bis 1614 eine gemeinsame Verwaltung der Grafschaft Mark mit dem Herzog Wolfgang Wilhelm von Pfalz-Neuburg. Nach 1614 gehört Gevelsberg dann nur noch zu Brandenburg.

Blick ins »Dorf«

Während der napoleonischen Besatzung der Jahre 1807 bis 1813 gehörte Gevelsberg zum Großherzogtum Berg. 1815 wurde die preußische Provinz Westfalen geschaffen, zu der Gevelsberg gehörte. Am 1. Mai 1867 nannten die Verantwortlichen dann die Landgemeinde Mylinghausen offiziell in Gevelsberg um. Am 1. Februar 1886 wurden Gevelsberg aufgrund der Erfüllung der gesetzlichen Voraussetzungen vom Kaiser Wilhelm I. als König von Preußen die Stadtrechte verliehen.

1889/1890 wurde in Gevelsberg eines der ersten kommunalen Elektrizitätswerke in ganz Deutschland errichtet. Als zweite Stadt in Deutschland (nach Berlin) führte Gevelsberg auch eine elektrische Straßenbeleuchtung ein. Das Aufblühen der kleinindustriellen Wirtschaft (Wasserkraft nutzende Hammerwerke, Kleineisenprodukte) ließ die Bevölkerungsanzahl im 19. Jahrhundert stark ansteigen. Zahlreiche Wohnhäuser, Fabrikantenvillen und Fabrikanlagen entstanden in dieser Zeit, die das Stadtbild noch heute prägen.

Der historische Gebäudekomlex der Kornbrennerei Saure im Dorf: Vor 20 Jahren noch sollte das Brennereiensemble – mit Ausnahme des Wirtshauses – abgebrochen werden. Auf Initiative des Westfälischen Amtes für Denkmalpflege wurden die Gebäude jedoch in die Denkmalliste der Stadt eingetragen.

MICHAEL – Rechtsanwälte und Notare

Kanzlei in Gevelsberg bietet faire und kompetente Beratung

MICHAEL – Rechtsanwälte und Notare. Dieser Name steht seit 1977 weit über die Grenzen des südlichen Ennepe-Ruhr-Kreises hinaus für faire und kompetente Rechtsberatung. Neben anwaltlicher Beratung in vor allem zivilrechtlichen Fragen und Vertretung in gerichtlichen Auseinandersetzungen verfügt die Kanzlei auch über ein erfahrenes und gut organisiertes Notariat.

Die Rechtsanwälte und Notare der Kanzlei stellen höchste Anforderungen an die juristische Qualität ihrer Arbeit – ohne dabei den Blick für die wirtschaftlich sinnvollste Lösung zu verlieren.

Die langjährige Marktstellung beruht auf einem kontinuierlich gewachsenen Team hoch qualifizierter Persönlichkeiten mit besonderen Fachanwaltsausbildungen.

Guido Fuchs, Rechtsanwalt und Notar, Fachanwalt für Arbeitsrecht

Es wird größter Wert auf eine stetige Fort- und Weiterbildung gelegt. Nur so ist es möglich, in dem einem ständigen Wandel unterliegendem Berufsfeld weiter qualitativ hochwertige Arbeit liefern zu können.

Im täglichen Arbeitsablauf wird mit den modernsten juristischen Datenbanken gearbeitet – voll elektronisch geführte Akten sind mittlerweile selbstverständlich.

Die Kanzlei besteht aus fünf Rechtsanwälten, von denen drei zugleich auch Notare sind. Neben dem Kanzleigründer Rechtsanwalt und Notar Rolf W. Michael haben auch die Rechtsanwälte und Notare Wolfgang Hermes und Guido Fuchs maßgeblich zum Erfolg beigetragen. Mit den beiden jüngeren Rechtsanwälten Marc Tarrach und Maike Schulte-Hermes und weiteren elf Mitarbeitern wird das Team vervollständigt.

Besonderes Augenmerk wird auf das individuelle Gespräch mit dem Mandanten gerichtet. Eine zielorientierte Interessenwahrnehmung erfolgt durch Informationsaustausch und Kommunikation. Daher hat die Kanzlei eine Vielzahl von Stammkunden, die gerne wieder kommen.

Natürlich bietet MICHAEL Rechtsanwälte und Notare über die Homepage www.rae-michael.de weitere Informationen an. Die Profile der Mitarbeiter und auch Angaben über interessante und aktuelle Rechtsprechung findet man dort und auch auf der Seite von Facebook.

Wolfgang Hermes, Rechtsanwalt und Notar sowie Fachanwalt für Miet- und Wohnungseigentumsrecht, und Maike Schulte-Hermes, Rechtsanwältin

Rolf W. Michael, Rechtsanwalt und Notar

Marc Tarrach – Rechtsanwalt

Beitrag von:
MICHAEL Rechtsanwälte und Notare
Brüderstraße 4–6
58285 Gevelsberg
Tel. (0 23 32) 7 04 10
Fax (0 23 32) 70 41 20
kontakt@rae-michael.de
www.rae-michael.de

Hattingen im Überblick

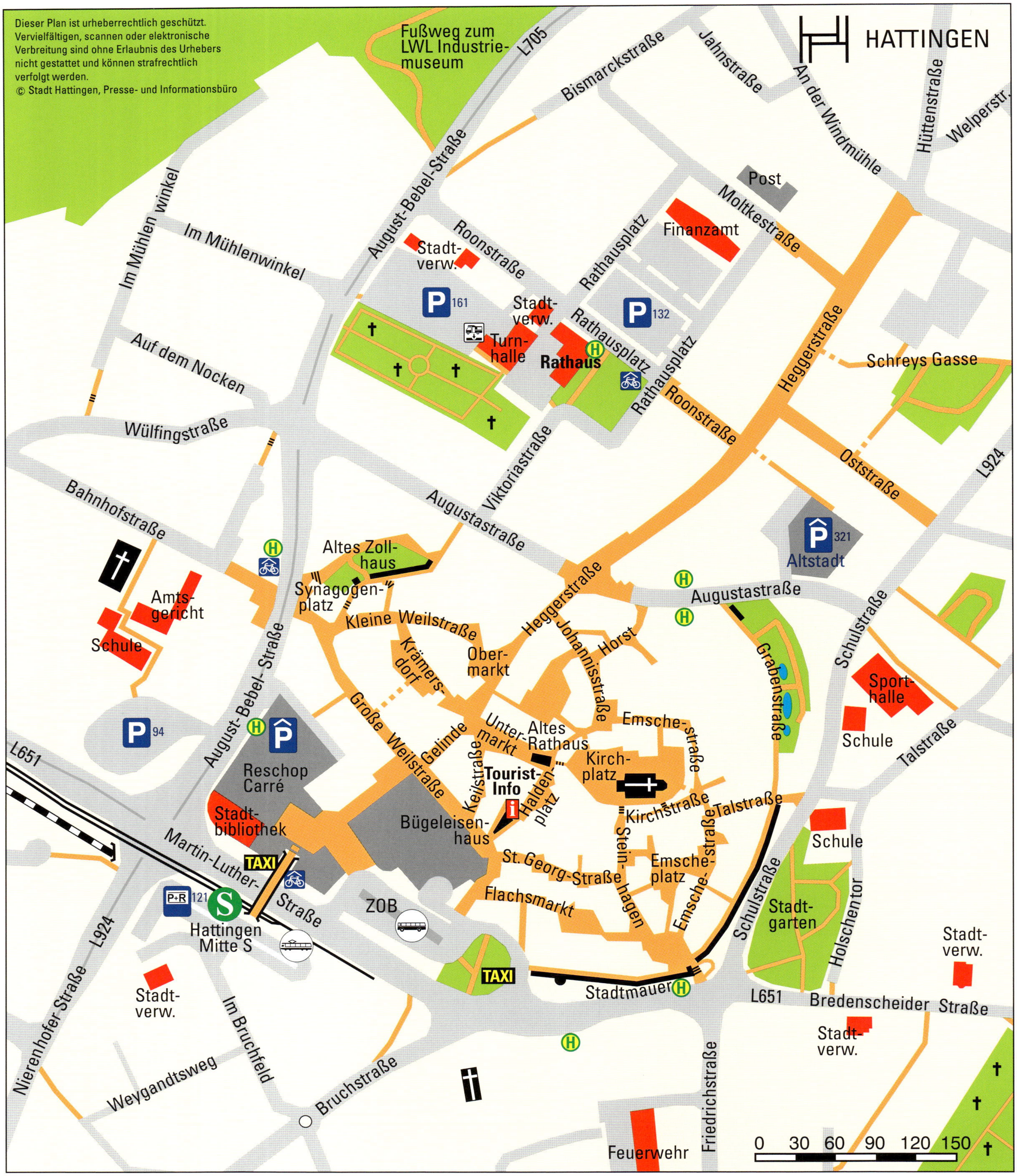

Quelle: Stadt Hattingen

Willkommen in Hattingen

Das kann kaum eine Ruhrgebietsstadt bieten: Hattingen liegt zwischen zwei Burgen. Die Reste der beiden Festungen, Burg Blankenstein und Isenburg, erinnern eindrucksvoll an die Zeit um 1200. Die Stadt an der Ruhr mit gut 55 000 Einwohnern feierte 1996 ihr 600-jähriges Bestehen, und es ist gerade in Verbindung von Moderne und mittelalterlichem Flair, was ein Gutteil des Charmes der Stadt im Ruhrbogen ausmacht.

Zeugen der Geschichte begegnet man auf Schritt und Tritt. Die ehemalige Hansestadt fasziniert mit historischem Stadtkern und historischem Ortskern in Blankenstein. Etwa 150 Fachwerkhäuser und Baudenkmäler sind erhalten geblieben oder wiederhergestellt worden. Der Kirchplatz in der Altstadt ist in seiner ursprünglichen Geschlossenheit einmalig in Westfalen. Um den auffallend schiefen Kirchturm der St. Georgs-Kirche gruppieren sich romantische enge Gassen. Hier verbindet sich Historisches, zeitgemäßes Wohnen und die Vielfalt an Geschäften zu einem vitalen Zentrum.

In der Innenstadt

Kunst in der Stadt

Romantische Gassen

Das rege Geschäftsleben fügt sich harmonisch in die liebevoll restaurierte mittelalterliche Altstadt ein. Rund 250 Läden aller Couleur und Dienstleistungseinrichtungen reihen sich in der Innenstadt aneinander. Über 50 Gaststätten, Restaurants und Cafés machen den Einkaufsbummel zum Erlebnis.

In Sichtweite der Innenstadt an der südlichen Stadtspitze beginnt das attraktive Erholungsgebiet »Elfringhauser Schweiz«. Hier in der »Elfringhauser Schweiz« führen bequeme Wanderwege entlang der schlängelnden Bäche über Höhen und durch tiefe Täler. Auf mehr als ein Viertel der gesamten Gemeindefläche wächst Wald.

Auch wer nach entspannter Wanderung Kultur genießen will, kommt in Hattingen voll auf seine Kosten. In Hattingen kann man neun Museen besuchen. Darunter drei überregional bedeutsame, wie das Westfälische Industriemuseum Henrichshütte, das Westfälische Feuerwehrmuseum und das Stadtmuseum Hattingen. Gleich neben der Burg Blankenstein, im historischen Ortskern, befindet sich das Stadtmuseum Hattingen. Im denkmalgeschützen Gebäude wird auf einer Fläche von 600 Quadratmetern die Geschichte der Stadt dargestellt. Wechselausstellungen präsentieren zeitgenössische Kunst.

Im Sommer wird die Fußgängerzone durch viele bunte Veranstaltungen, den Altstadtsommer, zusätzlich belebt. Und einmal im Jahr steigt das Hattinger Altstadtfest. Drei Tage, am ersten Wochenende im Juli, wird auf mehreren Bühnen von Rock über Blues, Hiphop und Klassik ein buntes Programm geboten. Das mustergültig denkmalgerecht ausgebaute Alte Rathaus in der Altstadt bietet Ausstellungen, Kleinkunstveranstaltungen wie Kabarett, Lesungen, Kammerkonzerte.

Dass Hattingen auch als Wirtschaftsstandort attraktiv ist, hat sich herumgesprochen. Zahlreiche innovative Unternehmen nutzen die Standortgunst der Stadt zwischen Westfalen und Rheinland. Der Strukturwandel hat die Stadt stark verändert. Heute ist Hattingens Wirtschaft geprägt von einem vielfältigen Branchenmix. Für Neuansiedlungen stehen Flächen im Gewerbe- und Landschaftspark an der Ruhr bereit. Dort findet sich eine einmalige Mischung von Gewerbe, Freizeit und Kultur, die Hattingen für die nächsten Jahrzehnte Entwicklungsimpulse geben wird.

Ihre

Dr. Dagmar Goch
Bürgermeisterin

Ein Kronjuwel des Ruhrgebiets

Hattingen: Moderne und lebendige Stadt mit etlichen Magneten für Besucher aus dem Umland

Sorry, aber der Autor gerät ins Schwärmen. Nun, durchschreitet der Besucher das Tor zur Altstadt, zur Fußgängerzone, lässt er die historische Stadtmauer hinter sich liegen, fällt er quasi zwangsläufig in etwas, das er dort so nicht erwarten kann. Im Ruhrgebiet ist er auf etwas gefasst, das in der Zeit zwischen 1939 und 1945 übrig gelassen wurde. Älter ist es in der Regel nicht. Aber – der Werbeslogan muss jetzt bemüht werden – »Hattingen hat's.« Nicht nur die Fußgängerzone – eine der ersten Deutschlands – mit jeder Menge Shops, eine moderne Einkaufsgalerie und eine Menge Einzelhandel mehr – und als Kontrastprogramm die herrliche historische Altstadt. Eine fantastische Symbiose. Warum hier nicht wohnen? Der, der sich nicht traut, nenne den ersten Grund!

Und das drumherum, es kann sich gleichfalls mehr als sehen lassen. Hattingen liegt zwischen zwei Burgen. Im Ruhrtal auf Hattinger Stadtgebiet posieren die Burg Blankenstein, die Reste der Isenburg und Haus Kemnade mit der Musikinstrumentensammlung von Hans und Hede Grumbt mit rund 1800 Instrumenten und Spieluhren sowie dem in unmittelbarer Nähe der Wasserburg gelegenen Bauernhausmuseum. In den Bergen steht der Bismarckturm direkt am Ruhrhöhenweg.

Die Stadt im Ruhrbogen selbst zählt heute mehr als 55 000 Einwohner und feierte 1996 ihr 600-jähriges Bestehen. Ihr Charme ist unvergleichlich. Insbesondere die Verbindung von Moderne und mittelalterlichem Flair. In der Nähe des Busbahnhofs an der alten Stadtmauer bewachen die von Zbigniew Fraczkiewicz geschaffenen Eisenmänner den Zugang zur Stadt. Eher unauffällig liegt hier auch der Horkenstein.

Zeugen der Geschichte begegnen dem Besucher auf Schritt und Tritt. Die ehemalige Hansestadt fasziniert mit ihrem historischem Stadtkern – dasselbe gilt natürlich für den Ortskern von Blankenstein. Rund 150 Fachwerkhäuser und Baudenkmäler sind in Hattingen erhalten geblieben oder inzwischen wieder hergestellt worden. Der Kirchplatz in der Altstadt ist in seiner ursprünglichen Geschlossenheit einmalig in Westfalen. Um den auffallend schiefen Kirchturm der St. Georgs-Kirche gruppieren sich romantische enge Gassen.

Die Innenstadt heute bietet pulsierendes Leben. Rund 250 Läden aller Couleur und Dienstleistungseinrichtungen reihen sich aneinander. Mehr als 50 Gaststätten, Restaurants und Cafés machen den Einkaufsbummel dort zum Vergnügen.

Das in weißem Granit und weißem Marmor gehaltene Stadttor »La Porta Aperta« stammt aus den Händen des italienischen Künstlers Marcello Morandini.

Die von Zbigniew Fraczkiewicz geschaffenen Eisenmänner bewachen den Zugang zur Stadt.

Das neue Hattinger Rathaus stammt aus dem Jahr 1910.

Außerhalb der modernen Stadtgrenzen besteht mehr als ein Viertel der gesamten Fläche aus Wald. In der Ennepe-Ruhr-Region nicht wirklich ungewöhnlich. An der südlichen Stadtspitze beginnt das attraktive Erholungsgebiet »Elfringhauser Schweiz«. Dort führen bequeme Wanderwege entlang der Bäche über sanfte Höhen und durch tiefe Täler. Wer Kultur genießen will, kommt ebenfalls auf seine Kosten. In Hattingen kann er nicht weniger als neun Museen besuchen. Darunter drei überregional bedeutsame, wie das Westfälische Industriemuseum Henrichshütte, das Westfälische Feuerwehrmuseum und das neue Stadtmuseum, das sich gleich neben der Burg Blankenstein befindet. Auf einer Fläche von 600 Quadratmetern wird die Geschichte der Stadt porträtiert. Auch die Henrichshütte als Teil des Westfälischen Industriemuseums zählt mit drei Rundwegen und dem 50 000 Quadratmeter großen Gelände zu den Sehenswürdigkeiten der Stadt.

Jede Menge kultureller Events bietet zudem das zur Galerie ausgebaute Alte Rathaus. Dazu zählen Ausstellungen, Kleinkunstveranstaltungen wie Kabarett, Lesungen und Kammerkonzerte. Im Sommer wird die Fußgängerzone durch viele bunte Veranstaltungen, den Altstadtsommer, belebt. Und einmal im Jahr steigt das Hattinger Altstadtfest. Drei Tage, am ersten Wochenende im Juli, wird auf mehreren Bühnen von Rock über Blues, Hiphop und Klassik ein buntes Programm geboten. Ebenfalls einmal im Jahr im Sommer ist auf dem Kirchplatz an der St. Georgs-Kirche der »Kulinarische Altstadtmarkt«, an dem die Hattinger Restaurants ihre Spezialitäten anbieten und auf einer Bühne Livemusik läuft.

Wasserspiele in der Stadt

Mehr als 50 Gaststätten, Restaurants und Cafés – inklusive Außengastronomie – machen den Einkaufsbummel rund um die Hattinger Altstadt zum Vergnügen.

Wenn nur noch der deutsche Arzt hilft

MedCareProfessional (Hattingen): Auslandsrückholdienst mit Learjet

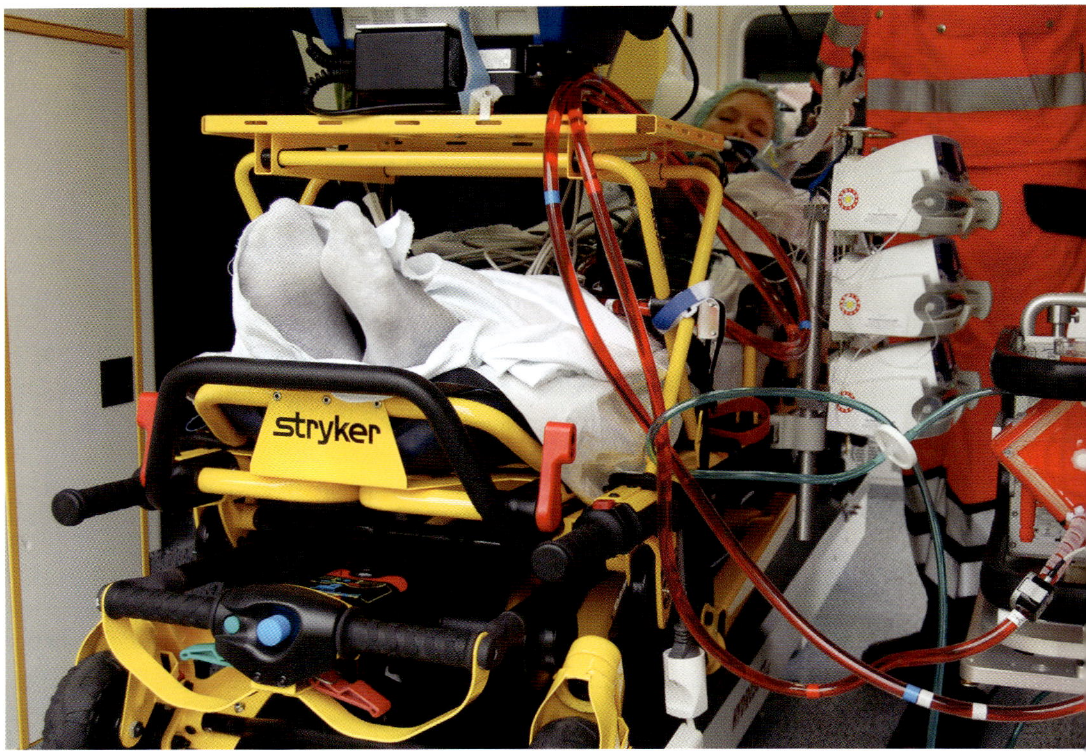

Intensivmedizinische Betreuung im MedCare-Fahrzeug

Der als traumhaft geplante Urlaub in der Nähe von Bangkok und der Geschäftstermin in Nairobi haben eines gemein: Sie avancieren zum Höllentrip, wenn Krankheit oder Unfall die Reise heimsuchen. Was finden die Betroffenen vor Ort vor: medizinische Standards, die sie nur aus dem Fernseher kannten, Ärzte und Krankenschwestern, mit denen eine Verständigung auf Englisch kaum, eine mit Händen und Füßen kaum besser möglich ist. Das Ganze kann schon in einigen Ländern Europas passieren. Es gibt nur einen Ausweg: so schnell und sicher wie möglich nach Hause, egal wie!

Eine mehr als undankbare Situation. Ausweglos ist sie jedoch nicht. Aber für einen medizinischen Rücktransport sind spezielle Abläufe und Maßnahmen erforderlich, die von einer darauf spezialisierten Hattinger Firma gerne übernommen werden. Dabei kommen Dr. med. Joachim Friese und Michael Weber viele Jahre Erfahrung als Crew-Mitglieder im »luft- und bodengebundenen Intensivtransport« zu Gute. Aus ihrer Idee, ihr Know-how in einer gemeinsamen Firma einzusetzen, ist die Firma MedCareProfessional als Auslandsrückholdienst entstanden, einer von rund zehn in ganz Deutschland.

Die Art und Weise des Rückholens ist dabei außerordentlich vielfältig und reicht vom Krankenwagen bis zum Learjet. Während die für Intensivtransporte ausgestatteten Autos Eigentum des Unternehmens sind, werden die Learjets angechartert.

Wer wird zurückgeholt? Wer sind die Auftraggeber? »Nach Hause« gebracht werden im Prinzip alle. Die Auftraggeber umspannen dagegen eine umfangreiche Palette: Privatpersonen, Versicherungen, Krankenkassen, Organisationen. Wichtig ist, dass der kostenintensive Transport – von Bangkok nach Deutschland mit intensivmedizinischer Betreuung kostet rund 80 000 Euro – letzten Endes auch bezahlt wird. Das bedeutet aber nicht, dass nur Schwerreiche zurückgeholt werden: Dr. Friese: »Wir haben Bauarbeiter bereits genauso transportiert wie Universitätsprofessoren.«

Intensivmediziner Dr. Joachim Friese erwartet den zu transportierenden Patienten im Rettungswagen.

Dr. Joachim Friese und Michael Weber haben ihr Unternehmen vor fünf Jahren gegründet, arbeiten aber bereits doppelt so lange zusammen. Die beiden planen und organisieren nicht nur die Rückholtransporte, sie begleiten die Intensivtransporte auch höchst persönlich – Dr, Friese als Arzt und Weber als Intensivkrankenpfleger. Mittlerweile beschäftigt ihr Unternehmen neun Festangestellte. Der weiteste Flug führte die beiden Protagonisten von Neukaledonien nach Hamburg. Dauer: 34 Stunden, sechs Zwischenstopps. Sie sind bei Naturkatastrophen im Einsatz, bergen aber auch Verletzte aus Kriegsgebieten wie Afghanistan und eben Kranke.

Was muss man sein, was muss man drauf haben, um eine solche Firma »zu leben«? »Nötig ist natürlich medizinische Kompetenz, aber auch ein weltweites Netzwerk. Und man muss wissen: Es handelt sich bei den Flügen um keine Urlaubsreisen«, erläutert Michael Weber. Die beiden finden viel Reizvolles an ihrem Job. Auch wenn Freizeit aufgrund genereller Abrufbarkeit im Regelfall so gut wie gar nicht stattfinden kann. Sie lernen – zumindest zu einem gewissen Teil – fremde Kulturen kennen, manche mögen. Und: »Jeder Einsatz hat eine gewisse Eigendynamik.« Auf Sightseeing-Touren haben sie aber stets verzichten müssen. »Die Aufenthalte sind kurz«, erzählt Weber. »Flughafen, Krankenhaus, zwei bis drei Stunden Hotel, Krankenhaus, Flughafen, zurück nach Deutschland.«

Die beiden führen vor Ort zunächst medizinische Abklärungsgespräche durch. Vorteil für den Schwerkranken: Er hat endlich einen deutschen Arzt an seiner Seite. Sofern der Zurückzuholende ansprechbar ist – etwa ein Drittel ist das bereits nicht mehr. Und dann muss es schnell gehen. Dr. Friese: »Wir kommen immer dann ins Spiel, wenn ein gewisser Grad erreicht ist.« Improvisationsgeschick ist stets gefragt.

Die MedCareProfessional-Mannschaft zusammen mit einheimischen Ärzten vor Ort auf der Insel Djerba.

Die Einsatzzentrale der MedCareProfessional koordiniert sämtliche Einsätze von Hattingen aus. Je nach Tageszeit sind stets einer oder zwei Personen im Einsatz, um Anfragen entgegen zu nehmen, Auskünfte zu erteilen und Angebote für internationale Patiententransporte und Repatriierungen zu erstellen. Ein ärztlicher Mitarbeiter ist ebenfalls rund um die Uhr erreichbar, um medizinischen Rat zu erteilen oder ärztliche Abklärungsgespräche direkt zu führen.

Die Einsatzzentrale hält ihren Betrieb Tag und Nacht aufrecht, auch an Sonn- und Feiertagen. Die Besatzungen der Partner von MedCareProfessional stehen ebenfalls 24 Stunden am Tag 365 Tage im Jahr für Einsätze bereit. Die Ambulanzjets können in der Regel innerhalb von vier Stunden startklar gemacht werden. Die Lage mitten in Europas sowie permanente Überflug- und Landebewilligungen erleichtern den Zugang zu vielen Flugzielen.

Geht bei Friese und Weber ein Notruf beziehungsweise Auftrag ein, beginnen rund zwei Stunden Vorlaufzeit, in der zum Beispiel alles Notwendige bezüglich der US-amerikanischen Sicherheitsbestimmungen abgeklärt werden muss. Friese und Weber kommen im Jahr auf ungefähr 150 Flugtage – und sind rund um die Uhr verfügbar. Ein Traumjob? Für die beiden trotz der immensen Belastung – »schließlich geht es um Menschenleben!« – in jedem Fall.

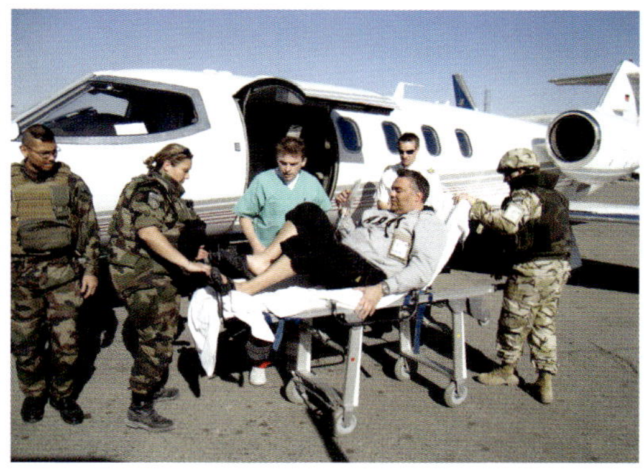

MedCareProfessional am Flughafen in Kabul (Afghanistan)

Intensiv-Krankenpfleger Michael Weber (links) im Einsatz

Das Team der Hattinger MedCareProfessional GmbH

Beitrag von:
MedCareProfessional GmbH
Kerkenbusch 15 · 45529 Hattingen
Tel./Fax (07 00) 55 50 01 00

Im Land der alten Hattuarier

Stahlstadt Hattingen kümmerte sich bereits früh um ihren historischen Ortskern

Die Geschichte des Ortes, der später einmal Hattingen werden sollte, beginnt außerordentlich früh mit Steinzeitmenschen und Germanen. Archäologische Funde belegen, dass sich bereits um 2000 v.Chr. unter anderem in Holthausen, Welper und an der Westseite des Isenberges frühe Siedlungsplätze befanden. Der so genannte »Hilinciweg« führt wahrscheinlich ebenfalls schon im Niolithikum durch das Balkhauser Tal. In den ersten Jahrhunderten nach der Zeitenwende lebten an der mittleren Ruhr Germanen vom Stamm der Hattuarier. Ihnen verdankt Hattingen auch seinen Namen, bezeichnet doch »Hatneghen«, wie die Siedlung ursprünglich genannt wurde, einen befestigten Platz, den die Hattuarier auf dem »Nocken« oberhalb der Winzer Ruhrfurt angelegt hatten.

Durch das Vordringen der Sachsen in den Raum an Ennepe und Ruhr entstand im 8. Jahrhundert der sächsische Gau Hatterun. Nach der Unterwerfung der Sachsen durch Karl den Großen entwickelte sich aus der alten Hattuarierfeste ein fränkischer Reichshof, dessen etwa 20 Unterhöfe im gesamten Hattinger Land – unter anderem in Elfringhausen, Stüter und Stiepel – verstreut lagen.

Die Sankt-Georgs-Kirche auf dem Kirchplatz ist das zentrale und ein markantes Bauwerk in der Hattinger Altstadt. Die Kirche entstand um 1200 aus Ruhrsandstein.

Im Jahre 1005 schenkte der spätere Kaiser Heinrich II. den Reichshof Hattingen und die dazugehörende Kirche der neugegründeten Benediktinerabtei Deutz bei Köln. Die urkundliche Ersterwähnung Hattingens lässt sich in der Bestätigung dieser Schenkung durch Erzbischof Heribert von Köln im Jahre 1019/1020 nachweisen. Auch die Kirche in Niederwenigern wurde 1147 als Deutzer Besitz genannt.

Die Mordtat des Isenbergers

Gegen Ende des 12. Jahrhunderts errichtete der Kölner Erzbischof Adolf mit Hilfe seines Bruders, Arnold von Altena, auf dem Isenberg eine mächtige Burg. Die Ermordung des Kölner Erzbischofs Engelbert durch den Burggrafen Friedrich von Isenberg am 7. November 1225 führte jedoch zu einschneidenden Umwälzungen in der Herrschaftsstruktur des hiesigen Raumes. Friedrich wurde in Köln hingerichtet, die Isenburg zerstört. Stattdessen errichteten die neuen Hattinger Landesherren, die Grafen von der Mark, auf dem

Ruine der Isenburg auf dem Isenberg: Die Burg wurde im 12. Jahrhundert gebaut und existierte nur wenige Jahrzehnte.

»Blancken Steyn« eine eigene Burganlage. Doch mussten sie ihren Herrschaftsanspruch in langen und blutigen Fehden gegenüber dem Kölner Erzbischof behaupten. Der Hof von Hattingen mit Dorf und Kirche geriet durch diesen Konflikt in starke Bedrängnis. In den Jahren 1250 und 1254 wurde der Flecken Hattingen zweimal von den märkischen Soldaten des Blankensteiner Drosten Bernd Bitter niedergebrannt. Als der Hof von Hattingen in seiner Not schließlich den Grafen von der Mark zu seinem Schirmherren erwählte, äscherten diesmal die Reisigen des ins Hintertreffen geratenen Kölner Erzbischofs die Siedlung am 2. April 1263 ein.

Die unmittelbare Grenzlage Hattingens zur Grafschaft Berg und die ständige Bedrohung durch den Kölner Erzbischof bewirkte die Verleihung zahlreicher Privilegien seitens der Grafen von der Mark, schließlich sollten die Untertanen bei Laune gehalten, der strategisch wichtige Stützpunkt wirtschaftlich und militärisch gestärkt werden. Durch die Übertragung von Einzelprivilegien konnte es jedoch nie zu einer einmaligen »Stadtrechtsverleihung« kommen, die Stadtwerdung Hattingens vollzieht sich vielmehr schrittweise in einen Zeitraum von etwa 100 Jahren. So verlieh Graf Engelbert am 17. Mai 1350 die Freiheitsrechte, etwa zur gleichen Zeit wird bereits ein Markt abgehalten, eine frühe Form der

Das »Alte Rathaus« auf dem Haldenplatz im Herzen der Hattinger Altstadt ist ein weit über die Stadtmauer hinaus bekanntes Gebäude. Seit etwa 1420 wurde es als Markthalle genutzt. 1576 wurde das Gebäude um zwei Etagen in Fachwerkbauweise aufgestockt und zum Rathaus. Der Durchgang mit Gefängniszellen verbindet den Untermarkt mit dem Kirchplatz. Seit 1932 ist das Hattinger Heimatmuseum darin untergebracht.

Der Ort Blankenstein vom Berfried der Burg aus gesehen

Selbstverwaltung üben Bürgermeister und Ratsherren aus. Allerdings gilt der Befestigungsvertrag zwischen Graf Dietrich von der Mark, Bürgermeistern und Rat sowie dem Schultheißen des Hofes von Hattingen vom 2. Juli 1396 allgemein als Zeitpunkt der Stadtwerdung.

Sämtliche nachfolgenden Privilegien wie die Erhebung von Wegegeld, Weinzins, Kornakzise, die Erlaubnis zur Abhaltung von Wochen- und Jahrmärkten, Zollfreiheit etc. ergänzen das Stadtrecht. Ab 1486 durften Bürgermeister und Rat eigene Gesetze und Statuten – Koer und Wilkoer – erlassen. Mit dem dadurch erreichten hohen Stand der Selbstverwaltung kann der Prozess der Stadtwerdung Hattingens endgültig als abgeschlossen angesehen werden.

Die verstreut liegenden Höfe des »platten« Landes schließen sich etwa zur gleichen Zeit zu Bauerschaften zusammen, aus denen sich die späteren Gemeinden entwickeln. Die unterhalb der Burg erwachsene Siedlung Blankenstein erhält 1355 ebenfalls Freiheitsrechte und wird wie Hattingen durch zwei Bürgermeister und Ratsherren verwaltet.

Hattingen als wichtiges Handelszentrum

Mit der Gründung von Gilden im Jahre 1412 wurde die Stadt Hattingen zum wichtigsten Handelszentrum im Westen der Grafschaft Mark. Vor allem die Tuchmacher erlangten überregionale Bedeutung. Zwar wurde dieser wirtschaftliche Aufschwung durch die völlige Einäscherung der Stadt im Bruderkrieg zwischen den Grafen Adolf und Gerhard von der Mark im Jahre 1424 vorerst wieder gehemmt, doch schon bald führte der Handel die Hattinger Kaufleute wieder auf die entferntesten Märkte in ganz Europa. Seit 1554 gehörten Hattingen und auch Blankenstein urkundlich nachweisbar der Hanse an. Die noch heute in der Hattinger Altstadt zu bewundernden reich verzierten Fachwerkhäuser wie zum Beispiel das 1576 fertiggestellte Alte Rathaus am Untermarkt zeugen von dieser wirtschaftlichen Blütezeit. Ab etwa 1580 setzte sich im ganzen Hattinger Land allmählich die Reformation durch. Auch die Abhängigkeiten zum Kloster Deutz werden nach und nach abgebaut. Lediglich in Blankenstein und Niederwenigern blieben auch weiterhin katholische Gemeinden bestehen. Die so Anfang des 17. Jahrhunderts entstandene religiöse Struktur des Hattinger Landes besteht bis auf den heutigen Tag fort.

Alte Postkarte aus Blankenstein/Ruhr

Die Burg Blankenstein wurde »im Nachlauf« zur Zerstörung der Isenburg erbaut.

Kriegerische Ereignisse und die verheerenden Auswirkungen der Pest im 17. und 18. Jahrhundert setzten schließlich dem Wohlstand ein Ende, ruinierten die Wirtschaft. Ab 1666 gehört die Stadt Hattingen zusammen mit der Grafschaft Mark zum Kurfürstentum Brandenburg. Nur langsam konnte sich die Region von den Lasten des Dreißigjährigen Krieges erholen. Neben der Textilindustrie erlangte vor allem der Bergbau immer größere Bedeutung. Mit der seit 1780 schiffbaren Ruhr stand endlich ein Massentransportweg zur Verfügung, der das Hattinger Land mit den bedeutenden Wirtschaftszentren verband. Ein wichtiger Grundstein für die industrielle Entwicklung des gesamten Ruhrgebietes war gelegt.

Nach der napoleonischen Fremdherrschaft werden ab 1815 dem französischen Vorbild folgend die beiden Ämter Hattingen und Blankenstein eingerichtet und dem Kreis Bochum in der neugebildeten preußischen Provinz Westfalen angegliedert. Im Jahre 1843 schied die Stadt Hattingen aus dem Amtsverband Hattingen-Land aus, so dass von nun an drei Verwaltungseinheiten bestehen.

Die Schwerindustrie zog in Hattingen ein

Die Entdeckung des Hattinger Spateisenflözes führte zum Einzug der Schwerindustrie, die bisher so florierende Textilindustrie wurde bedeutungslos. Im Jahre 1853 erwarb Graf Henrich zu Stolberg-Wernigerode vom Rittergut Bruch in Welper die ersten 76 Morgen Land zur Errichtung eines Hüttenwerkes. Das nach ihrem Gründer Henrichshütte genannte Stahlwerk sollte über 130 Jahre hindurch die Wirtschafts- und Sozialstruktur der gesamten Region bestimmend prägen. Vor allem Welper nahm mit der Hütte einen rasanten Aufschwung.

Im Jahre 1869 erhielt Hattingen einen Bahnanschluss, allmählich begann die Stadt, sich über die alten Grenzen der Stadtmauer hinaus auszudehnen. Besonders die heutige Bredenscheider Straße und die Bahnhofstraße sind hier stellvertretend erwähnt. Letztere entwickelt sich zur »Dienstleistungs- und Verwaltungsstraße«, befindet sich hier doch unter anderem der Sitz des 1885 gebildeten Kreises Hattingen, der Amtsverwaltung Hattingen-Land, des Amtsgerichtes, außerdem das Postamt,

Der Kirchplatz in der Hattinger Altstadt lädt zum Verweilen ein.

Der schiefe Turm von Hattingen: Der Turm der evangelischen Sankt-Georgs-Kirche ist inklusive Wetterhahn 56,73 Meter hoch, wobei der Turm vor 1807 noch höher gewesen sein soll. Der gotische Spitzhelm ist stark nach Südwesten geneigt. Sinn könnte sein, dass er, falls er aufgrund eines Blitzschlages brennen sollte, nicht auf das Kirchenschiff fallen würde. Der Volksmund spricht aber auch von der Rache eines zu schlecht bezahlten Zimmermanns. Die Kirche ist nach Sankt Georg benannt, der auch das Motiv des Hattinger Stadtwappens darstellt. Nach der Reformation benutzte man den Namen bis ins frühe 20. Jahrhundert jedoch nicht mehr.

Das historische Blankenstein birgt viele Reize.

zahlreiche Banken, die neue katholische Kirche St. Peter und Paul sowie seit 1872 die jüdische Synagoge. Eine weitere bedeutende Ausdehnung erfuhr die Stadt im Jahre 1910 durch den Bau des neuen Rathauses auf dem so genannten Pastorskamp. Die Namen der umliegenden Straßen – Roonstraße, Augustastraße, Viktoriastraße – verweisen auf die wilhelminische Epoche.

Nach dem Ersten Weltkrieg begann für Hattingen eine besonders turbulente Zeit. In den Jahren 1923 bis 1925 wurde der Hattinger Raum zur Erzwingung deutscher Reparationszahlungen von französisch/belgischen Truppen besetzt. Diese, von der Bevölkerung als Unrecht angesehene Okkupation sowie schwere wirtschaftliche Krisen, Inflation, Arbeitslosigkeit etc. führen zu einer politischen Radikalisierung in der Stadt. So kann Hattingen sowohl als Hochburg der NSDAP, als auch der KPD bezeichnet werden. Blutige Straßenkämpfe und verbissen geführte politische Auseinandersetzungen waren Anfang der 1930er Jahre an der Tagesordnung. Auch die Fragen der kommunalen Neugliederungen, die Auflösung des Kreises Hattingen und die Bildung des Ennepe-Ruhr-Kreises im Jahre 1929 führen zu nicht unerheblichen Spannungen und erhitzen die Gemüter.

Mehr als 10 000 Flüchtlinge in der Stadt

Nach der Befreiung durch amerikanische Truppen am 16. April 1945 begaben sich die Hattinger sofort an den Wiederaufbau. Doch es fehlte am Nötigsten, Nahrung und Wohnungen waren Mangelware. Die drohende Demontage der Henrichshütte konnte im letzten Augenblick abgewendet werden, so dass wenigstens die wirtschaftliche Grundlage für den Wiederaufbau gegeben war. Eine weitere Auswirkung des Krieges: Hattingen musste eine große Zahl Heimatvertriebener und Flüchtlinge aufnehmen. Im Jahr 1962 lebten fast 10 000 Flüchtlinge in der Stadt, das sind mehr als 30 Prozent der Gesamtbevölkerung. Ganze Wohnviertel in der Südstadt und im Rauendahl werden aus dem Boden gestampft. Das ist das Wirtschaftswunder!

Auch in den folgenden Jahrzehnten prägte die Henrichshütte, auf der etwa 10 000 Menschen Arbeit fanden, die Geschicke der Region. Zur Errichtung einer Sinteranlage wurde im Jahre 1959 sogar der Flusslauf der Ruhr verlegt. Mitte der 1960er Jahre konkretisieren sich Pläne zur Neuordnung des Ennepe-Ruhr-Kreises. Um eine drohende Eingemeindung nach Hattingen zu verhindern, schlossen sich Blankenstein, Buchholz, Holthausen und Welper im Jahre 1966 zur Stadt Blankenstein zusammen, die jedoch lediglich vier Jahre bestand.

Am 1. Januar 1970 trat die seit langem diskutierte Kommunale Neugliederung in Kraft. Aus der Stadt Hattingen, dem größten Teil der Stadt Blankenstein und fünf Gemeinden des Amtes Hattingen-Land – Bredenscheid-Stüter, Niederelfringhausen, Oberelfringhausen, Oberstüter, Winz – wurde die neue Stadt Hattingen gebildet. Das Stadtgebiet umfasste nun 71 Quadratkiloemter mit 60 490 Einwohnern.

Bereits ab 1967 wurde in Hattingen ein besonderer Schwerpunkt auf die Sanierung der historischen Altstadt, später auch auf den historischen Ortskern Blankenstein gelegt, eine Zukunftsinvestition, die der Stadt heute eine herausragende Attraktivität verleiht. Die 1980er Jahre sind als Jahrzehnt der Arbeitskämpfe in die Stadtgeschichte eingangen. Der Kampf um den Erhalt der Arbeitsplätze bei Mönninghoff/Gottwald und auf der Henrichshütte schweißte die gesamte Bevölkerung solidarisch zusammen. Als am 18. Dezember 1987 der letzte Abstich im Hochofen der Henrichshütte erfolgte, machte das Schreckensbild der »sterbenden Stahlstadt Hattingen« die Runde.

Quelle: Thomas Weiß, Stadtarchiv Hattingen

Die historische Gebläsehalle der Henrichshütte

Rund 150 wunderschöne Fachwerkhäuser sind in der Hattinger Altstadt zu entdecken.

Ein Dom, der gar keiner ist

Nikolaus-Groß-Ort beeindruckt mit St. Mauritius-Kiche – Ehrungen für Widerstandskämpfer

Niederwenigern zählt gerade mal etwa 6000 Einwohner. Seit 1970 gehört »Wenigern« zu Hattingen. Das Dorf glänzt mit zwei Sehenswürdigkeiten: der St. Mauritius-Kirche und dem Nikolaus-Groß-Museum direkt neben dem Pfarrhaus, das dem in Niederwenigern geborenen Bergmann, Arbeiterführer und NS-Widerstandskämpfer Nikolaus Groß gewidmet ist. Von 1951 bis 1962 gab es in Niederwenigern die Zeche Neuglück mit immerhin 150 Beschäftigten. Heute befindet sich an dieser Stelle der Sportplatz.

Die St. Mauritius-Kirche ist eine dreischiffige Hallenkirche, von vielen Dom genannt, obwohl Niederwenigern niemals Bischofssitz war. Sie wurde erstmals 1147 erwähnt. Der untere Teil des Turmes ist der älteste erhaltene Teil der Kirche. Seine schmalen Mauerschlitze deuten auf seinen ursprünglich wehrhaften Charakter hin. Das oberste Stockwerk und der Turmhelm wurden Anfang des 19. Jahrhunderts gebaut. In seinem Erdgeschoss ist eine Kapelle. In ihr wird der Schrein mit den Gebeinen des Heiligen Mauritius und seiner Gefährten sowie eine Grabdeckplatte aufbewahrt. Das spätromanische Taufbecken ist aus Ruhrsandstein und wird von acht Säulen getragen.

1858 wurde der Grundstein für die neue Kirche gelegt. Grund für den Neubau war die fehlende Kapazität und der schlechte Zustand der alten. In der Kirche untergebracht ist heute auch das von Bert Gerresheim geschaffene Mahnmal des Nikolaus Groß.

Nikolaus Groß, dem vor Ort ein kleines Museum gewidmet ist, wurde am 30. September 1898 in Niederwenigern geboren. Er starb am 23. Januar 1945 in Berlin-Plötzensee. Papst Johannes Paul II. sprach ihn am 7. Oktober 2001 auf dem Petersplatz selig. Er war wie bereits sein Vater Bergmann. 1920 gab er diesen Beruf auf und wurde Jugendsekretär beim Gewerkverein Christlicher Bergarbeiter. 1927 wechselte er als Redakteur zur Westdeutschen Arbeiterzeitung, dem Verbandsorgan der KAB Westdeutschlands, und wurde bald Hauptschriftleiter. Das Blatt zeichnete sich durch einen NS-kritischen Kurs aus.

Die Ursprünge der Kirche gehen bis ins 12. Jahrhundert zurück.

Die St. Mauritius-Kirche in Niederwenigern wird von vielen nur »Dom« genannt.

Der Innenraum der St. Mauritius-Kirche mit Altar

Das Nikolaus-Groß-Museum direkt neben dem Pfarrhaus in Niederwenigern

Schon früh engagierte sich Groß im Widerstand gegen den Nationalsozialismus. Mit guten Freunden aus KAB, Christlichen Gewerkschaften und Zentrum beriet er im Kölner Kreis über Alternativen zum NS-Regime. Am 12. August 1944 wurde Nikolaus Groß in Zusammenhang mit dem Attentat vom 20. Juli verhaftet, obwohl er nicht daran beteiligt war. Am 15. Januar 1945 verurteilte ihn der Volksgerichtshof zum Tod und am 23. Januar 1945 erhängten die Nationalsozialisten ihn in Plötzensee.

Der Transporter Heile

Der Transporter Carsten Heile und sein Team in Hattingen sorgen mit rund einem Dutzend Fahrzeugen dafür, dass Waren punktgenau von A nach B kommen.

Sonderfahrten von einem bis 3000 Kilogramm oder sechs Stellplätze

Der Transporter Heile sorgt von Hattingen aus seit 2005 dafür, dass nicht nur im Ennepe-Ruhr-Kreis Eiliges schnellstmöglich an seinen Bestimmungsort gebracht wird. Als fester Logistikpartner namhafter Automobilhersteller und deren Zulieferfirmen hat sich das Unternehmen im gesamten Kreis einen Namen gemacht.

Wenn jede Minute zählt, werden zeitkritische Sendungen innerhalb von 30 Minuten verbindlich übernommen. Die Ware wird dann sofort, ohne Umladen oder Sammeldepots, direkt zu ihrem Empfänger gebracht. Diese Zusage gilt deutschlandweit für eine Nutzlast von einem bis 3000 Kilogramm beziehungsweise sechs Stellplätzen.

Auch ist die Organisation beziehungsweise Übernahme fester Auslieferungstouren für das Unternehmen selbstverständlich. Mit dem modernen Fuhrpark, bestehend aus mehr als zehn Fahrzeugen, werden (nahezu) alle logistischen Probleme adäquat gelöst. »Was auch immer die logistische Zielsetzung ist – Der Transporter Heile macht es möglich!« verspricht das Unternehmen.

Beitrag von:
Der Transporter Heile
Asternweg 8
45525 Hattingen
24 Stunden-Auftragsannahme
Tel. (0 23 24) 3 80 88 89
Mobil (01 52) 23 72 04 54

Innovative Technologie und individuelle Lösungen

P4IT – Professionals for IT (Sprockhövel) setzt auf partnerschaftliches Vertrauensverhältnis

Professionals for IT (P4IT) ist ein Unternehmen mit mehr als acht Jahren Berufserfahrung in der IT- und Auto ID-Branche.

P4IT ist spezialisiert auf individuelle Lösungen im Bereich der mobilen Datenerfassung, zum Beispiel Scannen von Produktbarcodes an Kassen, Erfassen von Daten bei der Inventur, beim Wareneingang etc. Weiterhin rüstet P4IT seine Kunden mit leistungsfähigen WLAN-Systemen aus um die mobilen Terminals in Echtzeit an die vorhandene IT-Infrastruktur anzubinden. Insbesondere Lösungen für den Einzelhandel, aber auch Lagerlösungen charakterisieren das Portfolio der P4IT.

Technik im Wandel der Zeit: MDE-Gerät früher

Professionals for IT (P4IT) weiß, dass die Erwartungen an einen Profi hoch sind. Gerade in den sensiblen Bereichen Datenverarbeitung und E-Business verlangen die Kunden Perfektion, Erfahrung und absolute Zuverlässigkeit.

Daher setzt P4IT auf ein partnerschaftliches Vertrauensverhältnis zu Kunden und Partnern sowie den führenden Herstellern. Dies ermöglicht es, innovative Technologien und kundenorientierte Dienstleistungen anzubieten.

P4IT setzt sich mit den Gegebenheiten und Anforderungen ihrer Kunden auseinander. Dadurch können optimale und effiziente Lösungen für die Bedürfnisse der Kunden gefunden und umgesetzt werden.

Technik im Wandel der Zeit: MDE-Gerät heute

P4IT
Professionals for IT

Beitrag von:
P4IT Professionals for IT e.K.
Mittelstraße 70 · 45549 Sprockhövel
Tel. (0 23 39) 12 17 90
Fax (0 23 39) 1 21 79 79
info@p4it.de · www.p4it.de

Blankenstein lebte viele Jahrhunderte von der Burg

Die Stadt war Mitglied der Hanse

Blick von der Burg auf den Ort Blankenstein

Der Hattinger Stadtteil Blankenstein mit seinen fast 3000 Einwohnern liegt unmittelbar am Südufer der Ruhr, gleich gegenüber Bochums. Der wunderschöne historische Ort geht auf die Gründung der Burg Blankenstein zurück. Vor der Burg wurde ein Ort gegründet, der wenig später aufblühte. 1355 bestätigte Graf Engelbert III. von der Mark die Freiheiten Blankensteins. 1554 war die Stadt sogar Mitglied der Hanse und 50 Jahre später erhielten die Blankensteiner das Recht, drei Jahrmärkte abzuhalten.

Blankenstein war einst Hansestadt.

Im Ortskern

Um 1607 entstand die protestantische Gemeinde. Bereits 1614 wurde die Burg durch spanische Truppen besetzt. Johann Georg von Syberg ließ die Burg 1662 abreißen, was für den Ort Folgen hatte, stellte sie doch auch einen wichtigen Arbeitgeber dar. Am Pfingstmontag 1665 brach ein Feuer aus, das fast den ganzen Ort vernichtete.

Der Bergbau, Eisenverarbeitung und die Textilindustrie verhalfen Blankenstein zu einem neuen Aufschwung. Die Halbach-Hämmer wurden 1804 errichtet. Die Tuchweberei der Familie Gethmann entwickelte sich ab dem 18. Jahrhundert zu einem wichtigen Arbeitgeber. Der Kommerzienrat Carl Friedrich Gethmann ließ in einer Werft an der Ruhr Ruhraaken bauen, mit denen insbesondere Kohle transportiert wurde. 1806 legte er den bis heute bestehenden Gethmannschen Garten an. Die Familie war auch Mäzen der katholischen Kirche, die 1810 fertiggestellt war. 1848 gründete Heinrich Puth die Seilwerke Puth. Die Seile wurden im Bergbau benötigt.

Der Preußische Landrat Pilgrim ließ sich überzeugen, die Chaussee Hattingen-Blankenstein-Steinenhaus bauen zu lassen. Sie wurde 1865 eröffnet. Im Jahre 1874 folgte die Ruhrtal-Bahn. 1884 wurde das St. Elisabeth-Krankenhaus, Vorläufer der Klinik Blankenstein eröffnet.

Der Ort entwickelte eine populäre Gastronomie in der Burg und im Umfeld, begünstigt durch die gute Verkehrsanbindung. Der Fremdenverkehr blieb für den Ort lange Zeit wichtig. Ende des 19. Jahrhunderts zählten zum Amt Blankenstein die Gemeinden Blankenstein, Welper, Holthausen, Buchholz, Stiepel und Sprockhövel.

Am 1. April 1966 wurden die Gemeinden Buchholz, Holthausen und Welper in die Stadt Blankenstein eingemeindet, am 1. Januar 1970 Blankenstein in die Stadt Hattingen. Der Ortsteil Buchholz wurde in die Stadt Herbede eingegliedert.

2001 eröffnete schließlich das Hattinger Stadtmuseum in Blankenstein. Es befindet sich gegenüber der Kirche St. Johannes Baptist am Marktplatz. Die neuen Umgehungsstraßen und die Neugestaltung prägten das Areal der ehemaligen Seilfabrik neu.

Das Stadtmuseum Hattingen wurde 2001 in Blankenstein eröffnet. Die Dauerausstellung zeigt Exponate zur Hattinger Stadtgeschichte, unter anderem den in Hattingen gefundenen Zahn eines Mammuts, einen Webstuhl und zwei Modelle der Blankensteiner Burg und Vieles aus dem Alltagsleben der Vergangenheit. Daneben veranstalten die Verantwortlichen Wechselausstellungen, unter anderem bereits eine mit grafischen Arbeiten von Jörg Immendorff.

Ein festes Haus auf dem »Blancken Steyn«

Burg Blankenstein verdankt ihre Erbauung einem Mord

Burg Blankenstein, im 13. Jahrhundert erbaut, war gemeinsam mit der Burg Altena, der Burg Wetter und der Burg Volmarstein eine der vier Hauptburgen der Grafen von der Mark, die von dort Teile ihres Herrschaftsgebiets verwalten ließen.

Die Burg verdankt ihre Entstehung dem Mord am Kölner Erzbischof Engelbert von Berg durch Friedrich von Isenberg. Nachdem dieser zur Rechenschaft gezogen worden war, wurden seine Besitzungen eingezogen. Zum Schutz der neu hinzugewonnenen Territorien erteilte der märkische Graf im Mai 1226 den Befehl, auf einem unbewaldeten Felsrücken über der Ruhr – einem »blancken Steyn« – ein erstes festes Haus zu errichten, das nur wenige Kilometer östlich der kurz zuvor zerstörten Isenburg lag.

Innerhalb des Areals entwickelte sich eine kleine Burgfreiheit – die Keimzelle des heutigen Ortes Blankenstein. Der Überlieferung nach soll Engelbert II. von der Mark Abgesandten Bochums auf der Burg Blankenstein zu Pfingsten 1321 eine Urkunde zur Verleihung der Bochumer Stadtrechte überreicht haben.

Erst in der ersten Hälfte des 15. Jahrhunderts wurden die Bautätigkeiten an Burg Blankenstein mit der Errichtung eines repräsentativen Wohnbaus abgeschlossen. Doch schon bald begann der allmähliche Verfall der Burg, denn aufgrund leerer Kassen fanden nötige Reparaturen nicht statt. Von 1494 an war die Burg vorerst unbewohnt. Während des Dreißigjährigen Kriegs führten Eroberungen zum weiteren Verfall.

Da der Zerfall der Anlage immer weiter fortschritt und sie militärisch nutzlos geworden war, beantragten die Besitzer 1662 den Abbruch der einstigen Wehranlage. Nur der viereckige Turm und einige Mauerreste blieben übrig. Mit den Steinen der Burg wurde das 1589 bei einem Brand stark beschädigte Haus Kemnade wieder aufgebaut und vergrößert.

1860 erwarb der Eisenwarenhändler Gustav vom Stein das Burggelände und ließ dort eine Fabrik zur Garnveredelung errichten. Der Tourismus begann und der Besitzer hatte bereits 1864 vorausschauend auf alten Gebäudefundamenten eine Gaststätte errichten lassen.

Burg Blankenstein

Leckeres Eis aus den Dolomiten

Geschichte von Eis Pampanin in Hattingen begann bereits 1953

Hinter dem Namen »Eis Pampanin« in Hattingen verbirgt sich nichts anderes als der Name der Inhaberfamilie Pampanin. Diese stammt aus einem kleinen Dorf, das mitten in den Dolomiten in 1461 Metern Höhe liegt. In jener Region zu leben, gestaltete sich schon immer schwierig, zumal die Familien stets sehr kinderreich waren.

Eis Pampanin in Hattingen im Gründungsjahr 1953

So mussten die Männer um 1800 auswandern, um woanders Arbeit zu suchen. Diese fanden sie zunächst noch in den Städten des Flachlands in der Nähe ihrer Heimat. Nach und nach zog es sie immer weiter von Zuhause fort.

Der Großvater der heutigen Eisdielengeneration führte bereits vor dem Ersten Weltkrieg einen kleinen Eishandel in Hagen. Dann musste er, bedingt durch den Krieg, nach Italien zurück. In Pavia in der Nähe von Mailand nahm er die Eisproduktion wieder auf. 1953 begann die Geschichte von Eis Pampanin in Hattingen. Im Haus der Familie Müller wurde eine Eisdiele eröffnet, im Jahr 1957 in Wuppertal und schließlich im Jahr 1960 in der Heggerstraße in Hattingen.

Eis Pampanin im Jahr 2011 befindet sich zentral gelegen, nur einige hundert Meter entfernt von der Stelle, an der sie sich vor 58 Jahren befand. Carmen, eine Tochter des Gründers Antonio Pampanin, mit Ehemann Alfredo und Sohn Romeo führen die Familientradition fort. Manche sagen, die Einfachheit sei ein schwer zu erklärendes Konzept. Nach Meinung der Familie Pampanin ist sie jedoch »der Weg, der uns weiter führt« ...

Das Eiscafé Pampanin heute

Beitrag von:
Eis Pampanin
Große Weilstraße 16 · 45525 Hattingen
Tel. (0 23 24) 9 92 98 97

Haus Kemnade lag einst nördlich der Ruhr

Das Blankensteiner Juwel ist auch heute noch im Besitz der Stadt Bochum

Das Haus Kemnade ist ein Wasserschloss in Blankenstein. Der Name ist abgeleitet vom Wort »Kemenate« und dokumentiert damit, dass sich der alte Adelssitz von den damals umliegenden Bauernhäusern durch mindestens einen gemauerten Kamin abhob.

Bis 1486 lag das Anwesen am nördlichen Ufer der Ruhr auf Stiepeler Ortsgebiet. Nach einem Hochwasser in jenem Jahr änderte der Fluss aber seinen Lauf in nördliche Richtung, so dass Haus Kemnade seitdem getrennt vom Ort in den südlichen Ruhrauen – und damit im heutigen Hattingen – liegt. Lange Zeit war es nur über eine Fährverbindung erreichbar, ehe die Verantwortlichen 1928 schließlich die heutige Kemnader Brücke bauten.

Wann genau Haus Kemnade entstand, ist aufgrund fehlender schriftlicher Belege nicht bekannt. Ebenso wenig ist klar, wie der Adelssitz bis zum Ende des 16. Jahrhunderts ausgesehen hatte. Als Lehen des Hauses Lippe war Haus Kemnade seit dem 13. Jahrhundert im Besitz derer von Dücker. Ihnen folgte die Familie von der Recke als Lehnsnehmer. Nach einem Brand 1589 ließen es die Besitzer bis 1704 allmählich wieder aufbauen. Ende des 18. Jahrhunderts kam ein Wirtschaftshof dazu. Obwohl auf Hattinger Gebiet stehend, ist Haus Kemnade heute Eigentum der Stadt Bochum, die es 1921 von Ludwig von Berswordt-Wallrabe kaufte.

Haus Kemnade ist eine zweiteilige Anlage im Stil der Renaissance und des Barocks, bestehend aus einem Herrenhauskomplex sowie einem östlich vorgelagerten Gutshof, der häufig auch als Vorburg bezeichnet wird. Vorburg und Herrenhaus sind nicht – wie sonst häufig zu sehen – durch einen Wassergraben voneinander getrennt, sondern stehen auf einer gemeinsamen Insel, die von einer Gräfte umgeben ist. Die Anlage besitzt einen trapezförmigen Grundriss und ist von einem mit Kastanien bepflanzten Wall umgeben, der zum Schutz gegen das Hochwasser der Ruhr errichtet wurde.

Obwohl auf Hattinger Gebiet stehend, ist Haus Kemnade heute Eigentum der Stadt Bochum.

Lange Zeit war das Wasserschloss nur über eine Fährverbindung erreichbar.

Das Mauerwerk der Gebäude im Wirtschaftshof besteht aus Ruhrsandstein und Backstein. Durch ein Innenhoftor ist der Hof des Herrenhauskomplexes erreichbar. Dem unverputzten Haupthaus schließt sich im Süden ein kurzer Seitenflügel an. Daneben steht ein runder Treppenturm. An der Nordostecke wird das Herrenhaus durch das markanteste Gebäude der gesamten Anlage flankiert: ein viereckiger Wohnturm mit drei Geschossen und abschließendem Knickhelm.

Die Ostfassade des Herrenhauses besitzt einen reich verzierten Eingang, der das einstige Hauptportal der Anlage war. Einige der Fensterstürze zählen durch Inschriften die Kemnader Besitzer von 1589 bis zum Beginn des 18. Jahrhunderts auf. Die südöstliche Ecke der Anlage bildet ein runder Eckturm des Herrenhauses. Er gilt als älteste erhaltene Bausubstanz und besitzt im Kellergeschoss Schlüssellochscharten. Sie sind die einzigen authentischen Reste, die die damalige Wehrhaftigkeit der Anlage dokumentieren. Die Schießscharten aller übrigen Außenmauern stammen aus einer Zeit, als sie nur noch dekorativen Zwecken dienten.

Geschichte Kemnades eng mit Stiepel verquickt

Die Geschichte des Hauses Kemnade ist eng mit der des Ortes Stiepel verquickt, da es lange Zeit von dort aus verwaltet wurde. Graf Liudger erhielt 1001 von König Otto III. den Hof Stiepel (»Stiplaga iuxta Rhenum«) als frei verfügbaren Besitz. Der Bremer Bischof Gebhard II. zur Lippe bildetet aus den Stiepeler Besitzungen Lehen und verkaufte Haus Kemnade wahrscheinlich im 13. Jahrhundert an seine Detmolder Verwandten, die damaligen Edelherren zur Lippe. Stiepel und das dazugehörige Haus Kemnade blieben bis 1809 Eigentum dieser Familie.

An der Nordostecke wird das Herrenhaus durch das markanteste Gebäude der gesamten Anlage flankiert: ein viereckiger Wohnturm mit drei Geschossen und abschließendem Knickhelm.

Die Handwerkskunst in Haus Kemnade beeindruckt.

In Haus Kemnade

Es ist nachgewiesen, dass Stiepel ab 1266 als Lippisches Lehen im Besitz der Ritter von Dücker war. Wennemar von Dücker ist der erste namentlich bekannte Lehnsnehmer. Zu Beginn des 15. Jahrhunderts starben die von Dücker im Mannesstamm aus. Über die Heirat einer Erbtochter kam Haus Kemnade 1410 in den Besitz des Dietrich von Romberg zu Massen. Wennemar V. von der Recke übergab noch zu seinen Lebzeiten das Lehen an den Mann seiner ältesten Tochter, den Drosten von Blankenstein und Werden, Johann Georg von Syberg.

Seit 1272 gehörte die Herrschaft Stiepel zur Grafschaft Mark, die 1521 in den Vereinigten Herzogtümern Jülich-Kleve-Berg aufging. Nach dem Jülich-Klevischen Erbfolgestreit wurde Haus Kemnade brandenburgisch und kam 1806 an das französische Großherzogtum Berg, das ab 1808 von Napoleon Bonaparte regiert wurde. Da Napoleon im Jahr 1809 das Feudalsystem aufhob, ging die Anlage in den Eigenbesitz Johann Gisbert Philipps von Syberg über.

Als 1847 mit Friedrich von Syberg der letzte männliche Vertreter dieser Familie starb, erbte seine Schwester Philippine den Besitz und brachte ihn durch Heirat 1848 an ihren Ehemann Wilhelm Friedrich von der Berswordt-Wallrabe. Dessen Nachkomme, der königliche Kammerherr Ludwig von Berswordt-Wallrabe, veräußerte Haus Kemnade samt 500 Hektar zugehörigem Landbesitz 1921 an die Stadt Bochum, die das Anwesen durch einen Pächter bewirtschaften ließ.

Ein Adelssitz hob sich von den damals umliegenden Bauernhäusern durch mindestens einen gemauerten Kamin ab.

Die verbotene Stadt für Kohle und Stahl

Die Hattinger Henrichshütte ist ein ganz heißes Eisen – Anlage 1987 ausgeblasen

Leben und Arbeit im Schatten der Hochöfen: Die 1854 gegründete Henrichshütte in Hattingen ist eines der traditionsreichsten Hüttenwerke des gesamten Ruhrgebiets. Dort wurden Erz und Kohlen gefördert, Koks, Eisen und Stahl produziert, gegossen, geschmiedet, gewalzt und bearbeitet – alles unter einem Dach. Um das Werk wuchs ein neuer Stadtteil aus Arbeiterkolonien. Gegen den erbitterten Widerstand der Belegschaft und der ganzen Stadt wurde im Zuge des allmählichen Niedergangs der Kohle- und Schwerindustrie im Ruhrgebiet der letzte Hochofen der Henrichshütte 1987 ausgeblasen. Der letzte Abstich fand am 18. Dezember 1987 statt. Nichts steht heute so sehr für den Aufstieg, die Blüte und den Niedergang der Eisen- und Stahlindustrie an der Ruhr wie dieser eindrucksvolle Gebäudekomplex in Welper.

Erz, Kohle und ein Fluss verlockten 1854 einen Adeligen aus dem Harz zur Firmengründung an der Ruhr. Die Hütte wuchs über Jahrzehnte zu einem gigantischen Werk mit verschiedenen Betrieben. Die Henrichshütte lieferte ein breites Spektrum von Produkten aus Eisen und Stahl: von der Schiffsschraube bis zum Raketenbauteil, vom Autoblech bis zum Panzergehäuse.

Die Henrichshütte erhielt auf Anregung des ersten Hüttendirektors Carl Roth ihren Namen nach Graf Henrich zu Stolberg-Wernigerode (1772 bis 1854). Trotz wechselnder Eigentumsverhältnisse blieb der Name Henrichshütte stets bestehen. Sie war über viele Jahrzehnte bis in die 1970er Jahre der Hauptarbeitgeber in Hattingen, dessen Wirtschaftskraft über die Stadtgrenzen hinaus strahlte. In den Spitzenzeiten produzierten mehr als 10 000 Arbeiter Walz- und Schmiedeteile aus Eisen und Stahl. Das Unternehmen trug mit der Gründung von Arbeitersiedlungen (Gartenstadt Hüttenau, Müsendrei und anderen) auch bedeutend zur Entwicklung des heutigen Hattinger Stadtteils Welper bei.

Gebannt verfolgen die Besucherinnen und Besucher heute die Vorführungen.

Der Eingang zur Gebläsehalle

Die Henrichshütte im Jahr 1961

Zur seinerzeit notwendigen Erweiterung des Betriebsgeländes um eine neue Sinteranlage hatten die Verantwortlichen sogar Ende der 1950er Jahre das Flussbett der benachbarten Ruhr verlegt, um den nötigen Bauplatz zu erhalten.

1989: Einmalige Chance für den LWL

Bereits 1989 nutzte der Landschaftsverband Westfalen-Lippe (LWL) die einmalige Chance,

Besucher vor dem Hochofen

die wesentlichen Bauten mit dem dazugehörigen Inventar in sein Industriemuseum zu übernehmen, darunter die riesige Erzbrücke, Winderhitzer, Masselgießmaschine sowie etliche Kilometer Gleisstränge und Rohrleitungen. Vor der Sprengung des Stahlwerks übernahm das Museum Konverter, Kokillen und Gussstücke.

2004 wurde mit der Schmiede der letzte Heißbetrieb der ehemaligen Hütte stillegelegt. Nach und nach bevölkern mittelständische Unternehmen und Freizeitanbieter den neuen HenrichsPark. Heute ist das 70 000 Quadratmeter große Gelände der Henrichshütte (altlastensaniert) neben einigen neuen Gewerbeansiedlungen und neuen Parkflächen einer der acht Standorte des Westfälischen Industriemuseums und Teil der Route der Industriekultur. Auf dem Gelände stellte der Bildhauer Zbigniew Fraczkiewicz 1996 seine Plastiken mit dem Namen Menschen aus Eisen aus. Drei der Eisenmänner stehen nun vor der Stadtmauer Hattingens.

Nach der Stilllegung entwickelte sich die Natur der Industriebrache wieder nach ihren eigenen Regeln. Der grüne Weg zeigt, wo Wilder Majoran, Stinkender Storchschnabel, Götterbaum, Turmfalken und Schmetterlinge zu Hause sind, welche Exoten als blinde Passagiere mit den Rohstoffen aus aller Welt nach Hattingen kamen und welche besonderen Bedingungen sie auf dem Gelände der Henrichshütte vorfinden.

Längst hat sich die einst verbotene Stadt zu einem Forum geselligen und gesellschaftlichen Lebens entwickelt. Das gilt besonders für die Gebläsehalle: Hunderte Gäste strömen regelmäßig zu Konzert- und Theaterabenden, zu Messen und Märkten, zu Ausstellungen und Tagungen. Oder sie genießen einfach den Aufenthalt im gläsernen Restaurant »Henrichs« mit seiner einmaligen Atmosphäre.

Auf dem Weg des Eisens folgen die Besucherinnen und Besucher heute dem Materialfluss von Erz, Koks und Kalk bis zum flüssigen Roheisen. Die Tour führt durch Erztaschen hindurch mit dem Fahrstuhl hinauf auf den Hochofen. Von dort geht es Treppe für Treppe hinunter in die Gießhalle, ins Herz der Hochofenanlage, wo das 1400 Grad heiße Eisen abgestochen wurde.

Von den ursprünglich drei Hochöfen ist nur der »HO3« erhalten geblieben. Der »HO2« wurde komplett zerlegt und in China wieder aufgebaut. »Der Weg des Eisens« heißt der Industriekultur-Pfad, der durch das Museum führt. Die Stationen sind Gebläsehalle, Bahnsteig, Labor, Übergabestation, Erzbrücke, Möllerung, Hochofen, Gießhalle.

Stufe für Stufe geht es auch für die Kinder hinunter in die Gießhalle der Henrichshütte.

Die Natur erobert sich an der Henrichshütte ihren Raum zurück.

TE Fittings im Schatten der Henrichshütte

Hattinger Unternehmen für Produkte des Rohrleitungsbaus und der Befestigungstechnik auf Expansionskurs

Ein Fitting? Kenne ich doch von meinen Anfängen auf dem Golfplatz. Schlägergröße bestimmen und so. Passt auch, aber nicht in diesem Fall. Die Fittings, um die es hier geht, sind vielmehr Zubehörteile im Montagebereich. Fittings gibt es aus Temperguss, Stahl, Edelstahl, Messing, Rotguss, Kupfer, und Kunststoff. Fitting-Formen existieren wie Sand am Meer. Die Bandbreite reicht von Winkeln über Bögen bis zu T-Stücken. Ein absoluter Spezialist in Sachen Fittings ist die TE Fittings GmbH mit Sitz auf dem ehemaligen Gelände der Henrichshütte in unmittelbarer Nachbarschaft zum Industriemuseum »Henrichshütte« in Hattingen.

Joachim Wisniewski und Christoph Schley, die beiden Geschäftsführer des Unternehmens, besitzen bereits jahrzehntelange Erfahrung mit Rohrleitungs-Komponenten und Befestigungstechnik. TE Fittings bieten ihren Kunden ein außerordentlich preisgünstiges Sortiment, das von ausgewählten Partnerunternehmen in Fernost produziert wird. Das Know-how der Partner haben Wisniewski und Schley in den vergangenen Jahren dort höchstpersönlich mit platziert. Mit ihrer eigenen Firma betreiben sie nun mit zurzeit 13 Mitarbeiterinnen und Mitarbeitern einen entsprechenden Großhandel.

Fittings kommen zum Einsatz unter anderem in Sprinkleranlagen und im Rohrleitungsbau, aber auch im Sanitärbereich. Im Schwerpunkt werden Fittings aus Temperguss, Rohrdoppel- und Anschweißnippeln sowie Muffen aus Stahl, aber auch Stahlfittings, Edelstahlfittings und Messingfittings sowie Absperrarmaturen angeboten. In der Befestigungstechnik liegt der Fokus auf Schlauchschellen, Gelenkbolzenschellen und Halterungsschellen.

Geliefert werden die Fittings und Schellen europaweit. Das angebotene Sortiment erhalten die Kunden getreu der Firmenphilosophie »Service, Qualität und Flexibilität basierend auf Erfahrung und Schnelligkeit« auch in größeren Stückzahlen immer sofort ab Lager. Insgesamt werden rund 2500 Artikel im Lager bevorratet und von dort in Stückzahlen von einigen Hundert bis zig Tausend verkauft.

Christoph Schley und Joachim Wisniewski, die Geschäftsführer der TE Fittings GmbH, in ihrem großen Lager

Die TE Fittings GmbH ist ein anerkannter Ausbildungsbetrieb der IHK und sucht in jedem Jahr engagierte und zielstrebige Berufsanfänger für die Ausbildung zur/zum Kauffrau/Kaufmann im Groß- und Außenhandel. Ebenfalls ausgebildet werden bei Wisniewski und Schley Fachkräfte für Lagerlogistik. Interessierte können ihre Bewerbung jederzeit an ausbildung@tefittings.de senden.

TE Fittings ist in den vergangenen Jahren permanent gewachsen. Einen großen Anbau an den bestehenden Gebäudekomplex in Hattingen haben Wisniewski und Schley bereits fest ins Auge gefasst. Zurzeit verfügt das Unternehmen über rund 2200 Quadratmeter Lagerfläche, hinzu kommt der 300 Quadratmeter große Bürobereich. Die TE Fittings GmbH verfolgt auch in den kommenden Jahren eine expansive Geschäftspolitik mit der klaren Zielsetzung, weitere Arbeitsplätze in der Region zu schaffen.

Der Gebäudekomplex der TE Fittings GmbH im Schatten der altehrwürdigen Hattinger Henrichshütte

TE FITTINGS

Beitrag von:
TE Fittings GmbH
Zum Kraftwerk 10
45527 Hattingen
Tel. (0 23 24) 68 68 70
Fax (0 23 24) 6 86 87 68
info@tefittings.de · www.tefittings.de

Ein Traum von Roten Riesen

FEUER.WEHRK nennt sich das Feuerwehrmuseum in der Hattinger Henrichshütte

FEUER.WEHRK ist das Feuerwehr-Museum auf dem Gelände der Hattinger Henrichsgütte.

Das FEUER.WEHRK ist der Ruheort der Roten Riesen. Sie haben ausgedient, der Lack ist ab. Wer rastet, der rostet. Lange her sind die Geschichten, von denen sie erzählen. Aber sprechen können sie ja nicht. Einst wurden sie in den Kampf gegen das Feuer geführt. Ihre Herren waren Freiwillige, Menschen wie Du und ich. Genauso dienten sie denjenigen Menschen, die das Retten als Beruf erwählt hatten, als verlässliches Arbeitsgerät. Es wurden die gerettet, die Feuer gefangen hatten – aber auch nicht immer. Die Bereitschaft und die Einsätze verlangten den Feuerwehrleuten viel ab: Mut, Angst, Fertigkeiten, kühlen Kopf, Mitleid, Schmerz, Freude und Erfolg – nicht wenigen auch das Leben. Für Tausende von Menschen war und ist dieser Dienst eine alltägliche und allnächtliche Selbstverständlichkeit. Für die Gemeinschaft.

Das könnten die Roten Riesen in der Hattinger Henrichshütte erzählen, wenn ...

Trotzdem zündeln sie, lassen manchen Funken durch ihr pures Dasein überspringen, so dass manch einer Feuer fängt im guten Sinne. Es gibt sie immer noch, die Träume vom Feuerwehrmann, der Feuerwehrfrau, der guten Tat für die anderen. Und alle kennen das Gefühl, auf dem Schlauch zu stehen ...

Was schon immer so war, nennt man Geschichte – wo man daraus lernen kann oder soll, heißt Museum. Die Fans der Roten Riesen nennen die Heimat der Veteranen FEUER.WEHRK, weil dort ein »Spielraum für heiße Ideen« entstehen soll. Dieser Spielplatz ist noch lange nicht fertig. Es fehlen tatkräftige Hände und Geld – wie überall. Nur Ideen fehlen nicht. Es bleibt Zeit zum Experimentieren.

Die mehr als 60 Roten Riesen und ihre kleinen Freunde stehen für die Feuerwehrgeschichte seit dem Zweiten Weltkrieg. Sie helfen dabei, den Besuchern zu erzählen, wie sich die Arbeit der Feuerwehrleute verändert hat, obwohl das Feuer meistens noch immer mit Wasser gelöscht wird.

Den Besucher erwarten Autos, Anhänger, Pumpen, Geräte und schlauchende Geschichten oder nur ein Blick hinter die Kulissen der Verwirklichung einer Idee, die ein zündendes FEUER. WEHRK werden soll.

Das FEUER.WEHRK ist ein Museum im Aufbau. Der Ort der Ausstellung ist eine etwa 4000 Quadratmeter große Industriehalle der ehemaligen Henrichshütte. Im Laufe der Zeit wird die Fläche zu einem Museum umgenutzt. Derzeit sind im Wesentlichen Großobjekte zur Besichtigung thematisch aufgestellt. Zusätzliche Informationstafeln entstehen noch. Einzelbesuche der Ausstellung ohne Führung sind auf absehbare Zeit noch nicht möglich. Aber die Museumscrew nimmt Interessierte gerne bei sogenannten »Baustellen-Führungen« kenntnisreich an die Hand.

Den Besucher erwarten Autos, Anhänger, Pumpen, Geräte und schlauchende Geschichten.

Bei der Führung werden einzelne Ausstellungsgegenstände im Zusammenhang der Feuerwehrgeschichte vorgestellt und erläutert. Gleichzeitig wird ein Einblick hinter die Kulissen des ehrenamtlichen Museumsaufbaus vermittelt. Niemand muss auf dem Schlauch stehen – obwohl er es durchaus könnte ... Nähere Infos gibt es übrigens unter www.FeuerimRevier.de.

Leben (fast) live im FEUER.WEHRK

FEUER.WEHRK ist ein Museum noch im Aufbau.

Herdecke im Überblick

Quelle: RVR, Essen

Über den Dächern von Herdecke

Willkommen in Herdecke

Lassen Sie mich kurz ein Bild zeichnen von Herdeckes bewegter Geschichte und heutiger Bedeutung in der Region, damit Sie nachfühlen können, warum wir Herdecker so stolz auf unsere Stadt sind.

Mit seinen rund 25 000 Einwohnern bietet Herdecke eine Mischung aus wohltuender Beschaulichkeit und moderner Stadtatmosphäre mit vielfältigem Einkaufsangebot. Dies wissen auch immer mehr Gäste aus den umliegenden Ruhrgebietsstädten zu schätzen.

Ein Besuch der historischen Altstadt mit ihren zahlreichen Sehenswürdigkeiten und liebevoll restaurierten Fachwerkhäusern lädt zum Entdecken ein. Enge Gässchen münden auf Plätzen und man begegnet den Spuren einer spannenden, über tausendjährigen Stadtgeschichte beinahe auf Schritt und Tritt. Aber Herdecke ist nicht nur Fachwerkstadt. Über lange Zeit wurde im Stadtgebiet ein besonders schöner und widerstandfähiger Sandstein gewonnen. Bestens geeignet als Baumaterial und ebenso geschätzt von Künstlern in aller Welt. So sind auch heute überall im Stadtgebiet profane wie sakrale Prachtbauten aus diesem attraktiven heimischen Werkstoff zu finden.

Handel und Wandel haben in Herdecke eine lange Tradition. Bereits im Mittelalter war Herdecke ein lebendiger Marktort für Vieh und Getreide, dessen Kornpreise maßgeblich waren für die ganze Region. Und auch heute strahlen die Herdecker Märkte ein besonderes Flair aus. Unverwechselbar und beliebt zählen sie zu dem, was Herdecke so anziehend macht. Allein die Atmosphäre des Wochenmarktes in der Fußgängerzone ist schon einen Besuch wert. Geschäftiges Treiben wechselt mit beschaulichem Bummeln, tausend Farben erfreuen das Auge und tausend Düfte regen die Sinne an.

Impulsgeber für die wirtschaftliche Entwicklung Herdeckes war die Ruhr. Gerbereien, Steinmetzbetriebe und Papierhersteller, Weber, Färber und Stoffdrucker nutzen das Wasser für ihre Arbeit. Früh schon gab es einen vielschichtigen Branchenmix. Das Spektrum der heutigen Wirtschaftsstruktur basiert auf Farben, Lacken und Baufolien, auf Gartengeräten, Softwareproduktion und der Medizintechnik sowie mehreren pharmazeutischen Unternehmen. Das Gemeinschaftskrankenhaus als Ursprung der Privatuniversität Witten/Herdecke hat den Gesundheitssektor zu einem festen Bestandteil der Herdecker Wirtschaft gemacht.

Herdecke ist aber auch ein moderner Energie-Standort mit zwei Laufwasserkraftwerken an der Ruhr, dem Pumpspeicherkraftwerk »Koepchenwerk« am Hengsteysee und der GuD-Anlage der Mark-E/SEWAG, einem der modernsten und effizientesten Gas/Dampf-Kraftwerke Europas.

Herdecke ist Treffpunkt zahlreicher regionaler, nationaler und sogar internationaler Routen. Vom geologischen Lehrpfad, dem beliebten Ruhrtalradwanderweg und dem energiewirtschaftlichen Wanderweg über die Deutsche Alleenstraße und die historische Ruhrtalbahn bis hin zum Jakobspilgerweg nach Santiago di Compostela begegnet man auf Schritt und Tritt den Anknüpfungspunkten geschichtsträchtiger Pfade und Wege.

Herdecker Maiwoche

Die günstige Lage zwischen Harkort- und Hengsteysee macht Herdecke zu einem Eldorado für Wassersportler. Egal ob mit Paddel oder Pinne, mit Riemen oder Ruder, das Angebot lässt keine Wünsche offen.

Das abwechslungsreiche Freizeitgelände »Bleichstein« erstreckt sich über knapp drei Kilometer entlang der Ruhr. Die weitläufige Parklandschaft bietet mit Sportplätzen, Freizeit- und Spaßbad, großem Spielplatz und ausgedehnten Liegewiesen am Fluss für Erholungssuchende jeden Alters ein attraktives Angebot. Das größte Kapital des Freizeit- und Sportangebotes ist jedoch die landschaftliche Vielfalt. Von der reizvollen Flusslandschaft bis hinauf zu den Kämmen des Ardey-Höhenzuges erstreckt sich ein gut ausgebautes, aber nicht zu dichtes Netz aus Wander-, Rad- und Spazierwegen.

Herdecke – ist doch naheliegend. Herzlich willkommen!

Ihre

Katja Strauss-Köster

Dr. Katja Strauss-Köster
Bürgermeisterin

Zwischen Beschaulichkeit und moderner Stadtatmosphäre

Herdecke: Mehr als nur das grüne Entree zum Ruhrgebiet zwischen Hengsteysee und Harkortsee

Das Herdecker Rathaus – Es wurde am 19. Juli 1913 eingeweiht.

Dieser Prozess ist nur zu gewinnen. Welcher Prozess? Wir stellen einfach mal die Behauptung auf, Herdecke sei eine feine Stadt! Beweise? Kein Problem: Warum sonst ist die Einwohnerzahl in den vergangenen 50 Jahren von 5000 auf rund 25 000 gestiegen und warum bietet die Stadt heute mehr denn je eine Mischung aus wohltuender Beschaulichkeit und moderner Stadtatmosphäre? Warum sonst zieht es viele Menschen aus den nahegelegenen Ballungsräumen zum Wohnen – besser: zum Leben – nach Herdecke? Das alles hat seine Gründe – was aber nicht heißen soll, dass Herdecke zur Schlafstadt mutiert ist.

Herdecke ist mehr als »nur« das »grüne Entree« vor den Türen Hagens und Dortmunds. Sicher, ein großes Plus ist die Landschaft: Die Stadt ist eingebettet in das Ruhrtal mit den beiden Stauseen Hengsteysee und Harkortsee. Die historische Altstadt mit ihren zahlreichen Sehenswürdigkeiten und liebevoll restaurierten Fachwerkhäusern lädt zum Bummeln ein. Dort begegnen die Besucherinnen und Besucher in der Nähe des Stadteingangs auch dem Sackträgerbrunnen, einem wichtigen Symbol der Stadt. Der Sackträger weist auf die große Bedeutung des Herdecker Kornmarktes in früheren Jahrhunderten hin und erinnert an den regen Handel in den engen Gassen, der sich hier bereits im Mittelalter entwickelte. Dies führte dazu, dass Herdecke schon im Jahre 1355 die Marktrechte verliehen bekam.

Die Innenstadt Herdeckes gilt als attraktiver Einkaufsort. Mit einer Vielzahl kleiner, inhabergeführter Fachgeschäfte bietet sie einen interessanten Branchen- und Angebotsmix. Auf Initiative der Werbegemeinschaft Herdecke und der Wirtschaftsförderung der Stadt fand bereits die Auftaktveranstaltung zur »Kooperativen Standortentwicklung Innenstadt Herdecke« statt, unterstützt von der Innovationsagentur »Stadtumbau NRW«. Seitdem sind die Protagonisten nicht untätig gewesen: Die Systematische Erfassung und Bewertung aller gewerblich genutzten Immobilien in der Innenstadt ist abgeschlossen. Dabei nahm man auch die kleinteiligen Handels- und Versorgungsstrukturen in der historischen Innenstadt und ihre Entwicklung gemeinsam mit den dort vertretenen Immobilienbesitzern, Händlern und Gastronomen genau unter die Lupe. Sämtliche 178 erfassten gewerblichen Nutzungen wurden zu einem »Gewerbehandbuch Herdecke Innenstadt« aufbereitet. Anschließend fanden so genannte Leitfadengespräche mit Händlern und Immobilienbesitzern statt. Wo soll die Reise hingehen?

In der Herdecker Innenstadt

An warmen Sommertagen lässt es sich in der Altstadt bestens verweilen.

Die evangelische Stiftskirche in Herdecke zählt zu den bedeutendsten Baudenkmalen der Stadt. Der Stiftslegende nach wurde es von Frederuna, einer Verwandten Karls des Großen, als freiweltliches adeliges Damenstift gegründet.

Das kulturelle Leben Herdeckes erfüllt die Prämisse »klein, aber fein«: Ein Zimmertheater mit 40 Plätzen in einer ehemaligen Feuerwehr-Garage und mit einem professionellen Programm; das Kino Onikon als Hort hochwertiger Filmkunst, der Werner-Richard-Saal mit regelmäßigen musikalischen Preziosen ...

In Herdecke werden so bekannte Produkte wie der Ideal-Spaten, die Dörken-Bautenfolien und Tai Ginseng hergestellt. Wirtschaftlich dominieren aber inzwischen die Dienstleistungsbetriebe;

Während der Maiwoche tobt in der Altstadt der Bär.

neben dem Krankenhaus ist der Gemeinnützige Verein für Sozialeinrichtungen, der Kindergärten und Seniorenheime betreibt, einer der größten Arbeitgeber.

Überregional bekannt wurde der Name Herdecke durch das antroposophische Gemeinschaftskrankenhaus, das die Schulmedizin durch eine erweiterte, menschengemäße Heilkunde ergänzt und vertieft. Aus dieser Klinik erwuchs auch die erste deutsche Privatuniversität, die Uni Witten/Herdecke.

In Herdecke lässt es sich hervorragend Sport treiben, kulturell unterhalten oder einfach nur erholen und die Seele baumeln lassen. Eine Vielzahl von Freizeitaktivitäten rund ums Wasser bieten der Harkort- und der Hengsteysee: Kanu fahren, Rudern, Segeln, Tauchen, Schwimmen oder auch gemütlich mit einem Ausflugsschiff fahren. Da etwa drei Viertel der gesamten Stadtfläche Wald-, Wiesen- und Wasserflächen sind, stehen dem Erholungssuchenden reichlich Möglichkeiten offen: Besonders Wanderfreunde und Radfahrer finden in dem angrenzenden Ardeygebirge ideale Bedingungen. Und auch Skater, Mountainbiker, Reiter und Golfer kommen in Herdecke auf ihre Kosten. Wen es ohne Kraftanstrengung auf's Wasser lockt, hat dazu alle Möglichkeiten: Weiße Motorschiffe erschließen die Seen und viele Ausblicke.

Die katholische Pfarrkirche St. Philippus und Jakobus in Herdecke

Ende ohne Schrecken

Immer mehr in den Vordergrund schob sich in den vergangenen Jahrzehnten der früher eher landwirtschaftlich orientierte Stadtteil Ende. Dort, wo sich schon mittelalterliche Handelswege kreuzten, liegt auch heute sein Zentrum, in Kirchende. Der historische Kern um die malerische Dorfkirche herum hat sich zu einem modern gestalteten Mittelpunkt mit vielfältigen Einkaufsmöglichkeiten und hohem Versorgungsstandard entwickelt. Dorffeste, Wochenmarkt und kulturelle Veranstaltungen erfüllen die Plätze mit Leben. hervorragende Gastronomie und ein ausgiebiges Vereins- und Gemeindeleben bringen die Menschen sich näher.

In Westende liegt das anthroposophische Gemeinschaftskrankenhaus, wo die dort angewandten Heilmethoden eingebettet in die sanften Hügel des Ender Tales praktiziert werden. Bei aller zunehmender Urbanität hat es Ende jedoch verstanden, seinen dörflichen Charme und die reizvolle Ländlichkeit zu bewahren. Ein ausgedehntes Netz von Spazier- und Wanderwegen, diverse Reit- und Sportanlagen sowie Kinderspielplätze und Wildgehege garantieren den hohen Naherholungs- und Freizeitwert.

Der Hengsteysee

Mit Innovationen in die »Top 100«

Die Ewald Dörken AG – ein Unternehmen stellt sich vor

Die Ewald Dörken AG wurde 1892 als kleine Lackfabrik in Herdecke gegründet. Ein mittelständisches Familienunternehmen ist sie geblieben – allerdings mit einer modernen, zukunftsorientierten Firmenstruktur. Heute ist Dörken eine Service-Holding mit vier selbstständigen Tochterunternehmen: der Dörken GmbH & Co. KG mit Bauverbundfolien für Keller, Dach und Fassade der Dörken MKS-Systeme GmbH & Co. KG mit Korrosionsschutzsystemen für den industriellen Serieneinsatz, der CD-Color GmbH & Co. KG mit Baufarben für den Profi-Verarbeiter und der Protec Systempasten GmbH mit maßgeschneiderten Pastensystemen für Industriekunden im Baufarbenmarkt.

Die Farben und Lacke der CD-Color GmbH & Co. KG schützen und verschönern Fassaden ...

Im Herzen westfälisch ...

Die Ewald Dörken AG ist in ihrer Heimat im Ennepe-Ruhr-Kreis fest verwurzelt. Das beweisen die jährlichen großen Investitionen zur Sicherung und Weiterentwicklung der Standorte Herdecke und Hagen-Vorhalle – darunter auch weitreichende Maßnahmen in Richtung Umweltschutz. So haben die Unternehmen der Dörken-Gruppe ein kombiniertes Qualitäts-, Arbeitssicherheits- und Umweltmanagementsystem nach der DIN EN ISO 9001, der DIN EN ISO 14001 und der EMAS – dem so genannten Öko-Audit – etabliert. Dörken verpflichtet sich damit freiwillig, den betrieblichen Umweltschutz – über die gesetzlichen Regelungen hinaus – entsprechend den festgelegten Umweltzielen weiterzuentwickeln und dies durch Einhaltung strenger Kriterien nachzuweisen. Für die Unternehmen der Dörken-Gruppe bedeutet dies nicht nur mehr Glaubwürdigkeit, Transparenz und Rechtssicherheit in allen Fragen des Umweltschutzes. Es schafft auch sichere Zukunftsperspektiven. Denn alle Standorte sind bereits heute für die Umweltziele der kommenden Jahre gerüstet.

Auf Europas Dächern zu Hause: die Steildachbahnen der Dörken GmbH & Co. KG

... international in der Ausrichtung

Trotz aller Standorttreue schaut das Unternehmen bereits seit Jahrzehnten über den berühmten Tellerrand hinweg und hat heute eine Exportquote von über 40 Prozent – mit der erklärten Zielsetzung, diese weiter deutlich zu steigern. In über 50 Ländern weltweit werden Dörken-Produkte verarbeitet, in vielen davon ist das Unternehmen über eigene Tochter- oder Vertriebsgesellschaften vertreten. Die Tochterunternehmen im kanadischen Ontario und in der Türkei haben sogar eine eigene Produktionsstätte für Noppenbahnen. Denn dies sind Volumenprodukte mit einem relativ hohen Frachtkostenanteil.

Wie international die Dörken-Gruppe inzwischen ist, zeigt das Beispiel der Dörken MKS-Systeme. Denn ihr Hauptkunde – die Automobilindustrie – hat aus ihnen das gemacht, was er selbst bereits ist: einen Global Player. Deshalb gibt es heute Dörken MKS-Mitarbeiter in Frankreich, Italien, Spanien, Großbritannien, Skandinavien, Japan, Taiwan, Südkorea, China, Brasilien, Australien, Indien und in der Doerken Corporation in den USA. Und der Ausbau des Vertriebsnetzes geht ständig weiter. Überall in der Welt, wo Automobile oder deren Komponenten gebaut werden, sind die Dörken MKS-Systeme mit ihren Problemlösungen und ihren technischen Beratern präsent.

Sie und die anderen Dörken-Mitarbeiterinnen und -Mitarbeiter im Ausland sorgen dafür, dass der Dienst am Kunden vor Ländergrenzen nicht Halt macht. Wer Produkte aus Herdecke verarbeitet, erfährt überall auf der Welt dieselbe Aufmerksamkeit: sei es bei der einheitlich hochwertigen Produktqualität, beim zuverlässigen und schnellen Lieferservice oder bei der anwendungstechnischen Beratung vor Ort.

... und immer aufgeschlossen für das Neue

Neben der konsequenten Produkt- und Servicequalität sind es vor allem die findigen Mitarbeiterinnen und Mitarbeiter, der Mut zur Innovation und das kreative Vermarkten neuer Produkte, die das Unternehmen weiter voranbringen. Aus diesem Grunde wurde Dörken 2010 bereits zum zweiten Mal mit dem Gütesiegel »Top 100« als eines der innovativsten Unternehmen im deutschen Mittelstand ausgezeichnet. Und die weiteren Ziele sind hoch gesteckt: Bis 2019 möchte man 20 Prozent des Umsatzes mit Produkten erzielen, die heute noch nicht mal auf dem Reißbrett stehen. Der erste Meilenstein dafür wurde bereits 2009 gelegt: Ein eigens berufener Innovationsmanager bündelt und koordiniert alle Neuerungsaktivitäten und unterstützt die vielfältigen Innovationsprozesse und -zirkel im Unternehmen. Neue Ideen werden in einer eigenen »Ideendatenbank« gesammelt. Ausdrücklich willkommen sind dabei auch abstrakte Ideen, die mit dem derzeitigen Produktportfolio der Dörken-Unternehmen zwar wenig zu tun haben, die aber den Kern für ein neues Geschäftsfeld vielleicht schon in sich tragen. Das gute Innovationsklima zahlt sich aus: Im vergangenen Jahr stellte nahezu jeder Mitarbeiter seine Kreativität mit mindestens einem Vorschlag unter Beweis. 60 Prozent davon konnten realisiert werden.

»Wer aufhört besser zu werden, hat aufgehört gut zu sein«, ist ein Grundsatz mit dem die aktuelle Firmenbroschüre der Unternehmensgruppe schließt. Bei Dörken steht er nicht nur auf dem Papier.

Die Pastensysteme der Protec Systempasten GmbH bringen Farbe in die Welt – und machen so manche Fassade zum Hingucker.

... und setzten Highlights bei der Gestaltung von Innenräumen.

Die Zinklamellensysteme der Dörken MKS-Systeme GmbH & Co. KG schützen kleinste und ganz große Schrauben, ...

... mit denen zum Beispiel die Rotorblätter von Windenergieanlagen befestigt werden.

Beitrag von:
Ewald Dörken AG
Wetterstraße 58 · 58313 Herdecke
Tel. (0 23 30) 6 30 · Fax (0 23 30) 6 33 55
bvf@doerken.de · www.doerken.de

Der Frederuna-Brunnen, errichtet 1927 zur Erinnerung an die gleichnamige Gründerin des Stifts Herdecke; zu ihren Füßen kniend die erste Äbtissin Alswedis. Der von Frederuna gehaltene Schild mit Eiche dokumentiert eine Legende zur Standortwahl der Stiftsgründung.

Der Stiftsplatz 3 ... die Heimatstube. Auf nur 50 Quadratmetern befinden sich Erinnerungen aus längst vergangenen Zeiten. Die Ausstellung umfasst die Themen Fachwerk, Nachbarschaften und Vereine.

Dorp Herricke erhielt bereits 1355 die Marktrechte

Die Stadt Herdecke blickt auf eine spannende und wechselvolle Geschichte zurück

Die Geschichte Herdeckes reicht bis ins 9. Jahrhundert zurück. Vermutlich 819 wurde eine karolingische Basilika als Kirche eines adeligen Frauenstifts erbaut, das zur Keimzelle des Ortes wurde. Heute steht an diesem Platz die Stiftskirche. Um 1100 wurde der Name Herdecke erstmals erwähnt. Die älteste erhaltene Nachricht über die Herdecker Mark taucht 1229 im Lagerbuch der Äbtissin Hathwigis zu »Hirreke« auf. 1324 fiel Herdecke aus Kölnischem Besitz an die Grafschaft Mark. Als neuer Landesherr übernahm der Graf von der Stiftsäbtissin die Gerichtsbarkeit und errichtete am Stift einen Pranger, der bis 1700 existierte.

1355 bekam das dorp herricke von Graf Engelbert III. von der Mark die Marktrechte verliehen. In den folgenden Jahrhunderten entwickelte sich auf Grund der verkehrlich günstigen Lage am Ruhrübergang und am Schnittpunkt der großen Handelsstraßen zwischen Köln und Weserraum sowie Siegerland und Münsterland der regional bedeutsame Herdecker Kornmarkt, der bis Ende des 19. Jahrhunderts bestand.

In der so genannten »Dortmunder Fehde« zwischen der freien Reichsstadt und dem Kölner Erzbischof sowie seinem Verbündeten, dem Grafen von der Mark, plünderten die Dortmunder Ende und brannten 1389 einen Teil des Ortes nieder.

Graf Adolf von Cleve gestattete 1410, eine steinerne Brücke über die Ruhr bei »Herycke« zu bauen. Eine Holzbrücke lässt sich schon für das 13. Jahrhundert vermuten. 1585 wurde das Herdecker Marktprivileg durch Herzog Wilhelm von Cleve-Mark erneuert und bestätigt und 1594 erlosch die Veme- und Freigerichtsbarkeit im Ort. 1615 wurde die Ortschaft zur Freiheit erhoben und im Dreißigjährigen Krieg 1618 bis 1648 musste auch Herdecke schwere Rückschläge hinnehmen. Im Winter 1624/1625 diente die junge Freiheit Herdecke einer Garnison »hispanischer Kriegsleute« als Quartier und Lager. 1661 siedelten sich die ersten Messerschmieden in der Stadt an.

1730 bewilligte die preußische Regierung die Einrichtung eines zweiten Markttages, bevor Friedrich Wilhelm I. 1739 Herdecke die Stadtrechte verlieh. 1806 bis 1813 verlor Preußen die Rheinprovinzen und Westfalen. Herdecke wurde als Bestandteil der Grafschaft Mark dem Großherzogtum Berg zugeschlagen, das der französischen Verwaltungseinteilung zufolge im Departement Ruhr lag.

Herdecke, Altstadt

1807 verzichtete der preußische König im Frieden von Tilsit endgültig auf seine westfälischen Besitzungen. Die französische Gemeindeverfassung vom 18. Dezember 1808 vereinigte die Gemeinden Herdecke, Wetter und Ende zu einer Munizipalität mit Herdecke als Sitz der Verwaltung. Herdecke gehörte nun zum Kanton Hagen im Ruhrdepartement des Großherzogtums Berg.

Ab 1817, nach der neuen preußischen Verwaltungseinteilung, gehörte Herdecke dem Kreis Hagen an. 1851 schließlich wurde die Herdecker Verwaltungseinheit mit Wetter und Ende wieder getrennt. Seit 15. September 1879 ist Herdecke an die Eisenbahnlinie Düsseldorf-Hagen-Dortmund der Rheinischen Bahn angeschlossen.

Die 4. Auflage von Meyers Konversations-Lexikon notierte 1888: »Herdecke, Stadt im preuß. Regierungsbezirk Arnsberg, Kreis Hagen, 104 m ü. NN., an der hier schiffbaren Ruhr und den Linien Hagen-Witten, H.-Dahlhausen und Schwelm-Dortmund der Preußischen Staatsbahn, hat eine alte evangelische und eine kath. Kirche, große

Viehmarkt-Brunnen

In Herdecke

Echt antik

Das heutige Haus Pfingsten beherbergte die ehemealige Stiftsbrauerei und -bäckerei und entstand im 18. Jahrhundert, »Wirtshaus« seit 1811.

Sandsteinbrüche, Fabriken für Tuch, Tabak, Leder, Papier und Eisenwaren, Färberei, Bierbrauerei und 4124 meist evang. Einwohner. Über der Stadt liegt der Kaisberg mit einem Turm zur Erinnerung an den Freiherrn vom Stein; entfernter die Trümmer der Hohensyburg; der neue Aussichtsturm daselbst wurde dem Oberpräsidenten v. Vincke zu Ehren errichtet. Unterhalb H. liegt der Sonnenstein, ein 200 m hohes Plateau, auf welchem alljährlich im Juni der Rheinisch-Westfälische Turngauverband das bekannte Sonnensteinfest feiert. H. gegenüber liegt die Gemeinde Vorhalle mit Eisen- und Messingwarenfabrik.«

Ihr neues Rathaus weihten die Herdecker am 19. Juli 1913 ein, 15 Jahre später das Krieger-Ehrenmal. 1929 wurde Herdecke, bisher zum Kreis Hagen gehörend, Bestandteil des Ennepe-Ruhr-Kreises. Die Stadt widersetzte sich der Eingemeindung nach Hagen. 1939, genau 200 Jahre nach der Stadtgründung, wurde Ende eingemeindet. Am 1. April war der bereits seit dem Mittelalter zur Herdecker Mark gehöriger Ortsteil zurück. Seit 1982 trägt der Stadtname Herdecke auch nicht mehr den Zusatz Ruhr.

»Wir bewegen Menschen«

Die Johanniter im Regionalverband Ruhr-Lippe

Die Johanniter-Unfall-Hilfe e.V. (JUH) ist ein Ordenswerk des 1099 in Jerusalem gegründeten Johanniterordens. Die JUH wurde 1952 unter Federführung von Rudolf Christoph Freiherr von Gersdorff in Hannover als evangelische Hilfsorganisation gegründet. Der wichtigste Anlass dafür waren die vielen Verletzten und Toten aufgrund der steigenden Anzahl von Kraftfahrzeug-Unfällen (daher auch »Unfall-Hilfe« im Namen). Heute ist die JUH eher unter dem Namen »Die Johanniter« bekannt und hat sich zu einem sozialen Dienstleister entwickelt.

Die Dienststelle in Ennepetal existiert seit über 40 Jahren, zu Anfang noch in der Schulstraße, nach kurzen Umbaumaßnahmen ist der damalige Ortsverband Ennepetal in die Gewerbestraße 19 umgezogen, wo er auch heute noch anzutreffen ist. Mitte der 1990er Jahre wurde der Ortsverband dem Regionalverband »Hagen/Ennepe-Ruhr« angeschlossen.

Kundenberater Christian Zink

Ende 2009 wurde dann der Regionalverband Ruhr-Lippe als Zusammenschluss der ehemaligen Regionalverbände Hagen/Ennepe-Ruhr, Emscher-Lippe und Bochum-Herne gegründet. In diesem Verbreitungsgebiet, mit rund zwei Millionen Einwohnern, bieten die Johanniter die unterschiedlichsten Angebote: den Johanniter-Hausnotruf, den Johanniter-Menüservice, die Johanniter-Jugendgruppen, das Familienzentrum Johanniter-Kinderhaus und die Lacrima-Trauergruppe für Kinder und Jugendliche. Natürlich spielen im Dienstleistungsspektrum auch die Breitenausbildung, der Rettungsdienst, der Katastrophenschutz und der Sanitätsdienst eine wichtige Rolle. Dabei ist eines besonders wichtig: Die Johanniter wollen mit ihren Angeboten nicht nur Bedürfnisse erfüllen, sondern den Menschen, die von ihnen betreut werden, menschliche Zuwendung und persönliche Nähe schenken. Dafür steht das Johanniter-Motto: »Aus Liebe zum Leben«.

Die Organisation ist aus ehrenamtlicher Initiative entstanden und gewachsen. Im Regionalverband Ruhr-Lippe leisten über 350 Helfer ehrenamtliche Mehrarbeit und tragen damit erheblich zum Erhalt der Johanniter bei. Interessierte können auch aktiv mitmachen und in ihrer Freizeit anderen Menschen helfen. Die Johanniter bieten interessante Tätigkeiten in der Johanniter-Jugend, in der Trauerarbeit mit Kindern und Jugendlichen, dem Katastrophenschutz, der Breitenausbildung etc. Wer jedoch zu wenig Freizeit hat und trotzdem helfen möchte, dem bieten die Johanniter die Möglichkeit einer Fördermitgliedschaft oder einer Spende. Alle freiwilligen Zuwendungen bilden das Fundament der Arbeit und dienen der Sicherung der Projekte und Einrichtungen, so dass sie stets der Hilfe von Mensch zu Mensch zugute kommen.

Johanniter-Jugend Ennepetal: Projekt »Stark« – gegen sexuellen Missbrauch

Einsatzbesprechung im Jahr 1965

Sanitätsdienst – immer alles im Blick

Beitrag von:
Johanniter-Unfall-Hilfe e.V.
Regionalverband Ruhr-Lippe
Dienststelle Ennepetal
Kundenberater Christian Zink
Gewerbestraße 19 · 58256 Ennepetal
Tel. (0 23 33) 9 68 40 · Fax (0 23 33) 96 84 22
christian.zink@juh-ruhr-lippe.de
www.juh-ruhr-lippe.de

Ein wirklich schönes Ende

Herdecker Stadtteil im Norden mit bedeutsamen Bauwerken und viel Natur

Das Ende Herdeckes liegt im Norden der Stadt und komplett im Ardeygebirge. Der Stadtteil gliedert sich in Kirchende, Ostende, Westende und Gedern. Der Ort wurde um 890 als Emnithi, was nichts anderes als Einöde bedeute, erstmals erwähnt. Im Laufe der Jahrhunderte wurde aus Emnithi Ennethe, später Ennede und schließlich Ende. 1229 tauchten zum ersten Mal Kircennethe, Westennethe und Ostennethe im Güterverzeichnis der Äbtissin des Herdecker Stifts auf. Die Höfe mussten neben Geld jeweils auch ein Schwein als jährliche Abgaben an das Stift leisten.

Die Industriellenvilla Haus Ende in Ostende

Das Gemeinschaftskrankenhaus Herdecke liegt in Westende.

Haus Kallenberg ist ein ehemaliges Herrenhaus in Kirchende. Die Herren von Vaerst zu Callenberg saßen schon zu Beginn des 15. Jahrhunderts auf diesem Rittersitz.

Bis in die 1950er/1960er Jahre war Ende noch stark von der kleinbäuerlichen Landwirtschaft beherrscht. Dann begann eine intensive Ausdehnung vor allem im Wohnungsbau. In Westende siedelte sich 1969 das Gemeinschaftskrankenhaus Herdecke an und gründete quasi einen neuen Stadtteil, in dem heute mehrere tausend Menschen leben. Auch in Kirch- und Ostende, in letzterem vor allem im »Villenviertel« Ahlenberg, hat die Siedlungsdichte inzwischen stark zugenommen. Allein Gedern, isoliert im Westen an der Ruhr gelegen und von Wald geprägt, hat sich bis heute kaum verändert.

Das Haus Ende in Ostende

Die bekannte Industriellenvilla Haus Ende in Ostende ist der Alterstraum eines weltläufigen Junggesellen: Der Bergbauunternehmer Robert Müser (1849 bis 1927) ließ sich den neobarocken »Herrensitz« 1913 in den Höhen des Ardeygebirges errichten. Die Besucherinnen und Besucher waren von der über zwei Geschosse reichenden Halle mit ihrem riesigen Kamin ebenso beeindruckt wie von den Salons im Rokokostil. Am westlichen Ende des Obergeschosses befand sich der Wohnbereich für den Hausherrn. Der übrige Teil des Obergeschosses wurde von Gästezimmern eingenommen. Müser nutzte sein Haus überwiegend als Veranstaltungsort für Partys.

Wirklich lange durfte sich Müser jedoch nicht an seinem Besitz erfreuen. Haus Ende wurde während der Ruhrbesetzung 1923/1924 von den französischen Truppen genutzt. Anschließend verkaufte er denn auch das Haus an Albert Vögler. Vögler war enger Vertrauter des Industriellen Hugo Stinnes und bald Generaldirektor der Vereinigten Stahlwerke. Traurige Bekanntheit erlangte er in der NS-Zeit.

Nach dem Zweiten Weltkrieg ging das Haus am Ostender Weg an die amerikanische Militärverwaltung, die es schließlich der Stadt Herdecke mit der Auflage übergab, Haus Ende künftig für soziale Zwecke zu nutzen. Das Haus wurde zunächst als Kinderheim genutzt, anschließend zum Ausbildungsheim für Krankenschwestern. Später kaufte es die Arbeiterwohlfahrt, die es 1981 schließlich an das Bundesamt für den Zivildienst vermietete.

Cuno-Kraftwerk: Spitzentechnologie am Harkortsee

Über 100 Jahre Stromerzeugung in Herdecke: Mark-E investiert weiter in die Zukunft

6. Juni 1908, Samstag vor Pfingsten: In Herdecke geht das erste Kraftwerk der Region mit zwei Turbogeneratoren und einer Gesamtleistung von 6000 Kilowatt ans Netz. Der Standort am Ufer der Ruhr ist sorgfältig gewählt: Das Kraftwerk liegt in unmittelbarer Nähe zu Zechen, die Ruhr liefert das Kühlwasser. Außerdem besteht die Möglichkeit, ein Anschlussgleis zum Bahnhof Herdecke zu legen – ideale Voraussetzungen für den Betrieb eines der modernsten Steinkohlekraftwerke seiner Zeit. Nach Gründung der damaligen »Kommunales Elektrizitätswerk Mark A.G.« (später Elektromark und heute Mark-E, ENERVIE Gruppe) im Jahr 1906 war bereits im April 1907 mit den Bauarbeiten begonnen worden.

Über Jahrzehnte prägen die Fassaden der Kesselhäuser des Cunowerks die Ansicht des Standorts. Das Kraftwerk setzt 1927 mit der Technik der Kohlenstaubfeuerung weltweit Maßstäbe, die Hochdruck-Blöcke erreichen Wirkungsgrade von über 24 Prozent. Seitdem trägt das Kraftwerk in Herdecke auch den Namen eines der Begründer des Unternehmens, des damaligen Hagener Bürgermeisters Willi Cuno.

In den 1950er und 1960er Jahren wurde das Cuno-Heizkraftwerk mehrfach modernisiert und erweitert und verfügte 1963 über eine Gesamtleistung von 351 Megawatt (MW).

Fernwärme für Herdecke

Der 1962 in Betrieb genommene steinkohlegefeuerte Block H2 lieferte neben Strom ab 1983 auch Fernwärme in Herdecke. Nach dem Prinzip der Kraft-Wärme-Kopplung wird hierbei die bei der Verstromung von Kohle entstehende Wärme als Heizenergie Industrie und Haushalten zugeführt. Das abgekühlte Wasser fließt ins Kraftwerk zurück, um erneut Wärme aufzunehmen. Nachdem der Kraftwerksblock 2004 abgeschaltet wurde, übernahmen zwei neue erdgasbetriebene Blockheizkraftwerke und zwei Heißwasserkessel die Fernwärmeversorgung der rund 1400 Fernwärmekunden in Herdecke.

Neue Gas- und Dampfturbinenanlage

2005 begann Mark-E zusammen mit dem norwegischen Energieunternehmen Statkraft mit dem Bau einer umweltfreundlichen Gas- und Dampfturbinen (GuD)-Anlage am Standort Herdecke. Das Kraftwerk ging im Herbst 2007 in Betrieb und zählt mit einem Wirkungsgrad von rund 59 Prozent zu den weltweit effizientesten Anlagen seiner Art. Für die Stromerzeugung nutzt es ein besonderes effektives Verfahren: In einem kombinierten Prozess wird in einer 270-MW-Gasturbine mit einem nachgeschalteten Abhitzekessel sowie einer 147-MW Dampfturbine die Energie in Elektrizität umgewandelt. Im Vergleich zu einem modernen Kohlekraftwerk erspart die GuD-Anlage der Umwelt bei der Stromerzeugung damit jährlich rund eine Million Tonnen Kohlendioxid.

Die Ausstellung im Cuno Forum dokumentiert die Historie des Kraftwerksstandorts, informiert über die aktuelle moderne Stromerzeugung vor Ort und will Anregungen geben, über die Zukunft der Energieversorgung zu diskutieren.

Am 6. Juni 1908 ging das erste Kraftwerk der damaligen »Kommunales Elektrizitätswerk Mark A.G.« in Herdecke ans Netz.

GuD Anlage Herdecke 2011: Die Gas-und Dampfturbinenanlage der Mark-E in Herdecke zählt mit einem Wirkungsgrad von rund 59 Prozent zu den weltweit effizientesten Anlagen seiner Art.

Lebendige Geschichte: Cuno Forum

Mit der Errichtung des neuen GuD-Kraftwerks haben sich Mark-E und Statkraft entschlossen, auch die Geschichte des über 100-jährigen Standorts zu dokumentieren. So zeigt das Cuno Forum die Historie mit Informationen, Lebenswelten und einer Animation der für den Neubau abgerissenen Kesselhäuser des Cunowerks und führt die Besucher durch die Geschichte des Kraftwerksstandorts von damals bis heute.

Beitrag von:
Mark-E Aktiengesellschaft
Körnerstraße 40 · 58095 Hagen
Tel. (0 23 31) 1 23-0
info@mark-e.de · www.mark-e.de

Mark-E: Aufgeladen mit Energie

Vom Ökostrom bis zur Elektromobilität – moderne Produkte für die Region

Die Mark-E Aktiengesellschaft gehört zur ENERVIE – Südwestfalen Energie und Wasser AG. Der Unternehmensverbund ist zu 80 Prozent im Besitz von zwölf Städten und Gemeinden der Region. Die Unternehmen der ENERVIE-Gruppe versorgen rund 700 000 Kunden und Energiehandelspartner mit Strom, Gas, Wärme und Trinkwasser.
Mark-E hält für die über 240 000 Privat- und Geschäftskunden überzeugende Angebote bereit: Zur Auswahl stehen neben dem Grundversorgungstarif mit vollem Service CO_2-neutrale KlimaFair Tarife, der Tarif »NullAtom Strom« sowie Sondertarife mit festen Laufzeiten und Smart Meter Technologie. Für die Geschäftskunden bündelt Mark-E Know-how in Serviceangeboten zu Druckluft, Kälte, Wärme, Arbeits- und Umweltschutz. Mit Energiecheck und -analyse ermitteln Experten den Bedarf, entwickeln effiziente Lösungen und optimieren jeden Energieeinsatz.

Effiziente Energieerzeugung

Mark-E setzt für die Stromerzeugung in seinem 1300 Megawatt starken Kraftwerkspark auf einen zukunftsfähigen Erzeugungsmix aus Erdgas, Steinkohle, Wasserkraft, Biomasse, Sonnenenergie und seit 2011 auch Windkraft. Den Einsatz der Anlagen optimiert das Unternehmen über den Energiehandel. Mark-E ist für alle Tochtergesellschaften der ENERVIE Gruppe an den Energiebörsen aktiv, vermarktet Kapazitäten und beschafft Strom, Gas und CO_2-Zertifikate.

Ein Klimaschutzprogramm hat seit dem Start 2002 über 3800 Maßnahmen zum Energiesparen gefördert und damit über 18 400 Tonnen CO_2 eingespart. Auch 2011 stellt Mark-E für energiesparende Geräte, effiziente Heiztechnik und umweltfreundliche E-Fahrzeuge wieder 400 000 Euro zur Verfügung. Voraussetzung zur Förderung ist der Bezug der CO_2-neutralen KlimaFair-Tarife für Strom oder Gas.

»Mobilität im Abo«

Mark-E bietet deutschlandweit als erstes Unternehmen ein Leasing-Modell »Mobilität im Abo« an. Kunden, die E-Autos nutzen wollen, können unter mehreren Leasingpaketen wählen. Neben dem E-Mobil können nach Bedarf 24-Stunden-Pannenservice, Schadensmanagement, Ladestation, Versicherung und Reifenservice gebucht werden. Mark-E ist nicht nur Ansprechpartner für Energie- und Infrastrukturdienstleistungen – das Unternehmen unterstützt als Sponsoringpartner vielfältig das Engagement von Vereinen und Initiativen in den Bereichen Bildung, Sport, Kultur und Soziales.

Herausforderungen für die Zukunft

Mark-E hat ambitionierte Ziele: So will das Unternehmen bis zum Jahr 2020 in Windkraftanlagen mit insgesamt 240 Megawatt Leistung investieren. Einen Wachstumsmarkt sieht Mark-E auch in dem jungen Geschäftsfeld der Elektromobilität: Mit der vorhandenen Infrastruktur, der Nutzung erneuerbarer Energien und dem Angebot von zertifiziertem Ökostrom ist das Ziel, zukünftige Mobilitätskonzepte mitzugestalten. Mark-E wird sich auch weiterhin vor Ort über seine KlimaFair-Förderung und Sponsoringaktivitäten engagieren. Mit Energie, die bewegt.

Mark-E versorgt mit einem über 12 000 Kilometer langen Verteilnetz die Kunden mit Strom und in Hagen auch mit Gas und Wasser.

Mit dem Förderprogramm »Bildung« unterstützt Mark-E die Vermittlung von Wissen in den Fächern Mathematik, Informatik, Naturwissenschaften und Technik.

Mark-E setzt verstärkt auf die Nutzung erneuerbarer Energien: Photovoltaik-Anlage auf dem Wasserwerk Hagen-Hengstey.

ENERVIE Vorstandssprecher Ivo Grünhagen (3.v.l.) stellte im März 2011 mit ersten Kunden das Mark-E Angebot »Mobilität im Abo« und die erste Stromtankstelle des Unternehmens der Öffentlichkeit vor.

Beitrag von:
Mark-E Aktiengesellschaft
Körnerstraße 40 · 58095 Hagen
Tel. (0 23 31) 1 23-0
info@mark-e.de · www.mark-e.de

Fahr ein Stück mit vor der Brück

Führendes Taxiunternehmen und Dienstleister für Krankenfahrten im südlichen Ennepe-Ruhr-Kreis

Rainald vor der Brück gründete sein Unternehmen bereits 1967.

Nein, geplant hatte er das nicht, damals, im Juni 1967, als er sich mit einem Mietwagen selbstständig machte. Ein Mann, ein Auto. Schon nach knapp einem Jahr kam ein zweites Fahrzeug dazu, das seine Frau Elke lenkte. Das Unternehmen wuchs und wuchs im Laufe der Jahre. Am 1. April 1997 folgte der Sprung von der Ruhr auch an die Volme. Zur Herdecker kam eine Hagener Firma. Die Zentrale in Hagen ist im Allgemeinen Krankenhaus angesiedelt. In Herdecke wird das Unternehmen nicht nur verwaltet, es gehört mittlerweile eine eigene große Werkstatt dazu sowie auch ein Dekra-Stützpunkt.

Heute, fast 45 Jahre nach der Firmengründung, ist der Herdecker Rainald vor der Brück im südlichen Ennepe-Ruhr-Kreis der größte Privatunternehmer in Sachen Taxen und Krankenfahrten. Fast 50 Fahrzeuge zählt seine Flotte heute – darunter Taxen, Schulbusse, Krankenwagen, Mietliegewagen sowie Rollstuhlbusse. Vor der Brück ist ein Familienunternehmen und beschäftigt über 100 Mitarbeiter. Das zukunftsorientierte Unternehmen wird von Rainald vor der Brück und seiner Tochter Simone vor der Brück zusammen geleitet. Für den qualifizierten Krankentransport ist der Sohn Jörg vor der Brück als Rettungsassistent zuständig.

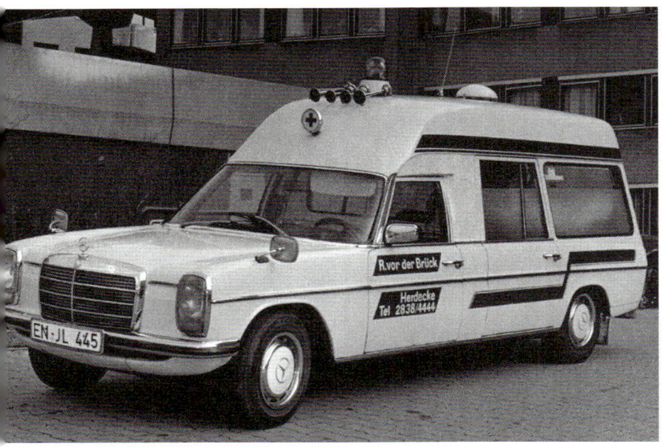

Ein Bild aus vergangenen Tagen

Das alteingesessene Unternehmen vor der Brück hat bei jedem Transport die Unternehmensphilosophie im Blick. So finden zum Beispiel Transporte im Krankentransportwagen mit hochwertigen Tragen auf luftgefederten Tragetischen und Tragestühlen mit modernster Medizintechnik statt. Auch der Transport im Rollstuhl ist kein Hindernis. Durch gut ausgestattete Spezialfahrzeuge mit Rampentechnik kann der Kunde während der Fahrt im Rollstuhl bleiben, ohne sich umzusetzen.

Hochmoderne Krankentransportwagen zählen zum vor der Brück-Fuhrpark.

Zu den Kunden zählen Privatleute, Patienten ebenso wie Ärzte, Krankenhäuser und Krankenkassen; mit Letzteren hat das zertifizierte Unternehmen vor der Brück entsprechende Verträge. Um Verträge und Genehmigungen kümmert sich Rainald vor der Brück auch als langjähriges Vorstandsmitglied im Verband des privaten gewerblichen Straßenpersonenverkehrs Nordrhein-Westfalen.

Zu den mobilen Serviceleistungen vor der Brücks gehören darüber hinaus auch Dialysefahrten, Rehafahrten, Strahlenfahrten, Fahrten zum Arzt oder zur ambulanten Behandlung, Verlegungsfahrten oder solche zur Kurzzeitpflege. Selbstverständlich werden auch Clubtouren mit einem 17 Personenbus abgedeckt, sowie Flughafentransfers oder auch Schulbusfahrten gehören zu den Leistungen des Unternehmens mit Tradition.

Die Fahrzeugflotte der Firma vor der Brück zählt mittlerweile insgesamt fast 50 Autos.

Auch in Zukunft hat sich das gesamte Team zum Ziel gesetzt, seinen Kunden eine stressfreie und komfortable Beförderung zu ermöglichen. Hierbei wird besonders Wert auf gepflegte Fahrzeuge, geschulte, freundliche und zuverlässige Fahrer sowie erstklassigen Service gelegt.

vor der Brück

Beitrag von:
Krankentransporte/Taxi/Mietwagen
vor der Brück
Attenbergstraße 36 · 58313 Herdecke
Tel. (0 23 30) 22 22 · Fax (0 23 30) 9 16 52 22

Buscheystraße 15a · 58089 Hagen
Tel. (0 23 31) 33 77 77 · Fax (0 23 31) 3 11 11
info@vor-der-brueck.de · www.vor-der-brueck.de

Wichtiger Stromlieferant fürs Ruhrgebiet

Koepchenwerk am Hengsteysee war 1930 »eine große technische Neuerung«

Blick von Süden auf das Koepchenwerk in Herdecke

Das Herdecker Koepchenwerk am Hengsteysee ist eines der beiden ersten großen Pumpspeicherkraftwerke in Deutschland. Eigentümer des nach seinem Planer Arthur Koepchen benannten und 1930 in Betrieb genommenen Kraftwerks ist die RWE, die es zur Stromversorgung des Ruhrgebiets am Steilhang des Ardeygebirges bauen ließ.

Mit dem sächsischen Pumpspeicherwerk in Niederwartha leisteten sich zur Bauzeit die Ingenieure des Koepchenwerks einen echten Wettlauf. Schließlich ging das Werk Niederwartha bereits am 27. November 1929 mit einer Maschine ans Netz, seine endgültige Fertigstellung und die Inbetriebnahme des letzten Maschinensatzes erfolgte jedoch erst im März 1930. Das Koepchenwerk wurde am 28. Januar 1930 vollständig in Betrieb genommen. Entsprechend wurden damals – je nach Betrachtungsweise – beide Kraftwerke als »Erste ihrer Art« und »große technische Neuerung« gefeiert.

Um das Koepchenwerk vor Luftangriffen zu schützen, wurde es ab 1942 unter Tarnnetzen versteckt. In der Umgebung des Hengsteysees wurden zahlreiche Flak-Batterien stationiert. Sperrballone sollten das Werk vor Tieffluganagriffen schützen. Durch die Überflutung des Turbinenhauses kam es nach der Bombardierung der Möhnetalsperre am 17. Mai 1943 zu einem mehrwöchigen Ausfall.

In der Nachkriegszeit arbeitete das Koepchenwerk weitgehend störungsfrei. Im Dezember 1980 kam es jedoch zu einem Problem, als das Gehäuse einer der Pumpen riss. Die Aufmerksamkeit der Betriebsmannschaft verhinderte zwar Schlimmeres, jedoch belegten die Untersuchungen die Gefahr ähnlicher Schäden an zwei weiteren Pumpen. Die Verantwortlichen entschieden daher 1981, am gleichen Standort ein neues Pumpspeicherkraftwerk zu bauen und das alte Werk stillzulegen. 1985 bis 1989 wurde daraufhin direkt an das alte Werk am Seeufer das moderne Kraftwerk gebaut. Dieses nutzt weiterhin das gleiche Prinzip. Auffälligster Unterschied ist, dass die Druckrohre nun unterirdisch verlaufen und nicht mehr sichtbar sind.

Die neue Kraftwerksanlage ist genauso wie das alte Werk ein Spitzenlast-Wasserkraftwerk. Während Zeiten mit geringerem Strombedarf (nachts) wird Wasser aus dem Stausee in das gut 160 Meter höher auf einem Berg gelegene Speicherbecken gepumpt. In Zeiten mit erhöhtem Strombedarf (tagsüber) strömt das Wasser dann durch Rohrleitungen und eine große Pumpturbine in den See zurück. Dadurch können heute bis zu 153 Megawatt elektrische Leistung bis zu vier Stunden lang produziert werden. Innerhalb von 70 Sekunden kann die Turbine von Stillstand auf Volllast gefahren werden. Die Turbine selbst befindet sich 42 Meter unterhalb des Wasserspiegels des Sees in einem Schacht.

Das Anfahren der gesamten Anlage in den Pumpbetrieb wird über einen Frequenzumrichter mit 20 Megawatt Leistung ermöglicht. Dieser Frequenzumrichter ist zurzeit immer noch der größte in Europa. Das der Bergkuppe angepasste Speicherbecken hat bei einer Länge von etwa 600 und einer Breite von rund 250 Metern rund 1,5 Millionen Kubikmeter Fassungsvermögen.

Das Speicherbecken des Koepchenwerks liegt 160 Meter über dem See und hat bei einer Länge von etwa 600 und einer Breite von rund 250 Metern rund 1,5 Millionen Kubikmeter Fassungsvermögen.

Das Laufwasserkraftwerk

Das Laufwasserkraftwerk Hengstey liegt am Ende des Hengsteysees genau an der Stadtgrenze zwischen Herdecke und Hagen. Es wurde als Kombinationsanlage mit einem Walzen-Stauwehr in den 1920er Jahren errichtet. Nach dem Bau war das Ruhrwasser zum Hengsteysee aufgestaut. Seitdem liefern das Flusswasser und der Höhenunterschied von etwa 4,6 Metern die regelmäßige Grundlage für regenerative Stromerzeugung.

Schwelm im Überblick

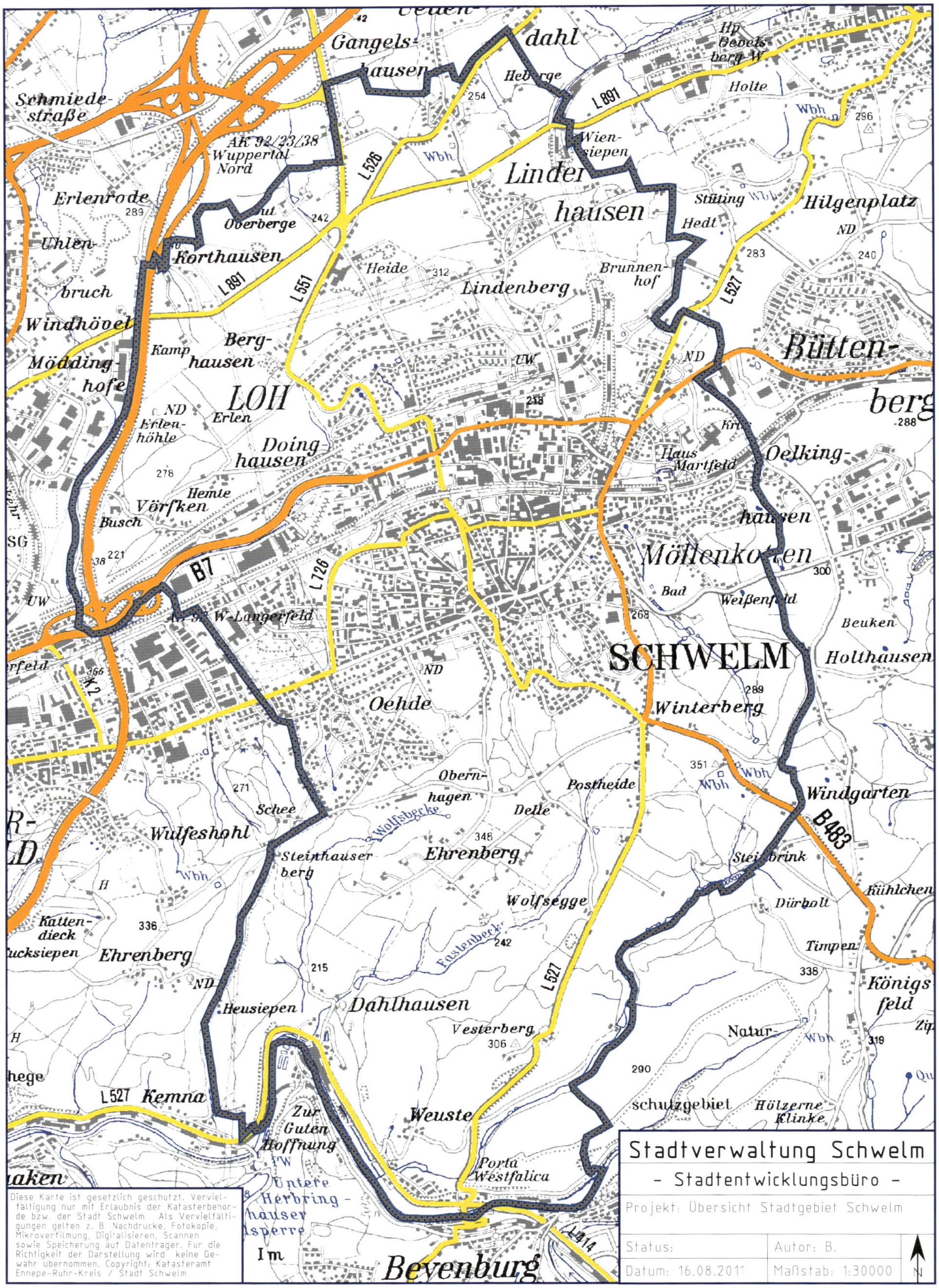

Willkommen in Schwelm

Einförmig ist das Bild, das man von Schwelm gewinnt, sicher nicht – und das ist gut so, denn es spricht für die Vielfalt, die diese Stadt im Schnittpunkt von Ruhrgebiet, Rheinland und Sauerland für sich reklamieren kann. Traditionsbewussten Zeitgenossen gefällt an Schwelm seine Altstadt mit den stimmungsvollen Schiefer- und Fachwerkhäusern. Gesellige Naturen schätzen das vielseitige gastronomische Angebot in Schwelm, wo eine lebendige Werbegemeinschaft für ein Warenangebot sorgt, das Schwelm zum beliebten Ziel auch für zahlreiche Kunden aus den Nachbarstädten und der Region macht.

Seine außerordentlich günstige Lage – die Stadt wird durchquert von der B7, der L551/B483 – und seine unmittelbare Anbindung an die Autobahnen 1, 43 und 46 machen Schwelm attraktiv für eine vielschichtig strukturierte Wirtschaft. Produziert werden elektronische Tankanlagen und Umreifungsmaschinen, Autozubehör, Verpackungsbänder und Knöpfe, Klebeetiketten sowie Kühltheken und Kunststoffartikel für den Haushalt. Traditionsreichen Unternehmen aus den Bereichen Logistik, Gummiverarbeitung, Tapetenherstellung und Netzfertigung für die Fahrzeugindustrie haben sich junge Firmen an die Seite gestellt, deren Produkte dem sich rasant entwickelnden Markt der neuen Technologien zugehören. Daneben hat sich Schwelm als Dienstleistungsstadt einen Namen gemacht; hier ist die AOK-NordWest Zuhause, hier ist das Finanzamt ansässig, und – neben der Stadtverwaltung – die Verwaltung des Ennepe-Ruhr-Kreises.

Schwelms Anfänge reichen bis in das Mittelalter zurück. 1496 verlieh Johann II., Herzog von Kleve und Graf von der Mark, den Schwelmern die Stadtrechte, sechs Jahre später erkannte er sie ihnen wieder ab. 1590 wurde Schwelm ein weiteres mal Stadt, nun durch Wilhelm, Herzog zu Kleve, Jülich und Berg, Graf von der Mark und Ravensberg. Aus der kommunalen Neuordnung von 1929 ging Schwelm als Kreisstadt des Ennepe-Ruhr-Kreises hervor.

Heute leben knapp 29 000 Menschen in Schwelm, das mit der französischen Stadt Fourqueux partnerschaftlich verbunden ist. Erholung bieten ausgedehnte Waldbezirke um Schwelm herum. Informationen über die Vergangenheit der Menschen in Stadt und Region hat das Regionalmuseum im Wasserschloss Martfeld vorbildlich aufgearbeitet. Der ehemalige Rittersitz mit Stadtarchiv, Historischer Bibliothek und Restaurant im Nordturm ist Kernstück einer Freizeitanlage mit Martfeld-Kapelle, Historischem Haferkasten, Spazierwegen, Tennisclub und Abenteuerspielplatz. Vom »Tag der RegionEN« über den Kunstmarkt bis zu Ausstellungen und Konzerten genießen die Bürger hier Kultur und Geselligkeit.

Einen besonderen Akkord schlägt übrigens die Kulturfabrik Ibach-Haus an, die im Gebäude des einstigen ältesten Klavierbauers der Welt sitzt und mit Konzerten und Events der Spitzenklasse von sich reden macht. Zu den beliebtesten Einrichtungen für Freizeit und Sport zählen die beiden Schwelmer Bäder: das malerisch im Grünen gelegene und von einem Trägerverein bewirtschaftete Waldschwimmbad und das Schwelmer Hallenbad, das – wie nur wenige andere Bäder in der Bundesrepublik – vollständig auf den Einsatz von Chlor verzichtet. Sein Badewasser wird statt dessen mit Hilfe der ungefährlichen und schonenden Salz-Elektrolyse desinfiziert: Die Badegäste sind begeistert.

Schwelmer organisieren sich gerne – in Musik- und Instrumental-, Jugend, -Sport-, Tier-, Bürger-, Kleingarten- und Wandervereinen und sie genießen Kunst und Kultur. 1800 Bürgerinnen und Bürger bilden die 13 Schwelmer Nachbarschaften, die beispielhaft Bürgersinn und soziales Miteinander demonstrieren und die jedes Jahr den Festzug zum Schwelmer Heimatfest organisieren, dem größten Fest der Stadt mit Strahlkraft weit in das Bundesland hinein.

Besuchen Sie uns, Sie werden sich bei uns wohl fühlen!

Mit den besten Grüßen

Jochen Stobbe
Bürgermeister

Haus Martfeld

Stabilität – Seriosität – Mobilität: Autohaus Tepass + Seiz

Autohaus-Gruppe sorgt »gemeinsam für zufriedene Kunden« im Ennepe-Ruhr-Kreis

Tepass + Seiz-Inhaber Marcus Lusebrink

»Gemeinsam für zufriedene Kunden« könnte sich wie ein wunderbares Lippenbekenntnis lesen. Wohlgemerkt könnte. Bei Tepass + Seiz mit Sitz in Schwelm, Kopf der regional tätigen Automobilgruppe in erster Linie für VW, Audi, Seat, Skoda und VW-Nutzfahrzeuge im Ennepe-Ruhr-Kreis, wird der Leitsatz bereits seit langem gelebt. »Wir sind eine Gruppe, die Individualität groß schreibt«, erläutert Inhaber Marcus Lusebrink. »Dementsprechend bleiben selbstverständlich nicht nur die Namen der zu uns stoßenden neuen Partner erhalten, sondern auch die vertrauten Mitarbeiter und der gewohnte Service.«

Stabilität und Seriosität sind die entscheidenden Merkmale, die für Tepass + Seiz stehen. 1949 gründeten Hans Tepass und Hans Seiz in Schwelm das nach ihnen benannte Autohaus. 48 Jahre später übernahm Marcus Lusebrink das Unternehmen und startete vom Autohaus an der Berliner Straße auf einen außergewöhnlichen Expansionskurs: 1999 wurde das alteingesessene Ennepetaler VW-Autohaus Klaus Heinz zur Niederlassung der Tepass + Seiz KG, 2002 kam die Autohaus Lauterbach GmbH in Wetter, 2003 die Auto-Service Schleichert GmbH und die Firma Huckenbeck hinzu, ein Ennepetaler Seat- und Nissan-Autohaus. Ein Jahr später wurde die Franz Rath GmbH & Co. KG in Herne übernommen. Dadurch ergab sich auch eine Beteiligung am Audi-Zentrum Bochum und somit die Expansion Richtung Ruhrgebiet. 2008 schließlich stießen das Autohaus Röttger Gevelsberg zur Tepass + Seiz-Familie und 2011

Der Neubau an der Berliner Straße im Jahr 2008

Immerhin schon in Farbe ... (um 1978)

In den Anfängen der Firma Tepass + Seiz

Die Tepass + Seiz-Geschäftsführung (von links): Serviceleiter Stefan Röttger, Verkaufsleiter Georg Hartmann und Geschäftsführer Torsten Gert

– als bisher jüngstes Mitglied – die Pfeiffer Autohaus GmbH in Wuppertal-Ronsdorf, die hiermit die Grenze vom Ennepe-Ruhr-Kreis zum Bergischen Land hin öffnet. Insgesamt beschäftigt die Autohaus Gruppe nunmehr über 300 Mitarbeiter. Sie ist als einer der größten Arbeitgeber im Kreis aktiv in der Ausbildung junger Menschen in den unterschiedlichen Ausbildungsberufen, die ein modernes Autohaus bietet.

Spannend auch, was sich im Jahr 2008 ereignete: Der Neubau des Audi-Gebäudes an der Berliner Straße in Schwelm, dem ersten im so genannten »Audi-Terminal«-Stil lockt nicht nur viele Besucher aus nah und fern, um auf einer der größten Schauflächen im weiteren Umkreis die neuesten Audi-Modelle anzusehen. Auch die Schwelmer Modenschau und viele weitere attraktive Veranstaltungen haben sich in diesem besonderen Ambiente etabliert.

Der neue Audi-Terminal an der B7

Vorsprung durch Service

Das A & O ist besonders im Automobilgeschäft der Service, weiß Marcus Lusebrink. Neben einem breit gefächerten Spektrum an Neu-, Halbjahres- und Jahreswagen wird bei Tepass + Seiz auch ein umfangreiches Gebrauchtwagenangebot vorgehalten. Reichlich Zubehör und Accessoires erwarten die Kunden ebenfalls. Ebenso natürlich Extras wie kostenlosen Hol- und Bringservice, Abschleppen, Bergen und Pannenhilfe 365 Tage im Jahr, 24 Stunden täglich. Das bestens aufeinander abgestimmte und geschulte Team und modernste Werkstatteinrichtung sind die Garanten für erstklassigen Service, der auch in dieser Branche den Vorsprung verschafft.

Tepass + Seiz ist eines von bundesweit 200 Leistungszentren für Großkunden. Als Partner der Volkswagen Leasing GmbH (Gewinner des Flotten Awards 2006) bietet das Unternehmen eine umfassende Betreuung der entsprechenden Firmenfuhrparks auf einer Online-Plattform.

In der eigenen Lackiererei (Karosserie + Lackzentrum Ennepe-Ruhr) stehen gleich zwei moderne Lackierkabinen zur Verfügung. Die Palette reicht von der Diagnose und Reparatur von Rahmenschäden bis hin zu Ganz- und Spotlackierungen.

Getreu dem Motto »Vorsprung durch Service« wünschen sich Marcus Lusebrink und seine Mannschaft, dass die Kundinnen und Kunden ein Netzwerk um sich wissen, »das Hand in Hand auf höchstem Niveau alle Aufgabenstellungen rund ums Automobil erfüllt.«

Autohaus **Tepass + Seiz** Vorsprung durch Service

Beitrag von:
Autohaus Tepass + Seiz
GmbH + Co. KG
Berliner Straße 60–68
58332 Schwelm
Tel. (0 23 36) 8 79 70-0
Fax (0 23 36) 8 79 70-11
info@ah-tepass.de
www.ah-tepass.de

1999 wurde das alteingesessene Ennepetaler VW-Autohaus Klaus Heinz Niederlassung der Tepass + Seiz KG.

2002 kam die Autohaus Lauterbach GmbH in Wetter zur Tepass + Seiz-Gruppe.

2004 wurde die Franz Rath GmbH & Co. KG in Herne übernommen.

2008 schließlich stieß das Autohaus Röttger Gevelsberg zur Tepass + Seiz-Familie.

Vom Bayer-Kreuz zum Zapfhahnschild

Werbetechnik Dorau (Schwelm) setzt auch auf LED – Unternehmen breit aufgestellt

1989. Ganz Deutschland feierte. Auch der Schwelmer Rainer Dorau freute sich über die Deutsche Einheit. Doch er hatte noch anderes im Kopf. Denn er wagte damals einen gewaltigen Schritt: Er gründete – zunächst als Einzelfirma in einer Doppelgarage – die Werbetechnik Dorau. Große und repräsentative Schilder, aussagekräftige Werbung, brillanter Sieb- und Digitaldruck, kreative Beschriftungen für jeden Bedarf und vieles mehr, was der heutige – hoch moderne – Werbemarkt verlangt. Das sollte für den gelernten Werbetechnikmeister nun selbstständig die Zukunft sein. Die Bandbreite: von A wie Autobeschriftung und Autoaufkleber bis Z wie Zapfhahnschild oder Zierstreifen.

Bis 1992 an der Hattinger Straße (Gaststätte »Zum Kamin«) ansässig, später an der Döinghauser Straße, vergrößerte sich Doraus Unternehmen sukzessive. 2010 siedelte das Unternehmen an den heutigen Standort an der Wörther Straße 7 in Schwelm um. Mit Schilder- und Lichtreklame lässt sich die Vielfalt dieser Branche, die weit mehr umfasst, auch heute noch gerne umschreiben. Im persönlichen Gespräch vor Ort erläutern Rainer Dorau und sein Team von Schilder- und Lichtreklameherstellern ihren Kundinnen und Kunden die vielfältigen Möglichkeiten. Mal bunt, mal schlicht, modern, klassisch oder aufwändig ... Insgesamt zählt das Werbetechnik-Unternehmen heute rund zehn Mitarbeiterinnen und Mitarbeiter, Azubis inklusive.

Auch die Wuppertaler Schwebebahn wurde von Dorau bereits verschönert.

Die Spezialität liegt bei Dorau in der Vielseitigkeit. Die Schwelmer Brauerei ist Kunde. Aber auch zum Beispiel die AVU in Gevelsberg und die WSV (Wuppertaler Stadtwerke) haben sämtliche Fahrzeuge von Dorau beschriften lassen. Im Bereich der Verkehrsmittelwerbung arbeitet Dorau auch bereits seit vielen Jahren mit der DSM Deutsche Städte-Medien GmbH eng zusammen. Entscheidend sei, so der Firmenchef, dass die Kunden bei dem Meisterbetrieb von der Idee über den Entwurf bis zur Montage alles aus einer Hand bekommen.

Im »normalen« Druckbereich hat Dorau – wie alle andere Druckereien auch – durch das allgegenwärtige Internet natürlich wesentlich mehr Konkurrenz als früher zu beachten. Doch der Innungsfachbetrieb aus der Kreisstadt setzt sich mit Kreativität und höchstem qualitativen Niveau erfolgreich zur Wehr. »Entscheidend ist in unserer Branche, immer mit der Zeit zu gehen«, erläutert Dorau, »und das ist nicht immer leicht.« Und: »In den mehr als 20 Jahren ist uns noch kein Kunde weggelaufen.« Auch nicht die Bayer AG. Dort montierte Dorau beispielsweise in der alten BayArena das große Bayer-Kreuz.

An der Schwelmer Nordstraße ist die mehr als 400 Quadratmeter große Produktionsstätte der

Graf-Reisen, ein weit reisender Dorau-Kunde

Auch die AVU-Fahrzeuge werden von Dorau werbetechnisch ausgerüstet.

Die Werbetechnik Dorau zählt die WSW in Wuppertal zu seinen Kunden und hat deren Autoflotte »ausgestattet«.

Dorau Werbetechnik angesiedelt. Dort entsteht nahezu alles, was mit Werbung zu tun hat: von Lichtwerbung und Beschriftung jeder Art über Schilder und individuelle Werbemittel wie Kugelschreiber und Feuerzeuge, Parkscheiben und Mini-Zollstöcke, Tischkalender bis hin zu Pfefferminz-Boxen. Und die Zukunft? Die sieht Rainer Dorau positiv und zum Beispiel in der LED-Technologie. Die Fußballbandenwerbung arbeitet zum Beispiel damit. Der Retro-Trend mit viel Neon sei eine Nische. Viele Lichtwerbemittel werden in Zukunft derartig erstrahlen, ist er überzeugt. Nicht zuletzt deshalb plant er, demnächst eine eigene Neon-Glasbläserei zu eröffnen.

Beitrag von:
Werbetechnik Dorau GmbH
Wörther Straße 7 · 58332 Schwelm
Tel. (0 23 36) 34 60
Gahlenfeldstraße 27 · 58313 Herdecke
Tel. (0 23 30) 9 70 95 55
info@werbetechnik-dorau.de
www.werbetechnik-dorau.de

Lackieren und Umweltschutz passen doch zusammen

Hohmann Fahrzeugtechnik (Schwelm): Expertenteam für alle Fabrikate

Es fing klein an: 1999 übernahm Carsten Hohmann den Betrieb an der Schwelmer Nordstraße mit zwei Beschäftigten. Heute zählt Hohmann Fahrzeugtechnik bereits zehn Mitarbeiterinnen und Mitarbeiter. Und das ist kein Zufall. Mit viel Engagement und Augenmaß führt der Firmenchef sein Unternehmen, das er mittlerweile auch für »groß genug« hält. Das Fachunternehmen für hochwertige Autolackierungen und Karosserie-Instandsetzungen ist längst auch Ausbildungsbetrieb für junge Leute, die den Beruf des Fahrzeuglackierers oder des Fahrzeuginstandsetzungsmechanikers erlernen möchten.

Kerngeschäft sind und bleiben die Unfallschadenbeseitigung inklusive Abwicklung aller Versicherungsformalitäten, Lackierungen aller Art (außer Fingernägel), die Richtbank und Autoglas. Die Crew arbeitet an Fahrzeugen aller Fabrikate. Dabei lebt Hohmann Fahrzeugtechnik in jeder Hinsicht den Umweltgedanken. Lackieren und Umweltschutz – passt das zusammen? Für Carsten Hohmann schon. »Der Schutz der Umwelt ist mir wichtig. Wir arbeiten bei uns mit Lacksystemen, die unsere Umwelt schonen. Mit den innovativen Wasserbasislacken der Greentec-Line und des Hi-Tec-Systems des Kölner Lackherstellers Spies Hecker ist unsere Fahrzeuglackierung jetzt voll und ganz auf umweltschonende Autoreparaturen eingestellt.«

Der Karosserie- und Lackierfachbetrieb arbeitet im Schwerpunkt für private Kundinnen und Kunden sowie Autohäuser und Geschäftskunden. Zum attraktiven Serviceangebot zählt dabei der Grundsatz, immer für eine ausreichende Mobilität der Menschen zu sorgen. Leihwagen sind zu haben, wenn gewünscht auch ein Hol- und Bring-Service. Wer darauf verzichten will: Die zentrale Lage mitten in Schwelm ist allemal ein großer Pluspunkt für den Betriebsstandort, die City ein ebenso schnell erreichbares wie lohnendes Ausflugsziel.

Nicht nur das Know-how der Mannschaft, sondern auch der hoch moderne Maschinenpark, die Verwendung von Originalersatzteilen und das Arbeiten nach Herstellervorgaben garantieren qualitativ hochwertige Reparaturen, welche durch die DEKRA regelmäßig überprüft werden. Nicht alltäglich ist dabei, dass Hohmann Fahrzeugtechnik über zwei Lackierkabinen verfügt. Das sorgt für Flexibilität und Schnelligkeit. Ein moderner Aluminium-Arbeitsplatz mit separaten Werkzeugen und moderne Richtsysteme garantieren auch in diesen Bereichen erstklassige Reparaturen. Mehr als 50 000 Farbtöne sind im Lackbereich mischbar. Ist einmal keine Farbnummer bekannt, werden die Töne mit einem Farbtonmeßgerät ermittelt und mit Hilfe von computerunterstützten Lackmischbänken hergestellt. Das Gesamtpaket des Unternehmens ließ in den vergangenen zwölf Jahren einen Kundenstamm wachsen, der nicht nur aus Schwelm anreist, sondern längst aus weiten Teilen des Ennepe-Ruhr-Kreises und selbst aus Essen und Wuppertal.

Sebastian Schmidt, Roland Fuchs und Alexander Fischer (von links) in der Werkstatt der Fahrzeugtechnik Hohmann

Marvin Steininger und Thomas Rohleder bei der Farbtonbestimmung

Das Team

Beitrag von:
Hohmann Fahrzeugtechnik · Carsten Hohmann
Nordstraße 19 · 58332 Schwelm
Tel. (0 23 36) 57 35 · Fax (0 23 36) 8 93 64
info@hohmann-fahrzeugtechnik.de
www.hohmann-fahrzeugtechnik.de

Der Name Ibach klang in aller Welt

Produktion an der Schwelmer Wilhelmstraße galt als modernste Industrieanlage im Umland

Alte Ansicht des Ibach-Werkes in Schwelm

Mitte des 19. Jahrhunderts bauten die Brüder Gustav und Friedrich Büsche mitten in Schwelm ein großes, rotes Backstein-Fabrikgebäude. Darin wurden »Barmer Artikel« hergestellt – so wurden seit dem 18. Jahrhundert Kurzwaren wie Litzen, Bänder und Kordeln aus der Barmener Textilindustrie genannt, die in alle Welt exportiert wurden. Und genau dieses Gebäude kaufte 1884 der Wuppertaler Unternehmer P. A. Rudolf Ibach. Er wollte in dem Komplex seine aufstrebende Klavierfabrikation vergrößern. Ibach hatte Gewaltiges vor. Bis weit in die erste Hälfte des 20. Jahrhunderts erweiterte er seine Räumlichkeiten kontinuierlich. Eine Dampfmaschine versorgte im Ibach-Haus Transmissionen, Heizung, Holztrocknung, drei Fahrstühle und einen Stromgenerator. Mit einem Transportsystem auf Schienen waren sämtliche Arbeitsplätze schnell erreichbar. Besonderen Wert legte Ibach auf Hygiene, Staubabsaugung, gute Durchlüftung, helle Arbeitsplätze und Feuersicherheit. Die Fabrik im Schwelmer Ibach-Haus galt seinerzeit als modernste Industrieanlage im ganzen Umland. Ihre Jahreskapazität war auf 4000 Instrumente ausgelegt und die eingelagerten Holzbestände reichten für zehn bis zwölf Jahre.

Die Firma Rud. Ibach Sohn, gegründet 1794, war bis 2007 der älteste noch produzierende Hersteller von Klavieren und Flügeln auf der ganzen der Welt. Lange gehörte das Unternehmen zu den international führenden Anbietern. Bis 1904 produzierte die Firma auch Orgeln. Das Unternehmen wurde bis zuletzt durch die Gründerfamilie geführt – mit Beginn des 21. Jahrhunderts war die siebte Generation in die Firma eingetreten. Im Dezember 2007 mussten die Verantwortlichen die Klavierproduktion an der Schwelmer Wilhelmstraße jedoch komplett einstellen. Schon 1989 kaufte die Vermögensverwaltung Vits GbR das Ibach-Haus zur Sicherung der Liquidität des angeschlagenen Klavierbauers. Seitdem sind immer mehr Teilflächen an andere Nutzer vermietet worden.

Aber das Unternehmen Ibach erlebte auch goldene Zeiten. Johann Adolph Ibach baute im Gründungsjahr 1794 sein erstes Tafelklavier (Pianoforte) in Beyenburg. Später verlagerte er seine Produktion nach Oberbarmen und Barmen. 1817 errichtete Ibach ein neues Wohn- und Fabrikgebäude, in dem er Klaviere und auch Orgeln herstellte, wobei das Hauptaugenmerk dem Klavierbau galt. 1839 übernahm Sohn Carl Rudolf mit seinem Bruder Richard das Unternehmen unter dem Namen Ad. Ibach Söhne. Erste Verkaufsniederlassungen wurden in Düsseldorf, Bonn und Essen installiert. Bis Anfang der 1850er Jahre gehörte Ibach zu den größten Klavierherstellern Preußens. 1869 wurde der Orgelbau als selbstständiges Unternehmen ausgelagert. In dieser Zeit wurde auch – wie berichtet – die Schwelmer Fabrik hinzugekauft.

Um 1900 zählte das Unternehmen bereits mehrere hundert Mitarbeiter. In dieser Zeit wurde die dritte Fabrik in Berlin errichtet. Ibach expandierte und verkaufte auch nach Mittel- und Südamerika, ins Baltikum, nach Russland, Asien, Afrika und sogar nach Ozeanien. In diese Zeit fielen verschiedene Erfindungen und Neuentwicklungen, so der Transponierflügel, die Strahlenklaviatur, das Ibachord (Konzert-Cembalo), das Dirigentenpult-Klavier, der Ibach-Welte-Flügel und das Ibach-Welte-Pianino.

Das Ibach-Haus an der Schwelmer Wilhelmstraße

Die Zeit nach dem Ersten Weltkrieg wurde für das Unternehmen zur Bewährungsprobe. Wichtige Exportmärkte fielen weg. Radio und Grammophon avancierten zu erheblicher Konkurrenz. Und, nicht zu vergessen: Das Auto löste den Flügel als Statussymbol ab.

Durch starke Zerstörungen des Stammhauses in Barmen wurde das Werk in Schwelm 1945 zum neuen Hauptsitz. Die Produktion konnte allerdings erst 1950 wieder aufgenommen werden. Der wirtschaftliche Aufschwung in den 1960er und 1970er Jahren brachte für das Unternehmen dann wieder bessere Zeiten.

Der Flügel im Empire-Stil wurde um 1905 von Ibach für das Musikzimmer der Familie Krupp in Villa Hügel angefertigt. In drei gemalten ovalen Medaillons sind Allegorien der Musik dargestellt: Frauengestalten in fließenden Gewändern tragen als Attribute der Musik verschiedene Instrumente.

Die Fertigung von Ibach-Produkten in Fernost in der zweiten Hälfte des 20. Jahrhunderts leitete den Niedergang des »Mythos Ibach« ein. 2007 arbeiteten schließlich nur noch fünf Klavierbauer für Ibach und zum Jahresende wurde die Produktion gänzlich eingestellt. Heute gehören sieben von zwanzig Mietern im Ibach-Haus der Kreativbranche an. Dort hat auch der gleichnamige Verein »Kulturfabrik Ibach-Haus« seinen Sitz. Er organisiert kulturelle Veranstaltungen in den Räumen der Piano Manufaktur im Erdgeschoss des Gebäudes, die bereits Auftrittsort von Justus Frantz und Konrad Beikircher waren.

Das Ibach-Haus an der Schwelmer Wilhelmstraße wird heute auf verschiedenste Art und Weise genutzt.

Piano Manufaktur: Die Location der besonderen Art

Feiern und tagen im Schwelmer Ibach-Haus

Ambiente! Das zeichnet die industrie-historischen Räume des Ibach-Hauses in Schwelm besonders aus. In der ehemaligen weltbekannten Klavierfabrik können Privat- und Geschäftsleute heute feiern und tagen. Dafür sorgt die Piano Manufaktur GmbH unter der Leitung von Claudia Lipka.

Für Veranstaltungen verschiedenster Art sind die ebenerdig gelegenen Räumlichkeiten bestens geeignet. Die Bandbreite reicht von Seminaren, Schulungen, Besprechungen ab zehn Personen über Vorträge, Produktpräsentationen, Messen, Betriebsversammlungen oder Firmenfeste bis zu 400 Personen – bis hin zu Ausstellungen, Konzerten, religiösen Festen, Hochzeiten und anderen Familienfeiern. »Das ist alles möglich, weil die offene Architektur immer die richtige Raumgröße bietet«, so die Geschäftsführerin.

Der Veranstaltungssaal der Piano Manufaktur umfasst 500 Quadratmeter Fläche

Dazu mussten die alten Fabrikationshallen 2006 umgebaut werden. Es entstanden auf rund 500 Quadratmetern ein Veranstaltungssaal mit Bühne und auf gut 250 Quadratmetern ein Foyer mit separatem Eingang, Garderobe und Catering-Raum. »Beide Bereiche lassen sich separat oder auch kombiniert nutzen, was je nach Veranstaltungsart von großem Vorteil ist«, betont die Eventexpertin. Neben mobilen Bühnenpodesten wurden ebenfalls eine neue Beleuchtungsanlage und moderne Tontechnik angeschafft. Die verbliebene Stichkappendecke, einige Säulen sowie Porträts berühmter Pianisten und Komponisten lassen jedoch immer noch den traditionsreichen Entstehungsort unzähliger Klaviere erahnen und sorgen für die einzigartige Atmosphäre.

Mittlerweile ist die Piano Manufaktur überregional bekannt. Dazu haben neben hochkarätigen Konzerten hervorragende Darbietungen beigetragen, wie zum Beispiel die Lesung des Journalisten Klaus Bednartz oder der spektakuläre Auftritt der Musikgruppe Stoppok. Auswärtige Besucher schätzen die gute Verkehrsanbindung. Der Bahnhof ist fußläufig nur fünf Minuten entfernt und drei Autobahnanschlüsse (A1, A43, A46) befinden sich ganz in der Nähe.

Stilvolles Ambiente in der Piano Manufaktur

Beitrag von:
Piano Manufaktur GmbH
feiern & tagen im Ibach-Haus
Wilhelmstraße 43 · 58332 Schwelm
Tel. (0 23 36) 44 39 39
Fax (0 23 36) 44 39 40
info@pianomanufaktur.com
www.pianomanufaktur.com

Einrichtungshäuser Hüls stehen seit fast 40 Jahren für Zuverlässigkeit

Geplante Innenarchitektur, handwerklich perfekter Service, Qualität aus Prinzip

Die Klärung der Kundenwünsche in einem Beratungsgespräch bei Hüls oder auch bei den Kunden vor Ort ist die unabdingbare Voraussetzung für eine optimale Planung und den späteren Erfolg bei der Umsetzung. Diese wesentliche Grundlage der Arbeit bietet die größtmögliche Sicherheit beim Kauf. Wenn die Fachkompetenz entscheidet, sind die erfahrenen Hüls-Innenarchitekten, Küchenexperten, Einrichtungs- und Objektfachberater die richtigen Ansprechpartner.

Das Hüls-Team berät kompetent in allen Fragen der Raumgestaltung, im Wohn-, Jugend-, Ess- und Schlafbereich, zu Küche und Diele sowie auch bei der Büro- oder Geschäftseinrichtung. Faszinierendes Design internationaler Markenhersteller begeistert die Kunden, ganz gleich, ob der Entwurf zeitlos, modern oder klassisch ausfallen soll.

Wohnkultur der heutigen Zeit lässt sich eben sehr unterschiedlich interpretieren. Zum Glück gibt es dafür keine absolut verbindlichen Rezepte, aber ein paar Regeln, die bei der individuellen Planung durch die Innenarchitekten von Hüls erfahrungsgemäß zu optimalen Lösungen führen. Die Kundenwünsche nach Innovation in Verbindung mit erstklassiger Qualität spiegeln sich in jeder kreativen Planung wider. Kolorierte perspektivische Entwürfe geben vorab einen bildhaften Eindruck der neuen Einrichtung.

Aus einzelnen Elementen entstehen Einrichtungen für den Wohnbereich oder auch für komplette Arbeitsplätze sowie für funktionale Bürolandschaften. Maßgeschneiderte Lösungen aus den USM-Möbelbausystemen, die jederzeit erweiterbar sind oder auch attraktive Einzelstücke, die der individuellen Flexibilität und Kreativität genügend Raum lassen.

Hüls ist COR- und Interlübke-Fachhandelspartner

Hüls präsentiert den Kunden auf 400 Quadratmetern modernes Küchendesign von SieMatic.

Die klassische Verbindung von Architektur, Design und funktionaler Technik

Innovationen erster Klasse bei Hüls in Schwelm: die USM-Möbelbausysteme

Hüls ist unter anderem auch COR- und interlübke-Fachhandelspartner. Die Verwandtschaft zwischen den beiden Marken ist unübersehbar: Die Form der Produkte spricht die gleiche Sprache: zeitlos, funktional, exzellente Verarbeitung und immer reduziert auf das Wesentliche. Diese beiden Kollektionen bilden eine perfekte Einheit.

Die Einrichtungshäuser Hüls sind seit fast 40 Jahren zuverlässige Partner und stehen den Kunden im gesamten Ennepe-Ruhr-Kreis und auch weit darüber hinaus bei der Verwirklichung ihrer Wünsche jederzeit gerne mit Rat und Tat zur Seite.

Die Innenarchitekten und Einrichtungsberater mit dem Geschäftsführer Richard Hüls und Ehefrau Eva Hüls

einrichtungshäuser hüls für Wohnung, Büro & Geschäft

Beitrag von:
Einrichtungshäuser Hüls
Bahnhofstraße 63–69 · 58332 Schwelm
Tel. (0 23 36) 4 90 90 · Fax (0 23 36) 49 09 25
info@huels-in.de · www.huels-in.de

Boldt + Faßbender (Schwelm): Tradition trifft bei dem Tor-, Rollladen- und Jalousienanbieter auf Visionen

»Alles, was sich dreht und rollt, kommt von Boldt«

Das Inhaber-Familienfoto zeigt in der hinteren Reihe (von links) Thorsten und Alexja Gerhard mit Tochter Angelina sowie Cornelia und Udo Gerhard, vorne Fritz und Marlis Faßbender.

»Alles, was sich dreht und rollt, kommt von Boldt«. Der Spruch ist alt. Hermann Boldt gründete sein Unternehmen 1850 in Wuppertal-Barmen als »Rollladenfabrik« und es ist damit eines der ältesten Unternehmen dieser Branche Deutschlands. Die Gründerväter fertigten und montierten seinerzeit in erster Linie Fensterrollladen aus Holz. Heute werden von den zwischenzeitlich 28 Mitarbeiterinnen und Mitarbeitern des Unternehmens alle Arten von Toranlagen wie Rolltore, Rollgitter, Sektionaltore, Schiebetore, Schnelllauftore oder auch Feuerschutztore und -türen, Überladebrücken sowie Rollladen- und Sonnenschutzanlagen geplant, produziert, montiert, gewartet (Wartungen und Prüfungen aller Fabrike nach ASR A 1.7) und natürlich auch repariert. Der 24-Stunden-Notdienst ist 365 Tage im Jahr erreichbar unter (0 18 05) 48 58 60.

1990 kauften die beiden langjährigen Mitarbeiter Udo Gerhard und Detlev Marx sowie die befreundete Firma Fritz und Marlis Faßbender das Unternehmen Boldt von der damaligen Besitzerfamilie Zimmermann. Zwei Jahre später folgte der Umzug der Firma Hermann Boldt GmbH in den Ennepe-Ruhr-Kreis. Aufgrund enger Verbindungen wurden 2000 die Unternehmen Hermann Boldt GmbH und Faßbender GmbH zur Boldt + Faßbender GmbH verschmolzen.

Toranlagen für die Industrie liefert und montiert Boldt + Faßbender weltweit. Die Kunden für Rollladen, Sonnenschutz, Insektenschutz und Garagentore kommen überwiegend aus dem heimischen Raum. Interessante Aufträge oder Spezialanfertigungen werden bundesweit bedient. Als anerkannter Fachbetrieb ist das Unternehmen bei der Handwerkskammer in Dortmund eingetragen. Es ist Innungsmitglied der Kreishandwerkerschaft und beim Bundesverband »Tore« aktiv. Als zukunftsorientiertes Unternehmen bildet Boldt + Faßbender in dem anerkannten Lehrberuf des Rollladen- und Jalousiebauers aus.

An der Wuppertaler Schwebebahn hat das Unternehmen das erste 15 Meter lange und 3,70 Meter breite begehbare und flachlaufende Rolltor mit statischer Berechnung geplant, gebaut und montiert.

Der Komplex der Firma Boldt + Faßbender aus der Vogelperspektive

Der Bereich Rollladen, Sonnenschutz, Insektenschutz und Garagentore wird bei Boldt + Faßbender an der Schwelmer Ruhrstraße in einer großen Ausstellung präsentiert. Die Ausstellungsstücke etlicher namhafter Hersteller sind dort ebenso von den Kundinnen und Kunden zu begutachten wie unter anderem auch Stoffmuster der populären Markisenanbieter.

Auch der immer stärker aufkommende Umweltschutzaspekt macht sich in der Boldt + Faßbender-Branche zum Beispiel in Form von Turbinentoren für Solarturbinen bemerkbar. An der Wuppertaler Schwebebahn haben Geschäftsführer Udo Gerhard, der das Unternehmen gemeinsam mit seiner Ehefrau Cornelia leitet, und seine Mannschaft das erste 15 Meter lange und 3,70 Meter breite begehbare und flachlaufende Rolltor mit statischer Berechnung geplant, gebaut und montiert. Hintergrund: Die Monteure müssen zur Wartung der Schwebebahn das Rolltor betreten können. Das Pilotprojekt wurde im Sommer übergeben.

Das zwischenzeitlich gewachsene Familienunternehmen mit Handwerksmeister Thorsten Gerhard und seiner Ehefrau Alexja wird den Traditionsbetrieb mit Visionen forsetzen.

Beitrag von:
Boldt + Faßbender GmbH
Ruhrstraße 40–42 · 58332 Schwelm
Tel. (0 23 36) 9 37 90 · Fax (0 23 36) 93 79 22
info@boldt-fassbender.de
www.boldt-fassbender.de

Wasserburg Martfeld diente dem Schutz des Fronhofes

Das dorpe to Swelm 1400 erwähnt – Schwelm hat Stadtrechte gleich mehrmals erhalten

Die Besiedlung des heutigen Schwelmer Stadtgebietes begann mit einem Fronhof, der wahrscheinlich im 9. Jahrhundert errichtet wurde, als man entlang der alten Fernstraßen den Schwelmer Raum erschloss. Der Südrand der Schwelmer Kalkmulde bot den Menschen einen äußerst nährreichen Boden und genügend Wasser. Zwar lag der Fronhof nicht direkt an der Schwelme, doch wurde der Name dieses Baches, der zunächst auf die gesamte Talmulde übergegangen war, schließlich auch zur Bezeichnung des Fronhofs.

Etwa in der ersten Hälfte des 10. Jahrhunderts ist Schwelm erstmals als Ort erwähnt, als die Bewohner Salaco und Werinheri der Abtei Werden im Bereich des Schwelmer Fronhofes (in uilla Suelmiu) einen Hörigen übergaben. Heute erinnert die Fronhofstraße in der Schwelmer Altstadt an den Siedlungsursprung. 1812 wurde der Fronhof aufgehoben.

Um 1070 geriet der Fronhof in den Besitz des Kölner Erzbistums. Nach einer Fehde zwischen Erzbischof Friedrich III. von Köln und Graf Adolf III. von der Mark erhielt dieser im Jahre 1392 den Fronhof Schwelm als Pfand. Um den Besitz des Kölner Erzbistums zu schützen, wurde zu Beginn des 14. Jahrhunderts in der Nähe des Fronhofs die Wasserburg Martfeld errichtet. Nachdem der Kölner Erzbischof Dietrich II. 1443 dem Grafen Adolf IV. von der Mark die Pfandschaft am Fronhof Schwelm gekündigt hatte, unterlag der Erzbischof in der Soester Fehde (1444 bis 1449) dem Grafen und verlor die Vormacht am Niederrhein. Der Schwelmer Fronhof ging damit in der Mitte des 15. Jahrhunderts endgültig in den Besitz des Grafen von der Mark über.

Westlich des Fronhofs befand sich eine Kirche, die erstmals für das Jahr 1085 nachgewiesen werden kann und die bereits am Ort der heutigen Christuskirche stand. Um den Kirchplatz herum wurden allmählich Häuser gebaut, die den Kirchgängern als Herberge dienten oder von Handwerkern, Wirten und Händlern bewohnt wurden. So hatte sich bis zum 13. Jahrhundert eine kleine Siedlung herausgebildet. Außerhalb dieses ersten Siedlungsrings rund um den Kirchhof entstand mit der Zeit ein Markt, der erstmals für 1311 nachweisbar ist (in foro Swelme). Diese auf einen Kirchenvorplatz ausgerichtete Siedlungsentwicklung entspricht einem spezifischen Typus, der auf alle weiteren Städte im bergisch-märkischen Grenzgebiet zutrifft. Für 1400 ist die erste Erwähnung der Siedlung als Dorf (dorpe to Swelm) bekannt.

1494 rund 50 Häuser

Als Schwelm am 24. November 1496 von Johann II., Herzog von Kleve und Graf von der Mark, urkundlich die Stadtrechte erhielt, bestand der Ort aus rund 50 Häusern und 250 bis 400 Einwohnern. Schwelm war damit die größte Siedlung in der Umgebung und wegen der Kirche, der Schule und des Marktes auch der geistige und wirtschaftliche Mittelpunkt der näheren Region. Ein Jahr nach der Verleihung wurde am 11. November 1497 erstmals der Martini-Markt (St. Märtens-Kirmes) abgehalten, der bis ins späte 19. Jahrhundert überdauerte.

Nachdem während des 16. Jahrhunderts die beiden Siedlungskerne am Fronhof und am Kirch-

Innenstadtidyll

In der Schwelmer Altstadt

Typisch bergisch

Die Türme der evangelischen Christuskirche sind 56 Meter hoch. Mit ihren 1200 Sitzplätzen ist sie die zweitgrößte Kirche in Westfalen. Der Grundstein wurde 1842 gelegt.

platz zusammengewachsen waren, bekam am 16. Juni 1590 Schwelm die Stadtrechte erneut und diesmal endgültig von Wilhelm V., Herzog von Kleve-Jülich-Berg, Graf von der Mark und Ravensberg verliehen. Zwei Jahre später ging auch der Fronhof an die Stadt über. Mit der endgültigen Verleihung der Stadtrechte wurde der Bau der Stadtmauer vollendet, die entlang der Obermauer- und Untermauerstraße, der Lohmannsgasse und der Bergstraße verlief. Der Mauerring, von dem heute noch ein Stück an der Brauereigasse erhalten ist, war etwa einen Kilometer lang und mit elf Türmen sowie einem Wassergraben versehen. Der Zugang zur Stadt war über vier Stadttore möglich, von denen das letzte 1815 abgebrochen wurde.

Während des Dreißigjährigen Krieges musste die Stadt hohe Sach- und Geldabgaben zahlen und war etlichen Plünderungen ausgesetzt. Ständig marschierten Truppen durch Schwelm oder quartierten sich in der Stadt ein. 1622 besetzten die Spanier und Neuburger die Stadt und versuchten, die Bürger zu rekatholisieren. Die Bevölkerung in der Grenzstadt Schwelm wurde während des Krieges erheblich dezimiert. Neben dem Krieg hatten die Einwohner an der Pest zu leiden, die 1636 erneut in Schwelm ausbrach, nachdem die Krankheit bereits 1581, 1612 und 1616 im Schwelmer Raum aufgetreten war.

Im 18. Jahrhundert Kur- und Badeort

In der Mitte des 18. Jahrhunderts war Schwelm weit über die Stadtgrenze hinaus als Kur- und Badeort bekannt, da sich zu dieser Zeit im heutigen Stadtviertel Brunnen eine Heilquelle befand. Diese eisenhaltige Quelle war bereits um 1650 vom damaligen Inhaber des Hauses Martfeld, Adolf Wilhelm Raitz von Frentz, in Schwelm entdeckt worden. Als 1706 zwei Ärzte die Qualität des Wassers lobten und ihm eine heilende Wirkung bescheinigten, begann die Glanzzeit des Gesundbrunnens: Der Schwelmer Arzt Dr. Kaspar Frowein gab 1707 an, dass innerhalb von zwei Monaten 60 000 bis 70 000 Menschen den Schwelmer Gesundbrunnen aufsuchten. Das 1790 über der Heilquelle entstandene Brunnenhäuschen ist heute denkmalgeschützt.

Gegen Ende des 18. Jahrhunderts entwickelte sich der Schwelmer Gesundbrunnen vom Kurort zum Ausflugsziel: Regelmäßig fanden Theater- und Opernaufführungen statt und es gab mehrere Brunnenwirtschaften. 1809 verfasste Wilhelm Tappe ein Epos über einen Sonntag am Brunnen in Schwelm. Der Kurpark um das Brunnenhäuschen herum wurde 1820 von Maximilian Friedrich Weyhe in ein Lustwäldchen umgewandelt, ehe um 1850 die Heilquelle versiegte.

Bei einem Stadtbrand 1827 wurden mehr als 40 Gebäude zerstört, darunter die katholische

Historisches Bügeleisenhaus in der Schwelmer Altstadt

Kirche. Nachdem bereits in der zweiten Hälfte des 18. Jahrhunderts das erste Straßenpflaster in Schwelm verlegt worden war, wurde nach dem Brand von 1827 die Neustraße (heute: Hauptstraße) als neuer Hauptverkehrsweg anstelle der Kirchstraße angelegt. Zu einer neuerlichen Bereicherung der Verkehrsstruktur kam es 1847, als die Bergisch-Märkische Eisenbahn-Gesellschaft die Strecke von Wuppertal-Elberfeld nach Schwelm eröffnete und die Stadt damit an den Schienenverkehr angeschlossen wurde.

Pat und Patachon

1860 wurde die Dampfkraft und die Gasbeleuchtung in Schwelm eingeführt. Um 1900 befand sich in an der Talstraße die Schnupftabaksmühle, das größte Ausflugslokal in der Region. Dort konnten die Gäste auf ehemaligen Mühlenteichen mit Gondeln und Kähnen umherfahren; das Lokal war zeitweise mit 3000 Sitzplätzen ausgestattet. Als die Besucherzahlen zurückgingen, kaufte 1906 die Stadt Schwelm das Gelände der Schnupftabaksmühle und ließ dort eine Kläranlage errichten. Das einst als Mühle genutzte Gebäude überdauerte noch bis in die 70er Jahre des 20. Jahrhunderts.

Von 1815 bis 1887 gehörte die Stadt zum Landkreis Hagen, ehe sie 1887 zur Kreisstadt des innerhalb der preußischen Provinz Westfalen neugegründeten Landkreises Schwelm wurde. Drei Jahre später wurde das bis dahin selbstständige Straßendorf Möllenkotten an Schwelm angeschlossen. Seit 1922 gehören Langerfeld und Nächstebreck nicht mehr zu Schwelm, sondern zu Barmen. Als am 1. August 1929 aus dem Landkreis Schwelm in Verbindung mit einigen weiteren Gebieten der Ennepe-Ruhr-Kreis hervorging, blieb Schwelm Sitz der Kreisverwaltung.

Erbaut um 1720

Natursauerteigbrot aus dem gemauerten Steinofen

Brotbäckerei Müller (Schwelm): schlesische Spezialitäten – traditionell überlieferte Rezepte

Für Menschen, deren Wurzeln nahe an der Oder liegen, ist es ein Stück Heimat. Feinschmecker in Schwelm und Umgebung mögen es schlicht und einfach, weil es nicht nur extrem lecker, sondern auch noch sehr gesund ist: schlesisches Brot. Die Brotbäckerei Müller mit Backstube in der Schwelmer Martinstraße und Filiale in der Hauptstraße 89 wurde 1920 bei Beuthen in Oberschlesien gegründet und fand nach dem Zweiten Weltkrieg eine neue Heimat in der Kreisstadt. In der 3. Generation wird dort bis heute nach traditionellen Rezepten handwerklich gebacken. Traditionell verwendet das Bäckerteam um Chefin Heidi Müller langsam gereiften, handgemachten Natursauerteig aus der Buchenholzwanne für die Brotherstellung. Die Ur-Kultur dieses Natursauerteiges stammt noch vom Firmengründer Reinhold Müller (1920), da vom letzten Brotteig immer ein Stück zurückgelassen

Weit über die Stadtgrenzen Schwelms hinaus bekannt ist der der Brotbäckerei angeschlossene Naturkostladen der Müllers in der Martinstraße 2.

wird, für frisches, leckeres Natursauerteigbrot am nächsten Tag. Dieses Verfahren gibt dem Brot nicht nur seinen typisch-milden Geschmack, es sorgt auch dafür, dass es sehr lange hält – ohne Chemie und Geschmacksverstärker versteht sich.

Zu den Spezialitäten der Brotbäckerei Müller gehören neben den schlesischen Natursauerteig-Roggenbroten aus 90 Prozent Roggen- und zehn Prozent Weizenmehl auch die Natursauerteig-Roggenvollkornbrote aus Demeter-Getreide, welche die Brotbäckerei Müller bereits seit den 1970er Jahren anbietet. Nur streng kontrollierte Vertragspartner dürfen das Demeter-Zeichen nutzen.

Als Standbein der heute 25 Mitarbeiterinnen und Mitarbeiter zählenden Brotbäckerei sind die Wochenmarktstände zu nennen. Diese betreibt die Brotbäckerei Müller in etlichen Städten der Region. In dem der Brotbäckerei angeschlossenen Naturkostladen werden neben Bioprodukten auch dreimal wöchentlich frisches Obst und Gemüse von den anerkannten Anbauverbänden angeboten. Diese Produkte erfüllen nicht nur die Anforderungen für das Bio-Siegel, sondern auch die wesentlich strengeren Richtlinien der Bio-Anbau-Verbände (zum Beispiel Bioland und demeter).

Bei der Brotbäckerei Müller wird für Vollkornbrote demeter-Getreide verwendet. Dieses unterliegt strengen Kontrollen. Geschäftsführerin Heidi Müller und ihr Team sind stolz darauf.

Über diese Aktivitäten hinaus ist die Brotbäckerei Müller auch auf Verbrauchermessen aktiv. Besonders beliebt zur Weihnachtszeit ist die schlesische Mohnrolle, die heute noch genau wie früher aus frisch gemahlenem Mohn hergestellt wird. Alle Spezialitäten werden auf Wunsch auch gerne versendet oder können über den Onlineshop bestellt werden.

Beitrag von:
Brotbäckerei Artur Müller GmbH & Co. KG
Heidi Müller · Martinstraße 2 · 58332 Schwelm
Tel. (0 23 36) 65 62 · Fax (0 23 36) 18 73
info@brotbaeckerei-mueller.de
www.brotbaeckerei-mueller.de

Eis wie früher, mit Milch und Sahne

Eismacherfamilie Conti in Schwelm und darüber hinaus ein Begriff

Eine italienische Eismacherfamilie mit Tradition in Schwelm: Nina und Luca Conti mit Söhnchen Marco und Vater Renzo

Drei Kugeln bitte: einmal Joghurt-Maracuja, einmal Nuss und ... eine Vanille bitte!« Ja, das ist in Schwelm seit 60 Jahren zu hören. Auch das Radio war schon da, um den bekannten Eismachern ausgiebig über die Schulter zu schauen. Die Eismacher in Schwelm, das sind Renzo Conti und seine Mannschaft. Ein großer Eissalon mitten in der Fußgängerzone, ein kleiner ein paar Häuser weiter – und in die andere Richtung am Bürgerplatz das Caffè^3. Lohn aller Mühen ist für die Familie Conti ein enorm hoher Anteil an Stammgästen, nicht nur aus Schwelm, sondern unter anderem auch aus Gevelsberg und Sprockhövel.

Vor sieben Jahren erweckten die Contis das Caffè^3 am Bürgerplatz zum Leben – Mittagstisch, Kaffee und Kuchen inklusive.

Das Angebot gestaltet sich ebenso schmackhaft wie vielfältig: mehr als 55 Eissorten, mehr als 60 Eisbecher, darunter Extras für Kinder, Spezialitäten mit Obst, mit Likör, Waffeln, Crepes, Toasts und Brötchen, Cassata, Tiramisu, Eistorten, Obst und Milchmixgetränke ... Das allein wäre schon Grund genug dafür, dass der Name Eis Conti weit über die Grenzen Schwelms hinaus längst zu einem festen Begriff geworden ist. Aber es ist weitaus mehr.

»Natürlich kaufen wir nicht ein, sondern produzieren unser Eis selbst«, erläutert Luca Conti. »Wir machen Eis wie früher, mit Milch und Sahne, das macht einen hochwertigeren Fettgehalt aus. Dieser macht das Eis besonders cremig und geschmackvoll.« Schokoladeneis wird bei Contis aus reinem Kakao gemacht. Und Conti beteuert: »Ich weiß, was in meinem Eis drin ist – nur natürliche Sachen, Milch, Sahne, Zucker und der entsprechende Geschmack.«

Die Geschichte der italienischen Eisfamilie in Deutschland begann bereits 1924, als Renzos Onkel Francesco Conti nach Deutschland auswanderte. 1944 schloss Francesco die Türen seiner ersten eigenen »gelateria« auf. In den Wirtschaftswunderjahren begleiteten ihn seine Brüder nach Germania und nachdem auch diese die Kunst der Eiszubereitung erlernt hatten, gründeten sie weitere Eiscafés in Wuppertal-Ronsdorf und in Remscheid.

Die »Haupteisdiele« in der Hauptstraße 55 in Schwelm

Die »gelateria« in der Hauptstraße 55 in Schwelm öffnete 1952 ihre Türen. Sieben Jahre später folgte Renzo Conti seinen Verwandten nach Deutschland, eröffnete 1970 sein eigenes Eiscafé in Oberbarmen und heiratete 1973 seine Frau Mariangela. Die beiden übernahmen drei Jahre später zusätzlich das Eiscafé in Schwelm. 1986 verkaufte Renzo die »gelateria« in Oberbarmen, um sich ganz auf Schwelm zu konzentrieren. 1990 kam das Eiscafé Enzo auf der Hauptstraße 51a dazu. Vor sieben Jahren schließlich erweckten die Contis das Caffè^3 am Bürgerplatz zum Leben – Mittagstisch, Kaffee und Kuchen inklusive.

Luca hat das Eismachen von seinem Vater gelernt, dieser von seinem Onkel. Familienbetrieb in Reinkultur eben. Ob Sohn Marco wohl in die Fußstapfen der Altvorderen treten wird? Es steht zu erwarten. Im Winter beschäftigt Renzo Conti zwischen 15 und 20 Mitarbeiterinnen und Mitarbeiter, in einem schönen Sommer darf es auch schon mal die doppelte Menge sein. Bei den Öffnungszeiten – von 8 bis 22.30 Uhr, im Hochsommer auch länger – ist dies kein Wunder.

Beitrag von:
Eiscafé Conti + Caffè^3
Hauptstraße 55 und 51 + 63
58332 Schwelm
Tel. (0 23 36) 26 76
Tel. (0 23 36) 81 90 97
info@eiscafeconti.com
www.eiscafeconti.com

Haus Martfeld bietet heute »Infotainment«

Als Kleinfestung erbauter Komplex war ursprünglich ein militärischer Kontrollpunkt

Der Name Martfeld, am östlichen Rand Schwelms gelegen, lässt sich mit »sumpfiges Gelände« übersetzen. Das Haus Martfeld selbst wurde ersten urkundlichen Erwähnungen zufolge zu Beginn des 14. Jahrhunderts als kurkölnischer Burgmannssitz errichtet. Doch bereits zuvor befand sich etwa 80 Meter östlich der heutigen Anlage auf einem künstlichen Erdhügel – noch vor der neugotischen Kapelle – eine Vorgängeranlage in Form einer Turmburg, eine so genannte Motte, die als Vorgängerbau des Martfelder Komplexes gilt.

Die einstige Wasserburg Martfeld gehörte zu einem Netz aus Stützpunkten, das die Besitzungen des Kölner Erzbischofs zwischen Ruhr und Wupper schützen sollte. Das bergische Gegenstück zur Martfelder Grenzburg war die Burg Beyenburg. Als frühe Besitzer des Gebäudes sind die Ritter Wandhoff bekannt, die unter anderem auch über ein Erzbergwerk in der Nähe des Hauses Martfeld verfügten.

Das Hauptgebäude der frühen Martfelder Anlage war nur ein einfaches Steinhaus mit zwei Räumen: einer heizbaren Wohnküche und einem Schlafraum. Daneben gab es vermutlich noch ein paar hölzerne Wirtschaftsbauten. Später gehörten zum Haus Martfeld Wälder, Gutsland, eine Wassermühle im Rauental und eine Fischerei an der Wupper.

Rundturm ältester Teil des Gebäudes

Der Rundturm des Hauses Martfeld stammt in seinem Kern aus dem Jahre 1450 und ist der älteste Teil des heutigen Gebäudes. Im 17. Jahrhundert ließ der damalige Besitzer Adolf Wilhelm Raitz von Frentz zuerst 1618 den Nordflügel und anschließend 1627 den viereckigen Torturm mit Zugbrücke errichten. Der Kaufmann Johann Peter Hochstein kaufte 1752 das Haus Martfeld und investierte in die heruntergekommene Anlage. Er ließ den Südflügel bauen und gab dem Gebäude seine heutige Gestalt. Dazu gehörte auch, dass er 1755 den Westflügel abreißen ließ; das Haus besitzt seitdem keine geschlossene Hofanlage mehr. Als während des 19. Jahrhunderts die Familie von Elverfeldt in Besitz des Hauses Martfeld kam, ließ Friederike Freifrau von Elverfeldt eine Parkanlage um den Gebäudekomplex herum anlegen.

Der Rundturm aus dem 15. Jahrhundert ist der älteste Teil des Gebäudekomplexes.

1954 erwarb die Stadt Schwelm die Anlage vom damaligen Besitzer Freiherr Johannes von Hövel, an den heute noch der nahegelegene Freiherr-von-Hövel-Weg erinnert. Seit 1962 ist das regional- und stadtgeschichtliche Museum, dessen bedeutende Bestände seit 1985 in einer über mehrere Stockwerke reichenden Schausammlung im Mittel- und Südflügel präsentiert werden, und seit 1966 auch das Stadtarchiv im Haus Martfeld untergebracht. Letzteres verfügt über einen reichen Fundus an Bibliotheks- und Aktenbeständen zur Stadt- und Regionalgeschichte.

Das Gebäude wurde seitdem im Auftrag der Stadt mehrmals umgebaut und modernisiert: 1978 beendeten die Restaurateure den Umbau des Südflügels und 1982 den des Mittelflügels. Nach mehrjähriger Restaurierung eröffneten die Verantwortlichen schließlich im Sommer 2002 auch der Nordflügel mit Museumscafé und Tagungsraum neu. Auch ein Restaurant befindet sich seitdem dort.

Zum umfangreichen Veranstaltungsprogramm von Haus Martfeld gehören heute Wechselausstellungen und Sonderveranstaltungen wie Konzerte, Lesungen, Vorträge, Seminare, Märkte und Trauungen. Inmitten eines Parks gelegen und mit Spiel- und Sportplätzen sowie Spazierwegen im Umfeld ausgestattet, bietet Haus Martfeld allerbeste Naherholung mitten in Schwelm.

Das Martfeld hat heute großen Freizeitwert.

Schöne Anlage vor Haus Martfeld

Seit den 1950er Jahren war die knapp 150 Jahre alte Martfelder Grabkapelle zunächst dem Verfall preisgegeben. Dank des Engagements zweier Heimatvereine konnte das Bauwerk jedoch gründlich und vor allem denkmalgerecht saniert werden und erstrahlt heute in neuem Glanz.

Naherholung für Mensch und Tier

Erstklassige Industrieschilder nach Kundenwünschen

Firma Gerbracht GmbH in Schwelm mit breiter Palette an Materialien und Techniken

Die Firma Gerbracht GmbH in Schwelm ist europaweit einer der führenden Spezialisten für gegossene Industrieschilder. Das Familienunternehmen verfügt über eine mehr als 60-jährige Erfahrung in der Herstellung von Firmenschildern, Typenschildern, Logos, Schrifttafeln und Plaketten in einer großen Bandbreite und in vielen Ausführungen. Das Unternehmen ist bekannt für die Hochwertigkeit seiner Produkte sowie für ein flexibles Eingehen auf Kundenwünsche. Das Unternehmen exportiert seit vielen Jahrzehnten europaweit. Es ist verlässlicher Partner zahlreicher namhafter Unternehmen aus dem Maschinen-, Anlagen- und Fahrzeugbau sowie der Energie-, Elektro-, Umwelt- und Fördertechnik. Der Erfolg spricht für die gelungene Kombination von gediegenem Handwerk, einer Produktion »state of the art« und kundennahem Service.

Viele Besonderheiten und Stärken

Die Firma Gerbracht bietet eine breite Palette von Industrieschildern, Materialien und Produktionstechniken. So erhalten die Kundinnen und Kunden stets das passende Schild von nur einem Lieferanten. Die Palette reicht von Aluminium-, Messing-, Bronze- und Rotguss, Eloxaldruck und Edelstahlblechen sowie Kunststoffplatten über Einzelstücke und Serien, mehrfarbige Lackierung in RAL, Pantone, HKS und BS, Prägen, Gravieren, Fräsen, Schleifen und Polieren bis zu Schildern von bis zu 2,30 Meter Größe in einem Stück.

Die Firma Gerbracht führt den Modellbau und die Oberflächenbearbeitung selbst aus und arbeitet auf Basis aller Arten Kundenvorlagen.

Das Familienunternehmen Gerbracht GmbH, hier die Geschäftsführung Matthias und Viola Kampschulte, produziert seit 1949 Industrieschilder verschiedenster Art.

In der Gießerei werden die Metallgussrohlinge aus Aluguss oder Schwermetallguss im Sandgussverfahren hergestellt. Verwendet werden Gusslegierungen nach Normung von zertifizierten Schmelzwerken. Wir fertigen vom Einzelstück bis zur Serie.

Dadurch ist sie in der Lage, eine flexible, schnelle und kundenspezifische Ausführung zu bieten. Dies und die langjährige Erfahrung fließen ein, um die Kunden bei der Wahl der optimalen Ausführung zu beraten und bei Bedarf das Design mit ihnen zu entwickeln.

Die exzellente Qualität von Produkt, Beratung, Auftragsbearbeitung und Service zeichnet die Firma Gerbracht im Wettbewerb aus. Die meist langjährigen Kunden schätzen außerdem die Repräsentativität und Robustheit der Schilder sowie das gute Preis-Leistungsverhältnis.

Beitrag von:
Gerbracht GmbH
Mittelstraße 21
58332 Schwelm
Tel. (0 23 36) 30 71
Fax (0 23 36) 1 53 33
info@gerbracht-gmbh.de
www.gerbracht-gmbh.de

Die Stadt der Nachbarschaften

Die DACHO ist die Dachorganisation – Ohne platt löppt nix in Schwelm

Schwelm ist die Stadt der Nachbarschaften. Nachbarschaften sind so etwas wie eine Mischung aus Siedlergemeinschaft und Karnevalsverein. Unter der Regie ihrer Obernachbarn veranstalten die Nachbarn Feierlichkeiten, diskutieren gemeinsam Wichtiges aus ihrem Wohnbereich – heute würde man eher Quartier dazu sagen – und nicht zuletzt sorgen sie mit viel Freude, Aufwand und Engagement mit ihren Motivwagen und Ideen für einen grandiosen Festumzug beim Schwelmer Heimatfest, das regelmäßig viele tausend Besucherinnen und Besucher aus der ganzen Region in die Kreisstadt lockt.

Die Schwelmer Nachbarschaften sind in der DACHO, der Dachorganisation der Schwelmer Nachbarschaften, zusammengeschlossen. Den Beschluss zur Gründung der DACHO fassten die Protagonisten im März 1954. Die Gründungssatzung wurde von den Obernachbarn Wesselbaum, Döinghaus, Golde, Pathmann, Weinreich und Stumpe sowie Villicus Hoffmann unterzeichnet. Gründungsvorsitzender war Ernst Winkelsträter.

Es sind 13 Nachbarschaften, die sich unter der DACHO zusammengeschlossen haben, um das alte Brauchtum auf ideelle Weise zu gestalten und zu erhalten. Es sind die Nachbarschaften Aechte de Muer, Alte Post, Brunnen, Fronhof, Heimatfreunde Loh, Linderhausen, Möllenkotten, Oberstadt, Oehde, Ossenkamp, Parlament, Rote Wasser und Winterberg. Gegründet wurden die Vereine in den 30er Jahren des 20. Jahrhunderts und anfangs hatten sie ausschließlich die Gestaltung des Kirmeszugs zur Aufgabe.

Die teils plattdeutschen Namen der Nachbarschaften leiten sich von geografischen, historischen oder architektonischen Besonderheiten ab. Wenn das Heimatfest bevorsteht, ist auch das Schwelmer Platt wieder in aller Munde. Denn Fest und Festzug stehen stets unter Platt-Motto. Die Schwelmer selbst können bei den Verantwortlichen Motto-Vorschläge einreichen, was nach wie vor reichlich passiert, obwohl eigentlich immer weniger Schwelmer die gute alte Mundart beherrschen. Mundart-Freunde halten ihr Platt auch heute noch vehement hoch und treffen sich regelmäßig zum »Plattdeutschen Stammtisch«, da wo dä Lü noch platt küeren. Dort kann der heimische Dialekt noch ausgiebig gepflegt werden.

Für Nachwuchs scheint bei den Schwelmer Nachbarschaften gesorgt zu sein.

Die Schwelmequelle im Martfelder Wald

Neun Kilometer langer Bach überschwemmte früher die Uferlandschaft

Die Schwelme gab der Kreisstadt ihren Namen

Die Schwelme ist ein etwa neun Kilometer langer in Schwelm entspringender Bach, der bei Oberbarmen in die Wupper mündet. Die Schwelme überschwemmte früher häufig über die Ufer, was letzten Endes auch für ihren Namen sorgte. Im Mittelalter ging die Bezeichnung auf einen nahegelegenen Fronhof über und fungierte später sogar als Namensgeber für die Kreisstadt Schwelm.

Um 1900 füllte das Wasser der Schwelme die Gondelteiche der Schnupftabaksmühle, des größten Ausflugslokals in der Region an der heutigen Talstraße. Seit Mitte des 19. Jahrhunderts bis in die 70er Jahre des 20. Jahrhunderts hinein wurde das Wasser der Schwelme vom unmittelbar nördlich der Quelle gelegenen Schwelmer Freibad genutzt.

Die Quelle liegt im südlichen Stadtgebiet auf einer Höhe von 315 Metern. Im Oberlauf ist das Bachbett noch weitestgehend naturbelassen. Spätestens im östlichen Stadtgebiet von Schwelm verläuft die Schwelme entweder unterirdisch oder überirdisch in einem kanalisierten und begradigten Bett. Der Mittellauf ist über eine Länge von 1,5 Kilometern fast vollständig verrohrt. Kurz vor dem Wuppertaler Bahnhof Oberbarmen mündet der Bach in die Wupper.

Dass die Nachbarinnen und Nachbarn aus der Schwelmer Oberstadt sehr kreativ sind, beweisen sie eindrucksvoll seit 1950, indem sie zum Altstadtfest die Kölner Straße, Leistraße und Bergstraße mit Wäscheleinen überspannten. Daran hängt – wie bereits damals 1887 – alljährlich frisch gewaschene Wäsche, Hemden und Höschen, im Wind.

Persönliche Atmosphäre und perfekter BMW-Service

Seit über 80 Jahren Autohaus Schneider in Schwelm – Sitz an der Wörther Straße

Nicht nur im Ennepe-Ruhr-Kreis war bei den BMW-Autohäusern in den vergangenen Jahren eine deutliche Konzentration zu verzeichnen. Das BMW Autohaus Schneider in Schwelm bleibt jedoch »Einzelkämpfer«. Und das mit Erfolg. Bei einem von der BMW AG im Jahr 2010 ausgeschriebenen Wettbewerb belegte das Schneider-Team in seiner Betriebsgröße im Verkauf und im Service gleichermaßen bundesweit einen fantastischen zweiten Platz.

»Für uns war diese Auszeichnung Grund genug, noch weiter an unserem Service zu feilen«, erläutert Kristin Schneider von der Geschäftsführung des Familienunternehmens. »Deshalb haben wir sowohl im Service, als auch im Teile- und Zubehörverkauf unsere Öffnungszeiten erweitert.« Die kundenfreundlichen Öffnungszeiten sind heute im Service montags bis freitags von 7.30 bis 18 Uhr, im Verkauf – inklusive Teile- und Zubehörverkauf – von 8 bis 18 Uhr. Samstags ist das Schneider-Team im Teile- und Zubehörverkauf von 9 bis 12 Uhr, im Verkauf von Fahrzeugen von 9 bis 13 Uhr für die Kundinnen und Kunden vor Ort.

Das BMW Autohaus Schneider an der Wörther Straße in Schwelm

Das Team des Autohaus Schneider in Schwelm

»Wir möchten unseren Kunden Dankeschön sagen, denn es ist auch ihrer Loyalität zu unserem Haus zu verdanken, dass wir bereits so lange in Schwelm erfolgreich sind«, betonen Kristin und ihr Mann Ingo Schneider, die die Geschicke des Unternehmens seit 2008 lenken. »Die Menschen fühlen sich bei uns schlicht und einfach gut aufgehoben.« Kunden, die ihre Autos bereits seit 30 Jahren beim Autohaus Schneider kaufen, sind keine Seltenheit. Was die Kundinnen und Kunden am Autohaus Schneider besonders schätzen, ist die persönliche Atmosphäre im Haus und die individuelle Betreuung durch das gesamte Team. Und dieses ist ebenfalls zum Teil bereits seit vielen Jahren im Unternehmen beschäftigt. Werkstattleiter Willi Küster konnte zum Beispiel im Jahr 2010 bereits sein 40-jähriges Dienstjubiläum bei Schneider feiern.

Das Autohaus Schneider ist ein echtes Traditionsunternehmen. Gründer Werner Schneider sen. begann 1929 in der Lessingstraße mit Fahrzeugreparaturen. Unmittelbar nach dem Krieg eröffnete er das Unternehmen wieder, diesmal in der Döinghauser Straße. 1958 kam zum Reparaturbetrieb auch der Vertrieb von BMW Isetta und BMW 600, 1961 der von Glasautomobilen hinzu. Sein Sohn Werner Schneider absolvierte in dieser Zeit seine Lehr- und Gesellenjahre im elterlichen Betrieb, die er 1961 mit der Meisterprüfung abschloss.

1968 feierte man die Neueröffnung des Autohauses an der Wörther Straße, gleichzeitig wurde das Autohaus BMW Vertragshändler. Schon bald stieß auch das neue Autohaus an seine Kapazitätsgrenzen. Bereits 1972 mussten die Verantwortlichen zum ersten Mal erweitern. Zehn Jahre später machten wachsende Verkaufserfolge und Service-Aufträge eine erneute Erweiterung unumgänglich. Den bisherigen Schlusspunkt bildet die Erweiterung im Jahre 1992.

Heute können die 25 Mitarbeiterinnen und Mitarbeiter im Autohaus Schneider den Kunden, die aus dem gesamten Ennepe-Ruhr-Kreis ebenso kommen wie aus Wuppertal und darüber hinaus, repräsentative Ausstellungsräume und einen erstklassigen Service bieten.

Geschäftsführerin Kristin Schneider, Verkaufsleiter Ingo Schneider sowie die beiden Verkaufsberater Klaus Dohmen und Thomas Kalthoff (von links)

Dieses Foto entstand Mitte der 1970er Jahre – es zeigt Werner Schneider jun. und sein damaliges Team.

Beitrag von:
Autohaus Schneider GmbH & Co. KG
Wörther Straße 8–12 · 58332 Schwelm
Tel. (0 23 36) 9 28 20 · Fax (0 23 36) 92 82 30
info@schneider-schwelm.de
www.schneider-schwelm.de

Auf 1500 Quadratmetern »all inclusive«

Fitness-Studio Schwelm: Modernste Geräte und perfekte Betreuung direkt an der B7

Inhaber Ingo Hahn

In unserer schnelllebigen und hektischen Zeit hat das Fitnesstraining einen noch höheren Stellenwert bekommen. Ausgleich zum beruflichen Stress, das Knüpfen neuer sozialer Kontakte, gesundheitsorientiertes Leben oder einfach nur entspannen. Die Gründe für die Entscheidung, Fitnesssport zu betreiben, sind vielschichtig. Vielleicht bringt es die Redewendung »Nur in einem gesunden Körper steckt ein gesunder Geist« auf den Punkt. Natürlich spielt die richtige Auswahl des Studios eine große Rolle, die persönliche Atmosphäre, ein optimales Preis-Leistungsverhältnis.

Das Alles bietet das Fitness-Studio Schwelm. Die seit 1982 existierende Anlage war das erste Fitness-Studio in der Stadt. Auf damals noch 300 Quadratmetern übernahm 1994 der jetzige Inhaber, Ingo Hahn, die Geschicke des Unternehmens. 2004 bezog das Fitness-Studio auf etwa 1500 Quadratmetern direkt an der B7 neue Räumlichkeiten. Durch die dadurch verbesserten Bedingungen konnten sämtliche Bereiche des Studios wesentlich vergrößert werden.

Die Angebotspalette besteht aus einem großen Trainingsbereich mit modernsten, TÜV-geprüften Trainingsgeräten von einem der Marktführer, einem Ausdauerbereich mit Laufbändern, Fahrrädern, Crosstrainern und Rudergeräten, einem von Therapeuten empfohlenen modernen Trainingszirkel, einer Dr. Wolff Rückenschule und einem separatem Leistungszentrum. Selbstverständlich gehören sämtliche Fitnesskurse von Indoor-Cycling bis zum speziellen Rückentraining mit zum Leistungsangebot.

Ingo Hahn lädt ein: »Gönnen Sie sich nach dem Training einen Besuch in der hauseigenen Sauna oder dem Wellnessbereich. Auch diese Aktivitäten sind im Monatsbeitrag inklusive. Im Fitness-Studio Schwelm können Sie auch nach einem noch so anstrengenden Tag wieder Kraft schöpfen.«

Geschulte Fachtrainer erarbeiten mit den Trainierenden zusammen unter Mithilfe modernster Körperanalysesysteme ein individuell zugeschnittenes Trainingsprogramm. Falls die Kunden es wünschen, auch mit ärztlicher Unterstützung. Hahn: »Nur so kann gewährleistet werden, dass unsere Mitglieder ihre selbstgesteckten Ziele auch wirklich erreichen.« Bei einem kostenfreien, unverbindlichen Probetraining samt Beratungsgespräch können sich alle Interessierten vom Angebot und den Leistungen im Fitness-Studio Schwelm jederzeit selbst überzeugen. Das komplette Leistungsangebot lässt sich übrigens auch ohne langfristige Vertragsbindung mit einer monatlich kündbaren Mitgliedschaft nutzen.

Öffnungszeiten:
Montag bis Freitag 8.30 – 22 Uhr,
Samstag, Sonntag und Feiertage 10 – 18 Uhr.

Trainingsraum im Kraft-Ausdauerbereich

Trainingsbetreuung durch ausgebildete Fachtrainer

Gruppenkurse

Gelenkschonendes Zirkeltraining

Beitrag von:
Fitness-Studio Schwelm
Berliner Straße 43a · 58332 Schwelm
Tel. (0 23 36) 1 81 61 · Fax (0 23 36) 61 86
info@fitness-studio-schwelm.de
www.fitness-studio-schwelm.de

Ende der Schwelmer Braukunst

Brauerei schloss 2011 die Türen – Gründung 1830 durch Johannes Klein

Ein gutes Stück Ruhrgebiets-Brauereigeschichte endete nach rund 180 Jahren 2011 in Schwelm. Die Verantwortlichen der Schwelmer Brauerei gaben nach erheblichen Umsatzrückgängen zum Ende des dritten Quartals endgültig auf und schlossen die Türen.

Damit fand eine lange Erfolgsgeschichte, die 1830 begann, ihr trauriges Ende. Damals gründete der Gastwirt Johannes Klein eine kleine Brauerei, die er 1867 an die beiden Unternehmer Friedrich Wilhelm Heinrich Wortmann und Heinrich Kathagen verkaufte. 1896 kaufte Carl Bröking Heinrich Kathagens Anteil. Ein Jahr später stellte die Brauerei erstmals Bier nach Pilsner Brauart unter dem Namen Schwelmer Ur-Pils her. Von 1904 an stellte die Brauerei Schwelm, als eine der ersten Brauereien der Welt, ihre Produktion von Holzfässer auf Emailegefäße um – Gefäße der Schwelmer Eisenwerke.

Der Komplex der Brauerei in der Schwelmer Innenstadt

Von 1970 bis 1993 war Walter Prestel Geschäftsführender Gesellschafter der Brauerei. 1997 verkauften die Haarmann-Familien ihre Anteile an das Unternehmen Bier Schneider in Hagen; diese wiederum gaben ihre Anteile an die Brauerei C & A Veltins weiter, die dann 2000 die Schließung der Brauerei Schwelm bekannt gab. Bestürzt über diese Entwicklung formierten sich Kunden und dem Unternehmen nahe stehende Anwohner und suchten nach anderweitigen Lösungen. Kurz darauf investierte das Schwelmer Unternehmerpaar Heidrun und Rolf Lohbeck in die Brauerei und konnte diese so vor der Schließung bewahren. Ein Jahr danach wurde die Brauerei durch Investitionen in Höhe von fünf Millionen Euro saniert.

Der Betriebshof der Brauerei

Seit 2002 wurde das Schwelmer Bier in Bügelflaschen verkauft. Zudem erweiterten die Verantwortlichen die Produktpalette um Biermischgetränke, Weizenbier und Malzbier. Die Brauerei exportierte ihr Bier selbst in die USA und hatte zu diesem Zweck dort sogar eine eigene Vertriebsgesellschaft gegründet. Zur Brauerei Schwelm gehörte auch die 1808 von Carl Levering gegründete Kornbrennerei Levering, die seither den Kräuterlikör Ossenkämper herstellte.

Wände zum Wohlfühlen

Die Erfurt & Sohn KG

Die Marke Erfurt bietet Malerbetrieben und Heimwerkern ein umfassendes Sortiment an überstreichbaren Wandbelägen: Bekanntestes Produkt und beliebtester Wandbelag Europas ist die Erfurt-Rauhfaser. Mehr als 145 Jahre nach ihrer Erfindung durch den Apotheker Hugo Erfurt zählt sie zu den wichtigsten Produkten. Außerdem produziert das Familienunternehmen als eine der ältesten Papierfabriken Deutschlands weitere Wandbeläge sowohl für den deutschen Markt als auch für über 30 weitere Länder. Hier sind dekorativ geprägte oder auch glatte Papier- und Vliesfasertapeten genauso im Programm wie Wandbeläge zur Energieeinsparung, Schimmelprävention, Rissüberbrückung, Schalldämmung, Fassadenrenovierung oder Senkung der Elektrosmogbelastung. Mit konsequenter Qualitätssicherung, hohem Entwicklungsanspruch und gezielter Marktforschung erreichte die Erfurt & Sohn KG die Weltmarktführerschaft in diesen Produktbereichen.

Firmenzentrale in Wuppertal

Erfurt Rauhfaser Classico

Qualität und Ökologie

Eine engagierte Qualitätspolitik und ein ökologisch verantwortliches Handeln gegenüber Mitarbeitern und Produktverarbeitern gehören zu den Grundsätzen des Unternehmens. Dazu zählt auch ein bewusster Umgang mit den Ressourcen Wasser, Holz, Energie und Luft. Den Slogan »Wände zum Wohlfühlen« meinen die Wuppertaler ernst: Das bestätigen Blaue Engel, ÖKO-Test-Ergebnisse sowie TÜV-Zertifikate gleich mehrfach. Letztere besiegeln, dass viele Erfurt-Produkte aus allergen- und schadstoffkontrolliertem Material hergestellt sind. Sie eignen sich damit bestens für Allergiker.

Beitrag von:
Erfurt & Sohn KG
Hugo-Erfurt-Straße 1 · 42399 Wuppertal
Tel. (02 02) 6 11 00
info@erfurt.com · www.erfurt.com

Erfurt Variovlies

Augenoptik Schäfer unter den Top 100 in Deutschland

Fachgeschäfte sorgen in Schwelm, Gevelsberg, Sprockhövel und Hohenlimburg für gutes Sehen

Was haben Nina Ruge, Birgit Schrowange und Simone Thomalla mit Brillen und Kontaktlinsen zu tun? Ganz einfach: Sie zeichneten in den vergangenen Jahren die TOP 100 Optiker Deutschlands aus. Augenoptik Schäfer mit Sitz in Schwelm kam zum nunmehr dritten Mal hintereinander in den Genuss, den Preis aus den Händen der charmanten Damen entgegen nehmen zu dürfen. Der »Hattrick« ist für das Augenoptik-Fachgeschäft in der Bahnhofstraße eine ganz besondere Auszeichnung und Ansporn zugleich.

Seit 20 Jahren ist das Familienunternehmen bereits im Ennepe-Ruhr-Kreis aktiv: das Hauptgeschäft in der Bahnhofstraße 13 in Schwelm, nebenan eco-optic, der Superpreiswertladen, in Gevelsberg in der Mittelstraße 67 und in Sprockhövel in der Hauptstraße 16. Dazu kommt das Geschäft in Hohenlimburg-Elsey. Wenn das riesige Angebot von mehr als 6000 Brillen aller namhaften Hersteller einmal nicht ausreichen sollte, können die Kundinnen und Kunden ihre Sehhilfen in allen erdenklichen Farben, Größen und Formen von Hand fertigen lassen. So entstehen absolute Einzelstücke: die Gunther Schäfer Kollektion.

Die »Beratungsbar« im Zentrum für gutes Sehen

Ein besonderes Augenmerk liegt bei Augenoptik Schäfer immer auf der Kontaktlinse: hier sind acht Spezialisten mit allen Möglichkeiten bestens vertraut. Von einfachen Monats- oder Tageslinsen, über Einzelanfertigungen, bis zu den immer beliebter werdenden DreamLens, die Kurzsichtigkeit über Nacht verschwinden lässt. Sie korrigieren während des Schlafes und tagsüber kommt der Kunde ohne Brille oder Kontaktlinsen aus.

ice – die Marke aus Schwelm erobert den deutschen Markt

Die ice-Kontaktlinsen bieten für jede einzelne Stärke mehr als 1000 Varianten. ice-Monats- und ice-Tages-Kontaktlinsen gehören zu den besten, die es derzeit auf dem Markt gibt. Die ice-Manufactur-Brillengläser sind das Schärfste, was es an Brillengläsern gibt. Mit Hilfe des ice-Aberrometers, einem speziellen Sehtestcomputer, werden Fehler am Auge gemessen, die sonst unentdeckt bleiben. Nach dieser Messung werden Brillengläser in einer Manufaktur in Bochum gefertigt, die nicht nur in Achtel-Dioptrienstufen (normal sind Viertel-Dioptrienstufen), sondern auch mit absoluter Fertigungsgenauigkeit produziert werden. Das ice-abo-System ermöglicht ein problemloses Finanzieren der Brille oder der Kontaktlinsen – natürlich ohne jegliche Zinsen und Gebühren.

Augenoptikerin Laura Brakelmann mit der Inhaberfamilie Sebastian, Heike und Gunther Schäfer

Auf die genaueste Vermessung der Augen wird besonderer Wert gelegt. Dazu ist jedes der Schäfer-Geschäfte mit modernster Technik ausgestattet. Mit dem Keratographen werden die Augen an mehr als 22 000 Punkten vermessen. Nur so ist eine exakte Anpassung von Kontaktlinsen sicher möglich. Bereits 1998 wurde die Schäfer-Card eingeführt, mit der die Kunden und ihre ganze Familie bei mehr als 25 Geschäften und Dienstleistern im Ennepe-Ruhr-Kreis Vorteile erhalten.

Geschäft in Sprockhövel, Hauptstraße 16

SCHÄFER
BRILLENMODE · KONTAKTLINSEN

Beitrag von:
Augenoptik G. Schäfer GmbH + eco-optic
Bahnhofstraße 13 + 15 · 58332 Schwelm
Tel. (0 23 36) 8 16 36 · (eco: 4 74 35 22)
Fax (0 23 36) 1 65 81
info@augenoptic-schaefer.de
www.augenoptic-schaefer.de

Sprockhövel im Überblick

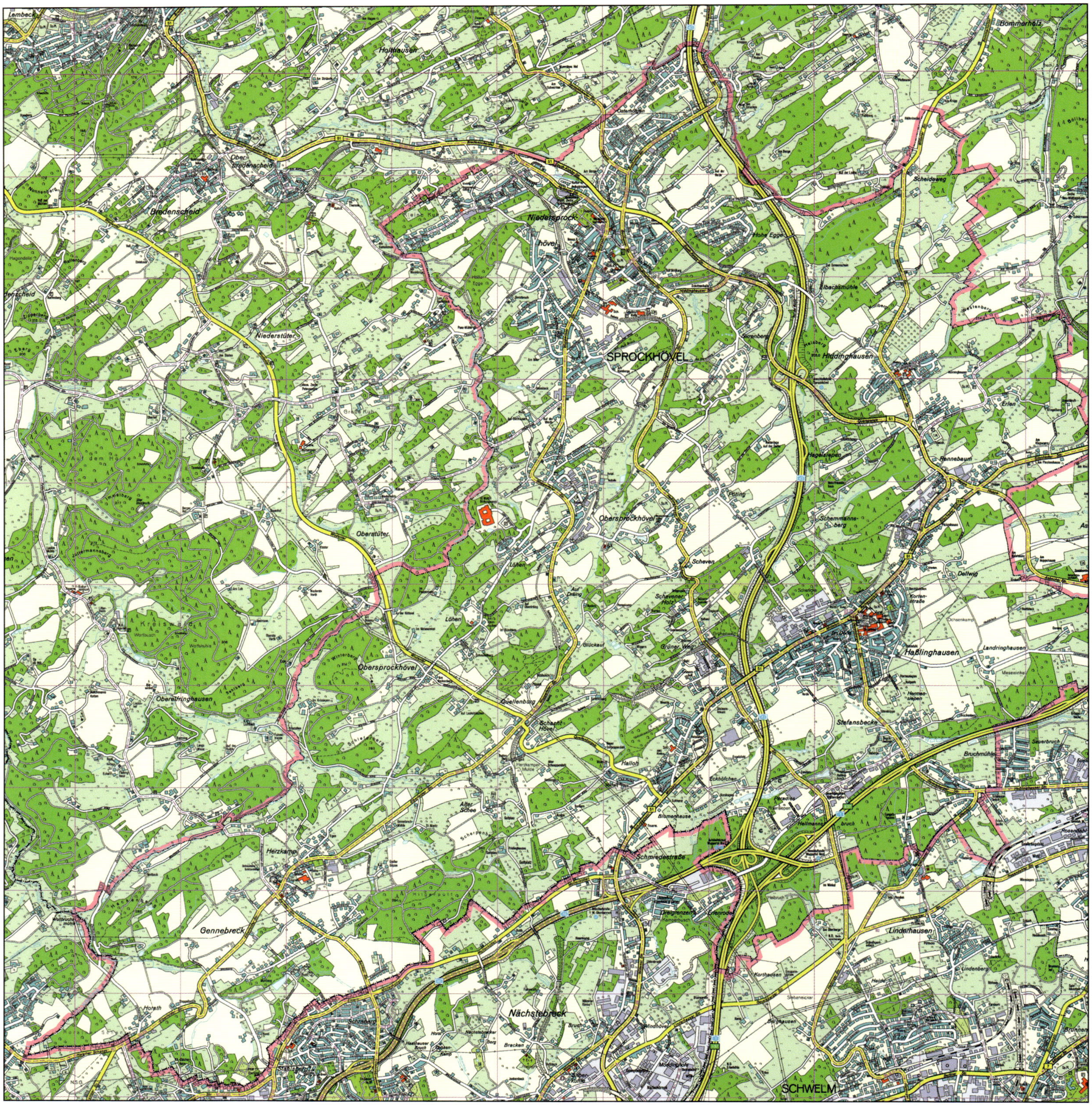

Quelle: Stadt Sprockhövel

Willkommen und Glück Auf in Sprockhövel

Über 90 Prozent der Sprockhöveler Bürgerinnen und Bürger leben nach einer Umfrage des Stadtmarketingvereins gerne in ihrer Stadt. Das spricht für eine hohe Lebensqualität vor Ort. Erreicht werden konnte dieses Ergebnis nur durch das Zusammenwirken vieler Beteiligter in unserer Stadt. Die Leistungen von Vereinen, Verbänden und Wirtschaftsunternehmen haben ebenso dazu beigetragen wie das breite bürgerschaftliche Engagement.

Sprockhövel gehört zu den Städten, die sich in einigen Bereichen neu positioniert haben, damit sie auch für künftige Generationen attraktiv und lebenswert bleibt. Die Chancen unserer Stadt liegen in der Steuerung des demografischen Wandels. Dabei rücken innovative Konzepte für Kinder- und Familienfreundlichkeit genauso in den Mittelpunkt wie eine ökonomisch tragfähige Seniorenwirtschaft.

Die Sicherung und weitere Ausgestaltung unseres Lebensraumes ist für die Akteure aus Bürgerschaft, Wirtschaft, Politik und Verwaltung ein zentrales Anliegen. Deshalb ist es nicht verwunderlich, das Sprockhövel eine dichte Vernetzung vieler Vereine und Verbände untereinander aufweist, oder dass das bürgerschaftliche Engagement unter anderem durch eine erfolgreich und öffentlich agierende Freiwilligenbörse dokumentiert wird.

In Niedersprockhövel

In Hasslinghausen

Natürlich werden diese Entwicklungen unterstützt durch eine nachhaltige und verantwortungsbewusste Stadtentwicklung sowie eine örtliche Wirtschaftsförderung im Sinne eines mittelstandsfreundlichen Wirtschaftstandortes.

Weil Sprockhövelerinnen und Sprockhöveler den Charme und das besondere Flair ihrer Stadt gut kennen, wissen sie auch, dass es sich immer lohnt, gut informiert zu sein, um interessante und nützliche Anregungen zu geben und auszutauschen.

Ich bin davon überzeugt, dass das Buch »An Ennepe und Ruhr« dazu beiträgt und Sprockhövel im Kreise seiner Nachbarstädte weit über die Kreisgrenzen hinaus vorstellt.

Ob Bürgerinnen und Bürger oder Gäste in unserer Stadt: Ich wünsche mir, dass Sie sich alle in Sprockhövel wohl fühlen und unsere Stadt mit ihren vielen Qualitäten näher kennen lernen.

Ihr

Klaus Walterscheid
Bürgermeister

Habbel's Destillerie & Brennerei und ein Restaurant mit Tradition

Seit fast 100 Jahren eine erste Adresse für Genießer in Sprockhövel

Michael, Cornelia und Michaela Habbel

In den 20er Jahren des vergangenen Jahrhunderts erwarb Michael Habbels Großvater in dem heute unter Denkmalschutz stehendem Gebäude an der Gevelsberger Straße 127 in Sprockhövel eine Kornbrennerei und Gastwirtschaft mit angeschlossener Landwirtschaft. Aus Tradition und Fortschritt sind in der Destillerie & Brennerei in den vergangenen 100 Jahren ganz außergewöhnliche Destillate und Liqueure entstanden.

Von den Anfangsjahren bis heute haben die Verantwortlichen das Sortiment an sorgfältig hergestellten Bränden und Liqueuren kontinuierlich erweitert. Der angeschlossene Wein- und Spirituosenhandel ergänzt heute die Palette hervorragend und lässt für den Genießer aus nah und fern kaum Wünsche offen. Ein Gang durch die Gewölbe der sehenswerten Verkaufsräume präsentiert eindrucksvoll das verlockend vielfältige Angebot von Spitzendestillaten und Liqueuren. Alle selbst hergestellten Produkte können natürlich auch vor dem Kauf von den Liebhabern im Keller verkostet werden.

Blick in die Tiefe

Auch der Weinkenner entdeckt in der Destillerie & Brennerei Heinrich Habbel hunderte von selbst importierten Weinsorten, überwiegend aus Frankreich und Italien. Selbstverständlich finden die Besucherinnen und Besucher dort auch eine reichhaltige Auswahl an ausgezeichneten deutschen Weinen oder auch an Weinen aus Übersee, wie zum Beispiel Australien oder Chile. Die alljährlich stattfindenden Weinproben im Hause Habbel sollten sich Interessierte auf keinen Fall entgehen lassen.

Des Weiteren kommen auch Whiskyliebhaber auf ihre Kosten, denn das Sortiment reicht über viele hundert Sorten Whisky hinaus, wobei der Schwerpunkt auf Malt-Whiskys liegt.

Stilvolles Ambiente

In der Destillerie & Brennerei Habbel sind in den vergangenen 100 Jahren ganz außergewöhnliche Destillate und Liqueure entstanden.

Im Restaurant

Restaurant & Bistro Manufactur

Unmittelbar angrenzend an die Brennerei Habbel befindet sich der Gastronomiebetrieb »Restaurant Habbel's & Bistro Manufactur«. Im klassisch eingerichteten Restaurant sowie im 2008 errichteten Neubau Bistro »Manufactur« finden insgesamt bis zu 110 Gäste Platz.

Die Stilrichtung der Küche basiert auf der Verwendung ausschließlich frischer und qualitativ

Echte Handarbeit

Natürliche Zutaten aus dem hauseigenen Kräutergarten

hochwertiger Produkte nach den Grundregeln der Kochkunst. Hinzu kommt der eigene Rohkostanbau in der ländlichen Umgebung des Restaurants. Die Herkunft und Qualität der verwendeten frischen Zutaten sind garantiert.

Das Speisenangebot umfasst unter anderem mehrgängige saisonale Menüs und wechselnde Empfehlungen ebenso wie regionale Gerichte, ohne sich jedoch modernen und internationalen Einflüssen zu verschließen. Zusätzlich wird mittags das Business-Menü angeboten, erlesen, elitär und dennoch preisgünstig – ein wunderbarer Snack für die Pause.

Willkommen

Das Prunkstück: Chocolat-Cru-Liqueur

Die Liqueur Manufactur Habbel brennt und destilliert seit 100 Jahren außergewöhnliche Destillate und Liqueure. Der Chocolat Cru-Liqueur wird aus venezolanischem Plantagencacao nach einem alten Familienrezept und speziellen Verfahren destilliert. Auch bei der Ausstattung haben die Verantwortlichen der Destillerie & Brennerei Habbel auf Qualität und Handarbeit gesetzt: Das Etikett wurde von Wolfgang Zelmer gemalt, einem bekannten Künstler. Die Flaschenform wurde eigens für das Produkt gefertigt und ist mit dem Habbel-Firmenlogo auf dem Flaschenrücken versehen.

Der Chocolat Cru-Liqueur

Der klare Schokoladenlikör hat einen intensiven Duft nach Cacao. Er ist vollmundig und cremig im Geschmack – nach heller Schokolade. Sein Abgang ist weich und lang anhaltend. Durch den Zusatz eines Eiswürfels wird der Likör verhaltener in seinem Aroma und tendiert zur dunklen Schokolade. Habbel's Chocolat-Cru-Liqueur ist als Aperitif, Digestif und für die Patisserie geeignet. Ein »Spritzer« davon in ein Glas Champagner verleiht diesem durch die aufsteigende Kohlensäure ein schokoladiges Bouquet, ohne den eigentlichen Geschmack sonderlich zu beeinflussen.

Beitrag von:
Destillerie & Brennerei Heinrich Habbel
Gevelsberger Straße 127 · 45549 Sprockhövel
Tel. (0 23 39) 9 14 30 · Fax (0 23 39) 91 43 35
info@brennerei-habbel.de
www.brennerei-habbel.de

Restaurant Habbel's Bistro Manufactur
Cornelia Jellinghaus-Habbel
Gevelsberger Straße 127 · 45549 Sprockhövel
Tel. (0 23 39) 91 43 12 · Fax (0 23 39) 91 43 35
info@habbel-restaurant.de
www.habbel-restaurant.de

Wetter (Ruhr) im Überblick

Quelle: RVR, Essen

Willkommen in Wetter (Ruhr)

Natürlich gibt der Name unserer Stadt immer wieder zu Kalauern Anlass – »Wie ist denn das Wetter in Wetter?« In verregneten Sommern geschieht es überdies häufiger, dass entfernte Zeitungsredaktionen oder Lokalradiostationen den Bürgermeister anrufen, um ihn zu Stellungnahmen dazu zu bewegen, wer denn für dieses miserable Wetter verantwortlich sei. Dabei hat der Name der Stadt mit meteorologischen Erscheinungen natürlich nichts zu tun. In einer Urkunde von 1214 taucht der Stadtname zum ersten Mal auf, und ist als Orts-, Hof- oder Flussname sowohl in Westfalen wie in Hessen mehrfach anzutreffen.

In Wetter (Ruhr) zeigt sich das Ruhrgebiet von seiner schönsten Seite: Mit dem beliebten Harkortsee, viel Wald- und Grünflächen und natürlich mit der Ruhr, die sich entlang des Stadtgebiets schlängelt, bietet Wetter (Ruhr) landschaftliche Reize, wie man sie kaum am Rande eines Ballungsraums vermuten würde.

Das Ruhrgebiet und seine Geschichte werden hier lebendig. In der historischen Freiheit in Alt-Wetter stand einst die Wiege der Industrialisierung Westfalens, Bergbauwanderwege führen Spaziergänger auf die Spuren des »schwarzen Goldes«. Und von gleich zwei Burgruinen oder vom Harkortturm aus genießt man den Blick weit ins Ruhrtal. Ein Muss ist auch das prächtige Rathaus: 1909 erbaut, ist es eines der besterhaltenen Repräsentativbauten aus der Zeit Kaiser Wilhelms II.

Radland Wetter (Ruhr)

In Wetter (Ruhr)

Aber Wetter (Ruhr) atmet nicht nur Geschichte, es macht auch Strukturwandel erlebbar: Moderne Unternehmen profitieren von der 1A-Lage direkt am dichten Autobahnnetz, Firmen aus der Sicherheits- und Kranbauindustrie genießen Weltruf. Mit Sicherheit haben auch Sie schon einmal ein Schloss betätigt, auf dem Abus oder Burg-Wächter stand, oder?

Bei aller zunehmenden Urbanität wird die Bedeutung Wetters als Freizeitstadt für Bürger und Gäste immer wichtiger: Eine der schönsten Passagen des RuhrtalRadweges führt entlang von Ruhr und Stausee durch Wetter (Ruhr), der neue Kletterwald bietet auf dem Harkortberg Kletterspaß für jedermann, der Museumszug »Ruhrtalbahn« stoppt in Wengern, und Wassersportfreunde sollten gemütliches Wasserwandern auf der Ruhr nicht verpassen.

Hier lässt es sich gut leben – das denken auch die knapp 28 500 Einwohnerinnen und Einwohner. Wer die westfälisch-bodenständigen und ruhrpott-fröhlichen Wetteraner erleben will, besucht am besten eines der zahlreichen bunten Feste in unserer Stadt. Und wer plötzlich Lust hat auf Großstadt und Trubel – kein Problem. In 30 Minuten ist man in Dortmund, Bochum, Hagen, Wuppertal, Essen. Und ebenso schnell wieder zurück – in Wetter an der Ruhr. Herzlich Willkommen!

Ihr

Frank Hasenberg
Bürgermeister

Wasser spielt noch heute eine prägende Rolle

Wetter (Ruhr) liegt eingeschmiegt zwischen Ardeygebirge und Ruhrauen

Keine dummen Witze bitte! Bitte! Von schlechtem Wetter und so. Die Wetteraner selbst können es schon gar nicht mehr ab. Schalten auf Durchzug. Und auch sonst hat sich der Gag weitestgehend abgenutzt. An der Ruhr genauso wie bei Marburg im schönen Hessenland. Natürlich: Ist das Wetter in Wetter schön, ist es auch in Wetter schöner als sonst. Wetter ist schon was zum dort Wohnen – besser: zum dort Leben. Nett halt. Die inzwischen mehr als 28 000 Wetteraner schätzen ihr wunderschönes Ruhrtal mit seinen manchmal gar nicht so sanften Bergen, das viele Grün und die sich durchs Land schlängelnde Ruhr. So: Und genau deshalb heißt es ab jetzt auch ganz offiziell Wetter (Ruhr).

Nicht weniger als zwei Drittel des Stadtgebietes dienen der Erholung – und das lieben die Wetteraner und Gäste von außerhalb gleichermaßen. Denn abwechslungsreiche Wege bieten nahezu perfekte Möglichkeiten zum Wandern, Radfahren oder Inline-Skaten – immer am Wasser entlang oder quer durch die Wiesen und Wälder. Wasser, ja Wasser spielt die größte Rolle in und um Wetter (Ruhr). Die Stadt liegt eingeschmiegt zwischen dem Ardeygebirge und der Ruhr. Der markante Ruhrbogen wird genau hier zum Harkortsee aufgestaut. Das 1930 angelegte Gewässer ist sicherlich die Visitenkarte der Stadt. Es ist fünf Kilometer lang, 600 Meter breit und mit seinem am Ufer gelegenen Freibad sowie den Rad- und Wanderwegen, die bis ins Ruhrgebiet und ins Sauerland führen, Garant für nette Stunden.

Ein Blick über das Tal der Ruhr lohnt sich zu jeder Jahreszeit.

Blick auf Alt-Wetter mit der Burg

Alt-Wetter mit der markanten Burgruine und »Freiheit« bilden die Keimzelle der Stadt. Auf der anderen Seite der Ruhr befinden sich das ebenfalls mit Burgruine ausgestattete Volmarstein und Wengern, schön und mit idyllischen Fachwerkhäusern geschmückt. Schon früher lebten etliche Prominente in der Stadt. Freiherr vom Stein zum Beispiel reformierte von hier aus im späten 18. Jahrhundert die Organisation des Ruhrbergbaus. Der Wirtschaftsstandort Wetter (Ruhr) war traditionell durch die Metall verarbeitende Industrie geprägt. Mit dem Strukturwandel gelang es in Wetter (Ruhr), auf sanierten und neuen Gewerbeflächen moderne Arbeitsplätze in ganz unterschiedlichen Branchen zu schaffen. Ob Kranbau, Schließsysteme, Behindertentechnologie oder hochmoderne Verpackungen – von hier gehen Impulse aus.

Und nach Feierabend? Wetter (Ruhr) verfügt über ein ausgefallenes kulturelles Angebot. Klassische Musik bekannter Künstler ist im Treppenhaus einer alten Villa zu hören, bekannt und gleichermaßen beliebt ist zudem das Parkfestival im sommerlichen Ambiente des Bürgerparks der Villa Vorsteher. Größte Veranstaltung der Stadt ist jedoch das Seefest, das mehrere zehntausend Besucher an die Ruhr lockt und über zwei Tage Programm auf mehreren Bühnen bietet. Das jüngste Mitglied in der Veranstaltungs-Familie heißt Ruhrbike-Festival, das jedes Jahr die Spitze der Mountainbike-Elite nach Wetter zum Freizeitgelände am Harkortberg lockt. Rasanter Sport, Action 200 Meter über der Ruhr – das fasziniert nicht nur eingefleischte Zweirad-Fans. Schließlich animieren die Ruhr- und Seepromenade zum Spazierengehen, Skaten und zum Radeln. Das Fahrgastschiff »MS Friedrich Harkort« und die nostalgische Ruhrtalbahn machen Lust auf Ausflüge in die Umgebung.

Im idyllischen Wengern fließt der kleine Elbschebach in die Ruhr. Folgt der Wanderer dem Verlauf dieses Baches aufwärts, gelangt er in das wunderschöne Erholungsgebiet Elbschebachtal. Es führt durch einen Mischwald in die Ruhrhöhen hinein. Die Wanderwege dort gewähren immer wieder überraschende Ausblicke in die Landschaft – ein Erholungsgebiet für Wetteraner wie für Besucher gleichermaßen.

Einzelhandel vor der eigenen Haustür, Ruhrtal-Center inklusive, Tageseinrichtungen für Kinder, Grund- und drei weiterführende Schulen, Sporthallen sowie sechs Sportplätze zeugen von einer guten Infrastruktur in den drei Ortsteilen.

Beachteanswert ist auch die Verbindung der Orthopädischen Klinik Volmarstein mit der technologischen Kompetenz der Region, die sich im Forschungsinstitut Technologie – Behindertenhilfe (FTB) niederschlägt.

Wetter (Ruhr) ist in Bewegung – gerade seit Beginn des neuen Jahrtausends verändert sich an manchen Stellen das Gesicht dieser Stadt. Beispiel: Ein ehrgeiziges Bauprojekt in der Innenstadt will Alt-Wetter als Zentrum stärken, den Einzelhandel erweitern und attraktiver machen. Moderne und Tradition bleiben in Wetter aber untrennbar miteinander verbunden. Denn in der alten Burgruine in der »Freiheit« Alt-Wetters stand ab 1819 mit der Mechanischen Werkstätte von Friedrich Harkort die Wiege der Industrialisierung, im Ortsteil Volmarstein startete Mitte des 18. Jahrhunderts die heute weltbekannte Schlossindustrie. Und auch der Ortsteil Wengern kann stolz sein – auf seine berühmte Tochter Henriette Davidis, die 1844 das erste deutsche Kochbuch schrieb. Spuren der Geschichte finden sich auch heute noch überall in Wetter an der Ruhr.

Alljährlich werden zum Internationalen Ruhrbike-Festival rund um den Harkortberg viele hundert Sportler erwartet. In den Rennen sind mehr als 254 Höhenmeter zu überwinden. Fast schon legendär und eine Herausforderung für alle Fahrer ist der Massenstart.

Super Stimmung beim Seefest in Wetter (Ruhr).
Die Veranstaltung ist die größte im Ort und jedes Jahr erneut ein absoluter Besuchermagnet.

Ebenso anspruchsvoll wie vergnüglich gestaltete sich für alle Teilnehmerinnen und Teilnehmer der Volmarsteiner Eselslauf.

Innovationsstandort an der Ruhr

Demag Cranes: Ein Krankomponentenwerk am Standort Wetter

Für Demag Cranes ist Wetter (Ruhr) ein Innovationsstandort.

High-Tech aus dem Ennepe-Ruhr-Kreis: Seit 1819 wurde in Wetter (Ruhr) Maschinenbau von höchster Qualität geleistet. Zunächst als Maschinenfabrik wurden hier im 19. Jahrhundert die Mechanischen Werkstätten Harkort und Co. gegründet. Im Laufe der nächsten zwei Jahrzehnte kristallisierte sich der Schwerpunkt und zukünftige Erfolgsgarant heraus: Die Spezialisierung auf Krane und Hebezeuge. Zu Beginn des 20. Jahrhunderts gingen Nachfolgegesellschaften der Mechanischen Werkstätten in der Deutschen Maschinenfabrik AG – der Demag AG – auf. Diese wurde zu Beginn der 1970er Jahre Teil des Mannesmann-Konzerns. Nach der Zerschlagung von Mannesmann im Jahr 2000 wurde das Krankomponentenwerk in Wetter nun Teil des Demag Cranes Konzerns, einem der weltweit führenden Anbieter von Industriekranen und Krankomponenten, Hafenkranen, Technologien zur Hafenautomatisierung sowie den dazugehörigen Services.

Knapp 200 Jahre nach der Gründung der Mechanischen Werkstätten ist Wetter der größte Produktionsstandort des Demag Cranes Konzerns. In den Produktionshallen werden Seil- und Kettenzüge, der »Bestseller« Kranbaukasten – ein modulares Kransystem – Radblöcke und Getriebe der Marke Demag gefertigt.

Wetter ist zudem ein Innovationsstandort im Demag Cranes Konzern. Hier werden die Produkte und Dienstleistungen im Industriekranbereich ständig weiterentwickelt: Unter anderem werden die speziell für den Kunden angepassten Prozesskrane mit eigens entwickelter Software aus Wetter ausgestattet. Zudem werden alle Generationen von Kranen, Hebezeugen und Antriebskomponenten zum großen Teil in Wetter entwickelt. Dabei setzt der Konzern bei seinen Produkten und Prozessen auf den höchstmöglichen Grad an Standardisierung und findet dabei erfolgreich die Balance zwischen Kundenwunsch und Wirtschaftlichkeit.

Demag Cranes in Wetter (Ruhr)

Hochwertige Komponenten aus Wetter (Ruhr)

Das Distributionszentrum ist zudem die Drehscheibe der internationalen Logistik des Konzerns, um Krankomponenten und Ersatzteile der deutschen Werke Wetter, Luisenthal und Uslar zu konfektionieren und an Kunden, die eigenen Landesgesellschaften und Vertretungen in über 100 Ländern zu verschicken.

Der Demag Cranes Standort Wetter ist einer der wichtigsten Arbeitgeber in der Region und beschäftigte Anfang 2011 knapp 1300 Mitarbeiterinnen und Mitarbeiter. Zudem bildet der Konzern auch an diesem Standort in kaufmännischen und gewerblichen Berufen aus. Anfang 2011 waren es knapp 120 Auszubildende und Praktikanten.

Die Innovations- und Ausbildungsfreude am Standort wurde belohnt: Im Mai 2010 gewann Demag Cranes im Industriewettbewerb »Die Beste Fabrik/Industrial Excellence Award 2010« den zweiten Platz. Eine internationale Jury zeichnete den Produktionsstandort Wetter mit dem Prädikat für exzellentes Produktionsmanagement aus.

Der Demag Cranes Konzern hat seinen Hauptsitz in Düsseldorf und produziert als globaler Anbieter in 16 Ländern auf fünf Kontinenten. Das Unternehmen betreibt über Tochtergesellschaften wie die Demag Cranes & Components GmbH und die Gottwald Port Technology GmbH, Vertretungen und ein Joint Venture ein weltweites Vertriebs- und Servicenetz mit Präsenz in mehr als 60 Ländern.

Beitrag von:
Demag Cranes & Components GmbH
Postfach 67 · 58286 Wetter
Ruhrstraße 28 · 58300 Wetter
Tel. (0 23 35) 9 20 · Fax (0 23 35) 92 76 76
info@demagcranes.com · www.demagcranes.de

Firma Näscher-SNV – Spezialist für Maschinenbau und Fördertechnik

Trommeln, Rollen und Walzen aus Wetter

»Die Kunden schätzen die Qualität unserer Produkte«, so Geschäftsführer Ralph Näscher. Gemeinsam mit seiner Frau Birgit Schwickerath-Näscher und Bernd Vorpahl führt er die Maschinenbaufirma in Wetter in der dritten Generation. Seit 1927 haben ein hohes Maß an Qualität und Zuverlässigkeit dazu geführt, dass Näscher-SNV zufriedene Kunden im Maschinenbau, der Stahl- und Kunststoffindustrie, dem Bergbau und anderen Branchen beliefert.

Das Qualitätsmanagement wurde bereits 1996 nach ISO 9001 zertifiziert. Für anspruchsvolle Aufgaben in der Schweißtechnik wurde die Firma nach DIN 18800-7 Klasse E (großer Schweißnachweis) und DIN EN 15085-2 (für die Bundesbahn) zugelassen.

Trommeln, Rollen und Walzen werden von erfahrenen Mitarbeitern für unterschiedliche Anwendungen konstruiert, gefertigt und nach ihrem Einsatz wieder instand gesetzt. Die Abmessungen können bis zu 3000 Millimeter Durchmesser, bis 6000 Millimeter Mantellänge und maximal 30 000 Kilogramm Stückgewicht betragen. Sie kommen weltweit in verschiedenen Branchen zum Einsatz. Nahezu alle Arten von Antriebs- und Umlenktrommeln oder Reinigungs-, Scheiben-, Stab-, und Seiltrommeln werden hergestellt.

Die Einsatzgebiete sind vielfältig. Für viele Arten von Schüttgütern und Produkten werden komplette Gurtförderanlagen konstruiert und gefertigt. Diese laufen zum Beispiel in Recyclinganlagen, in der Stahlindustrie, in Gießereien oder in der Sand- und Kiesindustrie. Für die keramische Industrie stellt Näscher-SNV Kastenbeschicker und Stahlschuppentransporteure. Dabei hat das

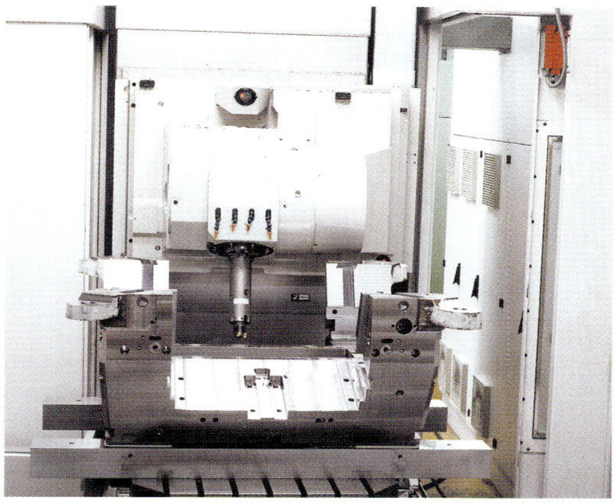

5-Achsen Bearbeitungszentrum

Ersatzteilgeschäft für diese Maschinentypen, speziell auch für Aggregate anderer Hersteller, große Bedeutung. Stahlplattenbänder, die in unterschiedlichen Branchen Anwendung finden, werden ebenso gefertigt. Für fast jeden Bedarf gibt es passende, bedarfsgerechte Lösungen je nach Kundenwunsch. Die lange Lebensdauer der Anlagen wird von den Anwendern sehr geschätzt.

Eine Stärke ist das Fertigungs-Know-how im Maschinenbau. Die hohe Fertigungstiefe, die Qualifikation in der Schweißtechnik und die Vielseitigkeit der Mitarbeiter bieten die besten Voraussetzungen für die Fertigung unterschiedlichster Produkte für verschiedene Branchen. Nach Kundenzeichnungen werden gefertigt: Schweißkonstruktionen, einbaufertige Maschinen- und Anlagenkomponenten bis zur kompletten Maschine. In Kooperation mit der Fachfirma GvD in Wetter ist die Lieferung inklusive elektrischer Installation gewährleistet. Von der fachkundigen Beratung bis zur termingerechten Lieferung erhalten die Kunden alle Leistungen komplett aus einer Hand.

Es stehen große Fertigungshallen mit Krankapazitäten bis 40 Tonnen zur Verfügung. In der Dreherei können Wellen bis vier Meter Länge auf einer modernen CNC-Maschine gedreht werden. Werkstücke bis zehn Meter Länge, über zwei Meter Durchmesser und bis zu 30 Tonnen Stückgewicht werden auf der größten konventionellen Drehmaschine mit hoher Genauigkeit gefertigt. Auf verschiedenen CNC-gesteuerten Bohr- und Fräsmaschinen ist die Bearbeitung sowohl von kleineren als auch von Werkstücken bis zu zwölf Tonnen Stückgewicht möglich. Im Jahr 2011 wurde ein modernes Bearbeitungszentrum in Betrieb genommen. In fünf Achsen können selbst komplizierte Werkstücke sehr präzise gefertigt werden. Dies sorgt für eine wirtschaftliche Fertigung mit einer breiten Palette von Möglichkeiten.

»Mit unserer Belegschaft von 50 langjährigen Mitarbeitern sind wir ein typischer Familienbetrieb«, so Birgit Schwickerath-Näscher, die Geschäftsführerin des Unternehmens. »Uns liegt das Wohl aller unserer Mitarbeiter sehr am Herzen«.

Großdrehmaschine mit Antriebstrommel

Sondermaschinenbau: Bundentnahmegerüst

Näscher SNV

Beitrag von:
Näscher-SNV GmbH
Nordstraße 7–9 · 58300 Wetter
Tel. (0 23 35) 9 79 90 · Fax (0 23 35) 97 90 29
info@naescher-snv.de · www.naescher-snv.de

Freiheit und Burg prägten die Wetteraner Geschichte

Steinkohlebergbau und Schlossindustrie sorgten für wirtschaftliche Blütezeiten

Ein Blick in die Wetteraner Geschichte lohnt und gestaltet sich ebenso spannend wie abwechslungsreich. Bereits um 1080 wurde die Kirche in Wengern vom Kölner Erzbischof Segevinus zur Pfarrkirche erhoben. Insgesamt blieb Wengern mit seinen umliegenden Bauernschaften Albringhausen, Esborn und Voßhöfen natürlich eine ländlich orientierte Gemeinde, die erst im 20. Jahrhundert mit der Industrialisierung konfrontiert worden ist.

Der Kölner Erzbischof Friedrich I. von Schwarzenburg errichtete die Burg Volmarstein im Jahr 1100, um seine Machtansprüche in Westfalen zu untermauern und an die Adelslinie Volmestein (Volmudestede) als Lehen zu übertragen. Mit der Burg als zentralem Punkt der kölnischen Freigrafschaft und dem kölnischen Gogericht Hagen-Schwelm sicherte sich der Erzbischof den Zugang nach Westfalen.

Im Beinamen der Ritter Bruno und Friedrich erschien 1214 zum ersten Mal die Ortsbezeichnung »Wetter«. Zwischen 1250 und 1274 wurde von den Grafen von der Mark die Burg Wetter wohl hauptsächlich als märkischer Vorposten gegen das kurkölnische Volmarstein (mit der Burg Volmarstein) errichtet. Aus dem Jahr 1214 stammt die älteste Urkunde über den »Edelsitz Wetter«.

Das Femegericht Volmarstein

Von besonderer Bedeutung im ausgehenden Mittelalter war dann das Femegericht Volmarstein, dessen Gerichtsbezirksgrenzen mit dem heutigen Ennepe-Ruhr-Kreis und der Stadt Hagen nahezu identisch sind. Die Tätigkeit jenes Gerichtes kann bis zum Ende des 13. Jahrhunderts verfolgt werden. Während das Femegericht noch immer mit mystischen Vorstellungen eines »heimlichen« Gerichts umrankt ist, war die Hauptaufgabe dieses Volmarsteiner Gerichts offensichtlich die Beglaubigung von Eigentumsübertragungen.

Das Bildnis des Freiherr vom Stein am Rathaus Wetter (Ruhr)

Die Freiheit in Alt-Wetter vom gegenüber liegenden Ufer aus gesehen

Die Lutherkirche in Wetter (Ruhr)

Um die kurkölnische Burg Volmarstein entstand zunächst eine bäuerliche Siedlung, die schon ab 1307 mit dem Begriff »Stadt« gekennzeichnet wurde. Eine Fälschung des Freiheitsprivilegs für Volmarstein datiert auf 1342/1347. Urkundlich können Bürgermeister der Freiheit Volmarstein ab 1563 belegt werden.

1324 zerstörte Graf Engelbert III. die Burg Volmarstein, ehe 1355 Wetter das Freiheitsprivileg erhielt. Das bedeutete hauptsächlich eine kommunale Selbstverwaltung, eine begrenzte örtliche Gerichtsbarkeit mit der Lösung vom gräflichen Gericht und das Recht zur Bürgermeisterwahl. Schon zu dieser Zeit war die Freiheit mit einer Ringmauer umgeben, in die zwei Tore führten, von denen das zur Ruhr hin gelegene, von alters her »Waterporte« genannt, noch heute unter dem Haus Burgstraße 26, dem Burgmannensitz der Familie von Boele, zu sehen ist.

Eine Wiege des Bergbaus an der Ruhr liegt in der ehemaligen Freigrafschaft Volmarstein, in der seit Mitte des 16. Jahrhunderts Steinkohle abgebaut wurde. 1645 betrieb Thönies Steinhaus zum Besten der Kirche in Wengern Steinkohleabbau im Steinhauser Grund. Die Überreste des frühen Steinkohlenbergbaus an der mittleren Ruhr sind im Gebiet zwischen Volmarstein und Wengern noch an den Mundlöchern, Lochsteinen und Erbstollen, die zur Wasserhaltung der Gruben dienten, als Bau- und Bodendenkmäler erhalten. Zur Hebung der Wirtschaft siedelte der Kurfürst von Brandenburg um 1661 Messerschmiede aus dem Raum Solingen in Wetter, in Oberwengern und auf dem benachbarten Gut Hülsberg an.

Um die Mitte des 18. Jahrhunderts entwickelte sich in Volmarstein die heute weltweit bekannte und geschätzte Schlossindustrie, zu jener Zeit jedoch noch als rein handwerklich aufgebaute Produktion. Die Herstellung der Schlösser in Heimarbeit und die überkommenen handwerklichen Strukturen Volmarsteins stießen mit dem Aufkommen der maschinellen Fertigungsmethoden, besonders der Einführung der Spindelpresse, auf inneren Widerstand. Dieser entlud sich im Revolutionsjahr 1848 mit der Zertrümmerung einer Spindelpresse in der Lohmannschen Fabrik in Voerde, in einer gemilderten Art von Maschinensturm. Später als in den Konkurrenzbetrieben wurde dann auch in Volmarstein Maschinenkraft bei der Schlossproduktion eingesetzt.

Das Fuhrgeschäft als Haupteinnahmequelle

Neben der Schlossherstellung war das Fuhrgeschäft eine Haupteinnahmequelle der Bewohner von Volmarstein und Grundschöttel an einer für die regionale Wirtschaft entscheidenden Stelle, einem Übergang zwischen der Roheisen herstellenden »Ennepestraße«, den Kohlenzechen des bergisch-märkischen Hügellandes und den eisenverarbeitenden Betrieben des Ruhrtals. Neben den für das Fuhrgeschäft notwendigen Pferden wurde auf den steil ansteigenden Pfaden des namenlosen Höhenzugs zwischen Ruhr und Ennepe, besonders auch auf der alten Kohlenstraße durch Grundschöttel, der Esel als Transporttier eingesetzt. Seither ist der »Volmarsteiner Esel« ein weithin bekanntes Symbol.

1809 verlor Wetter durch die napoleonischen Verwaltungsreformen seine Stadtrechte. Zehn Jahre später kaufte Friedrich Harkort die Burg und das Bergamt Wetter errichtete die »Mechanische Werkstätte Harkort & Co.«.

1909, fünf Jahre nach der Gründung der »Volmarsteiner Anstalten« durch Pastor Franz Arndt, erhielt Wetter von Kaiser Wilhelm II., wieder die Stadtrechte und das Rathaus wurde fertig gestellt. Eine Sanierung der Freiheit war bereits 1920 erwogen worden. Sie konnte jedoch erst 1957 begonnen werden, als eine der ersten großflächig angelegten Sanierungsmaßnahmen in der Bundesrepublik. Nach Abschluss der Freiheitsanierung 1986 war aus dem Vorort des deutschen Maschinenbaus eine Freizeit- und Wohnlandschaft entstanden, die Raum für die individuelle Lebensgestaltung bietet. 1970 legten die Verantwortlichen Wetter, Volmarstein, Wengern und Esborn zur neuen Stadt Wetter (Ruhr) zusammen.

Das Rathaus von Wetter (Ruhr).
Die Stadt erhielt in der Vergangenheit gleich zwei Mal die Stadtrechte.

Blick zurück gen Turm

Blick in die Ferne

Er grüßt vom Harkortberg in Alt-Wetter aus in weite Ferne. Am 19. Oktober 1884 wurde der mit privaten Spendenmitteln finanzierte, 35 Meter hohe Harkortturm, kurz nach dessen Tod zur Erinnerung an den Industrie-Pionier und Politiker Friedrich Harkort (1793 bis 1880) erbaut. Wer die 130 Stufen nach oben schafft, darf sich auf der kleinen Aussichtsplattform über einen ausgezeichneten Fernblick über den Harkortsee bis ins Sauerland freuen.

An seinem Fuß befand sich ganz früher ein Restaurant mit Pavillon und Biergarten. Am 1. Juni 1907 wurden die Gebäude und das drei Hektar große Gelände an die Gemeinde Wetter übertragen. Der Turm selbst steht seit dem 20. Dezember 1984 unter Denkmalschutz. Er wurde 2009 zum 125. Jubiläum saniert. Seit Anfang 2011 wird der Turm in der Route der Industriekultur geführt.

Der 1884 errichtete Harkortturm

Der Leimkasten ist das zweitälteste Haus im Ort

Geschichte von Wengern geprägt von der Geschichte der Kirche

Auch Wengern ist alt. Die Siedlung wurde bereits um 800, zur Zeit Karls des Großen, unter dem Namen »Wyngern« genannt. 1003 wurde Wengern dann erstmals urkundlich erwähnt. Fast 1200 Jahre später, am 1. Januar 1970, erfolgte schließlich die Eingemeindung in die Stadt Wetter (Ruhr).

Die heute evangelische Kirche geht in ihren Ursprüngen auf die Romanik des 11. Jahrhunderts zurück. Sie wurde erstmals 1246 urkundlich genannt und war dem heiligen Liborius geweiht, ab 1543 trat ihre Kirchengemeinde geschlossen der Reformation bei. Der Kirchenname hielt sich allerdings noch lange; der Name Liboriuskirche taucht erst 1792 das letzte Mal in den Kirchenbüchern auf. Heute trägt die katholische Kirche des Ortes diesen Namen.

1743 wurde auf den Kirchturm ein Helm aufgesetzt, 1891 die Kirche gründlich erneuert. Das Kirchenschiff wurde umgebaut und Querschiffe hinzugefügt. Die Verzierungen des Altars wurden bei dieser Gelegenheit zu Teilen entfernt. In den folgenden Jahren erneuerten die Verantwortlichen das Bauwerk grundlegend. Bei dieser Gelegenheit fand man im Westwerk insgesamt fünf Totenschädel, die man in das Mauerwerk sichtbar eingemauert hatte. Zeitlich lässt sich dieser einmalige Fund nicht ohne weiteres zuordnen, die fünf Nischen für die Totenschädel sind aber offen und sichtbar geblieben. Die Überlegungen der Historiker gehen in Richtung einer besonderen Form des Memento mori.

Die Innenausstattung der Kirche in Wengern ist in den Jahrhunderten ihres Bestehens gewachsen. Der Taufstein stammt aus der Romanik, der geschnitzte Altar von 1714. Die Kanzel wurde zur gleichen Zeit in die Kirche eingebaut. Der wertvollste Teil ist ein romanisches Triumpfkreuz direkt über dem Altar. Das Uhrwerk im Kirchturm wurde erst 1972 eingebaut, zuvor befand es sich im Wetteraner Rathaus. Die älteste Glocke heißt der »Kleine Anton« und wurde 1521 gegossen.

Der so genannte Leimkasten in Wengern wurde bereits 1541 erbaut. Da das Gebäude Inschriften in deutsch, hebräisch, lateinisch und griechisch aufweist, nehmen die Historiker an, dass das Gebäude früher zur Dorfkirche Wengern gehörte. Das Haus erhielt den Namen Leimkasten von der dort tagenden Studentenvereinigung Leimkasten. Das war vor 1914. Der Leimkasten ist das zweitälteste Haus Wengerns und wurde 1954 unter Denkmalschutz gestellt.

Der Leimkasten ist das zweitälteste Haus im Stadtteil Wengern.

Das Zentrum von Wengern aus der Vogelperspektive mit der bedeutenden Kirche im Vordergrund

Der Eisenbahn-Viadukt in Wetter-Wengern über der Elbsche

Deutschland verdankt sein bedeutendstes Kochbuch einer Wetteranerin

Henriette-Davidis-Museum gibt eindrucksvolle Einblicke in eine vergangene Epoche

Landrat Dr. Arnim Brux formulierte es so: »Folgt man den ganzen Koch-Shows im Fernsehen, den Dinners und Promi-Dinners, so ist dieses Thema en vogue wie selten zuvor. Daher können wir im Ennepe-Ruhr-Kreis stolz darauf sein, dass – bevor es all die Lafers, Mälzers, Schuhbecks, Witzigmanns oder Sarah Wiener und einen Herrn Kerner gab – eine Wetteranerin im 19. Jahrhundert Kochgeschichte geschrieben hat. Und das Henriette-Davidis-Museum im ›Mühlchen‹ ist sicherlich ein Kleinod, das zur Attraktivität des Ruhrtals beiträgt und ein Alleinstellungsmerkmal darstellt.«

Eigentlich reicht das schon, um den Besuch des Museums, das Deutschlands berühmtester Kochbuchautorin in ihrer Heimatstadt gewidmet ist, lohnend erscheinen zu lassen. Seit 2004 ist das Museum im Mühlchen, einem kleinen Fachwerkhaus aus dem Jahre 1801 (Geburtsjahr der Kochbuchautorin), beheimatet. Neben 700 Davidis-Büchern wird in sechs Räumen mit unterschiedlichen Themen das biedermeierliche Leben dargestellt. Neben einer alten Küche, alten Haushaltsgeräten, einer alten Kinderküche, Kinderspielzeug, Gartengeräten, Geräten der Heilkunde und einer Dienstbotenkammer, werden auch zahlreiche Kuriosa der Zeit, zum Beispiel eine Flohfalle, ausgestellt.

Henriette Davidis lebte von 1801 bis 1874. Obwohl zu ihrer Zeit bereits etliche ähnliche Kochbücher erschienen waren und unter anderem das »Allgemeine deutsche Kochbuch für bürgerliche Haushaltungen« von Sophie Wilhelmine Scheibler mehrfach neu aufgelegt wurde, entwickelte sich das »Praktische Kochbuch« aus ihrer Feder zu dem Kochbuch des späten 19. und frühen 20. Jahrhunderts, das zur Grundausstattung vieler deutscher Haushalte gehörte. Viele Familien vererbten das »Praktische Kochbuch« von Generation zu Generation weiter.

Das Kochbuch war jedoch nur ein Teil des umfassenden Erziehungs- und Bildungsprogramms, das Henriette Davidis für Mädchen und Frauen konzipierte. Von der Puppenköchin über die junge unverheiratete Frau bis zur Hausfrau mit eigener Verantwortung für Haushalt und Personal boten Henriette Davidis' Bücher sich als Lehrbücher und Nachschlagewerke an. Dahinter stand wohl die Erkenntnis, dass die Tätigkeit der Hausfrau ein eigener anspruchsvoller Beruf war, auf den die jungen Frauen des neu entstehenden Bürgertums oft nur unzureichend vorbereitet waren.

Davidis war, während sie ihre Bücher verfasste, selbst als Hauswirtschaftslehrerin, Erzieherin und Gouvernante, später dann aber »nur noch« als Autorin tätig. Obwohl ihre Bücher, insbesondere das »Praktische Kochbuch«, das im Jahr ihres Todes bereits in 21. Auflage erschien, schon zu ihren Lebzeiten sehr erfolgreich waren, konnte sie von den Erträgen nur ein eher bescheidenes Leben führen und bezog erst im Alter von 74 Jahren eine eigene Wohnung.

Henriette Davidis um 1860

Auch ganz ganz junge Hausfrauen haben Spaß im Davidis-Museum in Wengern.

Auch im Henriette-Davidis-Museum steckt der Zauber im Detail.

Der Vater des Ruhrgebiets

Deutschlands großer Industriepionier Friedrich Harkort in Wetter (Ruhr)

Friedrich Harkort, etwa 1820

Friedrich Wilhelm Harkort (22. Februar 1793 bis 6. März 1880), der »Vater des Ruhrgebiets«, war ein besonders in seinen Anfängen in Wetter (Ruhr) wirkender Unternehmer und Politiker in der Frühzeit der industriellen Revolution. Sein unternehmerisches Wirken war besonders von technischen und sozialen Pionierleistungen geprägt. Nachdem er einen Kupferhammer und eine Gerberei geleitet hatte, gründete er 1819 zusammen mit dem Elberfelder Kaufmann und Bankier Kamp und dem englischen Ingenieur Thomas die »Mechanischen Werkstätten« für Dampf- und Textilmaschinenbau in der Freiheit Wetter.

Bedeutend war jedoch ganz besonders auch sein politisches Wirken. 1848 wurde Friedrich Harkort Abgeordneter in der preußischen Nationalversammlung. Während er in den Revolutionsjahren antirevolutionäre bürgerliche Rechte vertrat, gehörte er später zu den liberalen Linken des Abgeordnetenhauses. Zu seinen Spezialgebieten gehörten Verkehrs- und Sozialfragen, Schul- und Bildungspolitik. Auch als politischer Publizist hatte er sich einen Namen gemacht. Harkort entwickelte ein Modell zur sozialen Integration eines neuen »Vierten Standes«, der späteren Arbeiterschicht, in die Gesellschaft.

Der Industriepionier in gesetztem Alter

Harkort glaubte fest an den Fortschritt in Technik, Wirtschaft und Politik und sah als dessen Grundlage die bürgerliche Freiheit und die echte Liberalität in Staat, Wirtschaft und Gesellschaft. Er stand für bürgerliches Selbstbewusstsein, Verantwortungsbereitschaft gegenüber Volk und Staat.

Erstes Eisenindustriewerk in Westfalen

Gemeinsam mit seinem Bruder Gustav gründete er in den Anfängen eine Firma, die Spedition und Kommission betrieb und mit englischen Garnen handelte. Die preußischen Behörden förderten Harkorts Werk als erstes Eisenindustriewerk in Westfalen und als eine der ersten Maschinenbaufirmen im Ruhrgebiet, denn dieses profitierte von den Wasserhaltungsmaschinen für den aufstrebenden Bergbau an der Ruhr. Aus Harkorts Unternehmen ging später die Demag in Wetter (Ruhr) hervor. Zu seinen Frühtaten auf sozialem Gebiet gehörte innerhalb seines Unternehmens die Schaffung einer Betriebskrankenkasse nach dem Vorbild der Berggewerkschaftskassen.

Harkorts Überlegungen als Unternehmer galten vor allem dem Fernverkehr, denn für den einheimischen Bergbau besaßen Harkort und sein Unternehmen im Jahre 1829 bereits eine Produktionskapazität von einer Million Pfund Schienen. 1828 gründete Friedrich Harkort gemeinsam mit Partnern die erste Eisenbahn-Aktiengesellschaft auf deutschem Boden – die Prinz-Wilhelm-Eisenbahn-Gesellschaft.

Als Reichstagsabgeordneter forderte Harkort für die Arbeiter feste Anstellungen und feste Löhne. Auch schlug er eine »Gewinnbeteiligung der Arbeiter« vor und forderte ein »Verbot aller Kinderarbeit«. Ab 1856 wurden nach seinen Forderungen Unterstützungskassen für Arbeiter und Handwerker eingerichtet. Bekannt ist heute noch seine Schrift »Über die soziale Frage«.

Friedrich Harkort starb 1880 in Hombruch.

Gedenkstein am 1884 erbauten Wetteraner Harkortturm

Burg Wetter als Vorposten gegen die Kurkölnischen

Friedrich Harkort nutzte den Komplex im 19. Jahrhundert für seine »Mechanischen Werkstätten«

Burg Wetter gehörte einst zu den bedeutendsten Burgen des gesamten Ruhrtals. Die Ruine liegt in der Nähe des Wetteraner Rathauses im Bereich der historischen Freiheit. Die märkischen Grafen verwalteten früher von hier aus ihre Besitzungen an der Ruhr.

In den Urkunden erscheint die Ortsbezeichnung Wetter in Zusammenhang mit der Nennung der Ritter Bruno und Friedrich zum ersten Mal 1214. Die Burg wurde 1250 bis 1274 von den Grafen von der Mark als Vorposten gegen die kurkölnische Burg Volmarstein errichtet. Graf Engelbert I. von der Mark vermachte die Burg am 28. Januar 1274 als Hochzeitsgeschenk seinem Sohn Graf Eberhard I. von der Mark. Von der Burg Wetter aus wurden ab 1300 das Amt Wetter und ab 1324 auch Volmarstein verwaltet. Freiheit und Dorf, die eine Verwaltungseinheit bildeten, erhielten 1355 das Freiheitsprivileg. Das bedeutete eine kommunale Selbstverwaltung, eine begrenzte örtliche Gerichtsbarkeit und das Recht zur Bürgermeisterwahl.

Wunderschöne historische Fachwerkbauten in der Freiheit Wetter

Burg Wetter heute

Turm der Burg Wetter

Während der Soester Fehde von 1444 bis 1449 wurde der märkische Amtmann Craft Stecken auf der Burg von kölnischen und böhmischen Verbänden belagert. Ab dem 16. Jahrhundert verfiel die Burg wegen mangelnder Nutzung zunehmend.

Mit der Einrichtung des Kleve-Märkischen Bergamtes in der Freiheit Wetter bekam der Ort entscheidende Impulse für seine weitere Zukunft, besonders, nachdem Heinrich Friedrich Karl Freiherr vom Stein 1784 Bergamtsdirektor wurde. Nach der Verlegung des Bergamtes nach Bochum gründete Friedrich Harkort 1818 in der leerstehenden Burg mit Heinrich Kamp und mit Hilfe des englischen Technikers Edward Thomas die Mechanischen Werkstätten Harkort & Co., eine der ersten Maschinenbaufirmen im Ruhrgebiet. Die Fabrik produzierte neben Dampfmaschinen auch Gasbeleuchtungsapparate. Das Unternehmen firmierte 1824 zu »Harkort, Thomas & Co« um. Von den Fabriken ist heute leider nichts mehr zu sehen.

Der ebenerdige Eingang des Burgturms wurde erst in der Neuzeit hinzugefügt. Ein Besuch der Burgruine ist zumeist mit der Erkundung des benachbarten Fachwerkviertels, der Freiheit, mit seinen vielen historisch bedeutsamen Häusern verbunden. Unter anderem befindet sich dort auch das Wohnhaus von Friedrich Harkort, das heute als Stadtarchiv benutzt wird.

Teile der Burgruine sind frei zugänglich, insbesondere ein Nebenturm als beliebter Aussichtspunkt hoch über dem Harkortsee. Der Bergfried und die Reste des Wohngebäudes (Palas) sind hingegen nicht für die Öffentlichkeit zugänglich.

In der Burgruine

Volmarstein war bereits 1307 Stadt –
Burg in ihrer Geschichte mehrmals zerstört

Einst wurde von Burg Volmarstein auch Hagen verwaltet

Der gespaltene Turm ist das Symbol des Burgbergs.

Burg Volmarstein, hoch über dem Ruhrtal gelegen, ist bereits 900 Jahre alt. Sie wurde im Jahr 1100 vom Kölner Erzbischof Friedrich I. von Schwarzenburg errichtet, der damit seine Machtansprüche in Westfalen untermauern wollte. Die Burg schützte die »Erzbischöfliche Schutzgeleitstraße« von Ennepetal nach Soest. Bis in das 14. Jahrhundert ist die Burg der Verwaltungsmittelpunkt für die Herrschaft Volmarstein, zu der zum Beispiel auch Hagen gehörte. 1134 wurde mit Heinrich I. zum ersten Mal ein Vertreter der »Herren von Volmestein« urkundlich erwähnt. Um die kurkölnische Burg Volmarstein entstand zunächst eine bäuerliche Siedlung, die schon ab 1307 mit dem Begriff »Stadt« gekennzeichnet wurde.

Nach der Schlacht von Worringen 1288 belagerte Graf Eberhard I. von der Mark die Burg und zerstörte sie sogar teilweise. Nach einer Aussöhnung wurde sie 1289 wiederhergestellt. Zu Beginn des 14. Jahrhunderts ereigneten sich lange Jahre dauernde Machtkämpfe mit Münster um einige märkische Grafschaftsrechte. 1314 wurde Gottfried von Sayn der Herr von Burg Volmarstein. Da das Lehen »Volmarstein« (Volmestein) an der Grenze des Bischoftums und der Grafschaft Mark lag, wechselten die Besitztümer durch die politischen Machtkämpfe wieder zu Kurköln. Aufgrund einer Fehde der beiden Kontrahenten wurde die Burg Volmarstein mit der gleichnamigen Freigrafschaft 1324 zerstört. Es kam zur Gefangennahme des Bischofs bei Methler durch Engelbert II. von der Mark. Nach jener Aussöhnung wurde die Burg erneut wieder errichtet.

Im 14. und 15. Jahrhundert schienen die Grafen von Kleve/Mark die Burg Volmarstein nur noch zeitweise genutzt zu haben, zuletzt um 1525 vom Herzog Johann von Kleve-Mark, bevor sie im 16. Jahrhundert langsam verfiel.

Vom Burgberg bietet sich ein traumhafter Blick über das Ruhrtal und die Stadt Wetter.

Durch einen großen Brand wurde das Dorf Volmarstein samt Burg 1754 zerstört. Von dem historisch bedeutsamen Bauwerk blieben nur noch Trümmer übrig. Die Anwohner nutzten die Steine der Burg zum Wiederaufbau ihrer Häuser.

1819 ging die Ruine in den Besitz von Graf Philipp von der Recke-Volmarstein über, der in der Zeit von 1822 bis 1854 auf seine Kosten erhebliche Sanierungsarbeiten startete. So entstand auch die Mauerstütze am gespaltenen Turm, dem Symbol des Burgbergs. Am 24. Juni 1830 hatte ein heftiger Orkan die Hälfte des Ostturms zerstört.

Die Burgruine Volmarstein

Die Herren von der Recke-Volmerstein beanspruchten und behielten ihren Besitz in Volmarstein und die dazugehörige Lehnskammer, die zu den reichsten Westfalens zählte, bis ins 19. Jahrhundert und veräußerten ihren Volmarsteiner Besitz erst im 20. Jahrhundert. Die Burgruine Volmarstein befindet sich bis heute im Eigentum der Grafen von der Recke von Volmerstein.

Der Ort Volmarstein bestand schon, als die Burg errichtet wurde.

Ort Volmarstein älter als die Burg

Die »Ansiedlung« Volmarstein ist übrigens noch älter als die Burg selbst. Das Dorf Volmarstein auf der »Höhe an der Volme« fand nämlich bereits im Jahr 1047 urkundliche Erwähnung. Eine Befestigung sorgte dafür, dass die Siedlung entscheidend an Bedeutung gewann und früh die Stadtrechte erhielt. Erst der verheerende Brand 1754 vernichtete auch das Dorf. Wie erwähnt, benutzten die Bürger die Burgruine als Steinbruch und besiegelten so endgültig das Schicksal der Burg Volmarstein.

Die Burgruine Volmarstein ist heute ein beliebtes Ausflugsziel. Die Wege hinauf sind bestens ausgebaut. Von der Burg aus haben die Besucherinnen und Besucher einen wunderbaren Panoramablick auf die Stadt Wetter und den Ort Volmarstein.

Eine steinerne Hinweistafel am einzigen noch halb erhaltenen Turm der Ruine weist auf zwei wichtige Daten der Burggeschichte hin. Sie trägt die Inschrift: »Diese im Jahr 1100 von dem Erzbischof von Köln erbaute und von den Herren von Volmarstein bewohnte Burg wurde 1324 von dem Grafen von der Mark erobert und zerstört.«

Die zweite Tafel erinnert an den Nachkommen der Familie Volmarstein, der im Deutsch-Französischen Krieg 1870 gefallen ist. Die Inschrift lautet: »Von den Nachkommen des auf dieser Burg einst blühenden Geschlechts fiel ruhmvoll am 18. August 1870 bei St. Privat der Graf Siegfried von der Recke-Volmarstein. Pr. Lieutnant im 3. Garde-Gren.-Reg. Königin Elisabeth.«

Jährlich finden im Sommer einige Veranstaltungen wie »Irish-Folk-Festival« und »Rock auf der Burg« statt.

Traumhaftes Ambiente hoch über dem Ruhrtal

Burghotel Volmarstein ist seit dem 17. Jahrhundert in Familienbesitz

Oberhalb der Stadt Wetter (Ruhr) finden die Besucher am Fuße der Burgruine Volmarstein das Burghotel. Von dort aus bietet sich ihnen ein fantastischer Blick über das Ruhrtal. Modern eingerichtete Tagungs- und komfortable Restaurationsräume, die Sonnenterrasse, der Biergarten und eine gemütliche Burgschänke sorgen für ein perfektes Ambiente. Der Komfort in den 35 Zimmern, die insgesamt 50 Gästen Raum bieten, genügt gehobenen Ansprüchen. Das Speisen- und Getränkeangebot ist regionaltypisch und variiert saisonal.

Im Eingangsbereich

Das Burghotel-Team um Hotelier Peter Vorberg, der das Haus seit 1975 führt, bietet seinen Gästen den perfekten Rahmen für gepflegte Abende jeglicher Art und für Tagungen. Geschlossene Veranstaltungen in einem der drei unterschiedlich großen Räume sind im Burghotel für Gruppen ab 30 Personen möglich.

Die alten Grund- und Umfassungsmauern der Gebäude des heutigen Burghotel Volmarstein und die Lage am Fuß der Burgruinen dokumentieren die Zugehörigkeit zur historischen Anlage. Ein Teil der heutigen Rezeption ist beispielsweise 400 Jahre alt. Seit 1642 im Besitz der Familie, arbeiteten viele Vorbergs im 17. und 18. Jahrhundert als Schloss- und Messerschmiede. Später fungierten einige Familienangehörige als Bürgermeister, andere waren Pferdehändler oder Standesbeamte.

Die gastronomischen Anfänge gehen mit der Einrichtung einer Poststation in der ersten Hälfte des 19. Jahrhunderts einher. Die damalige »Kutscherstube« bot bereits Übernachtungsmöglichkeiten.

Das Burghotel Volmarstein

Innerhalb der Burgruine war ein Verkaufsstand und es erfolgte der Ausbau von Terrassen, Restaurationsräumen und Zimmern für »Sommerfrischler«. Der Bau der Eisenbahnlinie am Fuße des Burgbergs in den 1880er Jahren sorgte für jede Menge Ausflugsverkehr.

Beitrag von:
Burghotel Volmarstein
Am Vorberg 12 · 58300 Wetter
Tel. (0 23 35) 9 66 10 · Fax (0 23 35) 65 66
reception@burghotel-volmarstein.de
www.burghotel-volmarstein.de

Witten im Überblick

Quelle: RVR, Essen

Willkommen in Witten

In Burgaltendorf an der Ruhr – vormals EN-Kreis – geboren, in Bochum studiert, in Hagen ins Berufsleben eingestiegen, war ich dem EN-Kreis immer nahe, bevor ich vor nun über zehn Jahren nach Witten kam und damit zur überzeugten Bürgerin des EN-Kreises wurde. Überzeugt? Ich will Ihnen sagen, warum.

Zunächst ist es die Landschaft. Mit ihren waldreichen Hügeln entlang der Ruhr und ihren Nebenflüssen, den grünen Wiesen und fruchtbaren Äckern muss die Region einen Vergleich mit anderen Freizeit- und Urlaubsgebieten nicht scheuen. Nicht umsonst gibt es im Volksmund Landschaftsbezeichnungen wie Elfringhauser oder Dürener Schweiz. Findige Zeitgenossen bieten gleich dazu die passenden gastronomischen Angebote: Weißwurst, Brezen und Jausenbrot auf der Klütinger Alm in Breckerfeld oder in der Bayernklause in Witten.

In Witten

Die Region muss aber gar nicht imitieren! Natur und Landschaft sind das eine – gepaart mit der Industriegeschichte insbesondere in den nördlichen Städten des EN-Kreises – ist die Region einzigartig!

Gerade in Witten verbinden sich Landschaftserlebnis und Industriegeschichte auf ideale Weise. Wer sich aufmacht ins Muttental, findet inmitten eines beliebten Naherholungsgebietes zahlreiche Zeugnisse einer jahrhundertealten Bergbautradition. Zeche Nachtigall mit dem Besucherbergwerk ist dabei nur eine Attraktion. Gleich nebenan verläuft der erst wenige Jahre alte Ruhrtalradweg. An der Schleuse Herbede queren die Radler per Fähre den Fluss, bevor sie im königlichen Schleusenwärterhaus zur Rast einkehren können.

Zusammen mit den lange eingeführten Freizeitzielen Hohenstein und Kemnader See versprechen diese touristischen Anziehungspunkte nicht nur einen angenehmen und interessanten Aufenthalt. Sie machen auch deutlich, dass der oft zitierte Strukturwandel de facto stattfindet: augenfällig im Tourismus, mit einem Stück weniger Aufmerksamkeit versehen in den Bereichen des täglichen Wirtschaftens.

Rathaus Witten

Seit den Zeiten der Industrialisierung ist Witten ein bedeutender Standort der Metallerzeugung und -verarbeitung, ergänzt durch namhafte Betriebe der Elektrotechnik und der Chemiebranche. Sie konnten ihr Standing auch unter den Bedingungen der Globalisierung sichern und repräsentieren heute außergewöhnliche Kompetenzen: Oftmals Weltmarktführer, weisen sie Exportquoten von über 50 Prozent aus!

In gemeinsamer Anstrengung von Stadt Witten und dem Land NRW ist es gelungen, Witten als zukunftsorientierten Standort der Gesundheitswirtschaft zu positionieren. Mit der Privatuniversität Witten-Herdecke als Impulsgeber haben sich 1996 das Forschungs- und Entwicklungszentrum (FEZ) und 2008 das Zahnmedizinisch-Biowissenschaftliche Forschungs- und Entwicklungszentrum (ZBZ) gegründet. Sie werden in Zukunft die Entwicklung eines ökonomisch und arbeitsmarktpolitisch relevanten Wirtschaftszweigs forcieren, der bereits heute in 260 Betrieben des Gesundheits- und Sozialwesens 3800 Menschen Beschäftigung bietet.

Der EN-Kreis hat viele Potenziale. Er ist eine spannende, abwechslungsreiche Region, in der viel zu entdecken ist. Dieses Buch wird Ihnen Anregungen geben, den EN-Kreis mit all seinen Facetten kennen zu lernen. Ich bin überzeugt, dass Sie Tipps für ihre ganz persönlichen Vorlieben finden werden und wünsche Ihnen bei der Lektüre viel Spaß.

Sonja Leidemann
Bürgermeisterin

An der Wiege des Kohlenpotts finden heute Angler ihr Paradies

Witten: Industriestandort mit einem Hang zu innovativen Produkten

Im Juli des Jahres 1924 wurde das Hauptgebäude des Rathauses endgültig seiner Bestimmung übergeben. Im gleichen Monat begannen die Bauarbeiten des prägnanten Turms, der zusammen mit der gegenüberliegenden Johanniskirche seit seiner Fertigstellung das Gesicht von Witten-Mitte und damit der Wittener Innenstadt prägt.

Aus der City hinaus Richtung Muttental zu fahren, kann schon mal abenteuerlich werden. Der Autor hat's mehrmals gemacht. Um zu gucken, zu entdecken. Privat auch. Nicht nur wegen des Buchs. Es ist anders, ungewöhnlich, schön und selbstverständlich lehrreich, gerade, wenn es eine Affinität zu dem gibt, was und wie es früher dort war. Es ist das, was der Autor mit Witten verbindet. Bethaus, Zeche Nachtigall, Zeche hier, Zeche dort, und Stausee natürlich. Es sind nicht die vielen Dinge, die Witten ausmachen – vielleicht noch die ultraschmalen Gässchen rund um den Helenenturm – viel macht die Historie aus. Auch wenn es sich an einem strahlenden Sonnentag vortrefflich draußen am Rathaus sitzen lässt …

Witten, die mit knapp unter 100 000 Einwohnern mit Abstand größte Stadt des Ennepe-Ruhr-Kreises, ist ungeachtet dessen eine kontrastreiche Stadt – und ziemlich uneben, aber nicht zuletzt deshalb auch so reizvoll. Ein Mittelzentrum am Rande des Ruhrgebietes mit gemeinsamen Grenzen zu Bochum und Dortmund. Witten, die »grüne Großstadt im Ruhrtal« genannt, lässt heute den unbefangenen Besucher kaum glauben, dass in diesem idyllischen Seitental der Ruhr mit seinen Wäldern, Wiesen und Feldern einst mehr als 60 Kleinzechen in Betrieb waren, dass dort wirklich die Wiege des Kohlenpotts liegt. Wo früher Kohlenschiffe das schwarze Gold abtransportierten, finden heute Wassersportler und Angler ihr Paradies. Ausflugsboote laden zu beschaulichen Rundfahrten über die Ruhr und den Kemnader See ein und an den Ufern locken Radwege und ein Museumszug auf der wohl schönsten Bahnstrecke der Region: der Ruhrtalbahn.

Dass Industriegeschichte und Spaß an der Landschaft sich durchaus ergänzen können, beweist das Muttental. Viele Originalrelikte und detailgetreue Nachbauten säumen den neun Kilometer langen Rundweg und laden die Besucherinnen und Besucher zu einer Zeitreise durch 450 Jahre Ruhrbergbau ein. Das Westfälische Industriemuseum Zeche Nachtigall präsentiert die älteste Dampfmaschine des Reviers und führt den Besucher in einem Besucherstollen direkt vor Kohle. Darüber hinaus lockt das Gruben- und Feldbahnmuseum Zeche Theresia mit einer beachtlichen Sammlung historischer Grubenbahnen, die auf

Der Sackträger erinnert an die frühere Gilde der Kornsackträger, die im 18. Jahrhundert die schweren Kornsäcke schleppen mussten. Der Sackträgerbrunnen steht seit 1990 an der Ecke Heilenstraße/Casinostraße.

Die Wittener Künstlerin Christel Lechner hat an mehreren Stellen in der Innenstadt Beton-Figuren aufgestellt, von denen leider etliche mutwillig zerstört wurden.

Seit 1996 wird die Villa Lohmann an der Ruhrstraße im Erdgeschoss vom Standesamt der Stadt Witten genutzt.

In der City

eigenem Gleisnetz fahren. Und im Bethaus der Bergleute dokumentiert eine kleine Ausstellung an authentischem Ort die Arbeits- und Lebensbedingungen der Kumpel.

Zeitsprung: Heute präsentiert sich Witten als moderner Industriestandort, der seine Stärken in der Entwicklung innovativer Produkte hat. Die Stahl verarbeitende Industrie sowie der Maschinen- und Fahrzeugbau sind traditionell hoch entwickelt. Aufgrund der Nähe zum Ruhrgebiet und den überregionalen Absatzmärkten haben sich

Der Saalbau Witten ist ein zentraler Veranstaltungsort in der Stadt.

auch der Maschinen- und Fahrzeugbau stark entwickelt. Hochspezialisierte Hersteller prägen das Bild der Branche. Die Palette reicht von Glasprodukten und Armaturen für die Automobilindustrie, Pumpen und Hydraulikaggregaten bis hin zu Schmiedeprodukten. Auch ein bekanntes Einrichtungshaus – eines der größten im Ruhrgebiet – hat in Witten-Annen seinen Sitz und sorgt für bundesweite Beachtung.

Kräftige Impulse für die Wittener Wirtschaft gehen von der 1980 gegründeten privaten Universität Witten/Herdecke aus mit dem angrenzenden Forschungs- und Entwicklungszentrum (FEZ). Durch die Uni konnte sich die Ruhrstadt in der Gesundheitswirtschaft, der Medizin und der Biotechnik eine starke Position erobern, die in den kommenden Jahren noch weiter ausgebaut werden soll.

Zwei Drittel des Stadtgebietes bestehen aus Wald, landwirtschaftlichen Flächen, Grünanlagen und Wasserflächen. Mehr als 150 Kilometer markierte Rundwanderwege laden zu einem Ausflug ein. Der Ruhrtalradweg verläuft rund neun Kilometer über Wittener Gebiet. Mit dem 1979 an der Grenze zu Bochum aufgestauten Kemnader See und dem dort auf einem ehemaligen Bergwerksgelände entwickelten Freizeitzentrum ist ein weit über die Stadtgrenzen hinaus beachteter Publikumsmagnet entstanden. Der

Das Stadtarchiv an der Ruhrstraße birgt etliche »Schätze«.

Kemnader See ist voll gepackt mit Ausflugsbooten, Segel- und Tretbootverleih und Grillplätzen am Seerand.

Naherholung wird überhaupt großgeschrieben. Das Naherholungsgebiet Hohenstein mit Wildgehegen, Streichelzoo, Liege- und Spielwiesen liegt recht zentral hoch über dem Ruhrtal. Der Bergerturm bietet einen beeindruckenden Ausblick. Das Märkische Museum beherbergt eine einzigartige Sammlung deutscher Malerei und Grafik. Das Hebezeugmuseum gehört zu den viel beachteten Museen zur Geschichte des frühen Ruhrbergbaus.

Im Herzen der Wittener Innenstadt »erstrahlt« der Rathauskomplex. Der Berliner Architekt Heinrich Jennen dachte sich das Gebäude aus, mit dessen Bau 1921 begonnen wurde. Der erste Bauabschnitt war 1924 soweit abgeschlossen, dass das Rathaus teilweise bezogen werden konnte.

Antonius, decanus in Wittene, trat 1214 zum ersten Mal auf

Wiege des Bergbaus – Die Ruhr war in Witten früher schiffbar als anderswo

Wittener Geschichte geht nun wirklich nicht ohne Ruhrgebiets-Geschichte. Schließlich gilt das Muttental in Herbede als Wiege des gesamten Ruhrbergbaus und damit als Keimzelle des Ruhrgebiets. Apropos Herbede: Das Gebiet wurde erstmals 851 urkundlich erwähnt. Die Experten gehen davon aus, dass bereits im 9. Jahrhundert eine Kapelle im Oberdorf errichtet wurde. Um das Jahr 1000 müssen wohl erste Steinkohlegrabungen an der Ruhr stattgefunden haben.

Mit der urkundlichen Erwähnung eines Geistlichen, Antonius, decanus in Wittene, wurde Witten selbst 1214 zum ersten Mal in einer Urkunde erwähnt. Die Burg Steinhausen fand 1297 ihre erste urkundliche Erwähnung. Zum Ende des 13. Jahrhunderts begannen die Kötter aus der Region, ihre Waren auf einem Gelände neben der Wittener Kirche zu verkaufen. An seiner Stelle befindet sich heute der Wittener Busbahnhof. Das Gelände trägt den Namen Kornmarkt in Anspielung auf die Tatsache, dass auf diesem Platz bis 1884 mit Korn gehandelt wurde.

Die beiden Ruhrmühlen tauchten 1321 erstmals auf. Am Fuße der Kirche wurde um 1375 ein Verkaufshaus gebaut und verschiedene Waren gehandelt. Zwischen 1350 und 1400 wurde Witten von der Pest heimgesucht. Im Gegensatz zu Hattingen, wo sehr genau über Ausbruch und Verlauf der Pest Buch geführt wurde, sind genaue Daten aus Witten nicht überliefert. Aus Aufzeichnungen der Gerichtsherren von Witten geht allerdings hervor, dass in der zweiten Hälfte des 14. Jahrhunderts die Einwohnerzahl Wittens massiv zurückgegangen war.

1510 erste Kohleförderung am Ruhrufer

Mit dem Tod von Rötger von Witten 1505 endete die von den Grafen von der Mark an die Herren von Witten übertragene Gerichtsbarkeit. Vermutlich um 1510 fand die erste Kohleförderung am Ruhrufer statt. Die ersten urkundlich beglaubigten Kohleabbaustätten wurde 1552 und 1578 im Muttental errichtet.

Witten Innenstadt

Villa Gustav Lohmann, Ruhrstraße 78

Pfarrer Heinrich Heitmann trat 1557 seinen Dienst in der Johanniskirche als katholischer Geistlicher an, wendete sich aber später von der katholischen Kirche ab. 1582 gilt als Jahr, in dem sich Witten der Reformation anschloss, allerdings hatte Heitmann vermutlich bereits 1575 das protestantische Glaubensbekenntnis angenommen.

Die Schweden belagerten 1635 während des Dreißigjährigen Kriegs mit 3000 Soldaten die Stadt, die sich nach zehn Tagen ergeben musste. Nach Zahlung der Kontribution war die Stadt verarmt. Während des Holländischen Krieges wurde Witten von 1672 bis 1675 von den Franzosen besetzt.

1675 erhielt Witten in Kleve das Marktrecht durch den Kurfürsten Friedrich Wilhelm von Brandenburg. Gemäß der durch den Regierungs-, Justiz- und Hofgerichtsrat Mordio von der Reck überbrachten Urkunde wurde der Donnerstag als Markttag festgelegt. Zudem wurde der Wiederaufbau der 1503 durch extremen Eisgang zerstörten Ruhrbrücke nach Bommern zur Auflage gemacht.

1722 wurden gleich drei Hammerwerke in Witten gegründet. Vier Jahre, bevor auf Initiative von Friedrich II. die gesamte Ruhr schiffbar gemacht wurde, geschah dies 1776 in Witten. Während des Siebenjährigen Krieges wurde Witten von 1757 bis 1763 zum zweiten Mal von den Franzosen besetzt. Die seit 1789 erbaute Chaussee vom Wittener Crengeldanz nach Bochum wurde 1790 fertiggestellt.

Erster Wittener Bürgermeister 1809

Mit der dritten französischen Besatzungszeit von 1806 bis 1813 durch die Napoleonischen Truppen endete die Zugehörigkeit Wittens zur preußischen Grafschaft Mark. Witten wurde Teil des Ruhrdepartements des Großherzogtums Berg. Im Zuge der Neuorganisation wurde 1809 die Mairie Witten gegründet und ein Bürgermeister eingesetzt.

Witten gehörte in der Folge vorübergehend zum preußischen Gouvernement zwischen Weser und Rhein und ab 1815 endgültig zur preußischen Provinz Westfalen. Die Bürgermeisterei Witten umfasste neben Witten die Gemeinden Langendreer, Stockum, Düren, Somborn und Werne. Sie wurde dem Kreis Bochum zugeordnet. Am 14. November 1825 wurden Witten die Stadtrechte verliehen. Die Gemeinde Witten wurde bei der Einführung der Provinzialständischen Verfassung zu den Abgeordnetenwahlen im 4. (Märkischen) Wahlbezirk zugelassen. Damit wurde das Dorf Witten offiziell zur Stadt Witten erklärt.

Die Schönheit steckt auch in Witten im Detail.

Witten, Ruhrstraße

Blickfang an der Kreuzung

Die Bergisch-Märkische Eisenbahn-Gesellschaft (BME) eröffnete am 20. Dezember 1848 die Bahnstrecke Elberfeld-Dortmund, zunächst nur für den Güterverkehr. Am 9. März 1849 wurde der neugebaute Bahnhof Witten BME eröffnet.

Am 7. November 1858 wurde ein katholisches Hospital als erstes Wittener Krankenhaus eingeweiht. In den Statuten steht zu lesen, dass »alle heilbaren Kranken ohne Unterschied der Confession aufgenommen werden«. Die Glockengießerei Munte wurde 1864 gegründet. Die Kommune kaufte 1865 die bis dahin private Hauptverkehrsachse, die heutige Ruhr- und Hauptstraße. Im Jahr 1866 kam es zu einem Cholera-Ausbruch in Witten. Die neue Ruhrbrücke zwischen Witten und Bommern wurde 1881 errichtet. Am 27. November 1885 wurde die Wittener Synagoge ihrer Bestimmung übergeben. Nachdem sich die Gütertransporte auf die Eisenbahn verlagerten, wurde der Transport auf der Ruhr wirtschaftlich uninteressant, so dass die Ruhrschifffahrt in Witten 1890 eingestellt wurde.

Der Stadtpark nahe der Villa Lohmann

Hochbehälter Helenenberg war lange Wahrzeichen

Witten schied 1899 aus dem Kreis Bochum aus und wurde eine kreisfreie Stadt. Ein Jahr später wurde der Wasserhochbehälter Helenenberg in Betrieb genommen. Wegen der burgähnlichen Gestaltung und seiner exponierten Lage wurde er unter dem volkstümlichen Namen Wasserschloss für sechs Jahrzehnte eines der Wahrzeichen der Stadt. Da man im Gegensatz zu heute noch nicht den Begriff des Industriedenkmals definiert hatte, wurde er 1960 beim Bau eines größeren Wasserbehälters komplett abgerissen.

Am 1. Juli 1921 wurde die Gemeinde Heven aus dem Amt Herbede und am 1. August 1929 die Gemeinden Annen (mit dem am 1. April 1922 eingemeindeten Rüdinghausen), Stockum, Düren, Teile Bommerns sowie Teile Langendreers (Krone) nach Witten eingegliedert. Während der Ruhrbesetzung erlebte Witten von 1923 bis 1925 seine vierte französische Besatzungszeit.

Das Wittener Rathaus wurde 1926 eingeweiht. Im Rahmen der Gemeindereform des Jahres 1929 lösten die Verantwortlichen das Amt Annen auf und Annen wurde, zusammen mit seinem Stadtteil Rüdinghausen, ein Wittener Stadtteil. Aufgrund der Auflösung des Amtes Langendreer werden auch Stockum und Düren als Stadtteile aufgenommen.

Bomber-Angriffe zerstörten Stadt fast vollständig

Im November 1944 wurde die Stadt durch die Luftangriffe amerikanischer und britischer Bombengeschwader fast vollständig zerstört. Nach dem Zweiten Weltkrieg erlebte der Hohenstein eine zweite Blütezeit als Naherholungsgebiet für die umliegenden Städte.

Im Rahmen der Kommunalreform in Nordrhein-Westfalen verlor Witten 1975 seine Kreisfreiheit und wurde dem Ennepe-Ruhr-Kreis zugeordnet. Gleichzeitig wurde die Stadt Herbede eingemeindet. Das kommunale Veranstaltungszentrum Saalbau wurde am 19. September 1975 eröffnet. Die Schließung der letzten westdeutschen Kleinzeche Egbert in Kämpen im Jahr 1976 markierte das Ende der Kohleförderung in Witten.

Die Johanniskirche liegt direkt gegenüber dem Rathausplatz. Sie ist aus der 1214 erstmals beurkundeten Pfarrkirche hervorgegangen und gilt als ältestes Gebäude der Stadt.
In ihrer heutigen Form wurde sie 1752 auf den Fundamenten der Ur-Kirche erbaut, 1845 erhielt sie im Rahmen einer Erweiterung ihr heutiges Gesicht. Der Wiederaufbau nach dem Zweiten Weltkrieg war 1952 abgeschlossen. Mit Einzug der Reformation in Witten wurde die Johanniskirche 1582 ein evangelisches Gotteshaus.

Tango Argentino mitten in Witten

Tanzen mit Leib & Seele im Tangostudio Ruhr

Innerhalb kurzer Zeit verwandelte sich die 300 Quadratmeter große Halle in Witten in einen beliebten Treffpunkt für viele Tangobegeisterte.

Tango Argentino ist getanzte Leidenschaft, Musik, Sinnlichkeit, Eleganz und Poesie. Seit 2009 gehört dieser Tanz zum Weltkulturerbe und ist so angesagt und modern wie selten zuvor. Im Tangostudio Ruhr dreht sich an sieben Tagen in der Woche alles um den argentinischen Tango. Es existieren Kurse und Workshops für interessierte Anfänger bis weit fortgeschrittene Tänzerinnen und Tänzer. Alle finden hier die Möglichkeit, diesen einzigartigen Tanz zu lernen und weiterzuentwickeln. Das Angebot umfasst Kennenlern-Workshops, fortlaufende Kurse für alle Niveaus, Themen-Workshops, Praktika und regelmäßige Tanz- und Übungsabende.

Tango Argentino ist der ursprüngliche, echte Tango und hat mit dem europäischen Standardtango so gut wie nichts gemeinsam. Seit dem Ende des 19. Jahrhunderts hat sich der Tango in verschiedenen Formen von Buenos Aires und Montevideo aus in der gesamten Welt verbreitet. Zur Unterscheidung gegenüber dem (gelegentlich Europäischer Tango genannten) Standardtango des Welttanzprogramms wird die ursprünglichere (weniger reglementierte) Form des Tanzes und die zugehörige Musik weltweit Tango Argentino genannt.

Zutreffender als die Benennung »argentinischer Tango«, durch welche die Uruguayer ausgeschlossen werden, wäre allerdings die Bezeichnung »Tango rioplatense«, also Tango vom Rio de la Plata. Eine solche begriffliche Unterscheidung ist in Argentinien und Uruguay selbst nicht üblich. Dort spricht man in der Regel schlicht von Tango. Und dieser hat eine bewegte Geschichte hinter sich und verändert sich stetig, sowohl der Tanz als auch die Musik.

Der Tango Argentino zählt im Ennepe-Ruhr-Kreis viele Fans.

Diesen außergewöhnlichen Tanz zu erhalten und das Wissen um den Tango Argentino weiterzugeben, ist eine Herzensangelegenheit von Nikhil Naskar, dem Inhaber des Tangostudio Ruhr. Im Jahre 2008 erfüllte er sich einen langgehegten Traum und mietete für seine Tanzschule eine leerstehende Industriehalle im Herzen von Witten an.

Als Tanzlehrer liegt seine Priorität in der Verbindung der Paare. Was am Anfang noch »Führen« und »Folgen« ist, soll sich in wechselseitige Kommunikation der Tanzenden verwandeln, in ein achtsames Miteinander. Dies in Kombination mit Tanztechnik und Körperbeherrschung soll das gemeinsame Tanzen möglich machen. Die Möglichkeiten der Bewegungsmerkmale, der Schritte, Figuren und Verzierungen sind in diesem Tanz so vielseitig und vielfältig wie die Musik: Tango, Tango-Vals, Milonga, moderne Orchester ...

Innerhalb der vergangenen Jahre verwandelte sich die 300 Quadratmeter große Halle in einen beliebten und urgemütlichen Treffpunkt für viele Tangobegeisterte aus der Region.

Beitrag von:
Tangostudio Ruhr
Crengeldanzstraße/Ecke Augustastraße
58452 Witten
Tel. (0 23 02) 2 78 19 95
info@tango-stunde.de
www.tangostudio-ruhr.de

Anfänge reichen bis ins 11. Jahrhundert zurück – heute Begegnungsstätte

Haus Herbede ist das älteste Herrenhaus im mittleren Ruhrtal

Haus Herbede ist nicht nur das älteste Herrenhaus im mittleren Ruhrtal, sondern auch das älteste Gebäude in Witten. Es steht am Rande des Herbeder Ortskerns in der Nähe des Kemnader Sees. Neben der umgräfteten Hauptanlage existiert eine mauerumwehrte Vorburg, die jedoch nicht durch einen Graben geschützt ist und heute als öffentliche Begegnungsstätte und Galerie genutzt wird.

Haus Herbedes Anfänge reichen bis ins 11. Jahrhundert zurück. 1225 bis 1227 war es im Besitz des Arnold von Didinghofen, der die Herrschaft Herbede vom Kloster Kaufungen zum Lehen erhielt. Die adligen Nachfahren Arnolds beziehungsweise die auf diese folgenden Blankensteiner Burgmannen von Elverfeldt ersetzen im Laufe des 14. Jahrhunderts die Herbeder Holzbauten durch einen anderthalbgeschossigen Steinbau und einen sich daran anschließenden Turm.

Haus Herbede ist auch das älteste Haus in Witten.

Die größte Veränderung des befestigten Hauses Herbede erfolgte indes im 16. Jahrhundert, nachdem um 1500 ein Brand das Haus schwer beschädigt hatte. Es entstanden als Neubauten um 1540 ein zweistöckiges, unterkellertes Gebäude und um 1560 Baulichkeiten, die dieses mit den älteren Steinbauten verbanden. Der Ostflügel der Anlage enthält – gegenüber des Eingangs – ein aufwändiges Säulen- und Figurenrelief. Der Komplex machte nun einen repräsentativen Eindruck, der der Stellung der Herren von Elverfeldt und ihrer Herrschaft Herbede entsprach. 1583 unterlagen die Elverfeldter aber dem Herzog von Kleve-Mark und Herbede wurde märkisch.

Durch den Brand des befestigten Hauses um 1500 wurden, wie Funde aus den 1980er Jahren offenbarten, im Keller eine Reihe von Exponaten aus jener Zeit erhalten: Nägel, Reste von Mobiliar, ein mittelalterliches Fallenschloss, Hausrat, Geräte und Werkzeuge, ein Brustgarnisch, Arm- und Beinzeug einer mittelalterlichen Rüstung, Fesseln ... Diese waren bei dem Feuer vermutlich durch die Decken gestürzt, ohne dass sie später geborgen wurden.

Die heute unter Denkmalschutz stehende Anlage wurde in den 1980er Jahren aufwändig restauriert und befindet sich deshalb in einem guten Zustand.

Der Eingangsbereich zu Haus Herbede

Spektakulärer Blick über das Ruhrtal

Hohenstein und Bergerdenkmal sind beliebte Naherholungsziele

Bereits vor mehr als 100 Jahren war der Wittener Hohenstein ein für Einheimische und Auswärtige gleichermaßen beliebtes Naherholungsgebiet. Das in den Jahren 1902 und 1903 errichtete Berger-Denkmal bietet den Besucherinnen und Besuchern, 130 Meter über dem Fluss gelegen, als Aussichtspunkt einen herausragenden Blick über das Ruhrtal.

Der Hohenstein hält für die Menschen Natur pur bereit und ist für Tagesausflüge bestens geeignet – Spielplatz und Streichelzoo für den Nachwuchs inklusive. Der im Volksmund Haarmanntempel genannte Steinpavillion in der Nähe des Parkplatzes wurde zu Ehren des ehemaligen Wittener Bürgermeisters Gustav Haarmann von dessen Bruder errichtet. Am Fuß des Hohenstein liegt der ehemalige Hammerteich einer frühindustriellen Schmiede. Heute ist auch er Teil des Erholungsgebietes und dient den örtlichen Schiffsmodellbauern als Fahrgewässer.

Weitaus bekannter ist das Berger-Denkmal. Der 21 Meter hohe Aussichtsturm befindet sich nördlich der Ruhr auf den Ausläufern des Ardeygebirges. Er gehört auch zur Route der Industriekultur. Die Turngemeinde Witten baute das Denkmal zu Ehren ihres Mitbegründers Louis Constans Berger (1829 bis 1891), eines Wittener Industriellen und Parlamentariers des Deutschen Reichstages. Dem Bau des Turms gingen eine Ausschreibung und ein Wettbewerb von Entwürfen voran. Zu Beginn des vergangenen Jahrhunderts wurde der Turm aus Ruhrsandstein errichtet.

Eingeweiht wurde das Denkmal dann an Bergers Geburtstag im Sommer 1904. Die Inschrifttafel trägt die Widmung: »Louis Berger Witten, dem treuen Freund des Volkes und mutigen Verfechter seiner Rechte, dem Anwalt der Bedrängten und allezeit hülfsbereiten Mann«.

Auch imposantes Theater fand früher auf dem Hohenstein statt. Die Landesheimatspiele der Provinz Westfalen Witten-Hohenstein wurden 1926 von Konrad Maria Krug gegründet. Der Lehrer, Theologe und Philosoph erhoffte sich, einfache Menschen ohne besondere Schulbildung für das Theater begeistern zu können. Daher wählte er populäre Stoffe aus. In einem Bachtal wurde auf der einen Seite der Wald gerodet und mit Wegen für den Auftritt der Komparsen ausgestattet. Auf der anderen Seite entstand eine Tribüne für 6000 Sitzplätze. Mit Schillers Wilhelm Tell eröffnete er die erste Spielzeit. Dazu wurden 1600 Darsteller und Komparsen verpflichtet. Die Landesheimatspiele galten als die populärsten Laienspiele in Westfalen. Bis zur letzten Spielzeit 1931/1932 besuchten weit mehr als eine Million Menschen die Aufführungen. Da die Naturbühne sehr wetterabhängig war und deshalb später mit Zuschauerschwund zu kämpfen hatte, musste sie aufgegeben werden.

Der so genannte Haarmanntempel auf dem Hohenstein erinnert an den ehemaligen Wittener Bürgermeister Gustav Haarmann und wurde von dessen Bruder errichtet.

20 Meter hoch ist das 1902/1903 als Aussichtsturm gestaltete Berger-Denkmal an der Geländekante des Ruhrtals. 130 Meter überragt es die Ruhr.

Die Felskante des Hohenstein gewährt einen eindrucksvollen Blick über das Wittener Ruhrtal.

Architektonisches Meisterwerk

Haus Witten ist ein bedeutendes Kulturzentrum – Bruchstein trifft auf Glas und Stahl

Der Eingangsbereich

Nicht die bedeutende Historie allein macht die Außergewöhnlichkeit des Hauses Witten aus. Vielmehr ist es seine einmalige architektonische Gestaltung, welche die Interessierten mit auf eine Zeitreise vom frühen 18. bis ins 21. Jahrhundert nimmt. Das Gebäude wurde bereits mit vielen Architekturpreisen ausgezeichnet. Heute ist das Anwesen bedeutender Teil Wittener Kulturlebens. Volkshochschule und Musikschule haben dort ihren Sitz. In der Architektur des historischen Herrensitzes verbinden sich historische Bruchsteinmauern mit Glas und Stahl der Gegenwart.

Historische Bausubstanz trifft in Haus Witten auf moderne Architektur.

Die Geschichte reicht weit zurück. Das Haus Witten, auch Burg Berge zu Witten genannt, ist ein früherer Rittersitz im Süden der Stadt, der von Rötger von Witten und seinem Bruder Franco um 1470 etwa 90 Meter oberhalb der Ruhr errichtet wurde. Die erste urkundliche Erwähnung stammt von 1479. Während des Jülich-Klevischen Erbfolgestreits 1651 wurde Haus Witten durch die Truppen des Herzogs Karl von Lothringen in Brand geschossen. Gerhard Wennemar von der Recke, Gerichtsherr von Witten, ließ das Haus 1701 wieder aufbauen und um barocke Stilelemente bereichern.

Von 1790 an nutzte der Kaufmann Johann Friedrich Lohmann das Gelände für eine Gussstahlfabrik und eine Kornbrennerei. Umbauten von 1878 veränderten das Erscheinungsbild des Hauses stark. Aufgrund des schlechten Zustands kaufte die Stadt Witten schließlich 1937 das Haus. Gegen Ende des Zweiten Weltkrieges wurde es durch Luftangriffe erheblich beschädigt. Erhalten blieben vor allem der Turm zur Straßenseite, Teile des Wohntraktes und die Außenmauern der drei Flügel.

Über viele Jahrzehnte blieb Haus Witten eine Ruine. 1964 kam es aufgrund von Sicherungsarbeiten zu Substanzverlusten. Die Verantwortlichen erwogen sogar, die Reste als »gepflegte Ruine« zu erhalten. 1975 bis 1988 wurde jedoch in neun Bauabschnitten restauriert. Seit 1988 entwickelten sich mit Unterstützung der Landesregierung neue Perspektiven. Haus Witten sollte durch Ausbau neue Räume für Volkshochschule und Musikschule sowie für andere kulturelle Projekte bieten. Dabei sollte auf eine historische Rekonstruktion verzichtet werden. Die neu zu errichtenden Bauteile setzten sich bewusst in Material und Form von der alten Substanz ab.

1992 bis 1996 wurde die Anlage unter Wahrung des ehemaligen Grundrisses und der Mauerreste mit Stahl-, Beton- und Glaselementen neu errichtet und 1998 mit dem Architekturpreis Nordrhein-Westfalen des Bundes Deutscher Architekten BDA ausgezeichnet. Auffällige Bauelemente sind die verschieden geformten Stahlfenster und -türen im Kontrast zur unverputzten alten Bausubstanz, die regelmäßigen Betonkassetten der Decken und verschiedene weitere Stahlelemente wie Säulen, Stützen, Treppen und Fassadenteile.

Haus Witten

Haus Witten, wie es sich 1909 präsentierte

Zum Gedenken an Gattin Helene

Der Wittener Justizrat Eduard Strohn ließ ihn 1858 bauen, zum Gedenken an seine sehr früh gestorbene Frau Helene, geborene Lohmann. Die Mittel für seinen Helenenturm nahm Strohn aus dem Honorar für seine Rechtsanwaltstätigkeit für die Familie Lohmann in einem aktuellen Fall. Die Familie Lohmann, aus deren Familie Helene stammte, betrieb in Haus Witten eine Stahlfabrik. Der Helenenturm ist seit 1909 Eigentum der Stadt.

Der 30 Meter hohe Turm, in Oberdorf-Helenenberg gelegen, hat die Form eines mittelalterlichen Bergfrieds – zylindrischer Schaft mit zylindrischem Aufsatz (Tambour) und Zinnenkranz. Errichtet wurde er mit heimischem Ruhrsandstein. Die Fensteröffnungen muten historistisch-gotisch an.

Der Helenenturm mit seinen 140 Stufen ist ein bemerkenswertes Beispiel für die historistische Bauauffassung des 19. Jahrhunderts und für das Interesse der Romantik an Turmbauten. Er steht in der Tradition der Nationaldenkmale. Neben dem Turm steht ist ein kleines Wärterhaus im Landhausstil.

Der 1858 erbaute Helenenturm

Eldorado für alle Radsportler

Metal Motion Bikes zur Institution in Witten geworden

Im Ortszentrum Witten-Herbedes gelegen, befindet sich der Fahrradladen Metal Motion Bikes mitten in einem Eldorado für alle Radsportarten. Vor mehr als zehn Jahren vom Zweiradmechanikermeister Ralf Scheffer gegründet, wurde der Laden durch Sohn Dennis, der hier auch seine Ausbildung absolvierte, zum überregional bekannten Bike Shop. Hier treffen Downhiller auf gestandene Tourenfahrer, Triathleten auf BMX-Begeisterte.

Bei Metal Motion Bikes treffen Downhiller auf gestandene Tourenfahrer, Triathleten auf BMX-Begeisterte.

Das Angebot reicht vom Kinderfahrrad bis zur Carbon-Rennmaschine. Besonderer Wert wird auf gute und individuelle Beratung sowie den bekannten erstklassigen technischen Service gelegt. Das gemütliche Ambiente lädt immer wieder ein, beim Kaffee die nächste Tour oder auch den neuesten Umbau zu besprechen. Man trifft sich bei »Metal«, um die Trails in den umliegenden Wäldern zu »rocken«, aber auch für gemütliche Touren rund um den Kemnader See oder nutzt den fast am Laden vorbeiführenden RuhrtalRadweg.

Nachdem das Geschäft mit der offenen Werkstatt einfach zu klein geworden war, nutzten Vater und Sohn 2008 die Chance, mittels Durchbruch auf die heutigen 200 Quadratmeter zu vergrößern. Dadurch konnte insbesondere der Bereich der Funktionsbekleidung und Bikefashion ausgeweitet werden.

Das Team von Metal Motion Bikes vor dem Geschäft

Tatkräftig unterstützt werden beide Scheffers von Geselle Felix Radtke, der hier auch schon seine Ausbildung absolvierte, sowie Azubi Florian Wiesner. Jedes Jahr trifft man die vier übrigens auch auf Ihrem Stand beim Ruhrbike-Festival in Wetter. Dort wird nicht nur das Sortiment präsentiert, sondern auch das eigene MTB-Team tatkräftig unterstützt.

Beitrag von:
Metal Motion Bikes
Vormholzer Straße 2 · 58456 Witten
Tel. (0 23 02) 78 06 80 · Fax (0 23 02) 78 06 81
info@metal-motion-bikes.de
www.metal-motion-bikes.de

trainieren – entspannen – wohlfühlen

activ-club drexelius – Gesundheits- und Sport-Erfahrung seit 1978

Ein erlebbares Mehr an Lebensqualität und Vitalität für jeden einzelnen Gast ist das wichtigste Ziel des activ-club drexelius in Witten-Stockum, der in nur zwei Minuten von der Autobahn 44 zu erreichen ist.

Im Juli 1978 hatte der Wittener Lebensmittelkaufmann Erwin Drexelius die verrückte Idee, in Witten ein Fitnesstudio zu eröffnen. Die Geräte im ersten circa 250 Quadratmeter großen Studio waren noch selbst zusammengestellt. Die »Mucki-Bude« boomte, eigene Geräte wurden konstruiert und ein Damenstudio eröffnet.

Mit dieser »Mucki-Bude« hat der heutige activ-club, der 1997 im Wullener Feld entstand, nicht mehr viel zu tun. Auf komfortablen 3000 Quadratmetern bietet drexelius seit vielen Jahren alles, was man von einem professionellen Fitness-Studio erwartet und sogar noch ein wenig mehr. Auch seit 1978 dabei ist die Geschäftsführerin und Inhaberin Heike Drexelius. Zunächst war die gelernte Bankkauffrau Mitglied, dann gab sie Unterricht, heiratete später Erwin Drexelius und seit 2002 läuft der activ-club unter ihrer alleinigen Regie. Besonderen Wert legt sie auf die professionelle Betreuung ihrer Gäste. Auf Gesundheit und Sicherheit wird ganz besonders geachtet.

150 Kurse von Aerobic über Pilates bis Zumba

Dazu eignet sich insbesondere die im activ-club gemeinsam mit Mitarbeitern der Ruhr-Universität Bochum entwickelte Fitness-Technologie tri-dent®. Unter der Nummer 19650247 ist tri-dent® beim Deutschen Patentamt in München mit Datum vom 4. Dezember 2003 als »Verfahren zur Steigerung des menschlichen Wohlbefindens« registriert.

Klassisches Leistungszentrum im activ-club

Statt als Einzelkämpfer isoliert an den Kraftgeräten zu arbeiten oder einsame Kilometer auf dem Laufband zurückzulegen, trainieren tri-dent®-Sportler in der Gruppe. Im Ergometer-Sattel strampeln alle für mehr Kondition. An den Kraftgeräten werden sämtliche Muskeln des Körpers bearbeitet. Ein wesentlicher Vorteil zum herkömmlichen Fitness-Training: Zeitminimierung mit einer Pulsfrequenz im aeroben Bereich, lautet die Devise. Und: Die Kombination aus westlicher und östlicher Fitness bietet reichlich Balsam für die Seele.

Der gesundheitsförderne und -erhaltende Aspekt von Fitnesstraining rückt in der heutigen Zeit immer mehr in den Vordergrund. Im Rahmen der Primärprävention setzt der activ-club als Partner der Krankenkassen darauf, Beschwerden und Krankheiten durch Sport zu verhindern. Als Trainingsstätte für ärztlich verordneten Rehasport kann Menschen durch langfristige und aktiv ausgerichtete Betreuung eine deutliche Verbesserung ihrer Lebensqualität und Mobilität gegeben werden.

Zum Entspannen und Wohlfühlen lädt der große und gemütliche Saunabereich ein. Er besteht aus einer 90 Grad Sauna, einer 60 Grad Biosauna sowie einem großen Außenbereich. Seit 2006 bereichert Mint den Wellness-Bereich mit traditionellen Thai-Massagen. Der Club lädt ein: Genießen Sie Entspannung pur und tanken Sie Energie und Wohlbefinden.

Verändert hat sich in den letzten Jahren auch die Altersstruktur. Inzwischen ist es auch für ältere Menschen kein Problem mehr, in den activ-club zu kommen. Das älteste Mitglied ist über 80 Jahre alt und topfit. Ein Einstieg ist also immer möglich und es ist nie zu spät, mit dem Sport zu beginnen.

activ club drexelius

Beitrag von:
activ-club drexelius
Wullener Feld 9j · 58454 Witten
Tel. (0 23 02) 96 32 20
info@activ-club.de · www.activ-club.de
Öffnungszeiten:
Mo – Fr: 8 – 22 Uhr und Sa – So: 10 – 18 Uhr

Der Kemnader See – ein äußerst beliebtes Naherholungsgebiet

Segelyachten und Fahrgastschiffe an ehemaligem Zechengelände

Naherholung pur am Kemnader See

Der Kemnader See ist ein absolut junger See. Er entstand erst zwischen 1976 und 1979 als jüngster der sechs vom Ruhrverband angelegten Ruhrstauseen zwischen Bochum, Witten und Hattingen. Drei Millionen Kubikmeter Wasser fasst er bei einer mittleren Höhe von zweieinhalb Metern. Der Stausee ist Zentrum der gleichnamigen Freizeit- und Erholungsanlage und nicht zuletzt perfektes Revier für Segler und Surfer. Das Baden ist dort leider nicht erlaubt. In Heveney liegt der Bootshafen mit mehr als 300 Segeljollen auf Wasser- und Landliegeplätzen. Der Bootsverleih vermietet Segel-, Ruder- und Tretboote. Auf dem See verkehren Fahrgastschiffe. In Witten legt regelmäßig das Fahrgastschiff MS Schwalbe II an – auf dem Schiff können sich Verliebte sogar vor Kapitän und Standesbeamten das Ja-Wort geben.

Im Uferbereich des Hafens Heveney ist mit dem Freizeitbad eine Bade-, Sauna- und Freizeit-Anlage entstanden. In Oveney liegen die Bootshallen Gibraltar. In der Zeche Gibraltar am westlichen Ufer des Sees wurde in den Jahren 1786 bis 1925 Steinkohle gefördert. 1982/1983 wurden die Gebäude zu Bootshallen für Ruderer, Kanuten und Surfer umgebaut. Zum Freizeitsport dort gehört aber auch das Fahrradfahren genauso wie das Inline-Skaten. Darüber hinaus sind in der Nähe auch Spielplatz, Grillhütte und Minigolfanlage zu finden. Den See umgeben schöne Wander- und Radwege. Die Hauptstrecke ist rund zehn Kilometer lang.

Der Kemnader See ist ein Vergnügen für alle Generationen.

Bereits 1929 wurde aus wasserwirtschaftlichen Gründen geplant, die Ruhr zwischen Haus Herbede und Haus Kemnade zu stauen. Schnell war eine Naherholung im Gespräch. Jedoch scheiterten damals die Fürsprecher des Projektes. Nachdem 1962 die Ruhr-Universität gegründet worden war, waren auch wieder Pläne für ein Naherholungsgebiet gefragt. Der erste Spatenstich erfolgte allerdings erst 1976. Als erstes wurden die späteren Seeufer angelegt, indem man Spundwände ins Erdreich rammte. Innerhalb von drei Jahren wurden drei Millionen Kubikmeter Erde abgebaut und ein Wehr am Südufer errichtet. Vier Jahre später war das Becken vollgelaufen und die Eröffnung des Sees wurde am 18. September 1980 mit einem großen Fest gefeiert.

Viel Natur finden die Besucher rund um den See. So sind viele Vögel wie Kormorane, Eisvögel und Graureiher zu erleben. Auch Muschelsucher kommen auf ihre Kosten: Am Flussufer sind die Schalen von bis zu zehn Zentimeter großen Süßwassermuscheln zu finden. Der Fischbestand reicht von Aal über Brasse, Karpfen und Rotauge bis Zander.

In der Zeche Gibraltar am westlichen Ufer des Sees wurde von 1786 bis 1925 Steinkohle gefördert. 1982/1983 wurden die Gebäude zu Bootshallen umgebaut.

Hafen Heveney

Dienstleistungen auch in EN weiter auf dem Vormarsch

Wirtschaft an Ennepe und Ruhr mehr als Hämmern und Schmieden – Gesundheit, Freizeit und Tourismus Säulen der Zukunft

Am Rande einer der stärksten europäischen Wirtschaftsregionen überhaupt gelegen, vereinbart die Region an Ennepe und Ruhr eindrucksvolle Wirtschaftsstärke und lebenswertes natürliches Umfeld aufs Feinste. Der Süden des Kreisgebietes war früher von der Kleineisenindustrie geprägt, der Norden von der Großindustrie der Eisenverarbeitung und Stahlerzeugung. Heute sind die Relikte da wie dort häufig »nur« noch beliebte Ausflugsziele. Die Protagonisten vor Ort hatten den zwingend notwendigen Strukturwandel eindrucksvoll in die Wege geleitet.

In den vergangenen 20 Jahren haben sich bereits mehr als 100 mittelständische und innovative technologieorientierte Unternehmen beziehungsweise Institutionen im Wittener Industrie und Technologie Park angesiedelt.

Wie dem auch sei: Noch heute ist der Ennepe-Ruhr-Kreis einer der am stärksten gewerblich-industriell geprägten Räume in Nordrhein-Westfalen. Doch wie auch anderswo hat das produzierende Gewerbe gegenüber dem Dienstleistungssektor zum Ende des vergangenen Jahrtausends hin erheblich an Bedeutung verloren. Seither sind Politik und Unternehmen gleichermaßen bemüht, den Wirtschaftsstandort besonders über Dienstleistungen im Bereich der Gesundheit, der Freizeit und des Tourismus neu aufzustellen. So sind im Bereich der Gesundheitswirtschaft bereits heute viele mittelständische Unternehmen sowie bedeutende Fachkliniken und Forschungsinstitute im Ennepe-Ruhr-Kreis zu finden. Der Tourismus zielt besonders auf Besucherinnen und Besucher aus dem Ruhrgebiet, dem Bergischen Land und dem Sauerland ab.

Wirtschaftsleben im Ennepe-Ruhr-Kreis ist also längst nicht mehr gleichbedeutend mit Hämmern und Schmieden, Maloche und Schweiß, Stahl und Blech. Es kam eben bis in die 1990er Jahre zu dem erwähnten dramatischen Einbruch in der Industrie. Bis heute halbierte sich die Zahl dieser Arbeitsplätze auf unter 40 000. Obwohl im Bereich der Dienstleistungen gleichzeitig zehntausende neue Arbeitsplätze entstanden, konnten letzten Endes nur rund 60 Prozent der schweren Verluste auf diesem Wege kompensiert werden.

So dankbar Verwaltung, Politik, Unternehmen und Gewerkschaften für die verbliebenen Arbeitsplätze sind und so nachhaltig sie sich für den Erhalt der verbliebenen einsetzen, stellen sie sich doch gleichzeitig den Herausforderungen und schmieden Zukunftspläne für den

Das Beispiel der »Höhenstadt« Breckerfeld dokumentiert eindrucksvoll, wie nah Gewerbe und Landschaft im Ennepe-Ruhr-Kreis beieinander liegen können.

Networking in der Universität Witten/Herdecke

Wirtschaftsstandort Ennepe Ruhr – mit extremem Fokus auf Gesundheitswirtschaft, Tourismus- und Freizeitwirtschaft.

Die Gesundheitswirtschaft in der gesamten Märkischen Region und damit auch im Ennepe-Ruhr-Kreis verfügt über erhebliche Wachstumsmöglichkeiten. Die Stärke liegt vor allem in der Kombination aus Forschung und Anwendung: Die Wirtschaftsförderer setzen darauf, in diesem Bereich verstärkt Kooperationen zwischen Experten aus Handwerk und Technik, Therapie und Ärzteschaft anzubahnen. Das regionale Profil und das Standortmarketing wurden geschärft und Kooperationen realisiert. Zudem wurde eine Informations- und Kommunikationsplattform geschaffen. Das Verknüpfen der Gesundheitswirtschaft mit weiteren regionalen Handlungsfeldern wie Tourismus, Multimedia oder Beschäftigung und Qualifizierung ist auf einem guten Weg.

In Sachen Tourismus setzen die Verantwortlichen in erster Linie auf den Naherholungstouristen, der den kleinen Urlaub zwischendurch sucht. Neben der Landschaft kann der Kreis dabei vor allem seine Lage – mitten im Städte-Fünfeck Essen, Bochum, Dortmund, Hagen und Wuppertal – in die Waagschale werfen.

Um diesbezüglich noch schlagkräftiger zu werden, haben Kreis und Städte in der Vergangenheit die Tourismusförderung personell und in der Wirtschaftsförderungsagentur konzentriert. Die Ansatzpunkte sind vielfältig. Schon jetzt werden fast 500 000 Übernachtungen pro Jahr und 2,8 Millionen Tagesgäste gezählt. Diese sichern rund 1600 Vollarbeitsplätze. Die Region verfügt seit Jahren über einen Reisekatalog mit mehr als 60 buchbaren Freizeiterlebnissen zwischen Ennepe und Ruhr, kooperiert im Agrotourismus mit den Nachbarkreisen und bietet unter dem Motto »Rad, Land, Fluss« wanderbare Landschaft, Industriekultur und Landidylle, Burgen und Herrenhäuser, Städtetouren und Sport. In Zukunft wird es darum gehen, neue Produkte zu entwickeln und zu vermarkten, Zielgruppen noch stärker anzusprechen und die Presse- und Öffentlichkeitsarbeit zur Bewerbung der touristischen Produkte im Kreis auszuweiten.

Ein wesentlicher Ansprechpartner für Wirtschaftsförderung im Ennepe-Ruhr-Kreis ist die EN-Agentur. Sie wurde im September 1996 als Wirtschaftsförderungseinrichtung für den Ennepe-Ruhr-Kreis gegründet. Ihre Tätigkeiten lassen sich pauschal mit der Initiierung, Koordination und Steuerung von Wirtschaftsförderungsprojekten beschreiben. Als die zentrale Dienstleistungsagentur für die Wirtschaft im Kreis besteht die besondere Aufgabe der EN-Agentur darin, die vorhandenen Strukturen transparent zu machen und die Kooperation zwischen den heimischen Unternehmen zu fördern, um gemeinsam die positive Entwicklung des Ennepe-Ruhr-Kreises weiterzuführen.

Durch die Zusammenarbeit der Gesellschafter (Kreis und Städte), der Mitglieder des Fördervereins und anderer Dienstleister sowie Institutionen des Kreises ist die EN-Agentur in der Lage, den Unternehmen ein vielseitiges Angebot an Serviceleistungen zu bieten. Es reicht von Gründungs- und Unternehmensberatung über Standort- und Gewerbeflächenmanagement bis zur Projektentwicklung im Bereich der Tourismus- und Freizeitwirtschaft sowie einer unternehmensnahen Technologie- und Innovationsförderung. Die Standorte in Hattingen und Ennepetal gewährleisten die kreisweite und unternehmensnahe Präsenz.

Das Gewerbegebiet »Am Nielande« in Wetter (Ruhr) liegt unmittelbar an der Autobahnauffahrt und ist rund 200 000 Quadratmeter groß. 34 Betriebe haben sich dort niedergelassen.

Die Orthopädische Klinik in Wetter-Volmarstein ist nur eines von etlichen Aushängeschildern im Bereich der Gesundheitswirtschaft vor Ort.

Namhafte Maschinenhersteller im Vertretungsprogramm

Firma Kissing – eine feste Größe im Werkzeugmaschinenmarkt

Die Firma Kissing ist ein Ingenieurbüro mit Sitz in Hattingen und als Werksvertretung spezialisiert auf den Außendienst, die technische Beratung und den Verkauf von Werkzeugmaschinen und Komponenten. Das Verkaufsprogramm der Firma Kissing besteht ausschließlich aus qualitativ hochwertigen Produkten aus den Bereichen Trenntechnik, Antriebstechnik und Lasertechnik, die im deutschsprachigen Raum hergestellt werden.

Das Unternehmen wurde im April 1919 in Hagen durch den Ingenieur Wilhelm Kissing gegründet. Die ersten Jahrzehnte waren geprägt durch den Verkauf von Werkzeugmaschinen der Firmen Kieserling & Albrecht aus Solingen, Malmedie aus Düsseldorf und der Weber-Werke aus Siegen. 1971 übernahm Helmut Fahr die Firma Kissing und verlagerte 1988 den Firmensitz schließlich von Hagen nach Hattingen.

Heute, in der vierten Generation unter Führung von Annette und Thomas Faßbender, umfasst das Verkaufsprogramm vor allem die drei Bereiche Trenntechnik, Antriebstechnik und Lasertechnik. Mit fünf Technikern und Ingenieuren ist die Firma Kissing ein Traditionsunternehmen, das sich mit Elan auf die Gegenwart und die Zukunft ausgerichtet hat. Mit den Vertragspartnern, die Weltmarktführer in Ihren Produktbereichen sind, verbindet die Protagonisten eine langjährige erfolgreiche Zusammenarbeit.

Bürogebäude in Hattingen

Geschäftsführer Thomas und Annette Faßbender

Das Verkaufsprogramm kann sich in jeder Hinsicht sehen lassen: In der Antriebstechnik gehören Maschinenspindeln der Firma GMN aus Nürnberg als Herzstück moderner Bearbeitungsmaschinen zum Portfolio. Entsprechende Steuerungs- und Regelungstechnik, hergestellt von der Firma SIEB & MEYER aus Lüneburg, runden das Angebot ab.

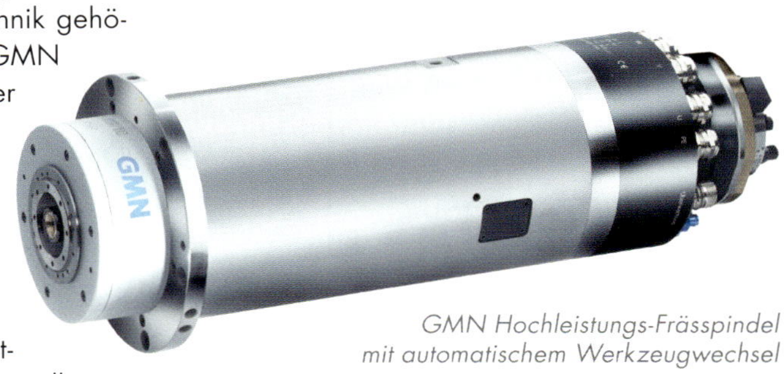

GMN Hochleistungs-Frässpindel mit automatischem Werkzeugwechsel

Im Bereich Trenntechnik reicht die Palette von der Einzelmaschine bis hin zur voll automatisierten Anlage, sowohl für die Kalt- als auch für die Warmbearbeitung. Der Partner für die Sägetechnologie ist die Behringer-Gruppe bestehend aus den Firmen Behringer Standort Kirchardt, Behringer Eisele Standort Weilheim und Vernet Behringer Standort Dijon/Frankreich. Erweitert wird dieser Produktbereich durch die Trennschleifanlagen und Hochdruckschleifmaschinen der Firma Braun aus Vöcklabruck/Österreich.

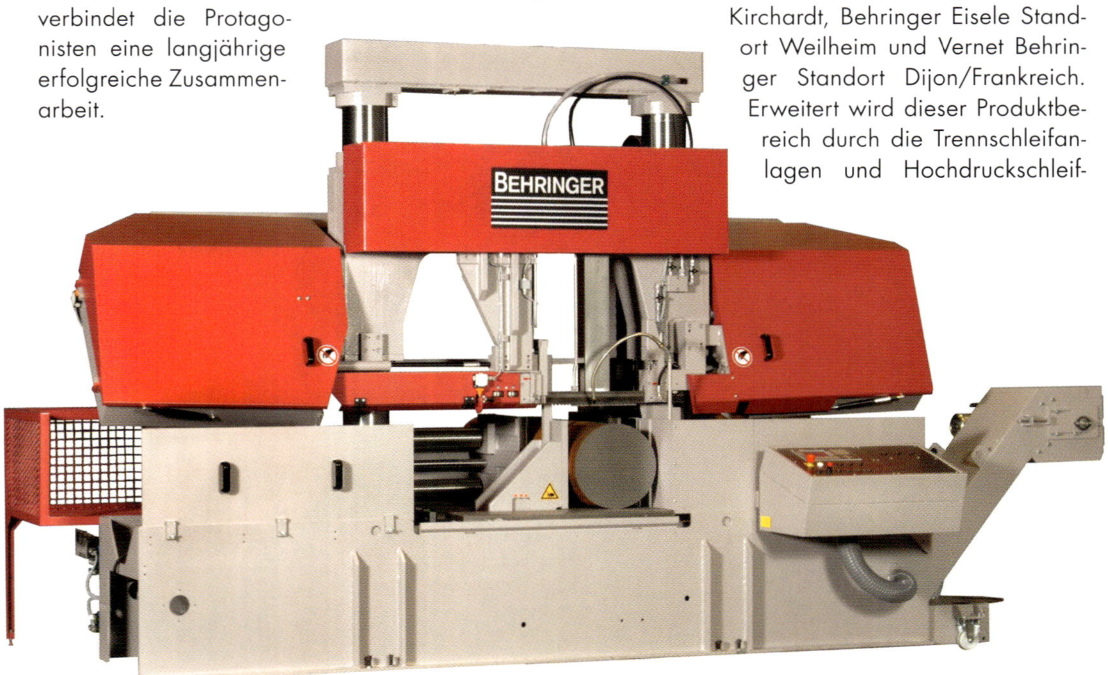

Behringer Hochleistungs-Bandsägeautomat

Des Weiteren bedient man sich in der zukunftsweisenden Lasertechnik der Maschinen der Firma Baublys aus Ludwigsburg zum Beschriften, Markieren und Gravieren, auch hier vom Einzelaggregat bis hin zur vollständig automatisierten Anlage.

Vom Erstkontakt mit dem Kunden über die technische Beratung und Erfassung der Kundenwünsche bis hin zur Endverhandlung und dem Verkauf der jeweiligen Maschine bietet die Firma Kissing dem Kunden stets einen kompetenten Ansprechpartner. Ein inhabergeführtes Familienunternehmen, welches das Traditionelle pflegt und sich des Modernen bedient.

KISSING
WERKZEUGMASCHINEN
AUTOMATIONSTECHNIK

Beitrag von:
Kissing GmbH
August-Bebel-Straße 15 · 45525 Hattingen
Tel. (0 23 24) 9 02 03 00
info@kissing-vertrieb.de · www.kissing-vertrieb.de

Gesenkschmieden – wenn Sicherheit an erster Stelle steht

Ruhrtaler Gesenkschmiede in Witten bietet seit 1913 alles vom Schmiedeteil bis zur eingebauten Komponente

Feurig: das Rohteil im Schmiedeprozess

Das Gesenkschmieden unterscheidet sich vom »normalen« Freiformschmieden darin, dass das Schmiedestück fast völlig vom geschlossenen Werkzeug, dem Gesenk, umschlossen wird. Die vom Formenbauer in das Gesenk eingebrachte Gravur bestimmt die Form des fertigen Schmiedestücks. Durch Gesenkschmieden werden vor allem sicherheitsrelevante Teile, wie beispielsweise kleinere Kurbelwellen, Pleuel, Zahnräder oder Spurstangenköpfe, Lenkungsteile, Getriebe- oder Verschleißteile für Baumaschinen hergestellt.

Die Ruhrtaler Gesenkschmiede in Witten fertigt Gesenkschmiedeteile zwischen 1,5 und 180 Kilogramm. Dafür gibt es sechs Hammerlinien von vier bis 20 mt (Metertonnen) und vier Presslinien von 2000 bis 4000 Tonnen Presskraft. Das Unternehmen investierte in den vergangenen 15 Jahren mehr als 15 Millionen Euro in modernste Maschinen, zwei Drittel der zu fertigenden Produkte sind Sicherheitsbauteile. Der Exportanteil liegt bei 35 Prozent. Die Kunden sitzen in den USA, Australien und China. Namhafte deutsche Firmen sind unter anderem MAN, Daimler, Liebherr oder die Deutsche Bahn.

Am 13. Februar 1913 als Ruhrtaler Gesenkschmiede Kalthoff und Wengeler durch den Schmiedefachmann Fritz Kalthoff und Dipl.-Ing. Friedhelm Wilhelm Wengeler gegründet, fertigte das Unternehmen in den Anfangsjahren rohe Schmiedestücke für Weichenbauanstalten und den Bergbau. Sechs Jahre nach der Gründung wurde eine eigene mechanische Werkstatt angegliedert.

Luftbildaufnahme der Ruhrtaler Gesenkschmiede in Witten-Herbede am Kemnader See

Im Jahr des Kriegsendes 1945 starb Friedhelm Wilhelm Wengeler und dessen Frau Sophie und Sohn Friedhelm begannen bis in die 1950er Jahre hinein, den Betrieb zu erweitern, modernisieren und neue Technologien einzuführen. In den Folgejahren waren nach dessen Tod Friedhelms Frau Gisela und der neue Ehemann Georg Eppelsheimer die prägenden Köpfe an der Spitze des Unternehmens. 1993 folgte schließlich die Umgründung in die heutige Gesellschaftsform Ruhrtaler Gesenkschmiede F.W. Wengeler GmbH & Co. KG. Die Geschäftsführung übernahmen Klaus Eppelsheimer und Heinz-Ulrich Krell.

Im Jahr 2000 wurde das Unternehmen um das Geschäftsfeld Modultechnik erweitert und die Tochter EKL Zerspanungstechnik GmbH & Co. KG ebenfalls in Witten-Herbede angesiedelt. 2007 nahm die Ruhrtaler Gesenkschmiede die größte teilautomatisierte Hammerlinie in Betrieb. Im Jahr 2011 werden mit mehr als 300 Mitarbeiterinnen und Mitarbeitern rund 54 Millionen Euro Umsatz erreicht.

Vor 20 Jahren lieferte die Ruhrtaler Gesenkschmiede noch fast 75 Prozent ihrer Produkte an die Fahrzeugindustrie und 20 Prozent in den Bahnbereich. Um nicht zu abhängig von einer oder wenigen Branchen zu sein, nahm die heutige Geschäftsführung unter Leitung von Heinz-Ulrich Krell drei weitere Geschäftsfelder hinzu. Heute ergänzen Bauteile für den Kran- und Maschinenbau sowie den internationalen Bergbau die Produktpalette – die Fahrzeugindustrie nimmt dabei nicht einmal mehr 20 Prozent ein. Um im internationalen Wettbewerb dauerhaft bestehen zu können, ergänzt der Betrieb kontinuierlich seine Fertigungstiefe – so wie das eigentliche Kerngeschäft durch die mechanische Bearbeitung und den Komponentenbau erweitert wurde. »Durch die Umstrukturierung des Unternehmens auf nunmehr fünf Geschäftsfelder sehe ich uns sehr gerüstet für alle künftigen Aufgaben«, blickt Heinz-Ulrich Krell zuversichtlich nach vorn.

Die Belegschaft Anfang der 1920er Jahre

Ein Rohteil unter der Schmiedepresse

Beitrag von:
Ruhrtaler Gesenkschmiede GmbH & Co. KG
Feldstraße 1 · 58456 Witten
Tel. (0 23 02) 70 80 · Fax (0 23 02) 7 08 28
info@ruhrtaler.de · www.ruhrtaler.de

Hüls in Schwelm

Der zuverlässige Einrichtungspartner mit Konzept

Hüls ist seit fast 40 Jahren der zuverlässige Partner bei der anspruchsvollen Einrichtung für Wohnung, Büro, Geschäft und Küche und steht mit seinem Angebot einerseits für klassisches, traditionelles Wohnen, andererseits aber auch für funktionales Design im Zeitgeist. Bei Hüls nimmt man sich bei der Beratung und Planung viel Zeit für die Kunden, denn der Kauf einer neuen Einrichtung ist Vertrauenssache.

Bei der Umsetzung der Einrichtungswünsche sind die erfahrenen Fachberater und Innenarchitekten von Hüls die richtigen Ansprechpartner, eben von der Architektur bis zur Technik. Hüls ist nicht nur anders, sondern langfristig betrachtet auch preiswerter und besser. Das Beste, was Sie an Rhein und Ruhr finden werden, denn Qualität von Anfang an zahlt sich ganz sicher am Ende aus. »Geplante Innenarchitektur, handwerklich perfekter Service, Qualität aus Prinzip«, diesem Wahlspruch sind die Einrichtungshäuser Hüls stets treu geblieben. Der stetige Ausbau des Unternehmens an der Bahnhofstraße in Schwelm macht die erfolgreiche Entwicklung für jedermann deutlich sichtbar. Die Referenzliste des Einrichters Hüls spricht für sich.

Einrichtungshäuser Hüls in Schwelm

In unmittelbarer Nähe zum Stammhaus befinden sich auf rund 3000 Quadratmetern Lager und Werkstatt. Serien- oder Einzelanfertigungen, Reparatur- und Renovierungsarbeiten, umfangreiche Objektaufträge oder sogar komplette Innenausbauten werden hier handwerklich perfekt ausgeführt. Auch für schwierige und anspruchsvolle räumliche Gegebenheiten finden sich intelligente Lösungen.

Geplante Innenarchitektur, handwerklich perfekter Service, Qualität aus Prinzip

Hüls Fuhrpark

Die technische Abteilung, die ausschließlich aus Schreinermeistern und Holzmechanikern besteht, sorgt außerdem für eine zuverlässige, fachgerechte Auslieferung und Montage der Einrichtungen. Handwerkliches Geschick, umsichtiges Handeln und höfliches Auftreten sind selbstverständliche Voraussetzungen. Der schnelle Kundendienst lässt keine Wünsche offen und zählt zu den Aushängeschildern des Unternehmens. Wer einmal bei Hüls etwas gekauft hat, weiß diesen Service zu schätzen. Selbst nach vielen Jahren werden die meisten Kundendienstarbeiten noch kostenlos erledigt.

Das Hüls Markenangebot:

Ambienta	Interprofil	USM
hülsta	Draenert	vitra
now! by hülsta	Montis	Wilkhahn
Team 7	Ronald Schmitt	Klöber
interlübke	KFF	Renz
COR	Schönbuch	Wini
de Sede	Raumplus	kühnle'waiko
Jori	Rodam	Brune
Walter Knoll	Form exclusiv	Thonet
Wittmann	Verardo	Tonon
BW	SieMatic	Kartell
ligne roset	Signia	Belux
FSM	Miele	Sompex
Rolf Benz	Siemens	Estiluz
Poltrona Frau	Gaggenau	Alessi
Accente	Gutmann	Missoni
die Collection	Blanco	Ritzenhoff
Bacher	Wolf	Kinast
Franz Fertig	Neff	JAB Anstoetz

Der Einkauf bei dem Einrichter Hüls garantiert Qualität von Anfang an.

Auch für Klassiker die erste Adresse: Thonet S32, COR Conseta, vitra Lounge Chair

einrichtungshäuser hüls für Wohnung, Büro & Geschäft

Beitrag von:
Einrichtungshäuser Hüls
Bahnhofstraße 63–69 · 58332 Schwelm
Tel. (0 23 36) 4 90 90 · Fax (0 23 36) 49 09 25
info@huels-in.de · www.huels-in.de

Ennepe-Ruhr – einfach naheliegend!

Die EN-Agentur ist die Wirtschaftsförderungsgesellschaft für den Ennepe-Ruhr-Kreis

Bei allen unternehmerischen Entscheidungen finden Interessierte aus dem Ennepe-Ruhr-Kreis Hilfe bei den Experten der EN-Agentur.

1996 riefen die Verantwortlichen im Ennepe-Ruhr-Kreis die EN-Agentur für Wirtschaftsförderung in Hattingen ins Leben. Die Wirtschaftsförderungsagentur Ennepe-Ruhr GmbH, so der komplette Name, ist eine Service-Einrichtung der neun Städte des Kreises, der Sparkassen im Kreis, der AVU, der Südwestfälischen Industrie- und Handelskammer (SIHK) und der Kreishandwerkerschaft. Sie wird darüber hinaus unterstützt durch ihren Förderverein UnternehmEN- Verband engagierter Unternehmen aus dem Ennepe-Ruhr-Kreis e.V. sowie den Ennepe-Ruhr Freizeit- und Tourismusverband e.V.

Das Leistungsspektrum der EN-Agentur umfasst eine umfangreiche Palette. Die EN-Agentur versteht sich als Informationen und Kontakte vermittelnder Dienstleister. Sie initiiert Projekte und bringt Akteure zusammen. Von der Existenzgründungsberatung bis zur Hilfe bei der Existenzfestigung oder der Nachfolgeregelung von Unternehmen ist sie Ansprechpartner. Sie berät Firmen, die ihren Betrieb erweitern wollen und hilft Investoren bei der Standortsuche.

Einen besonderen Fokus legt die EN-Agentur in ihrem Engagement auf die Existenzgründung. Der Schritt in die Selbstständigkeit ist für die meisten ein Sprung ins kalte Wasser. Mit qualifizierter Betreuung unterstützt die EN-Agentur in Kooperation mit dem STARTERCENTER NRW die Märkische Region. Dies betrifft Behördengänge genauso wie die Hilfe bei Finanzierungsfragen und die Aufstellung eines Unternehmenskonzeptes. Als Lotse im Ennepe-Ruhr-Kreis hat die EN-Agentur den Überblick über Fachexperten und Netzwerke.

Freizeit und Tourismus nehmen bei den Bemühungen der EN-Agentur zunehmend mehr Raum ein.

Welche Fördermittel kommen für mich in Frage? Eine auch im Ennepe-Ruhr-Kreis häufig gestellte Frage. Bei Existenzgründung, Jungunternehmen oder etablierten Firmen für Expansionen in neue Märkte, Neuansiedlungen oder technologische Entwicklungen – öffentliche Fördermittel können entscheidend zum Erfolg beitragen. Die EN-Agentur hilft Unternehmern, sich einen umfassenden Überblick über die verschiedenen Fördermöglichkeiten des Bundes, des Landes und der Europäischen Union zu verschaffen. Gleichzeitig bietet sie ihren Service als Anlaufstelle für das Beratungsprogramm Wirtschaft NRW, das Gründercoaching Deutschland sowie die Tragfähigkeitsbescheinigung zum Gründungszuschuss an.

Die Sicherung und Verbesserung der regionalen, nationalen und internationalen Wettbewerbsfähigkeit der Unternehmen steht bei der Wirtschaftsförderungsagentur selbstverständlich im Mittelpunkt. Dabei ist es von zentraler Bedeutung, die vorhandenen regionalen Kernkompetenzen und Talente zu erkennen, herauszuarbeiten und zu signifikanten Standortvorteilen weiterzuentwickeln. Durch die Bildung und Moderation von Kompetenzfeldern – auch als Cluster bezeichnet – versuchen die Protagonisten, die regional starken Branchenformationen in Unternehmensnetzwerken zusammenzuführen und innovative Projekte zu entwickeln.

Schließlich nimmt die Bedeutung des Toursimus an Ennepe und Ruhr stetig zu. Die Erarbeitung von Entwicklungskonzepten für den Tourismus in der Region sowie die Förderung und Beratung von Gastronomie, Tourismus- und Freizeitwirtschaft sind mittlerweile von einem eigenständigen Team betreute Aufgaben innerhalb der EN-Agentur.

BleiStahl ... der Weg in die Zukunft!

Unternehmen in Wetter-Wengern ist Weltmarktführer für Ventilsitzringe und Ventilführungen

»Die runde Sache für Verbrennungsmotoren« – Auf den ersten Blick sind es unscheinbare Ringe und Hülsen, die in Wetter-Wengern hergestellt werden, aber ohne diese Bauteile wären moderne Motoren binnen weniger Stunden völlig verschlissen und funktionsuntauglich. Ventilsitzringe schützen den Zylinderkopf vor den heißen Verbrennungsgasen – Abgastemperaturen bis 1000 Grad Celsius sind heute keine Seltenheit mehr und sie verhindern das Erweichen sowie das Verformen im Bereich der Ventile. Ventilführungen sorgen für eine passgenaue Position des Ventils.

Warum dies für den Ennepe-Ruhr-Kreis so spannend ist?

Weil der Weltmarktführer im Bereich des Ventiltriebs seinen Firmensitz mitten in Wetter-Wengern hat.

Ventilführungen aus Buntmetall und pulvermetallurgischen Werkstoffen

Ventilsitzringe aus Pulvermetall

Die Firma Bleistahl ist ein Familienunternehmen und wird heute in der 3. Generation durch Herrn Dr. Ekkehard Köhler als geschäftsführendem Gesellschafter geführt.

Vor mehr als 55 Jahren entwickelte der Firmengründer Dr. Max Köhler einen selbstschmierenden, pulvermetallurgischen hochverschleißfesten Ventilsitzring-Werkstoff und den Herstellungsprozess dazu, der bereits im VW Käfer-Motor den Einsatz von Leichtmetall-Zylinderköpfen erlaubte. Mit dem Erfolg des Käfers wuchs der Erfolg der Bleistahl.

Ein weiterer Meilenstein in der Erfolgsgeschichte der Bleistahl war die Entwicklung eines Ventilsitzring-Werkstoffes, der wesentlich dazu beitrug, bei Ottomotoren den Einsatz bleifreier Kraftstoffe zu ermöglichen.

Heute ermöglichen Bleistahl-Ventilsitzringe den Einsatz von E10, in USA oder in Ländern wie Brasilien sogar den Einsatz von E85 beziehungsweise E100, das heißt, den Einsatz von Alkohol im Benzin.

Pulvermetallurgie

So wird die Verarbeitung von Metallen in Pulverform bezeichnet. Damit lassen sich Werkstoffe entsprechend der Bedürfnisse entwickeln. Man kann zum Beispiel Metalle mit guter Wärmeleitfähigkeit mit Festschmierstoffen kombinieren und gleichzeitig harte, widerstandsfähige Anteile hinzufügen. So werden bei Bleistahl die Werkstoffe punktgenau auf den späteren Einsatzzweck (Otto-/Dieselmotor) hin entwickelt.

Die verschiedenen Bestandteile in Pulverform werden gemischt und zu Bauteilen gepresst, die schon sehr nahe an der endgültigen Form sind. Dadurch ist die Pulvermetallurgie auch ein sehr rohstoffschonendes Verfahren, da nur geringe Mengen an Abfällen entstehen. Nach dem Pressen werden die Pulverkörner in dem sogenannten Sinterofen miteinander »verbacken« und die Bauteile erhalten ihre Härte und Festigkeit. Durch Drehen und Schleifen entsteht die endgültige Form und Oberfläche. Die Güte der einzelnen Arbeitsschritte wird durch ein umfangreiches Qualitätssicherungssystem überwacht und dokumentiert.

Die Marke Bleistahl ist Garantie und Versprechen gegenüber den Kunden, dass das Produkt funktioniert, den Werkstoffeigenschaften entspricht und somit hohen Qualitätsanforderungen gerecht wird.

Ein hochinteressanter Prozess, der innovative Produkte à la Bleistahl auch in Zukunft auf dem Weltmarkt etabliert ...

Viele Automobilhersteller gehören seit vielen Jahren zu den Kunden. Jährlich werden über 300 Millionen Ventilsitzringe und Ventilführungen für die Automobilindustrie

Sinterofen

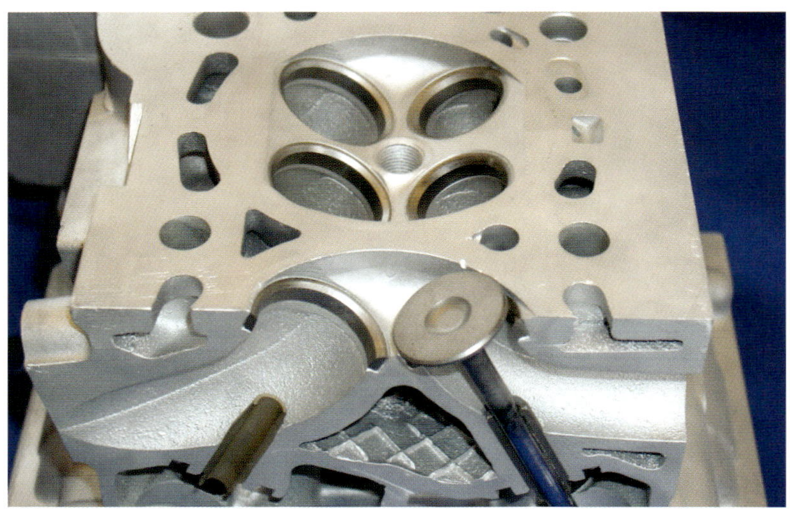

Querschnitt eines Zylinderkopfes – vorne links sichtbar der Ventilsitzring und die Ventilführung

Linienfertigungen in der neuen Produktionshalle am Standort Wetter-Wengern

Presserei am Standort Wetter-Wengern

in Europa, Amerika und Fernost produziert.

Aufbauend auf der langjährigen Erfahrung in der Entwicklung und Herstellung hochverschleißfester pulvermetallurgischer Ventiltriebskomponenten, dem Know-how der weltweit 530 Mitarbeitenden und den innovativen Lösungen sowie der globalen Präsenz durch Tochtergesellschaften, Joint Ventures oder strategische Partner in Brasilien, USA, Europa, Südafrika, Indien, Korea, China und Japan bietet Bleistahl seinen Kunden heute Wettbewerbsvorteile durch weltweiten Service.

Energie und Umwelt – intelligent gesteuert!

Einen positiven Beitrag leistet Bleistahl im Bereich des Umweltschutzes sowie in der Energiepolitik. Dabei konzentriert sich das Unternehmen beispielsweise darauf, das Abfallaufkommen und die Energieverbräuche transparent darzustellen und Sparpotenziale in der Produktion zu ermitteln. Das Thema Energieeffizienz gewinnt in allen Bereichen der Wirtschaft zunehmend an Bedeutung. Bleistahl hat sich daher die Aufgabe gestellt, nach erfolgreicher Umsetzung des Umweltzertifikates im Jahre 2002 nun auch in diesem Jahr ein zertifiziertes Energiemanagementsystem nach DIN ISO 16001 im Stammwerk in Wetter einzuführen.

Bleistahl arbeitet nicht nur mit Hochdruck an Innovationen für die Zukunft. Mit Blick auf den wichtigsten Aspekt – die Schaffung von Arbeitsplätzen – investiert Bleistahl im Zeichen von Wirtschaftswachstum in neue Maschinen und Anlagen. Anfang 2011 wurde die neue Produktionshalle für eine weitere Linienfertigung fertiggestellt. »Wir sind stolz darauf, neue Fachkräfte sowie vorhandenes Personal aus- und weiterzubilden, um auch für die 4. Generation vorbereitet zu sein.«, führt Dr. Ekkehard Köhler aus.

Zufuhr der Ventilführungsgrünlinge in den Sinterofen

Hauptverwaltung in Wetter (Ruhr)

Beitrag von:
Bleistahl Produktions-GmbH & Co. KG
Osterfeldstraße 51 · 58300 Wetter
Tel. (0 23 35) 97 60 · Fax (0 23 35) 97 61 70
info@bleistahl.de · www.bleistahl.com

BLEISTAHL

FLUTZ, ein echter Komplettanbieter

Alu-X-press (Gevelsberg) liefert Profile, Stangen und Rohre aus Aluminium nach Kundenwünschen

1989 gründete Norbert Schubeis, heute Geschäftsführer und alleiniger Gesellschafter der Gevelsberger Alu-X-press GmbH, sein Unternehmen für Aluminiumprodukte. Nach seinerzeit zehn Jahren Erfahrung mit Aluminiumprofilen wollte er nun seine eigenen Vorstellungen einer modernen Produktion verwirklichen. Die erste Betriebsstätte mit 650 Quadratmetern Grundfläche entstand ein Jahr später in Velbert. Schubeis begann mit dem Sägen, Entgraten und Stanzen von Aluminiumprofilen. 1994 folgte der Umzug der Velberter Produktion in eine 900 Quadratmeter umfassende Halle in Sprockhövel.

Das Unternehmen setzte seinen Expansionskurs konsequent fort. Bereits zwei Jahre später kam durch die Übernahme der Firma Karl & Peter Oelmann in Iserlohn eine weitere Fertigungsstätte für Kleinteile hinzu. 1999 musste die Halle in Iserlohn erweitert werden, im Jahr 2000 die Sprockhöveler Halle auf mehr als 2000 Quadratmeter.

2001 fassten die Verantwortlichen die Norbert Schubeis Aluminiumprodukte und die Karl & Peter Oelmann Metallwaren in der Alu-X-press GmbH zusammen. Nach einer schweren Erkrankung des Eigentümers wurde die Produktion in Sprockhövel schließlich 2006 eingestellt und das Büro nach Gevelsberg-Silschede verlegt. Das Handelsgeschäft wurde ausgebaut und 2009 an die neu gegründete FLUTZ GmbH übertragen. FLUTZ ist die Bezeichnung für Aluminium-Standardprofile. Dabei steht F für Flachstangen, L für Winkel, U für U-Profile, T für T-Profile und Z für Z-Profile. Neben FLUTZ-Profilen führt das Unternehmen heute selbstverständlich auch Rohre und Stangen.

Aus einem reinen Lohnbearbeiter entwickelte sich in den vergangenen zwei Jahrzehnten ein echter Komplettanbieter. Alu-X-Press beziehungsweise FLUTZ bietet eine große Auswahl an Profilen, Stangen und Rohren. Heute werden komplexe Bauteile inklusive Material und Oberfläche an die Kunden geliefert. Eine partnerschaftliche Zusammenarbeit ist Norbert Schubeis und seinen Mitarbeiterinnen und Mitarbeitern wichtig. Schubeis: »Das bedeutet für uns, dass die ganz individuellen Wünsche unserer Kunden im Mittelpunkt stehen.« Nach dem Selbstverständnis der Verantwortlichen gehört dazu auch der stetige Austausch von Meinungen, Erfahrungen und Informationen, der beiden Partnern gleichermaßen Vorteile beschert.

Alu-X-press verfügt über jahrzehntelange Erfahrung in der Aluminiumbearbeitung.

In der Produktion

An der großen Aluminiumsäge

Beitrag von:
Alu-X-Press GmbH
Auf dem Böcken 3 · 58285 Gevelsberg
Tel. (0 23 32) 55 77 18 · Fax (0 23 32) 55 89 41
schubeis@flutz.de · www.flutz.de

In Breckerfeld gesunder Branchenmix auf den Höhen

In früheren Zeiten war die Wirtschaft im Breckerfelder Raum gekennzeichnet vom Erzbergbau, der Eisen- und Stahlerzeugung sowie der Metallverarbeitung. Einige Produktionsbereiche aus diesen Branchen finden sich auch heute noch in der Hansestadt, jedoch mittlerweile selbstverständlich in technologisch entwickelter Form und fit für den globalisierten Markt. Wichtig ist dabei aber auch in Breckerfeld, dass die Unternehmen dieser Wirtschaftsbereiche eingebettet sind in einen gesunden Branchenmix aus Firmen aus vielen anderen Feldern von Produktion und Dienstleistung.

Auf dem Stadtgebiet Breckerfelds befinden sich zwei Gewerbegebiete, darunter das Gewerbegebiet »Südlich Königsheide«. Die dortigen Flächen werden gerne für Gewerbe- oder in kleineren Teilbereichen auch als Industrieflächen genutzt. Weitere Unternehmen sind zum Teil in den Rest des Stadtgebiets integriert.

Im Breckerfelder Gewerbegebiet

In Ennepetal wird Existenzgründungshilfe großgeschrieben

Im Tal der Ennepe befanden sich früher zahlreiche Hammerwerke und Schleifkotten, die sich später zu kleinen und großen Industrieunternehmen entwickelten. Das Wasser in den zahlreichen Gewässern in und um Ennepetal hatte in den Zeiten der frühen Industrialisierung die Entstehung wasserabhängiger Industrien begünstigt – vor allem aus dem Metallbereich wie etwa Hammerwerke und Schmieden. Hieraus entwickelten sich in neuerer Zeit modernste Industriebetriebe, beispielsweise im Bereich Schrauben, Beschläge, Schlösser/Sicherheitssysteme, die heutzutage zum Teil sogar an der Weltspitze agieren.

Im Ennepetaler Gewerbegebiet Oelkinghausen, direkt an der Grenze zur Stadt Schwelm gelegen

Durch die Ansiedlung neuer Firmen und unterstützt durch den allgemeinen Strukturwandel in der Region hat sich mittlerweile ein gesunder Branchenmix in Ennepetal herausgebildet. Mit der Ausweitung des 40 Hektar großen Gewerbegebietes »Oelkinghausen« an der Stadtgrenze zu Schwelm hat die Stadt Platz geschaffen, diesen Prozess in Zukunft erfolgreich fortzuführen.

Das Ennepetaler Zentrum für Existenzgründung und Technologie (ZET) fördert Existenzgründungen und vermietet Büro- und Produktionsräume an Existenzgründer, innovative Unternehmen und Firmen in der Festigungsphase. Neben einem individuellen Raumangebot ist einer der wesentlichen Vorteile dieser Einrichtung der Technologietransfer durch enge Kontakte zu Hochschulen und die überregionale Zusammenarbeit mit den Existenzgründerzentren im MTV Märkischer Transferverbund. Mit ihren Kooperationspartnern bietet das ZET in regelmäßigen Abständen Vorträge, Seminare und Workshops an.

Höchstleistung in der Fahrwerktechnik

BILSTEIN – Eine Erfolgsgeschichte aus Ennepetal

Als die Erfolgsgeschichte BILSTEINs bei der Firmengründung 1873 begann, ahnte noch niemand, welch großen Einfluss die Produkte BILSTEINs eines Tages auf den Fahrkomfort und die Fahrsicherheit des Automobils haben sollten. Zu dieser Zeit waren es Fensterbeschläge, die das Unternehmen von August Bilstein unter dem werbewirksamen Namen AUBI, abgeleitet von den Initialen des Firmengründers, weit über die heimischen Regionen hinaus bekannt machen sollten. Eine Reihe technischer Innovationen, die patentrechtlich abgesichert wurden, bildeten für die späteren Erfolge des noch jungen Unternehmens eine solide Grundlage. Um den hohen Qualitätsansprüchen bereits in der Vorstufe der Beschlagherstellung gerecht werden zu können, wurde 1919 ein eigenes Bandeisen-Walzwerk eingerichtet. In den 1920er Jahren brachte Hans Bilstein, der die Unternehmensleitung von seinem Vater übernommen hatte, Anregungen für neue Verfahren der Vernickelung und Verchromung aus den USA mit ins heimische Westfalen.

BILSTEIN Schulungscenter

BILSTEIN-Ingenieure im Testcenter (Fahrversuch)

Endmontage Hochleistungsdämpfer

Testprogramm von Prototypen (Hydropulser)

Der Einstieg in die Automobilindustrie gelang BILSTEIN 1927 dank der Zusammenarbeit mit der Berliner Firma Levator-Hebezeug-Fabrik. BILSTEIN lieferte die erste verchromte Stoßstange für die Auto-Serienproduktion, begann mit der Produktion von Wagenhebern und produzierte den ersten Seitenwagenheber. In den 1950er Jahren erkannte das Erfolgsunternehmen, welche Möglichkeiten in der Idee des französischen Schwingungsforschers Prof. Bourcier de Carbon steckten. Er erkannte, dass Gas, das in jedem Öl mit einem Anteil von bis zu zehn Prozent enthalten ist, gebunden wird, wenn das Öl unter Druck gehalten wird. Die Ingenieure des Ennepetaler Unternehmens machten sich die Erkenntnisse des Franzosen, die die Stoßdämpfertechnologie revolutionierte, zu Nutze und entwickelten ein Fertigungsverfahren für Einrohr-Gasdruckstoßdämpfer. Die Innovation der Einrohr-Gasdruckstoßdämpfer und die Qualität BILSTEINs ist seit mehr als 50 Jahren in nahezu allen hochwertigen und leistungsorientierten Fahrzeugen zu finden – vom Bugatti Veyron über den Lamborghini Gallardo bis hin zu den Porsche-Modellen 911, Cayman und Boxster. Aber auch Mercedes, Audi, BMW, Subaru und VW setzen in ihren sportlichen Baureihen auf die Technologie aus Ennepetal.

Den Einstieg in den Motorsport fand BILSTEIN mit der Ausstattung von Stoßdämpfern für Porsche in der Formel 1. Seit dieser Zeit ist BILSTEIN aus dem Motorsport nicht mehr wegzudenken: Vom Gewinn der Rallye Monte-Carlo 1960

BILSTEIN-Mitarbeiter

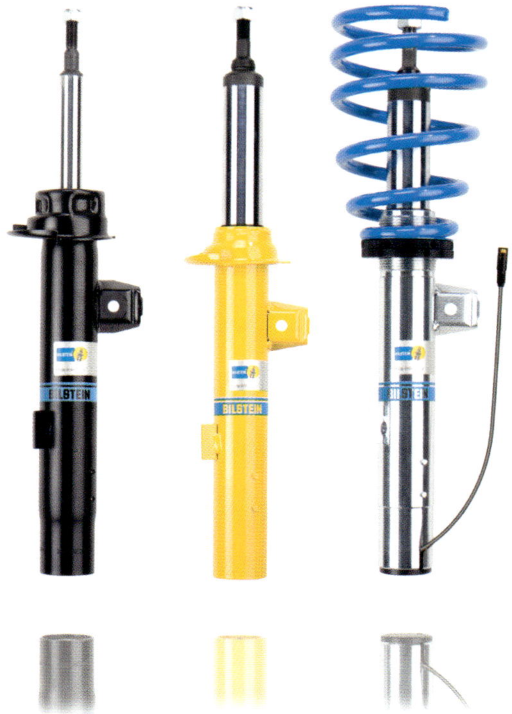

BILSTEIN B4, BILSTEIN B6 und BILSTEIN B16 (von links)

BILSTEIN Audi R8

über die legendären Siege bei allen wichtigen 24-Stunden-Rennen bis hin zum Titel in der Formel 1-Weltmeisterschaft. Auch die Liste der Fahrer, die auf Stoßdämpfern aus Ennepetal in die Motorsportgeschichte eingegangen sind, ist lang und faszinierend. Rennsport-Legenden wie Klaus Ludwig, Hans-Joachim Stuck oder Walter Röhrl feierten mit BILSTEIN ihre größten Erfolge.

BILSTEIN verbindet auf besondere Weise Erstausrüsterkompetenz mit Aftermarket- und Tuning-Expertise. Das zeigt die große Bandbreite der BILSTEIN-Qualitätsstoßdämpfer- und fahrwerke von Serienersatz über Tuning bis hin zum Motorsport. Jedem Fahrwerk kommt das Know-how aus der Erstausrüstung zu Gute. Neben der Entwicklungs- und Fertigungskompetenz besitzt BILSTEIN mit dem einzigartigen Fahrversuch einen weiteren Trumpf in Sachen Qualität: Im Fahrversuch wird jedes Sport- und Gewindefahrwerk von BILSTEIN auf der eigenen Teststrecke in Papenburg oder am Nürburgring aufs Härteste geprüft. Auch bei Stoßdämpfern für den Serienersatz setzt BILSTEIN kompromisslos auf Qualität und Leistung.

BILSTEIN verbindet eine enorme Bandbreite vom Seriendämpfer in Erstausrüster-Qualität über Hochleistungsstoßdämpfer bis hin zu Sport-, Gewinde- und elektronischen Fahrwerken. »Technologien aus der Erstausrüstung, langjährige Motorsport-Erfahrung, Fertigung nach allerhöchsten Qualitätsstandards sowie unser Fahrversuch machen unsere Produkte zu dem, was sie sind: Hightech Made in Germany«, erläutert Thomas Wörmann, Leiter Marketing und Produktmanagement bei BILSTEIN.

Wissen ist die Basis des Erfolgs: Das gilt auch für das Kfz-Gewerbe. Als Partner der Werkstätten,

Nürburgring Nordschleife

Ausbildungsstätten, Tuning-Spezialisten und des Handels bietet BILSTEIN für jeden das passende Schulungsprogramm an. Im Rahmen der BILSTEIN-Academy gibt der Fahrwerkspezialist regelmäßig seine Erfahrung aus erfolgreichem Motorsport, Fertigung auf Erstausrüsterniveau und täglicher Werkstattpraxis weiter.

Hightech in der Fahrwerktechnik, Fahrkomfort und Fahrsicherheit sind seit vielen Jahrzehnten eng mit dem Namen BILSTEIN verknüpft. Um diese Stellung in den nächsten Jahrzehnten weiter auszubauen, ist BILSTEIN seit 1988 ein Konzernunternehmen – und seit 2005 ein hundertprozentiges Tochterunternehmen der ThyssenKrupp Technologies AG. Die partnerschaftliche Zusammenarbeit innerhalb des Konzerns erlaubt es, auch in Zukunft mit Innovationen im klassischen BILSTEIN-Sinne zu begeistern.

Beitrag von:
ThyssenKrupp Bilstein Tuning GmbH
www.bilstein.de

BILSTEIN-BMW

Stahl: Das Stehaufmännchen der Ruhrgebietsindustrie

Deutsche Edelstahlwerke in Witten schaffen den Spagat zwischen Tradition und Zukunft

Am Standort Krefeld wird das in Witten erzeugte Vormaterial für Lochscheiben geschmiedet.

Noch heute sind in Witten, der größten Stadt des Ennepe-Ruhr-Kreises, die Spuren der für lange Zeit untrennbaren Industrie-Symbiose von Kohle und Stahl deutlich zu erkennen. Zum Beispiel im Muttental, wo sich immer noch Überreste zahlreicher Stollen und Zechen befinden. Hier begann um etwa 1510 der Kohleabbau im Ruhrgebiet, was die Stadt Witten als »Wiege des Bergbaus« weit über die eigenen Grenzen hinaus bekannt machte.

Kohle auf der einen Seite des Flusses, Stahl auf der anderen. Zwischen Muttental und Hauptbahnhof liegt das 525 000 Quadratmeter große Gelände der Deutschen Edelstahlwerke GmbH. Eine ideale Lage, da das Unternehmen über den eigenen Gleisanschluss die für die Edelstahlproduktion notwendigen Rohstoffe, zum Beispiel Schrott, bequem via Schiene beziehen kann.

Von der geografischen Lage des Standorts war 1854 auch Carl Berger überzeugt, der nach ersten Erfolgen in der Gussstahlproduktion die Expansion der Firma »Berger & Co« am Ruhrufer weiter vorantrieb. Er profitierte bei der Befeuerung seiner Öfen von der direkten Kohlezufuhr vom anderen Ruhrufer. Der Bergbau wiederum brauchte den Stahl, um der steigenden Nachfrage mit besseren Werkzeugen gerecht werden zu können.

Dank guter Kontakte zur regionalen Wirtschaft befand sich die Technik im Wittener Stahlwerk immer auf aktuellem Stand: Den Anfang machte das Puddelverfahren, bei dem man Stahl aus Roheisen gewann, das in einer Pfanne unter ständigem Rühren erschmolzen wurde. Ab 1878 setzten die Gebrüder Berger dann zunehmend das Siemens-Martin-Verfahren ein, das die Deutsche Stahlindustrie bis in die 1960er Jahre geprägt hat. Im Jahr 1973 wagte man im Werk Witten dann einen weiteren technologischen Vorstoß: Die damalige »Ruhrstahl AG Gussstahlwerk Witten« baute das erste Elektrostahlwerk.

Wege zwischen Tradition und Zukunft

Im Laufe der Jahrhunderte hat das Unternehmen an der Ruhr mehrfach Firmennamen und Eigentümer gewechselt, hat aber letztlich durch die Fokussierung auf moderne Produktionsverfahren und Zukunftsbranchen die Wirren zweier Weltkriege und so manche Stahlkrise überstanden. Anders als das schwarze Gold, das seit den 1970er Jahren einen kontinuierlichen Abwärtstrend verzeichnete. Immer mehr Zechen wurden geschlossen.

Geradlinig war die Entwicklung des Wittener Stahlwerks ganz und gar nicht. Auf ein Hoch folgte ein Tief und umgekehrt. Als Tochter des Thyssen-Konzerns machte man in den 1990er Jahren deutlich, in welchem Stoff man die Zukunft sah: Edelstahl. Die klare Ausrichtung entpuppte sich später als starkes Rückgrat: 2005 be-

Die Deutschen Edelstahlwerke stellen einbaufertige Lochscheiben für Windradgetriebe her.

Die Deutschen Edelstahlwerke in Witten schaffen den Spagat zwischen Tradition und Zukunft.

gann mit der Übernahme durch die SCHMOLZ + Bickenbach Gruppe eine neue Ära für den Stahlstandort Witten, die Anfang 2007 in der Fusion der Edelstahl Witten-Krefeld GmbH mit der Edelstahlwerke Südwestfalen GmbH zur Deutschen Edelstahlwerke GmbH mündete. Von diesem Zeitpunkt an zeigte das neue Unternehmen mit seiner weltweit einzigartigen Produktvielfalt im Bereich der Edelstahllangprodukte, dass Edelstahl über die Jahrhunderte zum unverzichtbaren Bindeglied zwischen traditionellen und zukunftsweisenden High-Tech-Branchen geworden ist.

Vom Ennepe-Ruhr-Kreis in die Welt

Zukunft – für ein traditionsreiches Unternehmen wie die Deutschen Edelstahlwerke sind das Märkte und Themen, die das Leben auf der Erde langfristig verändern und verbessern können.

Zwischen Muttental und Hauptbahnhof liegt das 525 000 Quadratmeter große Gelände der Deutschen Edelstahlwerke GmbH.

Eine zentrale Rolle spielt dabei der Energiesektor. Um den Energiebedarf der Industriestaaten zukünftig zu decken, sind neue Ölquellen erforderlich, die bis zu 5000 Meter tief unter der Meeresoberfläche liegen können. Das stellt hohe Anforderungen an die zur Ölexploration verwendeten Werkzeuge. Die Deutschen Edelstahlwerke blicken auf mehr als 25 Jahre Erfahrung in der Entwicklung der dafür verwendeten warmkaltverfestigten, korrosionsbeständigen Amagnite zurück. Im Krefelder Bearbeitungsbetrieb stellen sie daraus zum Beispiel »drill collars« her. Diese Bauteile mit einer Länge von 9,50 Metern und einem Innendurchmesser von 50 bis 80 Millimetern befinden sich in der Umgebung des Bohrkopfes von hochintelligenten Öl-Bohrsystemen. Sie müssen aus nichtmagnetisierbaren Stählen gefertigt sein, damit über das Magnetfeld der Erde die genaue Position und Richtung des Bohrers unter dem Deckgebirge eingestellt werden kann.

Trotz aller technologischen Fortschritte bei der Erdölgewinnung sind alternative Energien, zum Beispiel Windkraft, auf dem Vormarsch. Die Deutschen Edelstahlwerke stellen hierfür unter anderem einbaufertige »Lochscheiben« für Windradgetriebe her. Von der Erschmelzung, über die Warmformgebung bis zur Bearbeitung findet alles in den eigenen Betrieben statt. Da die Rotorblätter eines Windrads über 100 Meter lang sind und bei böigem Wind schlagartig beansprucht werden, muss auch das Material der Getriebe verschleiß- und dauerfest sein sowie eine hohe Zähigkeit und Homogenität besitzen. Dazu bedarf es eines speziellen Verhältnisses von bestimmten Legierungselementen, eines

In der Produktion der Deutschen Edelstahlwerke in Witten

aufwändigen Schmiedeprozesses und einer gezielten Wärmebehandlung der Edelstahlstäbe, die abschließend gebohrt und in Scheiben gesägt werden.

Beispiele, die belegen, dass eine Welt ohne Edelstahl nicht mehr denkbar ist. Genauso wenig wie der Ennepe-Ruhr-Kreis ohne Stahlunternehmen. Heute und erst recht nicht in Zukunft.

Beitrag von:
Deutsche Edelstahlwerke GmbH
Auestraße 4 · 58452 Witten
Tel. (0 23 02) 2 90
Fax (0 23 02) 29 40 00
info@dew-stahl.com · www.dew-stahl.com

Von Kohletransporteuren zur »Autostadt«

Schwelms Wirtschaft bietet gesunden Mix aus »Start-ups« und Weltmarktführern

Es ist sicherlich schwierig, pauschal von »Schwelms Wirtschaft« zu sprechen. So vielseitig sind die Betriebe in der Stadt. Traditionsunternehmen, Unternehmen für zukunftsweisende Technologien und jede Menge junge und aufstrebende »Start-ups« sorgen für eine ebenso interessante wie gesunde Mischung. Einige Schwelmer Unternehmen sind sogar Weltmarktführer. Die Schwelmer Wirtschaft lebt schon immer vom Mittelstand, den eine Vielzahl Firmen repräsentieren. Produkte von Schwelmer »Global Playern« sind Raufaser, Netzsysteme, selbstklebende Papiere, Folien und Industrie-Etiketten, Stahlwerkausstattung und technische Stoffe für die Drahtproduktion.

Produziert werden in der Stadt darüber hinaus beispielsweise Aufzugskomponenten, hochwertige Be- und Entladevorrichtungen von Schiffen, Tank- und Kesselwagen mit flüssigen und gasförmigen Stoffen, Erdgasbetankungstechnik, Umreifungsmaschinen, Knöpfe, Getriebe, Elektromotoren, Verpackungsbänder, Drehteile, Druckwerke, Elastomer-, Kunststoff- und Systembauteile, Schlösser und Schilder. Viele erfolgreiche Betriebe bilden das starke Fundament der Metallproduktion, der Metallverarbeitung und -verwertung.

In Schwelm

Die B7 ist mehr als nur eine Durchgangsstraße, sie stellt ein »langgezogenes Gewerbegebiet durch die Stadt« dar.

Schwelm ist auch »Autostadt«. Zahlreiche Unternehmen produzieren traditionell für die Automobilindustrie. In Schwelm sind nicht nur Zulieferer für die Kfz-Industrie zuhause, dort können auch gleich die Autos selbst gekauft werden. Speziell an der B7 und in deren unmittelbarem Umfeld reihen sich die Autohäuser aneinander.

Ihre Interessen vertreten die Schwelmer Einzelhändler in und mit der Werbegemeinschaft Schwelm, die ebenfalls ein wichtiger Impulsgeber für die Entwicklung der Kreisstadt ist. In der Kreisstadt sind immer noch viele Geschäfte inhabergeführt und präsentieren ein sich von den bekannten Filialisten absetzendes individuelles Angebot. Von Damen- und Herrenmode über Schuhe, Brillen, Haushaltswaren bis zum exklusiven Einrichtungshaus können die Schwelmer Geschäfte ihren Kunden viel bieten.

Bindeglied zwischen allen relevanten Wirtschaftsfaktoren ist die Gesellschaft für Wirtschaftsförderung und Stadtmarketing Schwelm (GSWS). Diese stellt ein Stück weit mit die Weichen für Schwelms Gesamtentwicklung. Nervenstränge des wirtschaftlichen Lebens sind die Bundesstraße 7 und die Gewerbegebiete Graslake, Am Damm und Ruhrstraße. Viele Beschäftigte sind zudem in der Gesundheits- und Seniorenwirtschaft tätig, etwa in einem der beiden Krankenhäuser, den vier Altenheimen oder diversen Pflegediensten.

Blick zurück: Abbau von Schwefelkies und die älteste Fassfabrik Deutschlands

In der Graslake an der Grenze zu Wuppertal

Mehrere hundert Jahre lang wurde in Schwelm Bergbau betrieben: Für die zweite Hälfte des 16. Jahrhunderts ist das Alaun- und Vitriolbergwerk Rodenfeld in der Nähe des Hauses Martfeld überliefert. Dort wurde Schwefelkies gefördert, ausgelaugt und auf Pfannen gesotten, so dass man schließlich Eisenvitriol gewann. Vitriol und Alaun wurden in erster Linie bei der Tuchfärbung verwendet. Nach 1682 führte der Bergbau lange ein Schattendasein und wurde lediglich zur Mitte des 18. Jahrhunderts kurz wiederbelebt.

Zur Mitte des 19. Jahrhunderts begann man auf Initiative Friedrich Harkorts erneut mit dem Abbau von Schwefelkies und damit, aus den Abraumhalden des alten Vitriolbergwerks und den darunter liegenden Lagerstätten Brauneisenstein zu gewinnen, der in früheren Zeiten noch vernachlässigt worden war. Einen starken Anstieg der Fördermengen an Eisenstein und Schwefelkies erlebte Harkorts Zeche Schwelm in den 70er Jahren des 19. Jahrhunderts, ehe der Betrieb 1891 aufgrund zurückgehender Fördermengen eingestellt wurde. Neben dem Bergwerk Rodenfeld wurde um 1900 auch an der Schwelmer Stadtgrenze im Westen in einem Bergwerk Smithsonit und Eisenstein gefördert.

Als um 1800 nördlich der Stadt leistungsstarke Steinkohle-Gruben lagen, deren Fördermengen zu den größten in der Grafschaft Mark gehörten, war der Kohletransport auch einer der wichtigsten Wirtschaftszweige. Schwelm gehörte zu den bevorzugten Wohngebieten der Kohlentreiber, denn das Stadtgebiet lag genau zwischen den Abbaugebieten im Norden und den Absatzgebieten in den bergisch-märkischen Gewerbezentren im Süden. Damals führte eine Kohlenstraße aus dem Norden über Schwelm nach Lennep, Hückeswagen und Wipperfürth. Als in der ersten Hälfte des 19. Jahrhunderts der Chaussee- und Eisenbahnbau einsetzt, fand die Kohlentreiberei durch Schwelm ein Ende. Heute sind noch einige Hohlwege aus dieser Zeit erhalten.

Im Gewerbegebiet Ruhrstraße

Im 18. Jahrhundert gehörte der Schwelmer Raum auch zu den Schwerpunkten des Eisengewerbes in der Grafschaft Mark. Bis in die 60er Jahre des 20. Jahrhunderts war das Schwelmer Eisenwerk weltweit einer der führenden Hersteller von automatischen Benzinzapfsäulen, die auch in die USA exportiert wurden. Der Betrieb war zugleich die älteste Fassfabrik in Deutschland und stellte um 1905 die ersten elektrisch geschweißten Eisenfässer her.

Auch die Textilindustrie war in Schwelm einst ein bedeutender Wirtschaftszweig, denn die Stadt lag früher im Übergangsgebiet zwischen der Eisenindustrie an der Ennepe und der Textilstadt Wuppertal. Die ersten Bleichereien entstanden in Schwelm bereits um 1500. Später kamen Webereien und schließlich Bandwirkereien hinzu, die als Zulieferer oder Lohnbetriebe für die Wuppertaler Textilindustrie produzierten. 1845 erhielt die Bandfabrik Braselmann & Sohn die Erlaubnis zur Nutzung der ersten Dampfmaschine in Schwelm. An der Wilhelmstraße steht mit dem Ibach-Haus die ehemalige Fertigungsstätte des Familienunternehmens Rud. Ibach Sohn, das bis 2007 der älteste noch produzierende Klavierhersteller der Welt war. Bereits seit 1830 bestand die Brauerei Schwelm. Sie ersetzte zu Anfang des 20. Jahrhunderts als erste Brauerei weltweit die früher üblichen Holzfässer durch Emaille-Bottiche, die im Schwelmer Eisenwerk hergestellt wurden. Die Brauerei musste 2011 den Betrieb einstellen.

Am Anfang war die Pumpe

Arthur Habermann (Witten) Spezialist für hydraulischen Feststofftransport

Bulgarien. Eigentlich Einöde. Im Hintergrund herrliche Gebirgslandschaft. Aber auch dort existiert Leben ... Vielmehr: Ein gigantischer Saugbagger wühlt sich durch das Sediment. Das Gerät hilft entscheidend bei der Kupfererzgewinnung. Was im Südosten Europas geht, klappt natürlich auch vor der Haustür. Solche Saugbagger sind zum Beispiel bei der Förderung von Quarzsand am Halterner Silbersee im Einsatz. Bereits im Jahr 1959 wurde um eine Baggerpumpe herum ein Pontonschiff gebaut. Der erste Habermann-Saugbagger war geboren. Aus bis zu 60 Metern Wassertiefe holen die Saugbaggerpumpen heute Quarz und Kies aus den Seen der Welt.

Habermann, das ist die Arthur Habermann GmbH & Co. KG mit Sitz in Witten. 1927 gegründet, sind seit Jahrzehnten der hydraulische Feststofftransport und die Werkstofftechnik Spezialität des Unternehmens, sagt Dipl. Oec. Ekkehart Fromme, seit 2008 zusammen mit dem Gesellschafter Dipl.-Ing. Matthias Aust Geschäftsführer des traditionsreichen Wittener Unternehmens. Heute gehören zur Firma Habermann rund 220 Beschäftigte, die an insgesamt drei Fertigungsstandorten arbeiten. An der Goethestraße in Witten liegt die Hauptverwaltung. Dort werden auch die Pumpen und Saugbagger produziert. Ebenfalls in Witten, im Wullener Feld, befindet sich die in den 1990er Jahren errichtete Polyurethangießerei. Die moderne Edelstahlgießerei ließ 1996 in Wiehl, im Bergischen Land, erstmals die Öfen an.

Gesellschafter Dipl.-Ing. Matthias Aust (links) und Dipl. Oec. Ekkehart Fromme sind die Geschäftsführer der Arthur Habermann GmbH & Co. KG in Witten

Die Habermann-Kunden stammen aus den unterschiedlichsten Branchen. Die Sand- und Kiesindustrie gehört dazu, ebenso die Chemische- und die Stahlindustrie. Der Tunnelbau ist ebenfalls dankbarer Abnehmer. Durch das über Jahre hinweg erworbene Know-how in der Werkstofftechnik können sowohl die Kunststoffgießerei als auch die Edelstahlgießerei über jene Branchen hinausgehende Produkte anbieten. Der Exportanteil liegt inzwischen bei etwa 35 Prozent. »Wir sind in Europa sehr stark mit deutlichem Fokus auf Osteuropa, aber wir haben auch schon nach Afrika und nach Südamerika geliefert«, sagt Fromme.

Die Firma Habermann verkauft keine Serienpumpen, nur individuelle Lösungen. Die Chemieindustrie beispielsweise benötigt Pumpen, die den korrosiven Medien standhalten, während in der Sand- und Kiesgewinnung die Pumpen einem ganz anderen Verschleiß ausgesetzt sind. Auch beim Bau von Verkehrstunneln und Versorgungstunneln in der ganzen Welt sind große Habermann-Maschinen im Einsatz. Matthias Aust: »Wir bieten mit einer breiten Palette an Pumpen und Werkstoffen für die unterschiedlichsten Aufgaben im maschinellen Tunnelvortrieb und Spezialtiefbau jede Menge innovativer Lösungen.«

Die ursprünglich nur für Pumpeneinsätze errichtete Kunststoffgießerei hat sich zu einem eigenständigen Werk entwickelt, das heute hauptsächlich für andere Branchen tätig ist, zum Beispiel für die Automobilindustrie oder den Schiffbau. Auch die Edelstahlgießerei beliefert schon lange nicht mehr nur das Stammwerk, sondern bietet sein Know-how für unterschiedlichste Anwendungen an.

Der gigantische Saugbagger wühlt sich in Bulgarien durch das Sediment. Das Gerät hilft entscheidend bei der Kupfererzgewinnung.

Rückblende: Bochum, 2. Januar 1927. Der talentierte Ingenieur Arthur Habermann gründete ein Ingenieurbüro für Pumpentechnik und hydraulischen Feststofftransport. In den ersten Jahren gehörte der Steinkohlebergbau mit seinen Problemen im hydraulischen Feststofftransport zu den bedeutendsten Kunden. Habermann reparierte die Pumpen als Zulieferer. Insofern wusste er auch früh, woran es bei den zu reparierenden Pumpen mangelte. In der eigenen Gießerei wurde mit Kunststoffen geforscht und experimentiert. 1956 zog die Firma Habermann von Bochum nach Witten.

In der hauseigenen Edelstahlgießerei

Habermann-Pumpe

Auch heute bietet Habermann seinen Kunden komplette technische Lösungen für den Feststofftransport an. Die Einsatzgebiete sind absolut vielseitig. Das kann die erwähnte Kupfererzaufbereitung in Bulgarien ebenso sein wie der Bau einer Schnellstraßentrasse für die Fußball-Europameisterschaften von Polen in die Ukraine.

Große Stärke von Habermann ist die langjährige Erfahrung und die eigene Fertigung vom Guss bis zur Prozessautomatisierung »made in Germany«.

Mit dem Wechsel in der Habermann-Geschäftsführung 2008 trat die bis dahin insgesamt 40 Jahre agierende Geschäftsführung in den Ruhestand. Das in die Jahre gekommene Unternehmen wurde von der neuen Geschäftsleitung generalüberholt und einer Frischzellenkur unterzogen: Viele neue Mitarbeiter, Neuausrichtung der Produktion und Überarbeitung der Produktlinien, neues EDV-System sowie der Aufbau eines modernen Kontroll- und Finanzsystems. Eigentlich war es die passende Sanierung zum unpassenden Zeitpunkt, denn mitten in das ambitionierte Vorhaben platzte die weltweite Finanzkrise. Matthias Aust und Ekkehart Fromme sind auch heute noch ihren lokalen Finanzpartnern Sparkasse Witten und Commerzbank Hagen für deren Vertrauen und Unterstützung dankbar. »Ohne das Vertrauen vor Ort und den Zusammenhalt hätten wir die anspruchsvollen Pläne schwerlich umsetzen können«, so Fromme.

Äußerst engagiert ist die Firma Habermann auch im sozialen Bereich. So nimmt das Unternehmen an dem Projekt »Kontrakt« in Witten zur Unterstützung förderungsbedürftiger Schüler zum besseren Start ins Berufsleben teil. Der Kinderhospizdienst Ruhrgebiet e.V. wird seit vielen Jahren unterstützt. Auch im Breitensport ist Habermann aktiv und fördert den KSV Witten.

Beitrag von:
Arthur Habermann GmbH & Co. KG
Goethestraße 12 · 58453 Witten/Ruhr
Postfach 16 40 · 58406 Witten/Ruhr
Tel. (0 23 02) 6 60 60
Fax (0 23 02) 69 05 64
mail@habermann-gmbh.de
www.habermann-gmbh.de

Historische Ansicht des Habermann-Komplexes

Historische Pumpenteile

Polyurethan-Teile

In Herdecke vom produzierenden ins Dienstleistungsgewerbe gesprungen

Herdecke verdankte in der Vergangenheit viel von seiner Wirtschaftskraft dem Wasser der Ruhr. Uralte Handelswege vom südlichen Sauerland in die nördliche Bördelandschaft und Ost-West-Wege längs der Ruhr kreuzten sich in Herdecke. Die Rast am flussnahen Wegekreuz verführte zum Handel, ein Markt entstand. Schon 1355 erhielt Herdecke das Recht, einen Kornmarkt abzuhalten. Dieser hatte lange große Bedeutung, Herdecker Kornpreise waren für ganz Westfalen verbindlich.

Bergauf ging es im Zuge der Industrialisierung im 19. Jahrhundert. Die Stoffdruckerei der Firma Habig konnte ihre Produktion kontinuierlich ausbauen, Emil Eckardt baute 1899 an der neuen Bahnlinie Hagen-Dortmund eine Schaufel- und Spatenfabrik, die nicht zuletzt aufgrund des »Ideal«-Spatens rasant wuchs. Heute produziert und vertreibt das Unternehmen Gartengeräte aller Art. Die Fassfabrik Buchwald exportierte ihre Eisenfässer in alle Welt. Und es gab seit 1840 sogar ernsthafte Versuche, auf Herdecker Stadtgebiet nach Kohle zu graben ...

Erfolgreicher verlief das Geschäft mit Ruhrsandstein aus Herdecker Steinbrüchen. Wegen ihrer hohen Qualität waren Herdecker Steine aus den 38 heimischen Betrieben begehrt. Sie wurden vielfach zum Straßenbau nach Holland exportiert und liegen im Fundament des Schiffshebewerks Henrichenburg. Dauerhaft entwickelte sich das unternehmerische Geschick, das Dr. Carl und Ewald Dörken seit den 90er Jahren des vorigen Jahrhunderts mit ihrer Farb- und Lackfabrik an den Tag legten. Sie gehört bis heute zu den stabilsten Säulen der Herdecker Wirtschaft und exportiert ihre Produkte weltweit. Ähnlich verhält es sich mit einer pharmazeutischen Firma, die mit natürlichen Medikamenten (Ginseng, Knoblauch) nach der Gründung im ersten Jahrzehnt des 20. Jahrhunderts bis in die Gegenwart sehr erfolgreich ist.

Zwei andere Betriebe sind wieder enger mit dem eingangs erwähnten Wasser der Ruhr verknüpft: Seit 1907 gibt es das Cuno-Kraftwerk am Harkortsee und seit 1930 das Koepchenwerk als Pumpspeicherwerk am Hengsteysee.

Bedeutende Gewerbeentwicklungen waren und sind im Gahlenfeld zu verzeichnen.

Die Wetterstraße in Herdecke ist nicht zuletzt aufgrund der Firma Ewald Dörken eine gute Adresse.

In der Vielfalt liegt die Kraft. Im Gegensatz zu anderen Städten vergleichbarer Größe hat Herdecke seine wirtschaftliche Zukunft auf mehrere Säulen verteilt. Vom Gewächshaus bis zum Sportlenkrad gibt es viele Produkte, die von Herdecke aus in die Welt gehen.

Die Krise Mitte der 1960er Jahre führte zu intensiven Gewerbegebietsentwicklungen im Loer- und Gahlenfeld. Das weitläufige Habig-Gelände wurde von der Oelder Westfalia-Separator bezogen, als einem der weltweit größten Hersteller von Melkanlagen. Vor allem im Gewerbegebiet Gahlenfeld III siedelten sich vornehmlich technologieorientierte und umweltverträgliche Unternehmen an. Neben zahlreichen Softwareentwicklern finden sich dort auch verschiedene Forschungs- und Produktionsstätten der Medizintechnik.

Größter Arbeitgeber ist inzwischen das Herdecker Gemeinschaftskrankenhaus, die Keimzelle der ersten Privat-Universität Deutschlands, Witten-Herdecke. Dies demonstriert beispielhaft den strukturellen Wandel der Herdecker Wirtschaft von produzierendem zu dienstleistendem Gewerbe. Krankenhaus und niedergelassene Ärzte bauen seit kurzem ein gemeinsames Kompetenznetz auf.

In Sprockhövel: viele Mittel- und Kleinbetriebe in neuen Gewerbegebieten

Die Wirtschaftsstruktur Sprockhövels wird vereinzelt auch heute noch von ihren Wurzeln aus Steinkohlebergbau und Zulieferindustrie geprägt. Zahlreiche Betriebe der für die Stadt bedeutsamen Bereiche Metallverarbeitung und Maschinenbau haben sich hieraus entwickelt. Seit den 1970er Jahren hat sich jedoch ein kontinuierlicher Strukturwandel durch Ansiedlungen in neuen Gewerbegebieten ergeben, der zwischenzeitlich zu einem gesunden Branchenmix geführt hat. Entstanden sind viele Mittel- und Kleinunternehmen, von denen die meisten über die Landesgrenzen und Europa hinaus aktiv sind.

Aus dem weiter für Sprockhövel historischen Wirtschaftsbereich der Bandweberei sind weltweit tätige modernste Hersteller von Etiketten und andere Textilbetriebe entstanden. Für weitere Ansiedlungen verfügt die Stadt Sprockhövel im Gewerbegebiet »Stefansbecke III« und in anderen Bereichen über attraktive Gewerbeflächen verschiedenen Charakters.

Im Gewerbegebiet »Stephansbecke I« in Sprockhövel

In Wetter regiert der Maschinenbau – und sprießen die Gewerbegebiete

Die Metallverarbeitung steht in der Wetteraner Wirtschaft traditionell weit vorne. Hierbei haben der Maschinenbau, besonders Fördertechnik und Kranbau sowie die Schlossindustrie längst absolute Weltgeltung erlangt. Aber auch andere Branchen, zum Teil im mittelständischen Bereich, beliefern von Wetter aus weltweit ihre Kunden.

Um den Erweiterungswünschen der heimischen Industrie Rechnung zu tragen und Gelände für Um- und Neuansiedlungen anbieten zu können, hat die Stadt Wetter (Ruhr) seit 1970 fünf Gewerbegebiete ausgewiesen.

Im Gewerbegebiet »Heringhäuser Feld« haben sich zwischenzeitlich 30 Unternehmen angesiedelt. Mehr geht nicht. »Am Nielande« sind bereits rund 35 Betriebe zu finden. Ebenfalls »fertig« ist das Gewerbegebiet »Auf der Bleiche« in Wengern mit 13 Betrieben.

Seit 1990 ist zu den genannten Gewerbegebieten und den »Altstandorten« das zwölf Hektar große Gewerbegebiet »Schöllinger Feld« in Grundschöttel gekommen. Dort, an der Trasse der ersten Kohlenbahn Deutschlands, die über die Länge einer preußischen Meile von der Zeche Franziska in das Tal der Ennepe bei Haspe-Westerbauer führte, haben sich inzwischen 28 Unternehmen angesiedelt. Auch im Gewerbegebiet »Schöntal« sitzen heute fast 20 Firmen.

Ein weiteres Projekt: Durch die Landesentwicklungsgesellschaft (LEG) wurde die ehemalige »Knorr-Bremse AG« als »Gewerbegebiet Schmandbruch« aufbereitet. Verwaltung und Politik sehen in der weiteren Erschließung von Gewerbeflächen eine Vorsorgeaufgabe für die positive Entwicklung der Stadt Wetter (Ruhr). Aus diesem Grund sind bereits Planungen für ein weiteres autobahnnahes Gewerbegebiet eingeleitet worden. Die Festschreibung im Flächennutzungsplan ist erfolgt.

Das Gewerbegebiet »Schöllinger Feld« in Grundschöttel aus der Vogelperspektive

febi: Eine Marke, die für mehr als nur Teile steht

Ferdinand Bilstein in Ennepetal entwickelt Lösungen für Großhändler und Werkstätten weltweit

Die Ferdinand Bilstein GmbH + Co. KG in Ennepetal ist ein führender Hersteller und Lieferant von mehr als 20 000 Pkw-, Nkw- und Kleintransporter-Ersatzteilen für alle gängigen Fahrzeugmarken. In über 69 Ländern ist febi darüber hinaus mit 17 Tochtergesellschaften und durch ausgesuchte Partner vor Ort vertreten. Da bei der Fahrzeugreparatur jede Sekunde zählt, liegen in dem hochmodernen Logistikzentrum in Ennepetal jederzeit mehr als 100 Millionen Teile zur Auslieferung ins In- und Ausland bereit. Mit mehr als 160 Jahren Produktionserfahrung ist febi bilstein heute eine der großen Marken im globalen, freien Ersatzteilmarkt.

Die Ferdinand Bilstein GmbH + Co. KG in Ennepetal

Seit 1844 steht die Marke febi bilstein für Kontinuität, Qualität, Service, Zuverlässigkeit und Innovation. Als konzernunabhängiges Traditionsunternehmen in Familienbesitz sind die Verantwortlichen stolz darauf, ihren Kunden ein stetig wachsendes Komplettprogramm an technischen Verschleißteilen bieten zu können.

Qualität »Made in Germany«

Innenansicht des neuen vollautomatischen Logistikzentrums

Mehr als 1200 Mitarbeiter vertreiben febi Produkte in über 130 Länder weltweit. Das Familienunternehmen wird derzeit in der siebten Generation geführt und bekennt sich seit jeher zu seinen Ennepetaler Wurzeln. Denn bereits seit 1844 hat das Unternehmen seine Hauptverwaltung an der Voerder Wilhelmstraße.

2008 wurde ein neues Logistikzentrum vor Ort in Betrieb genommen. Diese Investition mit einem Gesamtvolumen in Höhe von 35 Millionen Euro unterstreicht die Verbundenheit mit dem Standort und hilft febi bilstein, seine Marktführerschaft weiter auszubauen und Arbeitsplätze am Standort Ennepetal zu sichern.

Auch als Arbeitgeber ist die Ferdinand Bilstein GmbH + Co. KG ausgezeichnet: Das Unternehmen gehört zu den 100 besten Arbeitgebern im Mittelstand und wurde außerdem vom CRF Institut als »Top Arbeitgeber« im Bereich Automotive gekürt.

Von der Lenkungs-, Motor-, Brems-, Fahrwerks- und Radbefestigungstechnik bis hin zur Fahrzeugelektrik, Pneumatik und dem febi plus Programm finden Großhändler und Werkstätten alles für die professionelle Fahrzeugreparatur von Pkw, Lkw, Bussen, Trailern, Anhängern und Kleintransportern aller gängigen Marken und Modelle. Als Partner bekennt sich febi bilstein nachdrücklich zum freien Ersatzteilmarkt. Und das nicht nur als Lieferant. Auch als Hersteller nutzt das Unternehmen seine langjährige Erfahrung sowie modernste Fertigungstechnologien und investiert kontinuierlich in den Ausbau seiner Eigenfertigung.

Weitere Informationen finden Interessierte unter www.febi.com.

Beitrag von:
Ferdinand Bilstein GmbH + Co. KG
Wilhelmstraße 47
58256 Ennepetal
Tel. (0 23 33) 91 10
Fax (0 23 33) 91 14 44
info@febi.com · www.febi.com

febi bilstein®

Innovative Herstellung von Chip- und Kreditkarten

Melzer Maschinenbau (Schwelm): weltweiter Erfolg mit patentierter Modulbauweise

Im Jahr 1956 gründete der Vater Reinhold Melzer mit seinen Söhnen Rainer und Roland die heutige Melzer Maschinebau GmbH. Zunächst bestand die Geschäftsgrundlage mehrheitlich aus Bearbeitungsaufträgen für den Bergbau, die Bundesbahn und die Bundeswehr. Nach und nach verlagerte sich der Produktionsschwerpunkt auf den Bau von Maschinen zur Herstellung von Karton-Etiketten mit Nadel, Clip oder Faden. Der Markterfolg dieser Maschinen beruhte auf der weltweit einmaligen Modulbauweise, deren Technik durch mehrere eigene Patente gesichert war.

Anforderungen des Marktes nach Speichermedien auf den Tickets führten zur Entwicklung der Etiketten mit Magnetstreifen, die ihre größte Anwendung auf Preisauszeichnungsetiketten, Tickets und Parkscheinen fanden. Damit war auch der Durchbruch zum weltweiten Einsatz von Melzer-Maschinen für diese Artikel erreicht (1985 wurden 70 bis 75 Prozent dieser Artikel weltweit auf Melzer-Maschinen hergestellt). Die notwendig werdende Erweiterung führte zur Entwicklung einer neuen patentierten Technologie für die Herstellung von ISO-Plasikkarten (Kreditkarten): Zusammentragen, Laminieren und Stanzen vollautomatisch an einer endlosen Bahn (traditionelle Technologie: Verarbeitung von Großbogen).

1982 wurde die erste Anlage nach Japan geliefert. Heute werden diese Anlagen weltweit zur Herstellung von Kreditkarten und Ausweisen (großteils mit Hologramm) eingesetzt. Der nächste Entwicklungsschub erfolgte im Jahr 2000 mit der Vorstellung einer (auch patentierten) Technologie zur Herstellung von kontaktlos arbeitenden Chip-Karten (RFID) für Preisschilder, Eintrittskarten, Fahrscheine und Parkscheine. Die neueste Entwicklung im Hause Melzer befasst sich mit der Herstellung von drahtgelegten Antennen für RFID-Transponder. Die Geschäftsleitung liegt seit drei Jahren in der dritten Generation. Melzer beschäftigt zurzeit 80 Mitarbeiter.

MELZER®

Beitrag von:
Melzer Maschinenbau GmbH
Ruhrstraße 51–55 · 58332 Schwelm
Tel. (0 23 36) 9 29 20 · Fax (0 23 36) 92 92 55
info@melzergmbh.com
www.melzermaschinenbau.de

BayWa – der starke Partner für Bauherren, Renovierer und Modernisierer

Fachberatung spielt im Wittener und Hattinger Baustoffhandel die entscheidende Rolle

Heinz Gerbig (Witten) und Peter Frentz (Hattingen) wissen es: Der Kunde erwartet in einem Baustoffhandel vor allem Kompetenz von der Beratung bis zur Lieferung. Das bietet die BayWa und unterscheidet sich dabei von vielen anderen Baumärkten. Das Fachberater-Team ist entsprechend ausgebildet. Die beiden BayWa-Standortleiter in den größten Städten des Ennepe-Ruhr-Kreises halten ein umfangreiches Sortiment an hochwertigen Markenbau- und Dämmstoffen für Neubau, energetische Sanierung, Altbausanierung, Renovierung und Modernisierung bereit. Schüttgüter sind »von einem Eimer bis zum Sattelzug« zu haben.

Die BayWa in Hattingen

Die BayWa in Witten

Die BayWa AG hat ihren Hauptsitz in München. Der Konzern, der in den Segmenten Agrar, Bau und Energie tätig ist, beschäftigt weltweit in 16 Ländern 16 000 Mitarbeiterinnen und Mitarbeiter. Bundesweit existieren insgesamt 230 Baustoffbetriebe und 500 Franchise Partnerbetriebe. In Nordrhein-Westfalen sind es allein mehr als 40 mit rund 700 Mitarbeiterinnen und Mitarbeitern. Mehr als 3700 Quadratmeter stehen in Witten zur Verfügung, zentral gelegen, unmittelbar an der Auffahrt zur A44. In Hattingen ist die Fläche erheblich größer. Dort sind es über 5000 verschiedene Artikel. Aufmaß findet selbstverständlich vor Ort statt.

Als Baustoff-Fachhändler mit langjähriger Erfahrung betreut die BayWa gewerbliche Kunden gleichermaßen professionell wie private Bauherren, Renovierer, Modernisierer und Sanierer. Die Ausstellungen für Baustoffe sind stets einen Besuch wert. Die Öffnungszeiten in Hattingen sind: Montag bis Freitag von 7 bis 18 Uhr, Samstag von 7.30 bis 13 Uhr. In Witten sind die Türen Montag bis Freitag von 7 bis 17 Uhr und Samstag von 8 bis 12 Uhr geöffnet.

Beitrag von:
BayWa
Beuler Höhe 2 · 45525 Hattingen
Tel. (0 23 24) 5 09 90
Fax (0 23 24) 50 99 20
baustoffe.hattingen@baywa.de
www.baywa.de/hattingen

BayWa

Liegnitzer Straße 3 · 58454 Witten
Tel. (0 23 02) 20 29 20 · Fax (0 23 02) 2 02 92 20
baustoffe.witten@baywa.de · www.baywa.de/witten

Das Ruhrgebiet entstand am Muttenbach

Bergbauwanderweg durchs Muttental eine der schönsten Strecken im Lande mit zahlreichen Schaupunkten

Industriegeschichte, Bergbaugeschichte – das sind die wesentlichen Faktoren die der Interessierte mit dem Muttental verbindet. Aber weit gefehlt. Ihn erwartet dort vielmehr grüne Landschaft, ein lieblicher Bach, Ruhe, Ruhe, Ruhe, sprich: Idyll pur. Und dabei ist dieses Tal so geschichtsträchtig wie wenige andere. Die Relikte der Vergangenheit sind hier von vielen Aktiven lebendig und gegenwärtig gehalten worden, doch die Natur hat sich in den vergangenen Jahrzehnten das, was sie einst an die Industrie verloren hatte, voll und ganz zurückerobert.

Das Preußische Bergamt verlieh das Grubenfeld bereits 1731. Die Zeche war bis Anfang des 19. Jahrhunderts in Betrieb. Die Kohle wurde aus dem 1,40 Meter mächtigen Flöz Mausegatt gewonnen. Nachdem die Steinkohle durch den 355 Meter langen Förderstollen Turteltaube zu Tage gefördert war, wurde sie seit 1792 in einrädrigen Schiebekarren auf einem etwa einen Kilometer langen Weg aus Brettern bis zur Ruhr transportiert und von dort verschifft. 1811 wurden dort mit fünf Arbeitern nicht weniger als 600 Tonnen Steinkohle abgebaut.

Das Bethaus der Bergleute im Muttental wurde 1830 erbaut und ist das einzige seiner Art im gesamten Ruhrbergbau. Eine Schmiede war im Untergeschoss, oben der Bet- und Versammlungsraum. Heute gibt eine Ausstellung einen kleinen Einblick in Leben und Arbeit der Kumpel damals.

Freibäume sind die einfachsten und ältesten Schachtgerüste. Die Arbeiter verwendeten sie beim Errichten von Schächten in steil gelegenen Flözen und zum Fördern der Kohle. Die Fördergefäße – Tonnen oder Körbe – wurden von Hand mit Hilfe einer Winde auf und ab bewegt.

Das Muttental, die Wiege des Ruhrgebiets, liegt im Wittener Ortsteil Bommern. Benannt ist das Tal nach dem »Muttenbach«. Muttenbach wiederum stammt von der Flurbezeichnung »In der Mutte« in Witten-Durchholz. Als Mutte bezeichneten die Bauern im Mittelalter die Muttertiere ihrer Schweine. Dort also, in der Mutte entspringt der Fluss und durchfließt die Talsohle des Muttentals. Nach gerade mal sechs Kilometern ist der Spuk vorbei und der Muttenbach mündet in die Ruhr.

Das Muttental hat das Glück, in einem Gebiet zu liegen, in dem Steinkohleflöze des oberen Karbon zutage treten. Entstanden sind diese Flöze vor mehr als 300 Millionen Jahren aus riesigen Sumpfwäldern, die immer wieder vom Meer überschwemmt und mit Sand- und Tonschichten bedeckt wurden, so dass sich Schichtenfolgen bildeten.

Im Muttental soll die erste Steinkohle im Ruhrgebiet gefunden worden sein. Der Abbau begann etwa 1510 im Tagebau, eine erste urkundliche Erwähnung dessen war 1552 und steht in den Gerichtsakten der Burg Hardenstein zu lesen. Dort wird eine Kohlenbank als Grundstücksgrenze angegeben. Doch mit einiger Sicherheit lässt sich sagen, dass bereits um das Jahr 1000 an der Ruhr nach Steinkohle gegraben worden war. Im Mittelalter wurden meist nur abbauwürdige Flöze an der Oberfläche, die mit einer dünnen Schicht Lehm oder Mutterboden bedeckt waren, abgetragen. Tiefer ins Gestein konnten die Bauern, die den Bergbau seinerzeit lediglich für den Eigenbedarf betrieben, nicht vordringen. Die Kohle wurde aus dem Fels gebrochen oder ausgegraben.

Im 18. Jahrhundert wurde das Holz knapp und der Siegeszug der Kohle begann. Der Bergbau wurde in immer größerem Ausmaß betrieben. Durch die Flöze wurden Stollen angelegt, die nach oben hin mit Schächten verbunden waren, durch die Kohle abtransportiert und Frischluft zugeführt werden konnte. Als der oberere Bereich »abgegrast« war, ging es nach unten. Die ersten

Tiefbauzechen wurden angelegt. Ein senkrechter Schacht führte in die Tiefe, von dem aus Stollen zu den einzelnen Flözen ausgingen. Die Kohle wurde über den Schacht hochgezogen und das Grundwasser mit Dampfmaschinen über Tage nach oben abgepumpt.

Im 19. Jahrhundert startete schließlich der Schachtabbau. Mit einem Göpel zum Heben von Lasten oder durch eine Haspelanlage (Kurbel wie in einem alten Brunnen) wurden die mit Kohle beladenen Gefäße senkrecht an die Oberfläche geschafft. Am Ende absolvierten Maschinen oder Tiere (»Grubengaul«) den industriellen Abbau. Durch die vielen neuen Großzechen im Norden des Ruhrgebiets wurde der Abbau in Klein- und Kleinstzechen im Muttental unrentabel. Zu Beginn des 20. Jahrhunderts waren bereits viele der Zechen aufgegeben.

Eine kurze Renaissance war in den 30er bis 50er Jahren des 20. Jahrhunderts mit dem Nachlesebergbau im Muttental zu verzeichnen, der seinen Höhepunkt während der Kohlenknappheit nach Ende des Zweiten Weltkrieges fand. Während frühere Bergleute Flöze, deren Abbau sich nicht lohnte, markiert hatten, wurden diese Flöze nun, da man Kohle brauchte, abgebaut. Diese Arbeit erledigten Kleinzechen, die jedoch stillgelegt wurden, wenn keine Kohle mehr zu finden war.

Seit 1950 besaß die Kleinzeche Renate im Muttental einen Schacht, der schräg im Flöz Finefrau errichtet worden war und diesem bis in 60 Meter Tiefe folgte. Die Zeche stellte 1955 ihren Betrieb ein.

Die historische Rolle des Muttentals wird heute durch den 1972 angelegten Bergbauwanderweg Muttental, das 2003 eröffnete Industriemuseum Zeche Nachtigall und verschiedene industriegeschichtliche Museumsstandorte eindrucksvoll vorgeführt. 450 Jahre Bergbaugeschichte werden beeindruckend inszeniert. Die Zeche Nachtigall erhielt 1731 die ersten Abbaurechte und avancierte nach der Zusammenlegung mit anderen Zechen 1832 zur ersten Tiefbauzeche des Ruhrgebietes. Weitere Sehenswürdigkeiten in dieser traumhaften Ecke des Ennepe-Ruhr-Kreises sind die Ruine der Burg Hardenstein, das Schloss Steinhausen und das Gruben- und Feldbahnmuseum Zeche Theresia.

Der neun Kilometer lange Bergbaurundweg durch das Muttental, dem der viel versprechende Name A3 zugeteilt wurde, gehört zu den schönsten Wanderstrecken im ganzen Ruhrgebiet. Die bergbauhistorischen Exponate dort werden vom Förderverein Bergbauhistorischer Stätten Ruhrrevier betreut. Zu den Zeugnissen vergangener Jahrhunderte gehören Stollen, Pingen (kleine, oberflächennahe Löcher), Fördergerüste, Halden, Verladeanlagen und vieles mehr. Jedes Relikt wird mit einer aufwändig gestalteten Tafel erläutert. Weiter entfernt, bei Herbede, ist die Zeche Egbert zu finden, die letzte Kleinzeche des Ruhrgebietes.

Am Muttenbach

Zeche Nachtigall

Zeche Nachtigall – dort, wo alles begann

Monument des Ruhrbergbaus im Muttental – 1970 von der Stadt Witten unter Denkmalschutz gestellt

Zeche Nachtigall. Der Name klingt gut. Und hat Historie. Die Zeche Nachtigall im Wittener Muttental entwickelte sich aus einer 1714 erstmals erwähnten Stollenzeche. Sie ging 1832 vom handwerklichen zum industriell geprägten Bergbau über und entwickelte sich um 1850 zur leistungsfähigsten Zeche ihres Reviers. In den folgenden vier Jahrzehnten kam sie gegenüber den neuen Großschachtanlagen nördlich der Ruhr ins Hintertreffen und musste 1892 – wie viele andere Bergwerke an der Ruhr – den Betrieb einstellen. In der Folge kaufte der Wittener Bauunternehmer Dünkelberg das Zechengelände und nutzte die verbliebenen Rohstoffe des Hettbergs zur Herstellung von Bausteinen. Einige Zechengebäude blieben erhalten, darunter das Fördermaschinenhaus und der markante Kesselhaus-Kamin. In einer neu errichteten Doppel-Ringofenanlage wurden nun Ziegel gebrannt.

Nach Stilllegung der Ziegelei 1963 nutzen ein Schrotthandel und andere Kleinbetriebe das verfallende Gelände. 1970 stellte es die Stadt Witten als Monument des Bergbaus unter Denkmalschutz. 1979 verwandelte der Landschaftsverband Westfalen-Lippe (LWL) die Anlage in das neu gegründete Westfälische Industriemuseum und begann mit der Restaurierung und Erschließung.

Das Ruhrgebiet ist auf Kohle gewachsen. Vor fast 300 Jahren förderten die Arbeiter an den Hängen des Flusses die ersten Brocken des »schwarzen Goldes« zu Tage. Die Zeche Nachtigall lässt nacherleben, wie es dort war, als man zum Kohleabbau noch waagerechte Stollen in die Hänge trieb und später die ersten Schächte in die Tiefe grub. In der Ausstellung rund um den Schacht »Hercules« von 1832 – er markiert den Beginn des Tiefbaus an der Ruhr – erfahren die Besucherinnen und Besucher viel von der Technik und den schweren Arbeitsbedingungen der Bergleute im 19. Jahrhundert. Im historischen Maschinenhaus ist eine der ältesten Fördermaschinen des Ruhrreviers (1887) in Funktion erleben.

Ab 1780 Ruhrschifffahrt zum Kohletransport

Ab 1780 wurde die Ruhrschifffahrt für die Zeche Nachtigall zum wichtigsten Transportweg. Wie die Kohlen damals abtransportiert wurden und mit welchen Schwierigkeiten die Schiffer zu kämpfen hatten, zeigt der LWL an der Anlegestelle. Dort liegt der Ruhrnachen »Ludwig Henz« vor Anker, der nach historischem Vorbild aus dem 19. Jahrhundert in Originalgröße nachgebaut wurde.

An die 1000 Kleinzechen des Ruhrgebiets nach dem Zweiten Weltkrieg erinnert die Ausstellung »Zeche Eimerweise«. Die funktionstüchtige Anlage vor dem Eingang zum Besucherbergwerk veranschaulicht zusammen mit Fotos und Dokumenten die Betriebsweise solcher Kleinstbetriebe. Eine eingleisige Strecke führt immer tiefer in das Besucherbergwerk »Nachtigall« hinein. Ausgerüstet mit Helm, Arbeitsjacke und Grubenlampe wandern die Besucherinnen und Besucher auf den Spuren früherer Bergleute, spüren die kühle Luft des Stollens und die rauen Felswände und müssen sich bei stellenweise nur 1,60 Meter Stollenhöhe auf eine gebückte Haltung gefasst machen. Eines wird schnell klar: Die Förderung der ersten Kohlebrocken war eine Plackerei.

Bereits 1714 beantragten zwei Bauern, hier Kohle zu fördern. Nach dem Übergang vom waagerechten Stollenbau in den Berghängen zu senkrechten Abbauschächten entwickelte sich die Grube in den 1850er Jahren zu einer der leistungsfähigsten Zechen des Ruhrreviers. Einlaufendes Grundwasser und die Konkurrenz nördlich der Ruhr machten in der zweiten Hälfte des 19. Jahrhunderts der Zeche Nachtigall zu schaffen, so dass ab 1893 die Förderwagen still standen. Stattdessen wurden in den nächsten Jahren in einer neu errichteten Ringofenanlage Ziegel produziert. Rund um den wieder freigelegten Tiefbauschacht »Herkules« von 1839 lernen die Besucherinnen und Besucher in der Dauerausstellung die Techniken des Kohleabbaus, das komplizierte System der Frischluftzufuhr und die Probleme beim Abpumpen des Grundwassers kennen.

1714 beantragten zwei Bauern aus Herbede, Kohle unter dem Namen Nachtigall am Hettberg fördern zu dürfen. 1742 kaufte der Freiherr von Elverfeldt das Bergwerk, um sein Schloss vor Bergschäden zu schützen und selbst abseits davon Kohle abzubauen. Das Bergwerk Nachtigall wurde zusammen mit dem Bergwerk Eleonore betrieben.

Als die Kohle über der Stollensohle abgebaut war, beschlossen die Zechen Nachtigall, Eleonore, Theresia, Widerlage, Aufgottgewagt, Braunschweig Nordflügel und Turteltaube Nordflügel gemeinsam, zum Tiefbau überzugehen.

Zeche Vereinigte Nachtigall

Aus dieser Zusammenarbeit entwickelte sich im Jahre 1838 der Zusammenschluss zur Zeche Vereinigte Nachtigall, an dem sich Widerlage und Aufgottgewagt zunächst nicht beteiligten. Bereits 1839 entstand eine weitere Vereinigung zur Gewerkschaft Vereinigte Nachtigall & Aufgottgewagt und es wurde der neue Tiefbauschacht Herkules abgeteuft.

Mit dem Abbau der Flöze nach Norden unter der Ruhr traten für die Zeche Nachtigall immer neue Probleme mit Wasserzuflüssen auf, die sich anfangs noch meistern ließen, aber die Anschaffung neuer Maschinentechnik zur Hebung der Grubenwässer erforderlich machten.

1883 schloss sich Nachtigall mit der Zeche Helene in Heven, nördlich der Ruhr, zusammen, die auf die gleichen Flöze baute. Die neue Gewerkschaft Helene-Nachtigall verband beide Zechen untertägig unter der Ruhr und hatte erneut mit starken Wasserzuflüssen zu kämpfen.

Gebückte Haltung ist in den alten Stollen angesagt.

Vorführung der Dampffördermaschine im Industriemuseum Zeche Nachtigall

Junge Kumpel bei der Arbeit

Spurensuche am alten Steinkohlebergwerk Zeche Nachtigall

Außerdem waren die Kohlen hier nicht abbauwürdig. Abgebaut wurde nur noch in bereits aufgeschlossenen Bereichen. Letztlich musste die Gesellschaft 1887 Konkurs anmelden. Die Zeche General übernahm das Bergwerk und konnte Belegschaft und Förderung nochmals steigern. Die Störungen der alten Anlagen häuften sich und so musste die Zeche Nachtigall 1892 geschlossen werden. Die Verbindung zur Zeche Helene wurde abgedämmt. Dort konnte noch bis 1896 gefördert werden.

Spitzen-Basketball an der Schwelme

Die Schwelmer Baskets 2006 schnupperten bereits Bundesliga-Luft

Hochklassigen Zweitliga-Basketball bieten in der Kreisstadt die Schwelmer Baskets. In der Saison 2010/2011 traten die Korbjäger in der 2. Bundesliga Pro B Nord an. Sie hatten die Saison sogar sensationell als Tabellenerster der Nordgruppe abgeschlossen. Doch mussten sie sich bereits in der ersten Play-Off-Runde geschlagen geben. In der Tat: Die Baskets sind ein Team mit einer ebenso erfolgreichen wie turbulenten Vergangenheit.

Der Verein BC Schwelmer Baskets 2006 ist eine Ausgliederung aus der Turngemeinde Rote Erde Schwelm. Aufgrund der Komplexität eines Großvereins mit verschiedenen Abteilungen und rund 2000 Mitgliedern gab es immer wieder Irritationen, die die Verantwortlichen schließlich veranlassten, aus der Basketball-Abteilung einen eigenständigen Verein zu machen.

Seit ihrer Gründung im Sommer 1977 ist die Basketball-Abteilung der TG Rote Erde Schwelm die tragende Säule des Basketballsports in Schwelm. Mitte der 1990er Jahre wurden Überlegungen angestellt, wie der Verein im Falle einer sportlichen Qualifikation den Sprung in die 2. Bundesliga realisieren sollte. 1999 gründeten deshalb Mitglieder der Basketballabteilung zum ersten Mal einen eigenständigen Verein, den BC Schwelmer Baskets e.V., und mit diesem zusammen eine Spielgemeinschaft. In dieser Saison gelang bereits der Aufstieg in die 2. Bundesliga. Die Baskets wurden 2004 sogar Meister und stiegen in die 1. Bundesliga auf.

Ein in vielerlei Hinsicht schweres Jahr folgte und endete schließlich mit dem sportlichen Abstieg aus der höchsten Klasse. Die Baskets starteten in der Regionalliga neu. Zur Saison 2007/2008 kam mit Raphael »Raffi« Wilder auch ein neuer sportlicher Leiter an die Schwelme. Der Düsseldorfer baute das Team um und heimste schon bald den WBV-Pokal (Westdeutscher Basketball-Verband) ein.

Die Baskets schlossen in der Saison 2010/2011 in der Pro B in der Nordgruppe mit dem Spitzenplatz ab.

Blau und Gelb sind die Farben der Schwelmer Baskets.

Die Baskets in Action

Die Baskets

Korbjäger im Einsatz

In der Saison 2008/2009 dominierte das Team die Regionalliga und sah lange Zeit wie der sichere Sieger aus, schwächelte jedoch auf der Zielgeraden. Ein Jahr später sicherten sich die Baskets dann jedoch souverän den Titel des Regionalligameisters 2009/2010 und den Aufstieg in die neue, umgestaltete Pro B.

KSV Witten 07 – Mehr als 100 Jahre Kraftsport

Der Ringer-Club sieht sich heute als »multi-sportiver Verein im Herzen der Stadt«

Mehr als 100 Jahre ist Wittens Vorzeigeclub, der KSV 07, 2007 inzwischen alt. Es war der 7. Mai 1907, als sich in Witten einige Männer trafen, um den »Wittener Kraft-Sport-Verein« unter dem Motto »Kraft ist Wille« zu gründen. In der ersten Zeit ging der Verein nicht so sehr durch große sportliche Veranstaltungen und Erfolge an die Öffentlichkeit, als vielmehr durch die Pflege der Geselligkeit bei Feiern und Ausflugsfahrten. Nach dem Ersten Weltkrieg wurde der Schwerathletiksport zum Volkssport. Die Mitgliederzahlen des KSV wuchsen stetig. Mit mehr als 1000 Mitgliedern war der KSV der nach Mitgliedern stärkste Verein des Verbandes.

Ives-Heiko Gies wurde – nur ein einziges Mal besiegt – bester KSV-Ringer der Saison 2010/2011.

Kampf- und Breitensport in den unterschiedlichesten Formen bietet der KSV heute an.

Die Oberliga-Meister des KSV Witten aus dem Jahr 2010

1957 stiegen die Wittener Ringer in die Oberliga auf. In den Folgejahren stießen immer mehr erstklassige Ringer zum KSV Witten. Mithat Bayrak und Muzahir Sille, beide türkische Olympiasieger, Tan Tari später Erwin Drywa, Fritz Schrader, Heinz Eichelbaum, Heinz Sperling und weitere Spitzenathleten kamen in die Ruhrstadt und verstärkten den Verein, der 1966 im dritten Anlauf schließlich den Bundesligaaufstieg schaffte. 1970 erzielten die Ringer um Trainer Fritz Schrader ihre erste Deutsche Mannschaftsmeisterschaft, es folgten weitere 1974, 1978, 1980, 1981, 1983, und 1986, dazu acht Vizemeisterschaften (die letzte 1999). Und der KSV kämpfte 43 Jahre ununterbrochen in der 1. Bundesliga! Dieses Kapitel wurde 2009 beendet, als der Verein aus finanziellen Gründen in die Drittklassigkeit gehen musste und 2009 einen Neuanfang in der Oberliga NRW machte. 2010 indes gelang schon wieder ein großer Schritt nach vorn. Die Wittener sicherten sich den Aufstieg in die 2. Bundesliga.

Dass viele Wittener in diesen erfolgreichen Jahren auch internationale Meisterschaften und Medaillen sammelten, versteht sich fast von selbst. Klaus Rost holte unter anderem Olympia-Silber, später waren es Karl-Heinz Helbing, Sven Thiele und Ralf Lyding, die internationales Edelmetall nach Witten brachten. Nina Englich war die erste (und bisher einzige) Frau, die für den KSV bei Welt- und Europameisterschaften startete – und dies außergewöhnlich erfolgreich: zweimal war sie Europameisterin, dazu gewann sie etliche weitere Medaillen bei Welt- und Europameisterschaften! Adam Juretzko und Mirko Englich waren es zuletzt, die mit Medaillen von Europameisterschaften zurückkehrten. Der letzte »große Wurf« gelang Mirko Englich mit der Silbermedaille bei den Olympischen Spielen in Peking 2008.

KSV Witten 07 – das ist heute jedoch viel mehr als »nur« Ringen: Der KSV gehört zu den Sportvereinen mit einem der größten »multi-sportiven« Angebote in der Region: in den Vereins-Trainingsanlagen »Mannesmann-Halle« und »Ostermann-Halle« – an und hinter der Wittener WerkStadt – wird moderner Breiten-, Gesundheits- und Fitness-Sport als zweite tragende Säule des Traditionsclubs betrieben: Damen-Gymnastik- und Aerobic-Gruppen, Jazz-Dance, Trimm-, Kraft- und Fitnessgruppen, die koreanische Kampfkunst Tae Kwon Do, Kick-Boxen, Stressbewältigungs- und Präventionsgruppen oder auch Aqua-Gymnastik.

Ennepetal als Nabel der Fußball-Welt

Klinsmann, Bergkamp, Beckham und Torres schnürten schon beim SPAX-Cup ihre Schuhe

Jedes Jahr zu Pfingsten wird das Ennepetaler Bremenstadion auf Einladung des TuS zum Nabel des internationalen Nachwuchs-Fußballs. Beim SPAX-Cup treten Spitzenteams aus aller Welt gegeneinander an. Das Turnier gilt als eines der besten seiner Art in ganz Europa. Real Madrid, Manchester United, Arsenal London, Ajax Amsterdam, FC Porto, Zenit St. Petersburg – die Reihe ließe sich beliebig fortsetzen. In den bisher 38 Jahren Turniergeschichte haben etliche internationale Top-Teams ihre Visitenkarte abgegeben.

Bis zu 15 000 Zuschauer verfolgen die Spiele – und bekommen dabei die Stars von morgen zu sehen. So waren David Beckham, Paul Scholes, Andrij Schewtschenko, Fernando Torres, Jürgen Klinsmann und auch Nationaltorhüter Jens Lehmann bereits auf dem Ennepetaler Rasen aktiv, bevor sie den Sprung auf die ganz große Fußballbühne schafften. Die Wurzeln des Turniers liegen in den 1960er Jahren. Damals hatte der TuS seine ersten A-Jugendturniere veranstaltet. Nach einer mehrjährigen Unterbrechung wurde die Serie 1974 wieder aufgenommen.

Und bereits 1974 nahm mit dem späteren Turniersieger Vasas Budapest eine ausländische Mannschaft teil, im folgenden Jahr schauten der FC Everton und der FC Antwerpen vorbei. Schnell machte sich das Turnier einen Namen und besonders die Bundesligaclubs schickten ihre A-Jugend-Garnitur nach Ennepetal. So auch die Stuttgarter Kickers, die 1979 das Turnier im Finale gegen Feyenoord Rotterdam gewannen. Ein Leistungsträger der Mannschaft: Guido Buchwald. Er ist nicht der einzige spätere Weltmeister, der aus den Stuttgarter Reihen beim SPAX-Cup auflief. 1976 schrieb die damalige A-Jugend des TuS Ennepetal Turniergeschichte, als sie sensationell das Turnier gewinnen konnte und sich dabei unter anderem gegen Voest Linz, Vasas Budapest und den AS Paris durchsetzte.

1981 und 1982 hatten die Kickers Jürgen Klinsmann im Gepäck. Bereits ein Jahr später erstrahlte in Ennepetal der nächste Stern am Nachwuchsfußballhimmel. Olaf Thon war mit den Schalker Knappen angereist und gewann das Turnier. Er selbst steuerte beim 4:1 Finalsieg gegen Manchester City einen spektakulären Treffer bei. Bester Spieler des Turniers wurde aber ein anderer: der ehemalige Bundestrainer Michael Skibbe, der aufgrund einer schweren Knieverletzung seine hoffnungsvolle Karriere beenden musste.

Das größte Aufgebot an späteren Bundesligaspielern stellte aber wohl 1984 der 1. FC Kaiserslautern. Gleich sechs Juniorenspieler fassten später auch im Profibereich Fuß. Franco Foda und Markus Schupp schafften sogar den Sprung in den A-National-Kader. Einige Jahre später war Mario Basler Leistungsträger bei den Pfälzern. Ein weiteres Enfant terrible des deutschen Fußballs gastierte 1987 mit Borussia Mönchengladbach im Bremenstadion: Stefan Effenberg.

Zwei Jahre später betrat dann ein ganz Großer des holländischen Fußballs den Rasen im Bremenstadion. Dennis Bergkamp lief in den Reihen von Ajax Amsterdam auf. 1989 kam sogar der Fußballadel nach Ennepetal. Englands Fußballidol Nummer Eins, Sir Bobby Charlton, begleitete seine A-Junioren als Präsident von Manchester United nach Ennepetal.

Harte Zweikämpfe angehender Fußball-Profis

Der SPAX-Cup für A-Jugendmannschaften ist eines von Europas populärsten Nachwuchsturnieren.

Kanupolo auf der Ruhr und höchstem Niveau

Kanu-Club Wetter bietet alle Varianten des vielseitigen Wassersports

Was auf www.kanupolo.de zu lesen steht, beweist dem Unbedarften, dass er mit seinen Irritationen nicht allein ist: »Nein, es werden keine Pferde durch's Wasser gejagt«. Aber der Spaß beziehungsweise Sport nennt sich doch Kanupolo? Wenn also nicht mit Pferd und Schläger, aber dann muss doch irgendwas anderes für den Reiz des Spiels sorgen ... Wie wäre es mit spritzendem Wasser, wirbelnden Paddeln, wendigen Booten und – natürlich – einem fliegenden Ball? Richtig: Kanupolo ist in der Tat eine Variante des englischen Polospiels. Es ist das Mannschaftsspiel des Kanusports. Kanupolo ist ein schneller Ballsport und lässt sich grob als eine Mischung aus Wasser- und Basketball im Kajak beschreiben. Die einzigartige Kombination von Ball, Boot und Wasser einerseits sowie von Kampf, Technik und Athletik andererseits macht es insbesondere für Jugendliche attraktiv. Auch in Wetter (Ruhr).

Der Ball muss wahlweise mit dem Paddel oder auch mit der Hand ins gegnerische Tor geschoben werden. Und Kanupolo ist ein Spiel mit so genanntem fliegendem Torwart. Das bedeutet, je nach Spielphase und Erfordernissen wechseln sich die Mannschaftsmitglieder im Tor ab. Erst in den letzten Jahren gewann das Spiel in Deutschland an Bedeutung und Beliebtheit, mittlerweile gibt es mehr als 100 Vereine.

Kanupolo ist die einzigartige Kombination von Ball, Boot und Wasser einerseits und Kampf, Technik und Athletik auf der anderen Seite.

Beschauliches Wasserbummeln in der Gruppe vermitteln Ruhe und Erholung vom Stress des Alltags.

Die Krone des sportlichen Kanuwanderns sind jedoch Wildflussfahrten.

Einer davon ist der Kanu-Club Wetter. Die erste Mannschaft spielt in der Bundesliga. Die verschiedenen Wetteraner Kanuten haben bereits etliche Erfolge zu verzeichnen. Sportler des KC waren so drei Mal Weltmeister, fünf Mal Vizeweltmeister, zwei Mal Sieger und zwei Mal Zweiter bei den World Games, sieben Mal Europameister, drei Mal Vize-Europameister und zwei Mal EM-Dritter, Deutscher Meister bei den Damen und den Schülern ...

Kaum eine Sportart ist so vielfältig wie Kanu. Beschauliches Wasserwandern, spektakuläre Wildwasserfahrten oder spannende Wettkämpfe – für Jeden ist etwas dabei. Besondere Merkmale des Kanusports sind die enge Verbundenheit mit dem Element Wasser. Natur vom Wasser aus erkunden, idyllische Landschaften jenseits des Massentourismus erleben: Die meisten Kanu-Fans betreiben das Kanuwandern. Beschauliches Wasserbummeln, Fahrten über Seen und gemächlich strömende Gewässer vermitteln Ruhe und Erholung vom Stress des Alltags.

Interessiere können selbst entscheiden, ob sie allein oder in einer Gruppe Kanu fahren, ob sie eine Tagestour unternehmen oder sich mit seinem Boot für Wochen auf Reisen begeben wollen. Die Krone des sportlichen Kanuwanderns sind jedoch Wildflussfahrten. Die Herausforderungen des Flusses an Reaktionsschnelligkeit und das Zusammenspiel von Kraft und Geschicklichkeit lassen eine Fahrt zum abenteuerlichen Erlebnis werden.

Die unvergleichliche Ruhe bei der Befahrung naturnaher Gewässer vermittelt neben dem Hauch von abenteuerlichem Erlebnis einen nachhaltigen Eindruck von der Urkraft der Natur. Um angehenden Kanusportlern eine Test-Möglichkeit zu bieten, bietet der Kanu-Club Wetter auch »Schnupperfahrten« an.

Ruhrland – schönes Land

Die Ruhr war zeitweise die meistbefahrene Wasserstraße Deutschlands

Die Ruhr ist vieles. Namensgeber für ein bedeutendes Gebiet, das zunehmend von der Montan- zur Moderegion Ruhrgebiet mutiert. Sie ist heute mehr denn je eine touristische Region – Kultur, Sport- und Freizeitangebote inklusive. Die Ruhr ist die wichtigste Lieferantin für das Trinkwasser des Ruhrgebietes, wirtschaftliche Bedeutung kommt ihr auch in der Energiegewinnung zu. Im Mittellauf der Ruhr befinden sich insgesamt fünf Stauseen.

In Witten-Herbede

Die Ruhr am Wittener Hohenstein

Friedliches Land an der Ruhr

Vergangen sind die Zeiten jedoch, in denen die Ruhr eine große Bedeutung als Verkehrsträgerin inne hatte. Im 19. Jahrhundert war sie zeitweise die meistbefahrene Wasserstraße Deutschlands und auch im Wittener Bereich früh schiffbar. Das teilweise erhebliche Gefälle des Flusses wurde dabei mit insgesamt 16 Schleusen überwunden. Mit dem Beginn des Eisenbahnzeitalters im Ruhrtal wurde die Schifffahrt ab 1869 eingestellt. Gegenwärtig findet Güterverkehr nur noch auf den letzten zwölf Flusskilometern zwischen dem Mülheimer Rhein-Ruhr-Hafen und dem Rhein statt. Denn eigentlich ist die Ruhr »nur« ein etwa 219 Kilometer langer, rechter Nebenfluss des Rheins.

Ruhridyll bei Niederwenigern

Aus dem Quellbereich fließt die Ruhr zunächst nach Norden auf den Naturpark Arnsberger Wald zu, vor dem sie bei Olsberg in Richtung Westen abbiegt. Innerhalb der Gebiete von Bestwig und Meschede fließt das Ruhrwasser weiter in Richtung Westen nach Arnsberg. Etwas weiter nordwestlich, zwischen Ense und Wickede, erreicht der Fluss die Südseite des Haarstrangs, knickt bei Wickede nach Westen ab und fließt von nun an zwischen dem Haarstrang und den Höhen des Sauerlandes nach Westen, vorbei an Fröndenberg, Menden, Holzwickede, Iserlohn und Schwerte.

Das Gebiet Dortmunds reicht im Süden am steilen Hang des Ardeygebirges bis an die Ruhr. Hoch über der Ruhr thront die Hohensyburg. Am gegenüberliegenden Ufer, auf dem Stadtgebiet Hagens, münden Lenne und Volme in die Ruhr. Mit der Lenne nimmt die Ruhr ihren größten Nebenfluss auf, durch den sich ihr mittleres Abflussvolumen von 30 auf 55 Kubikmeter pro Sekunde fast verdoppelt. Kurz darauf passiert die Ruhr mit dem Hengsteysee den ersten großen Ruhrstausee.

Herdeckes Zentrum befindet sich über einer Flussschleife, genau zwischen dem Hengstey- und dem Harkortsee, an dessen rechtem Ufer Wetter (Ruhr) liegt. Durch ihre direkte Lage am Fluss waren Wetter und das etwas ruhrabwärts gelegene Witten wichtige Zentren der frühen Industrialisierung des Ruhrgebietes.

Nachdem das Ruhrwasser etwa 160 Brücken unterquert hat, mündet der Fluss bei Duisburg-Ruhrort in den Rhein.

Mehr als nur ein Namensgeber

Die Ennepe durchfließt Breckerfeld, Ennepetal und Gevelsberg

Sie ist die kleine Schwester der großen Ruhr. Und sie hat zweifelsohne mehr zu bieten als nur die Rolle der Namensgeberin für das Gebilde Ennepe-Ruhr-Kreis. Die Ennepe, an dessen nordwestlichem Rand gelegen, bildet das Bindeglied vom Sauerland zum südlichen Ruhrgebiet.

Der exakt 42,114 Kilometer lange Fluss entspringt nordöstlich der Stadt auf Halveraner Gebiet und auf einer Höhe von 425 Metern aus mehreren Quellflüssen. Von dort fließt sie ziemlich konsequent gen Norden. Auf Breckerfelder Gebiet wird der Fluss auf immerhin noch mehr als 300 Metern Höhe zur Ennepetalsperre aufgestaut. Das soll nicht die eizige Talsperre in dieser Region sein. Für Erholung sorgen darüber hinaus auch die Heilenbecker Talsperre in Ennepetal und die Hasper Talsperre auf Hagener Gebiet.

In ihrem weiteren Verlauf durchläuft die Ennepe zwei weitere Städte des Ennepe-Ruhr-Kreises: das nach ihr benannte Ennepetal, Gevelsberg und später den westlichen Hagener Stadtteil Haspe, bevor sie in der Nähe des Hagener Hauptbahnhofs im Stadtteil Eckesey auf nur noch 100 Metern Höhe in die Volme mündet. Dementsprechend ist die Ennepe ein Nebenfluss der Volme. Die Volme wiederum mündet kurz danach in Hagen-Vorhalle in die Ruhr. Und damit schließt sich auch im wahrsten Sinne des Wortes der Ennepe-Ruhr-Kreis.

Walkmühle liegt auf Breckerfelder Gebiet.

Die Umbecke-Vorsperre

Am Ennepebogen in der Gevelsberger City

Mühlen, Hammerwerke und Sensenschmieden prägten früher das Bild entlang der Ennepe. Insofern kam dem kleinen Fluss im vorindustriellen Zeitalter eine nicht unerhebliche Rolle zu. Auf diesen Ansiedlungen baute letzten Endes auch die märkische Kleineisenindustrie des 19. und 20. Jahrhunderts auf. Gegen Anfang des 20. Jahrhunderts befanden sich entlang des Laufes der Ennepe nicht weniger als 300 Kleinbetriebe, deren Hauptantriebsenergie dementsprechend die Wasserkraft war.

Heute aktueller ist der Naturgedanke, der im Umfeld der Ennepe zum Tragen kommt. Obwohl stellenweise kanalisiert, bietet die Ennepe Lebensraum für zahlreiche Tier- und Pflanzenarten. Neben Fischen und Vögeln sind unter anderem auch Enten und Rallen sowie vereinzelt Graureiher, Wasseramseln und Eisvögel heimisch.

Davon überzeugen können sich Radler ein Stück weit auf der so genannten Ennepe-Runde. Dabei handelt es sich um eine 45 Kilometer lange mittelschwere Route durch landfschaftlich reizvolle Umgebung mit Ausgangspunkt in Gevelsberg. Auf ihrer Gesamtlänge ist ein Höhenunterschied von rund 300 Metern zu überwinden. Fährt man die Route im Uhrzeugersinn, lässt sich der Anstieg auf der alten Bahntrasse der Haspertalbahn absolvieren. Lohnend ist in jedem Fall auch ein Ausflug an die Glörtalsperre, die in Breckerfeld an die ebenso schöne wie waldreiche Mittelgebirgslandschaft der Ennepe-Runde angebunden ist.

Traumhafte Bögen über der Ruhr

Ruhr-Viadukte bescheren Bilderbuchansichten – »Eyecatcher« in Witten, Wengern und Herdecke

Wer heute auf der Strecke zwischen Hagen nach Herdecke fährt, überquert die Ruhr immer noch auf der alten Strecke und kann die Aussicht genießen.

»Das« oder »der« Viadukt? Die Frage hat etwas von »das« oder »die« Klientel ... Einigen wir uns in diesem Fall auf das »der«. Schon die alten Römer kannten den Begriff: »via« meint den Weg, »ducere« heißt führen. Und diese Wegführung ging und geht immer über eine Brücke. Im Ennepe-Ruhr-Kreis gibt es einige davon. Ganz besonders der Blick vom Harkortsee Richtung Ruhr-Vidukt gehört zu den bekanntesten seiner Art. Der Begriff Viadukt hat in erster Linie mit der Wirkung auf die Umgebung und mit seiner Funktion zu tun, bedeutende Verkehrswege möglichst umwegs- und steigungsarm zu führen. Ein Viadukt überquert nicht nur, es verbindet auch. Deshalb ist es stets von den Gegebenheiten vor Ort abhängig, ob eine Brücke als Viadukt bezeichnet wird. In der Regel werden mehrfeldrige Brücken, die über ein Gewässer führen, als Brücke und nicht als Viadukt bezeichnet.

Bögen über der Ruhr »in Witten« vom Hohenstein aus gesehen

Der Ruhr-Viadukt zwischen Herdecke und Hagen-Vorhalle überquert als Eisenbahn-Viadukt die Ruhr. Die Gleise führen in 30 Metern Höhe mit 313 Metern Länge über den Fluss. 24 400 Kubikmeter Bruchstein und zwölf Bögen mit einer Spannweite von jeweils 20 Metern waren dafür erforderlich. Das Bauwerk beschreibt eine leichte Kurve mit einem Radius von 380 Metern. Bereits 1879 wurde diese Bahnstrecke eingeweiht – eine technische Meisterleistung für die damalige Zeit. Der Bau des Viaduktes wurde notwendig, um im weiteren Verlauf der Strecke die Länge des Ender Tunnels möglichst kurz zu halten. Im Mai 1943 wurde ein ganzer Pfeiler bei der Zerstörung der Möhne-Sperrmauer vom Hochwasser weggerissen, zwei Jahre später wurde das Bauwerk gesprengt. Der Viadukt wurde erst 1952 wieder aufgebaut. Trotzdem dauerte es noch bis 1957, bis die ersten Züge den Viadukt überqueren konnten.

Wer heute mit der Volmetalbahn auf der Strecke zwischen Hagen nach Herdecke fährt, überquert die Ruhr immer noch auf der alten Strecke und kann die Aussicht genießen.

Ein Bilderbuch-Viadukt in Witten

Den Ruhr-Viadukt in Witten bezeichnet die Route Industriekultur als »Viadukt wie aus dem Bilderbuch«. Die mit Natursteinen verkleidete Betonbogenbrücke überspannt auf einer Länge von 716 Metern mit 20 Bögen das Ruhrtal. Der Bau des Viaduktes begann 1913 zeitgleich mit dem Bau der Eisenbahnstrecke von Witten nach Schwelm und konnte 1916 abgeschlossen werden. Zunächst diente der Viadukt nur als Trasse für den Güterverkehr; ab 1934 überquerten ihn auch Personenzüge auf der endgültig fertiggestellten Bahnstrecke, für die er ursprünglich gebaut wurde. Der Viadukt stieß vor der Erbauung auf breiten Widerstand in der Bevölkerung, die ihn als Landschaftsverschandelung ablehnte.

Die Bahnstrecke Witten-Schwelm (auch Elbschetalbahn genannt) ist heute zum größten Teil stillgelegt. Neben dem Wittener finden sich hier weitere Viadukte in Wetter-Wengern über der Elbsche und in Gevelsberg.

Der Herdecker Ruhr-Viadukt vom Harkortsee – die mit Abstand schönste Perspektive

Wasser satt im Süden des Kreises

Glörtalsperre – Ennepetalsperre – Heilenbecketalsperre – Hasper Talsperre

Der Ennepe-Ruhr-Kreis ist auch ein Kreis der Talsperren. Wir beginnen im Süden.

Die Glörtalsperre

Die völlig von Wald umgebene und 1904 in Betrieb genommene Glörtalsperre ist eine kleine Talsperre auf der Grenze zum Märkischen Kreis. Die Glör gehört dabei zu etwa gleichen Teilen zu Breckerfeld, Schalksmühle und Halver. Gestaut wird die Glör. Die 168 Meter lange und 32 Meter hohe Bruchsteinstaumauer beschließt 21 Hektar Wasserfläche, der Stauinhalt beläuft sich auf 2,1 Millionen Kubikmeter Wasser.

Die Glörtalsperre sorgt für die Abgabe von Betriebswasser an die wassergetriebenen Werke im Glörtal und im unteren Volmetal und für die Aufhöhung der Ruhr bei Niedrigwasser. Die Wasserregulierung der Ruhr ist auch heute noch – neben der Naherholung – ihre Hauptaufgabe. 1997 drohte die Stilllegung der Glörtalsperre, weil die wasserwirtschaftliche Bedeutung in den Hintergrund trat. Allein der hohe Freizeitwert der Anlage rettete sie vor der Zerstörung. Bereits 1929 entstand am Nordwest-Ufer eine Jugendherberge. Der 3,4 Kilometer lange Weg rund um die Glör ist auch für Rollstuhlfahrer und Kinderwagen geeignet.

Die Glör

Die Ennepetalsperre

Die Ennepetalsperre liegt im südwestlichen Stadtgebiet von Breckerfeld. Sie wurde 1902 bis 1904 erbaut und hat eine Wasserfläche von maximal 103 Hektar bei einem Stauinhalt von 12,6 Millionen Kubikmetern. Sie dient in erster Linie zur Trinkwassergewinnung, aber auch der Niedrigwasseraufhöhung der Ruhr und der Stromerzeugung. Hauptzufluss ist die Ennepe.

In der Nacht zum 17. Mai 1943 unternahmen britische Bomber in der so genannten Operation Chastise einen Großangriff mit Spezial-Rollbomben auf deutsche Talsperren. Auch die Ennepetalsperre gehörte in jener Nacht zu den Angriffszielen. Weil sie aber so versteckt liegt und schlecht zu orten war, blieb sie unbeschädigt erhalten.

Seit Anfang 2006 ist an der Ennepetalsperre eine Wasserkraftanlage installiert. Eine Umwanderung des Stausees ist nicht möglich.

Die Ennepetalsperre

Die Heilenbecketalsperre

Die Heilebecketalsperre

Die Heilenbecketalsperre wurde in den Jahren 1894 bis 1896 auf dem Gebiet der heutigen Städte Ennepetal – in der Nähe von Rüggeberg – und Breckerfeld errichtet und ist die älteste Talsperre Südwestfalens. Gestaut wird die Heilenbecke. Bei einem maximalen Fassungsvermögen von 450 000 Kubikmetern beträgt die Wasseroberfläche des Staubeckens 8,5 Hektar. Ursprünglich war die Heilenbecketalsperre ein Wasserreservoir für die Hammerwerke und Schleifkotten, die entlang der Heilenbecke angesiedelt waren. Heute dient sie in erster Linie der Trinkwasserversorgung; daneben der Aufhöhung der Ruhr bei Niedrigwasser. Mit einem etwa 2,4 Kilometer langen Rundweg ist die Talsperre ein beliebtes Gebiet für Wanderer und Jogger.

Die Hasper Talsperre

Die 1901 bis 1904 erbaute Hasper Talsperre gehört eigentlich zu Hagen, grenzt an und ist mental mehr als nur ein Stück weit Ennepetal. Sie dient der Trinkwasserversorgung. Das gestaute Gewässer ist der Hasperbach. Es gibt einen circa fünf Kilometer langen Rundweg um die Talsperre.

Die Hasper Talsperre

Linnepe: Von der Anhängerkupplung bis zum Gasalarm

Reisemobil-Zubehörlieferant Linnepe (Ennepetal) gehört zu Gründervätern der Reisemobilbranche

Andrea und Nicolaus Hirsch leiten die Geschicke der A. Linnepe GmbH.

Am Anfang war das Wohnmobil – oder Reisemobil, wie man's gewohnt ist. Beim Wohnmobil steht das im Auto zu wohnen im Mittelpunkt, beim Reisemobil die Tatsache, mobil und unabhängig von allem jederzeit dorthin reisen zu können, wohin man will. Aber es meint letzten Endes das gleiche. Aber zurück zu den Anfängen: Kurt Linnepe besaß in den 1960er Jahren einen kleinen Betrieb, der Garagentore herstellte, und war ein echter Tüftler. Durch die Bekanntschaft mit Erwin Hymer und der Leidenschaft für Camping kam es relativ schnell zur Kooperation der damaligen Linnpe GmbH mit der Firma Hymer. In Abstimmung mit Hymer entwickelte Linnepe so bereits vor etwas mehr als 40 Jahren eine Fahrzeugstütze für Camper. Wenig später konstruierte und baute er die erste Anhängerkupplung für Reisemobile und entwickelte die erste Zusatzluftfeder für Reisemobile. Damit dürfte die Firma Linnepe einer der ältesten deutsche Reisemobilzulieferer überhaupt sein. Mit Sitz heute in Ennepetal.

Das Familienunternehmen Linnepe, das heute von Linnepe-Tochter Andrea und deren Ehemann Nicolaus Hirsch gelenkt wird, entwickelt und produziert auch heute noch technisches Zubehör für Reisemobile und manuelle Hebezeuge für Handwerk, Industrie und Katastrophenschutz. Kontinuierlich erweitern die Protagonisten ihre Produktgruppen und entwickeln die vorhandenen kontinuierlich weiter. Geschützt durch

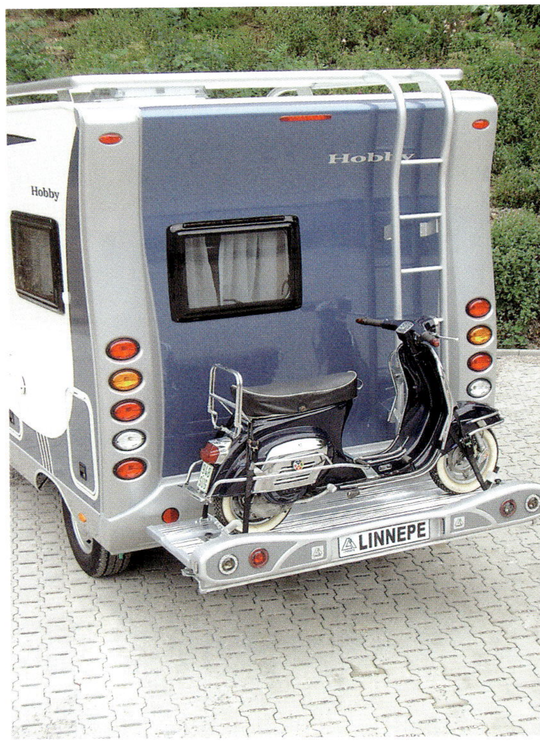

Linnepe Motorradträger Smart Port

Der Gebäudekomplex der Firma Linnepe in Ennepetal

ein Dutzend weltweite Patente und Gebrauchsmuster, werden bei Linnepe die eigenen Artikel heute global vertrieben. Der Exportanteil liegt zwischenzeitlich bei rund 40 Prozent. Linnepe ist europaweit mit Verkaufsrepräsentanten vertreten.

Reisemobilzuliefermarkt wächst

Der Reisemobilzuliefermarkt wächst. Und Linnepe sitzt in der Tat mittendrin. Schließlich verzeichnet Nordrhein-Westfalen die höchsten Zulassungszahlen für Reisemobile in ganz Deutschland. Die Linnepe-Palette reicht von Anhängerkupplungen mit großer Zugkraft über Trägersysteme bis hin zu Luftfederungen. Weitere innovative Produkte sind unter anderem Luftfederungen für die bessere Fahrstabilität und die geringere Seitenwindempfindlichkeit, elektrische Hubstützen oder modulare Regalsysteme für die Heckgarage (als optimale Aufbewahrungsmöglichkeit).

Aber nicht nur in der Reisemobilbranche setzt die Firma Linnepe Akzente. Über das deutsche THW wurden erstklassige Kontakte zum russischen Katastrophenschutz aufgebaut, der heute ebenfalls erfolgreich mit Stützen von Linnepe arbeitet.

Die Firma Linnepe bietet das einzige Trägersystem komplett aus Aluminium. Und die Gewichtsoptimierung ist auch in der Reisemobilbranche stets ein Thema. »Unser Ziel ist, effizientere Lösungen als die Wettbewerber zu bieten«, formuliert Nicolaus Hirsch die Unternehmensstrategie. Dies war auch der Antrieb für die Entwicklung des TriGas-Alarm. Der schicke Gaswarner weist Reisemobilfahrer und Camper gleichermaßen auf die Gefahr von Narkosegas, Propan und Kohlenmonoxyd hin. Die Geräte haben in Windeseile dafür gesorgt, dass der Anteil an »Linnepe-Reisemobilen« in Europa exorbitant gestiegen ist. In oder an jedem vierten Reisemobil steckt mittlerweile ein Produkt aus der Stadt der Kluterthöhle.

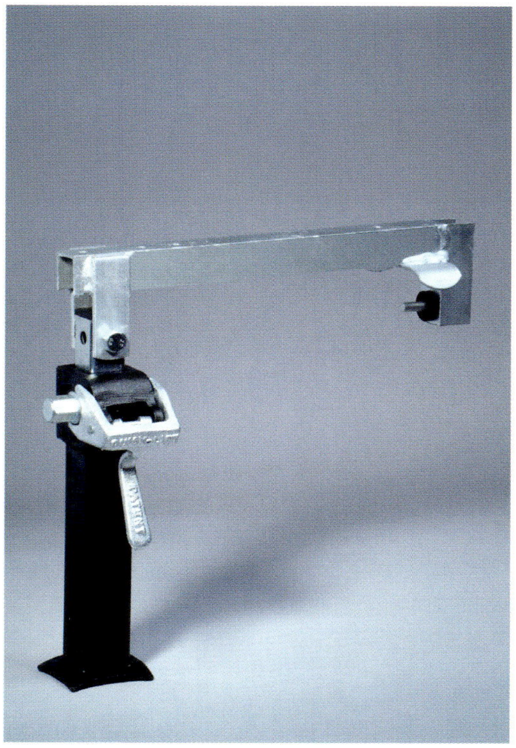

Linnepe Quicklift mach schnell Schluss mit der Schräglage des Wohnmobils.

Die Besucherinnen und Besucher erwarten am Brinkerfeld in Altenvoerde 3000 Quadratmeter Produktionsfläche und 20 000 Quadratmeter Freigelände. In der Vergangenheit war das Unternehmen mehrmals umgezogen, die Ursprünge liegen in Gevelsberg. Nicolaus Hirsch und sein Team halten rund eine Million Waren auf Lager. Alles ist standardisiert, Sonderanfertigungen natürlich möglich. Um den Bedürfnissen der Kunden zu entsprechen, wurde »Tor 3« ins Leben gerufen, das neue Montage- und Service-Center. Es ermöglicht Einbauten, TÜV-Abnahmen oder auch Reparaturen direkt vor Ort. Selbst aus Südtirol kommen die Kunden mit ihrem Fahrzeug, um Teile montieren zu lassen. Hirsch: »Die Fahrzeuge sind so vielseitig wie die Wünsche und Träume ihrer Fahrer.«

Qualität steht an erster Stelle

Die Qualität steht für Nicolaus Hirsch an erster Stelle. Deshalb ist das ganze Unternehmen, von der Management-Ebene bis hin zu sämtlichen Bereichen der Fertigung und Logistik nach der DIN EN ISO 9001:2000 zertifiziert.

Drei Tage, drei Plätze, unzählige Gespräche, jede Menge Informationen. Die von Linnepe organisierte und mit befreundeten Zuliefer-Unternehmen gestartete »Technik Caravane« ist eine Reisemobil-Road-Show vom Allerfeinsten. Die mobile Messe findet jedes Jahr rund um Fronleichnam statt. Das Event der Reisemobil-Zubehörhersteller ist inzwischen ein Muss für alle Fans, die Interesse an Neuheiten haben, jedoch keine Zeit, die großen Messen zu besuchen. Reisemobilisten, Camper und Interessierte haben die Möglichkeit, ausgiebig Einblick in die Reisemobiltechnik zu nehmen, sich Grundlagen erklären zu lassen und mit führenden Unternehmen der Branche direkt ins Gespräch zu kommen.

Die Zukunft der Firma Linnepe sieht Nicolaus Hirsch absolut zuversichtlich. Die Expansion des Unternehmens ist bereits fest ins Auge gefasst. Aber nicht nur diesbezüglich soll sich einiges tun. Hirsch will das Ennepetaler Unternehmen in der Reisemobilbranche und auch in der Region noch weiter als Marke etablieren, als es Linnepe jetzt bereits ist. Dafür gilt es, weiterhin »Trends zu erkennen«, wie es Nicolaus Hirsch formuliert, denn dies ist es, was die entscheidenden Wettbewerbsvorteile erzielen hilft.

In der Produktion

Der Linnepe Airlift sorgt für jede Menge Fahrkomfort.

Beitrag von:
A. Linnepe GmbH
Brinkerfeld 11 · 58256 Ennepetal
Tel. (0 23 33) 9 85 90 · Fax (0 23 33) 98 59 30
info@linnepe.eu · www.linnepe.eu

Harkortsee diente von Anfang an der Erholung

Stausee erfüllt die Funktion der Feinreinigung des Ruhrwassers

Eigentlich wurde er zur Feinreinigung des Ruhrwassers angelegt, insbesondere, weil in der Vergangenheit sowohl Lenne als auch Volme äußerst verschmutztes Wasser eingeleitet haben – und teilweise immer noch einleiten. Der Harkortsee ist mit seinem Fertigstellungsjahr 1931 zwei Jahre jünger als sein Nachbar, der Hengsteysee.

Paddeln auf dem Harkortsee

Von Anfang an diente der nach Friedrich Harkort benannte See zur Freizeitgestaltung – dem Wassersport genauso wie der stillen Erholung am Seeufer.

Der See besitzt rund 3,1 Millionen Kubikmeter Stauinhalt. Seinen Beginn markiert der weithin bekannte Ruhr-Viadukt zwischen Hagen und Herdecke. Sein Ende bildet ein Stauwehr unterhalb der Ruhrbrücke zwischen Hagen und Wetter. Im Norden begrenzen die Steilhänge des Ardeygebirges den Harkortsee.

Ausschlaggebend für die Verbesserung der Wasserqualität in dem Stausee sind biologische Selbstreinigungsprozesse. Der Harkortsee verschlammt allerdings dadurch, dass sein Wasser nur sehr langsam fließt. Er muss deshalb in Jahrzehnten-Intervallen ausgebaggert werden. Zudem erfüllt der Harkortsee die Funktion eines Ausgleichsbeckens für den flussaufwärts gelegenen Hengsteysee mit seinem Pumpspeicherkraftwerk. Durch dieses schwanken die Wasserspiegel der beiden Stauseen täglich. Aus dem Harkortsee wird jedoch – über den Tag verteilt – gleichmäßig so viel Wasser abgelassen, wie insgesamt – aber unregelmäßig – zufließt.

Reger Betrieb auf dem Harkortsee

Direkt am Harkortsee liegt die in der Freiheit angesiedelte Burg Wetter und gegenüber in Hagen befindet sich das Wasserschloss Werdringen mit dem überregional bekannten Museum für Ur- und Frühgeschichte. Am Herdecker Ruhrufer befindet sich das Cuno-Kraftwerk. In der warmen Jahreszeit verkehrt auf dem See das Fahrgastschiff »Friedrich Harkort«. Das Naherholungs- und Freizeitangebot ergänzen ein Bootsverleih und der Minigolfplatz.

Der Hengsteysee als Flusskläranlage

Gleich zwei Wasserkraftwerke am See

Der 1929 fertiggestellte nach dem gleichnamigen Hagener Stadtteil benannte Hengsteysee liegt zwischen den Städten Hagen, Dortmund und Herdecke. Der rund vier Kilometer lange Stausee beginnt im Verlauf der Ruhr in Höhe der Syburger Ruhrbrücke gut einen Kilometer unterhalb der Lenne-Mündung und endet am Stauwehr des Laufwasserkraftwerks Hengstey. Im Norden erhebt sich das Ardeygebirge. Der Hengsteysee umfasst 3,3 Millionen Kubikmeter Ruhrwasser.

Am Hengsteysee: Im Hintergrund ist das Koepchenwerk zu erkennen.

Der See übernimmt aber auch die Rolle als so genannte Flusskläranlage zur Feinreinigung des Ruhr- und kurz vorher zufließenden Lennewassers. Ziel sind die biologischen Selbstreinigungs- und Sedimentationsprozesse durch die Verbesserung des Wassers.

Gleich zwei Wasserkraftwerke befinden sich am See. Am Nordufer nutzt das Herdecker Koepchenwerk den Höhenunterschied des Ruhrabhangs zwischen dem künstlich angelegten Oberbecken und dem als Unterbecken dienenden Hengsteysee zur Energiespeicherung. Durch den täglichen Pumpspeicherbetrieb kann der Wasserspiegel des Hengsteysees innerhalb kurzer Zeit um fast einen Meter schwanken. Dies hat erhebliche Folgen für die Seeökologie, unter anderem dokumentiert durch ärmlichen Uferbewuchs und wenige in Schwimmnestern brütende Vögel. Fische haben es durch den Sog der Pumpen ebenfalls schwer. Am Wehr, das den See abschließt, befindet sich das Laufwasserkraftwerk Hengstey.

Blick über den Hengsteysee

Wie der benachbarte Harkortsee auch, dient der Hengsteysee der Naherholung, Freizeit und Sport. Der Fuß- und Radweg um den See ist 6,5 Kilometer lang. Die Strecke am Südufer ist Teil des Ruhrtalradwegs. Vor allem an Wochenenden ist der See Ziel zahlreicher Ausflügler aus den umliegenden Großstädten. In der warmen Jahreszeit fährt das Rundfahrtschiff »Freiherr vom Stein« zwischen Herdecke und der Lennemündung. Am Nordende des Sees existiert ein Bootsverleih.

Das Einzugsgebiet der Ennepetalsperre dient der Trinkwassergewinnung.

Dieser Fluss versorgt eines der größten industriellen Ballungszentren Europas mit Wasser.

Lebensraum für Lachs und Co

Flussgebietsmanagement des Ruhrverbands kommt Mensch und Umwelt zugute

Die Ruhr ist die wichtigste Lebensader für einen der größten Ballungsräume Europas. Für die Wasserwirtschaft an der Ruhr ist seit fast 100 Jahren der Ruhrverband verantwortlich. Mit seinen Talsperren, Kläranlagen und anderen wasserwirtschaftlichen Anlagen sorgt er als »Flussgebietsmanager« dafür, dass den Menschen im Ruhreinzugsgebiet und darüber hinaus jederzeit ausreichend Wasser in hoher Qualität zur Verfügung steht. Insgesamt 4,6 Millionen Menschen erhalten ihr Trinkwasser aus der Ruhr. Um diesen Bedarf zu decken, betreibt der Ruhrverband acht Talsperren, darunter auch die im ersten Jahrzehnt des 20. Jahrhunderts erbaute Ennepetalsperre.

Die rund 50 Meter hohe Staumauer der Ennepetalsperre, die nach Entwürfen des Talsperrenpioniers Otto Intze aus Bruchsteinen errichtet wurde, ist eine weithin bekannte Landmarke in der Region. Aus der Nähe betrachten können Erholungssuchende das markante Bauwerk heute allerdings nicht mehr: Da die Ennepetalsperre zur Trinkwassergewinnung genutzt wird, gilt für ihr Einzugsgebiet: »Betreten verboten!«

Naturnahe Forstwirtschaft schützt Wasserqualität und Artenvielfalt.

Dieses Verbot, gepaart mit strengen Auflagen für weitere Nutzungen, sichert nicht nur die Qualität des Wassers, sondern hat auch einen positiven Nebeneffekt: Die Trinkwassertalsperre und ihre Umgebung bieten Pflanzen und Tieren einen ungestörten und dadurch besonders wertvollen Lebensraum. Wie an seinen übrigen Talsperren betreibt der Ruhrverband auch an der Ennepetalsperre zudem eine naturnahe Waldbewirtschaftung, die neben dem Schutz des Wassers auch eine Verbesserung der Biotop- und Artenvielfalt zum Ziel hat.

Auch die Fischwirtschaft des Ruhrverbands steht ganz im Zeichen der ökologischen Vielfalt. Ziel ist die Schaffung und Erhaltung artenreicher, gesunder und an den Lebensraum Talsperre optimal angepasster Fischbestände, die nicht nur »Nutzfische«, sondern auch Kleinfischarten, Krebse und Muscheln umfassen. Neben der direkten Hege der Fischbestände helfen beispielsweise auch Bachrenaturierungen und die Schaffung von Laich- und Jungfischhabitaten dabei, die Lebensräume der Fische zu optimieren.

Dank dieser Bemühungen haben mittlerweile rund 30 Fischarten im Lebensraum Ruhr wieder ein Zuhause. Ein besonders eindrucksvoller Beweis für das erfolgreiche Bemühen des Ruhrverbands um die Wasserqualität der Ruhr und ihrer Nebengewässer ist die Rückkehr des Lachses. Der anspruchsvolle Wanderfisch war rund 100 Jahre lang vollkommen aus der Ruhr verschwunden gewesen; 2010 wurden bereits zum dritten Mal in Folge Junglachse in der unteren Ruhr gefunden, die dort zur Welt gekommen waren. Besonders bemerkenswert: Obwohl das Ruhrwasser an der Fundstelle, wenige Kilometer vor der Mündung in den Rhein, bereits das gereinigte Abwasser von fast zwei Millionen Menschen und vielen Industriebetrieben in sich trägt, ist es dank der Arbeit des Ruhrverbands heute wieder sauber genug, um dem Lachs als Kinderstube zu dienen.

Beitrag von:
Ruhrverband · Körperschaft des öffentlichen Rechts
Kronprinzenstraße 37 · 45128 Essen
Tel. (02 01) 17 80 · Fax (02 01) 1 78 14 25
info@ruhrverband.de · www.ruhrverband.de

Medizin für den Menschen

Das Gemeinschaftskrankenhaus Herdecke

Das Gemeinschaftskrankenhaus Herdecke liegt in reizvoller Landschaft in einem bewaldeten Seitental der Ruhr. Als Akutkrankenhaus der Versorgungsstufe II ist die Klinik für die ambulante und stationäre Versorgung der Bürger der Stadt Herdecke und ihrer Umgebung zuständig. Außerdem hat das Haus die umfassende psychiatrische Versorgungsverpflichtung und den Notarztdienst für die Städte Herdecke und Wetter übernommen. Die Klinik steht auch überregional allen Kassen- und Privatpatienten offen.

Die Idee zur Gründung eines Akutkrankenhauses auf der Grundlage Anthroposophischer Medizin geht auf den später Leitenden Arzt und Neurologen Priv.-Doz. Dr. Gerhard Kienle zurück. Im April 1968 begannen die Bauarbeiten im damals noch unberührten Ender Tal in Herdecke-Westende. Am 11. November 1969 wurde das Krankenhaus als sechsstöckiger Bau mit 192 Betten eröffnet, am 1. April 1970 folgte die Krankenpflegeschule und am 30. April 1983 konnte die erste deutsche nicht-staatliche Universität, die Medizinische Fakultät der Universität Witten/Herdecke (UWH), ihren Betrieb aufnehmen. Heute ist das Gemeinschaftskrankenhaus kooperierende Klinik der Universität Witten/Herdecke.

Zwischen 1977 und 1980 entstanden der heutige Neubau und das »Kinderhaus«. Die Ita-Wegman-Schule für kranke Kinder folgte. Ein Funktionstrakt wurde neu errichtet, der alte Funktionstrakt umgebaut.

Das Gemeinschaftskrankenhaus verfügt über 471 Planbetten in allen für die Versorgung wichtigen Fachabteilungen. Etwa 1200 Mitarbeiterinnen und Mitarbeiter sind hier tätig. Im Café im Foyer und im Speisesaal finden Gäste und Patienten eine ansprechende Gastronomie. Auf dem Gelände sind die schönen Gärten mit ihren Heilpflanzen zu besichtigen und die Geschäfte in der Klinik laden zum Einkauf ein.

High-Tech-Medizin und Integrative Medizin

Die Klinik verfügt über eine hoch moderne medizintechnische Ausstattung, die das gesamte diagnostische Spektrum für Menschen jeden Alters, vom neugeborenen bis zum alten Menschen, umfasst. Mit den Mitteln der High Tech-Medizin (Röntgen, Computertomographie, Kernspintomographie, 3D-Rekonstruktionen, Magnetresonanztomograph MRT) sind alle gängigen Routine- und Spezialuntersuchungen möglich.

Die Abteilung für Kinder- und Jugendmedizin verbindet Überwachungs- und intensivmedizinische Einrichtungen mit der Möglichkeit, dass kranke Kinder, gerade auch im akuten Notfall und in der Krisenintervention, Nähe und Beziehung zu Eltern und Bezugspersonen haben dürfen. Das Motto »Mutter und Kind bleiben zusammen« hat für Herdecke von Anfang an Tradition: hier wurde in den 1970er Jahren das »Rooming-in« für die Geburtshilfe erfunden, das sich dann in ganz Deutschland ausgebreitet hat. Ferner dürfen hier schwerstkranke Neugeborene in der Neonatologie auf der Brust der Mutter beziehungsweise des Vaters liegen (Kangorooing).

Das Gemeinschaftskrankenhaus im Ender Tal

Ganzheitliche Betreuung steht im Mittelpunkt.

Integrative Medizin im dreifachen Sinne – nämlich der fächerübergreifenden Zusammenarbeit, der Abstimmung aller drei Berufsgruppen Ärzteschaft, Pflege und Therapeuten sowie der Anwendung modernster naturwissenschaftlicher Medizin unter Einbeziehung der Anthroposophischen Medizin – dient der optimalen Behandlung und Versorgung der Patienten. Seit Beginn des Jahres 2011 ist das Konzept der integrativen Medizin durch die Entwicklung von Organzentren weiter in die Behandlungspraxis eingeführt: durch ein zertifiziertes Brustzentrum, durch ein Darmzentrum und ein Beckenbodenzentrum.

Der Patient im Mittelpunkt

Die Herausforderungen im Gesundheitswesen (verkürzte Liegezeiten, medizinischer Fortschritt und wirtschaftlicher Erfolg) verlangen, adäquat zu reagieren. Dennoch steht der Patient als physische, seelische und mentale Einheit im Mittelpunkt. Pflegegruppen versorgen eine über-

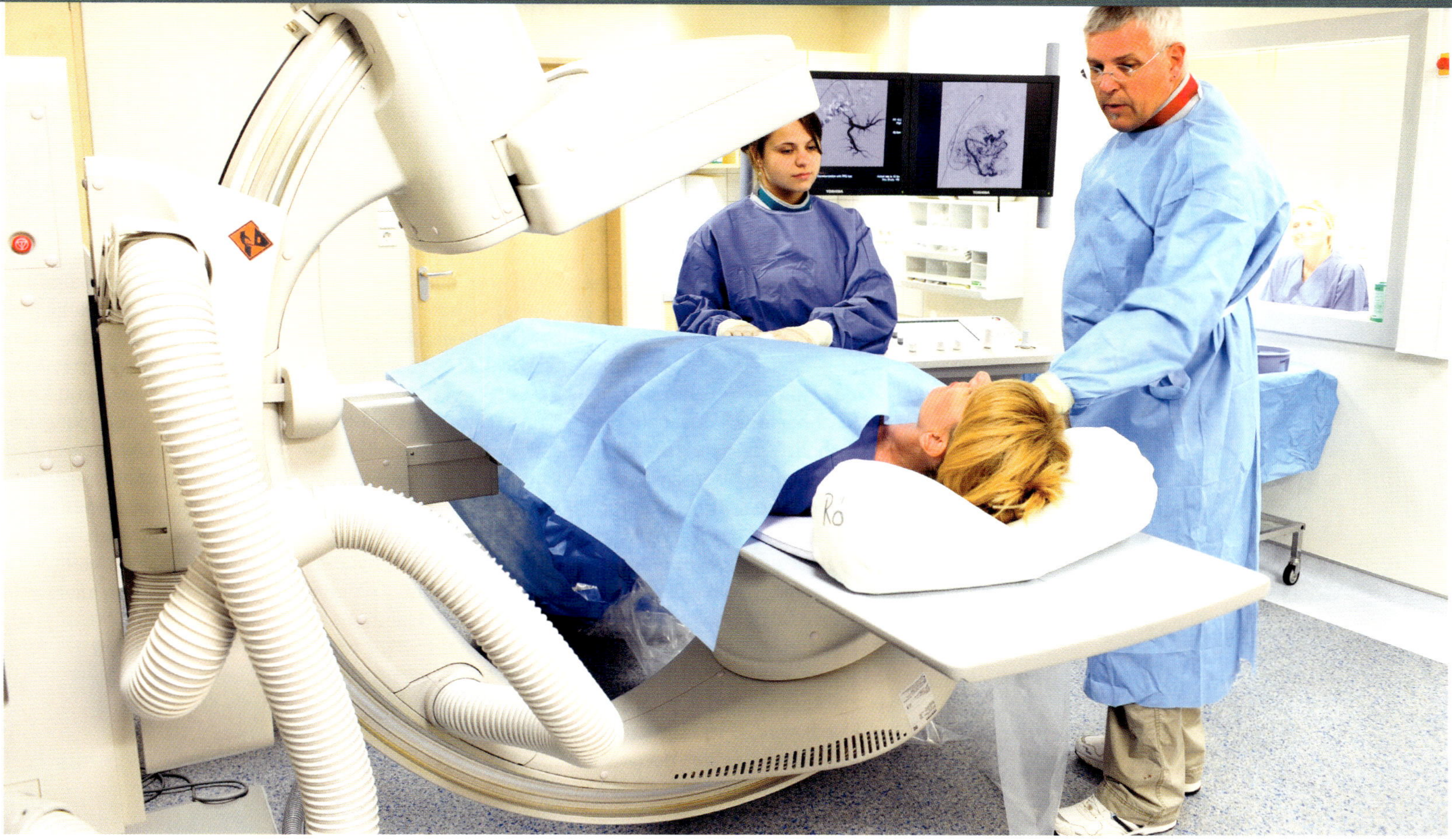

Die Klinik verfügt über eine hoch moderne medizintechnische Ausstattung, die das gesamte diagnostische Spektrum für Menschen jeden Alters, vom neugeborenen bis zum alten Menschen, umfasst.

schaubare Patientenzahl. Sozialdienste und Pflegeüberleitung unterstützen Patienten und Angehörige nach der Entlassung.

Unterschiedlich wirken die Therapien:

- Anthroposophische Arzneimittel regen Selbstheilungskräfte an, bringen die Körperfunktionen ins Gleichgewicht und stärken die Abwehrkräfte.

Ideale Verhältnisse für Mutter und Kind

- Kunsttherapie belebt das Seelische: Maltherapie, Plastizieren, Werktherapie, Musiktherapie, Therapeutische Sprachgestaltung und Dramatherapie vermitteln Patienten andere Formen des Ausdrucks und der Kommunikation mit sich selbst und ihren Mitmenschen.
- Heileurythmie wirkt durch Bewegungsabläufe zur Darstellung von Sprache und Musik auf die seelische Befindlichkeit und das Selbstbewusstsein.
- Krankengymnastik und Physiotherapie unterstützen Selbstständigkeit und Lebensqualität.
- Dazu kommen die Physikalischen Therapien und die Bäderabteilung: Rhythmische Einreibung, Organeinreibungen und Rhythmische Bäder, Öldispersionsbäder, Bienenwachspackungen. Konventionell: manuelle Lymphdrainage, komplexe physikalische Entstauungstherapie, Kneippsche Güsse, medizinische Bäder, Packungen.
- Ergotherapie,
- Logopädie,
- und Ernährungsmedizinische Beratung
- Misteltherapie: Mistelpräparate gehören zu den bekanntesten und wissenschaftlich am weitesten untersuchten komplementären Arzneimitteln in der Onkologie. Die therapeutische Wirksamkeit im Sinne einer Tumorremission und Verbesserung der Lebensqualität wurde durch zahlreiche Studien belegt.
- Hyperthermie: ergänzend in Kombination mit Chemo- und/oder Strahlentherapie, bei soliden Tumoren an Leber, Bauchspeicheldrüse, Lungen- und Hirntumoren.
- Psychoedukation und psycho-onkologische Betreuung unterstützen die individuelle Verarbeitung der Krebserkrankung.

Krankenhaus und Kultur

Die Klinik ist ein Ort des kulturellen Lebens und der Begegnung von Gesunden und Kranken: Konzerte präsentieren junge Musiker, »Kunst im Foyer« stellt zeitgenössische Künstler aus, es gibt Theateraufführungen und Lesungen. Mitarbeiter der Patientenbibliothek suchen die Patienten auf. Im Frühjahr präsentiert sich das Haus am Gesundheitstag mit Infoständen, Führungen, Vorträgen und einem bunten Rahmenprogramm der breiten Öffentlichkeit.

Beitrag von:
Gemeinschaftskrankenhaus Herdecke
gemeinnützige GmbH
Gerhard-Kienle-Weg 4 · 58313 Herdecke
Tel. (0 23 30) 6 20 · Fax (0 23 30) 62 39 95
kontakt@gemeinschaftskrankenhaus.de
www.gemeinschaftskrankenhaus.de

Für alle, die Wert auf gesunde und ästhetische Zähne legen

Praxisteam Hasslinghausen in Sprockhövel bietet optimale Betreuung durch ein starkes Team

Nicht ein Hauch von Zahnarztpraxis …

Das Praxisteam Hasslinghausen ist die Zahnarztpraxis für alle, die Wert auf gesunde und ästhetische Zähne legen. »Angst- und schmerzfreies Behandeln in der für den Patienten bestmöglichen Atmosphäre« ist für das Team um Marco A. Vukovic und Prof. Dr. Wolf-D. Grimm die Maxime. Bei Eintritt in die Praxis sieht es nicht so aus und es riecht gar nicht nach Zahnarzt. Zum Wohle der Patienten ist Praxisgründer Marco A. Vukovic bestrebt, immer die neueste Technologie vorhalten zu können und auch – nicht zuletzt durch die Partnerschaft mit der Uni Witten/Herdecke – wissenschaftlich immer »up-to-date« zu sein.

Viele Menschen fürchten sich vor einem Besuch beim Zahnarzt. Gründe dafür sind meist das unangenehme Geräusch des Bohrers, die zu erleidenden Schmerzen und die unangenehmen Folgen der Behandlung mit Schwellungen oder Entzündungen. Das Praxisteam Hasslinghausen verfügt über eine Lasertechnologie, die genauer – und dabei leiser und angenehmer – arbeitet als der bekannte Bohrer. Dank des Lasers brauchen sich die Patientinnen und Patienten nicht mehr zu fürchten, denn die oben genannten Stressfaktoren treten bei einer Behandlung mit der Lasertechnik deutlich abgemildert auf. Dank des genau ausgerichteten Laser-Strahls ist es möglich, selektiv Karies zu entfernen und gesunde Substanz zu schonen. Dabei ist die gesamte Behandlung deutlich schmerzfreier – es ist ein leichtes, aber keineswegs unangenehmes Kribbeln oder Prickeln zu spüren. Auch durch das Ausbleiben von Vibration und Hitzeentwicklung des Bohrers, die für gewöhnlich Schmerz verursachen, wird die Behandlung in der Regel als schonender empfunden.

Das laserunterstützte Bohren ohne Bohrer hat noch weitere positive Aspekte, denn Eingriffe können ohne Blutungen durchgeführt werden. Bei einer Wurzelbehandlung können oft die aufwändigen medikamentösen Wurzeleinlagen während der Behandlung reduziert werden. Parodontitis-Therapie wird durch den Laser-Einsatz unterstützt.

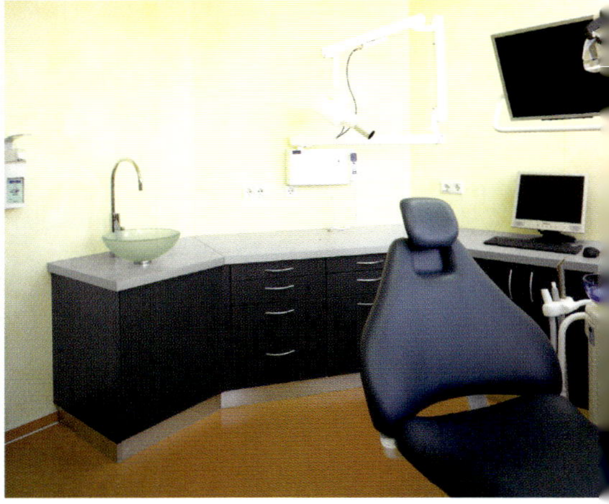

Im Behandlungszimmer

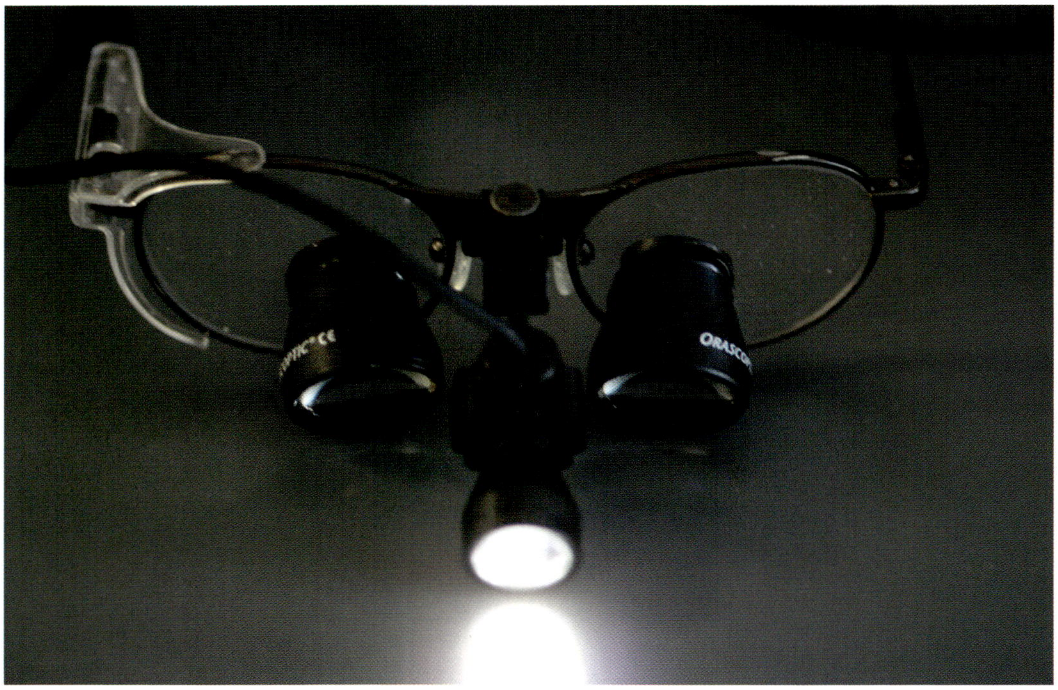

Das Praxisteam Hasslinghausen arbeitet mit modernster Technik.

Keine Angst vor Implantaten

Der große Vorteil von Zahnimplantaten ist, dass nur der Zahn ersetzt werden muss, der verloren gegangen ist. Benachbarte Zähne bleiben daher, anders als etwa bei Brücken, unbeschadet und in ihrer Substanz erhalten. Zahnimplantationen zählen in der Regel zu den risikoarmen Eingriffen. Aber wie bei jeder Operation kann es Risiken und Komplikationen geben. Die Patientinnen und Patienten können mit den Fachleuten des Praxisteams sprechen. Sie klären gerne auf. Implantate, eine Art künstliche Zahnwurzel mit aufgesetztem dauerhaftem Zahnersatz, setzt das Praxisteam Hasslinghausen auf Wunsch computergestützt und kann so eine höhere Genauigkeit bei besserer Wundheilung und dauerhaft besserem Ergebnis erreichen. Das im eigenen Haus integrierte Zahnlabor mit modernster Frästechnik leistet dazu einen nicht zu unterschätzenden Beitrag.

Als Parodontose, beziehungsweise nach neuerem Sprachgebrauch Parodontitis, bezeichnet man entzündliche Veränderungen des Zahnfleisches, die unbehandelt zu einem Verlust von Zähnen führen können. Die Ursachen für eine Parodontitis sind sehr vielfältig. Die Ernährung, die Mundhygiene, der Speichel, Bakterien und das Immunsystem spielen eine Rolle. Prof. Dr. Wolf-D. Grimm ist der Spezialist für Parodontologie der Deutschen Gesellschaft für Parodontologie und für die Patientinnen und Patienten der kompetente Ansprechpartner auch in Verbindung mit Diabetes.

Auf Grund der langen Behandlungszeiten (donnerstags zum Beispiel bis 22 Uhr) verstärkte sich das Praxisteam im Sommer 2011 mit Pia Isabelle Mouzakiotis für die Patientenbetreuung. Außerdem konnte für Svenja Janowski ein Ausbildungsplatz geschaffen werden. Nadine Schröder und Antje Schieferdecker sind in der Prophylaxe und der Erhaltungstherapie (Recall) tätig. Sie arbeiten mit eigenem Terminbuch, können jedoch auch jederzeit im Behandlungszimmer als Zahnmedizinische Fachhelferin einspringen.

Das Prophylaxeteam kann viel tun. Regelmäßige Zahn-Intensivreinigung hilft, die Zähne lebenslang gesund zu halten. Verschiedene Tests finden heraus, wie hoch das persönliche Risiko auf Parodontose und Zahnfleischerkrankung ist. Ein besonderer Schwerpunkt ist die regelmäßige Erhaltungstherapie nach Implantat- und Parodontitistherapie sowie nach der Eingliederung von Zahnersatz.

Das Praxisteam Hasslinghausen

Fachkräfte beraten und behandeln

Die zahnmedizinischen Fachangestellten sind speziell ausgebildete Fachkräfte, die beim Thema »Vorsorge« beraten und behandeln können. Prophylaxe-Termine können direkt mit dem Team abgestimmt werden. Alle notwendigen prophylaktischen Hilfsmittel hält der Praxis-Shop bereit. Auch dazu beraten das Prophylaxe-Team und die Rezeptionsmitarbeiter ausführlich. Die personell in der Assistenz ergänzten Behandlungsteams sind flexibel eingesetzt und betreuen umfassend im Sprechzimmer und im OP-Raum.

Sandra Prahl ist die Zahntechnikerin. Sie ist im praxiseigenen Labor tätig. Das in die Praxis integrierte Dentallabor ermöglicht es, oft in nur einer Sitzung den Zahnersatz herzustellen und anzupassen. So gehen die Patientinnen und Patienten nicht mit Provisorien, sondern mit der fertigen Lösung nach Hause. Mit dem Schnellreparaturservice erhalten sie einen Zahnersatz umgehend repariert zurück.

Martina Hellmann und Michaela Bäcker sind für die Organisation, Terminierung und Verwaltung zuständig. Das freundliche Organisationsteam findet einen zeitnahen Termin und erinnert gerne per Anruf, Postkarte, SMS oder E-Mail. Es bietet einen Kaffee, Wasser oder Tee an, um den Besuch beim Praxisteam Hasslinghausen angenehmer zu gestalten. Und sie geben viele Tipps für die Kostenklärung mit der Versicherung. Das Organisationsteam ist die Seele der Praxis.

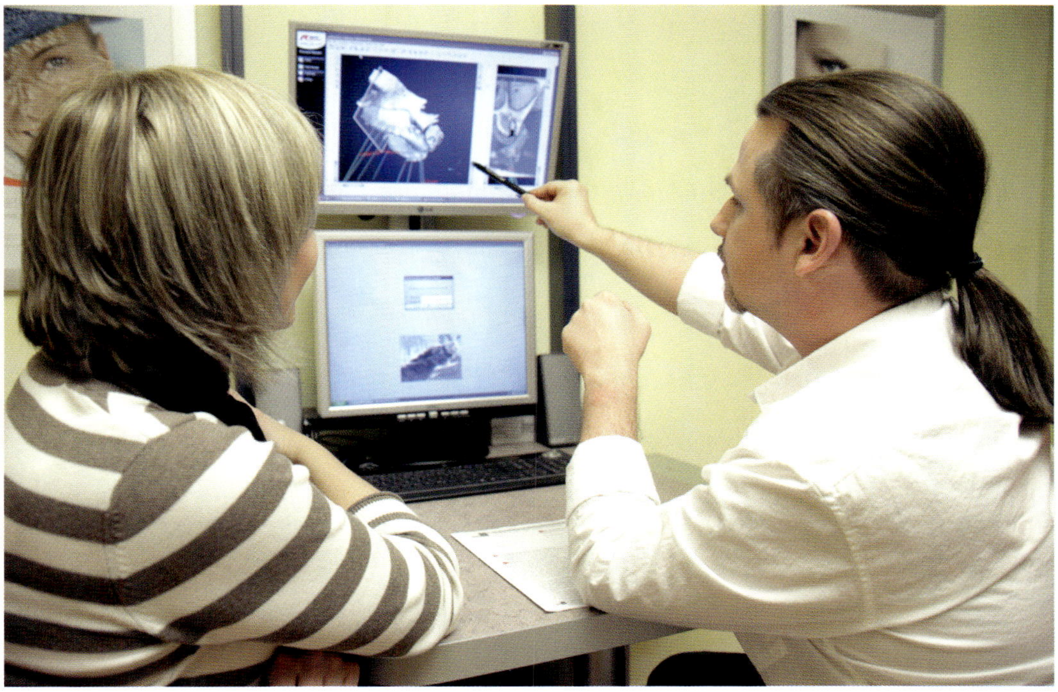

Die ausführliche Beratung ist ein wichtiger Aspekt.

Das Praxisteam Hasslinghausen bietet:

- Professionelle Zahnreinigung
- Aufhellen der Zähne (Bleaching)
- Mundgeruchanalyse/-behandlung
- Behandlung von Parodontose (lockere Zähne)
- Laserzahnheilkunde
- Ästhetische Korrekturen im Frontzahnbereich
- Implantologie konventionell und Computer navigiert
- Metallfreier Zahnersatz
- Computerverfahren zur Herstellung von vollkeramischen Füllungen/Kronen

Beitrag von:
Praxisteam Hasslinghausen
Zahnärzte und Zahntechniker
Marco Alexander Vukovic und
Univ. Prof. Dr. Wolf-D. Grimm,
emerit. Lehrstuhlinhaber und Professor
für Parodontologie, Uni Witten/Herdecke
Mittelstraße 70 · 45549 Sprockhövel
Tel. (0 23 39) 91 11 60 · Fax (0 23 39) 91 11 62
team@ph-zahnaerzte.de · www.ph-zahnaerzte.de

Das Ruhrtal als attraktive Reiseregion

Viel Tourismus als Folge des Strukturwandels

Die vielfältigen Aktivitäten aller beteiligten Städte, Privatinitiativen und Institutionen haben bereits jetzt aus dem Ruhrtal eine außerordentlich attraktive Reiseregion gemacht. Die Vielzahl der unterschiedlichen Angebote, die abwechselungsreiche und schöne Landschaft sowie die gut ausgebauten Rad- und Wanderwege werden von immer mehr Besuchern und Touristen geschätzt. Zwischen Hagen und Bochum offenbart sich ein für viele Besucherinnen und Besucher unerwartet schönes und abwechslungsreiches Naherholungsgebiet.

Das Land an Ennepe und Ruhr geizt nicht mit Reizen.

Nach 150 Jahren Montanindustrie, die nicht nur in seinem Image das Ruhrtal mit Stahlwerken und Zechen prägte, vollzieht sich in dieser Region in jeder Hinsicht ein Strukturwandel. Die Kohlegruben sind längst geschlossen, die historischen Bauwerke sind zur Industriekultur avanciert und stehen unter Denkmalschutz. Auch imposante Bauwerke, die noch viele Jahrhunderte älter als die Hochöfen sind, haben sich zu touristischen Magneten entwickelt. Groß ist die Zahl der Schlösser und Burgen im Ruhrtal, einige davon natürlich auch im Ennepe-Ruhr-Kreis.

Die Zeche Nachtigall in Witten ist zu jeder Tageszeit ein Magnet.

Landschaftlich lebt das Ruhrtal von sanften Hügeln, steilen Hängen, saftigen Auen und grünen Wiesen. Beeindruckend ist der Waldreichtum in der Region. Der idyllischen Fahrt mit dem Ausflugsdampfer schließt sich die Einkehr in einem der zahllosen Biergärten an. Für alle Generationen gleichermaßen attraktiv gestaltet sich auch die Fahrt mit der historischen Ruhrtalbahn.

Schienenkult im Ruhrtal

Mit der Eisenbahn durch die Wiege des Ruhrgebiets

Die Ruhrtalbahn ist eine teilweise historische Eisenbahnstrecke von Düsseldorf-Rath über Essen-Kupferdreh, Bochum-Dahlhausen, Witten-Herbede, Hagen-Vorhalle und Schwerte nach Warburg. Errichtet wurde sie 1870 bis 1876 von der Bergisch-Märkischen Eisenbahn-Gesellschaft, einer der drei großen privaten Eisenbahngesellschaften im Ruhrgebiet. Sie gilt als Beispiel dafür, dass Flusstäler wegen ihrer in der Regel gleichmäßigen Steigung seinerzeit für die Anlage von Eisenbahnstrecken besonders gut geeignet waren.

Die Ruhrtalbahn an der Kluterthöhle in Ennepetal

Mit der Eisenbahn durch die »Wiege des Ruhrgebiets« zu reisen, wird immer beliebter. Die Menschen wollen reisen wie früher, als die Welt dort stark industriell geprägt war und die Eisenbahn den Siegeszug von Kohle, Eisen und Stahl ermöglichte. Die heutige Ruhrtalbahn, die dies ermöglicht, setzt nicht nur Fahrzeugtypen ein, die früher durch die Region fuhren, seit 2005 fährt die Ruhrtalbahn nostalgischen Linienverkehr im Ruhrtal. Als zentraler Bestandteil des öffentlichen Verkehrs und als, im wahrsten Sinne des Wortes, »Vermarktungslokomotive« für die touristischen Aktivitäten im Ruhrtal.

Es dampft an der Ruhr.

Mit dem Ruhrtalbahn-Konzept werden die Pluspunkte des Ruhrtals miteinander verknüpft. Zunehmend mehr Fahrgäste fahren nicht nur gut gelaunt mit der Ruhrtalbahn, sondern unterbrechen die Fahrt für den Besuch weiterer Sehenswürdigkeiten entlang der Strecke. Das ist genau das Konzept, mit dem das Ruhrtal auf sich aufmerksam macht. Eine Vielfalt von Angeboten, die einen weiteren Besuch wahrscheinlich macht.

Radlerparadies Ruhrtal

Trotz vier Sternen wird RuhrtalRadweg kontinuierlich verbessert

Der Trend zum Fahrradurlaub hält an und das Ruhrtal ist längst zum Radparadies avanciert. Kein Wunder, dass die RuhrtalRadweg-Macher »ihren« Flussradweg kontinuierlich weiter verbessern, um Radtouristen und Freizeitradlern ungetrübten Radelspaß zu ermöglichen. Der Allgemeine Deutsche Fahrrad-Club (ADFC) bestätigte bereits die Qualität des RuhrtalRadwegs und zeichnete ihn mit vier Sternen als »ADFC-Qualitätsradroute« aus. Der RuhrtalRadweg, der vom Sauerland quer durch die Metropole Ruhr bis hin zum Rheinufer verläuft und die Radfahrer dabei auf 40 der insgesamt 230 Kilometer durch den Ennepe-Ruhr-Kreis führt, ist die erste Strecke in einem Ballungsraum, die als ADFC-Qualitätsroute zertifiziert wurde.

Viel Rad an der Ruhr

Dr. Wolfgang Richter, Tourismusreferent des ADFC, hebt besonders die abwechslungsreiche Routenführung mit zahlreichen Attraktionen am Wegesrand und die Anbindung der Strecke an öffentliche Verkehrsmittel hervor. Die ADFC-Verantwortlichen verweisen zudem auf infrastrukturelle Merkmale, wie die gute Befahrbarkeit, radfreundliche Oberflächen und die durchgängig eindeutige Wegweisung, die ebenfalls ausschlaggebend für die Auszeichnung gewesen seien.

Axel Biermann, Geschäftsführer der Ruhr Tourismus GmbH, stellt die gute touristische Infrastruktur in den Regionen am RuhrtalRadweg hervor. »Unterkunftsstruktur, Campingplätze, Gastronomie, Bett & Bike-Betriebe, Tourist-Infos, Infotafeln, Abstellanlagen, Fahrradboxen, Radstation, Spielplätze, Schutzhütten, Rastplätze – all das macht eine RuhrtalRadweg-Tour neben den vielen spannenden Attraktionen am Wegesrand zu einem angenehmen, unkomplizierten und familienfreundlichen Raderlebnis.«

Auf dem Rad die Natur erleben.

Auch die Route der Industriekultur bietet Schnuppertouren für die Radler an. Entlang der Ruhr, auf Kanaluferwegen im neuen Emschertal oder auf ehemaligen Bahntrassen führen ausgewählte Touren vorbei an zahlreichen industriekulturellen Highlights wie dem Landschaftspark Duisburg-Nord, dem Welterbe Zollverein in Essen, der Jahrhunderthalle in Bochum oder die Lindenbrauerei in Unna. Ebenfalls an den Radstrecken liegen bedeutende Siedlungen wie die Margarethenhöhe in Essen oder aussichtsreiche Panoramen wie die Halde Rheinpreußen in Moers beziehungsweise die Kissinger Höhe in Hamm.

Wer Lust auf mehr Industriekultur hat und sich mit dem Rad auf eine ganz individuelle Entdeckungsreise begeben möchte, dem bietet der »Erlebnisführer Route der Industriekultur per Rad« etliche Entdeckungsmöglichkeiten.

Reiches kulturelles Angebot im Kreis

Bandbreite reicht von Aphorismen über Weltmusik bis zum Hüttenwerk

Kunst und Kultur im Ennepe-Ruhr-Kreis ist in erster Linie durch die Vielfalt der Angebote in den neun Städten und ganz besonders durch die dort in Sachen Kultur aktiven Gruppen, Vereine und Verbände geprägt. Sie alle tragen durch ihre unterschiedlichen Aktionen und Veranstaltungen zur Belebung der Kultur an Ennepe und Ruhr bei.

Die Kultur findet aber quasi auch im »Licht« und »Schatten« der Großstädte der Metropole Ruhr statt. Bis zum Museum Folkwang in Essen sind es gerade einmal 40 Minuten, das Schauspielhaus in Bochum ist in 35 Minuten erreicht und um zum Tanztheater in Wuppertal zu kommen, kann man eigentlich die Schwebebahn nutzen. Schnell erreichbar sind auch alle Spielstätten der RuhrTriennale und des Klavier-Festivals Ruhr, das Konzerthaus in Dortmund, die Oper in Köln, das Kom(m)ödchen in Düsseldorf oder die Auftritte des Philharmonischen Orchesters in Hagen – wenn es um den Besuch von kulturell hochwertigen Angeboten geht, können die Menschen im Ennepe-Ruhr-Kreis quasi jeden Tag ein anderes Ziel ansteuern.

Doch es ist nicht nur die Nähe zu den Großstädten, die den Kulturfans zwischen Hattingen und Breckerfeld, Wetter und Schwelm, Sprockhövel und Witten das Herz höher schlagen lässt. Auch jenseits der »kreativen Treibhäuser der Metropolen«, die traditionell im Rampenlicht des überregionalen und regionalen Feuilleton stehen, gibt es für aufmerksame Beobachter innerhalb der Kreisgrenzen jede Menge zu entdecken. Klein, aber in jedem Fall fein.

Alleinstellungsmerkmale

Die Kulturpolitik in Kreisen, die wie der Ennepe-Ruhr-Kreis von Großstädten umgeben sind, ist dann erfolgreich, wenn es gelingt, Nischen zu entdecken, zu besetzen und so Alleinstellungsmerkmale zu entwickeln. Wenn es gelingt, Tradition zu veredeln. Wenn es gelingt, die kulturelle Bildung und die Laienkultur zu sichern. Wer genau hinsieht, kann entdecken, dass die Städte und der Kreis an Ennepe und Ruhr hier auf einem guten Weg sind. Der Kreis, selbst kaum Träger von Kultureinrichtungen und selten Ausrichter von kulturellen Veranstaltungen, unterstützt dabei die Aktivitäten der Städte und moderiert und koordiniert dort, wo mehrere Städte an Projekten beteiligt sind. Beispiele hierfür sind die Ideen für das Kulturhauptstadtjahr 2010 oder die Pläne für ein Kreisjugendorchester. Außerdem hilft der Kreis bei der Suche nach Erfolg versprechenden Nischen.

Ein Beispiel dafür ist Hattingen. Seit 2004 gilt die Stadt an der Ruhr bundesweit als Heimstadt des Aphorismus, denn dort treffen sich seither regelmäßig deutschsprachige Aphoristiker. Zweieinhalb Tage absolvieren die Sprachakrobaten ein anspruchsvolles Programm, lauschen Vorträgen und diskutieren Thesen. Außerdem geben die Literaten selbstverständlich ihre geistreich und knapp formulierten Gedanken, die eine Lebensweisheit vermitteln, zum Besten, 2006 wurde in Hattingen das erste »Deutsche Aphorismus-Archiv« eröffnet. Es besteht aus der Bibliothek, dem Archiv

Irish Folkfestival auf Burg Volmarstein

Live-Musik in der Piano Manufaktur in Schwelm

Extrabreit gab zum 125. Stadtjubiläum Gevelsbergs ein Oper-Air-Konzert.

und dem Internetarchiv. Ziel ist es, den Aphorismus, vorzugsweise den deutschsprachigen und seine Nachbargattungen zu sammeln und zu erforschen. Mit der dritten Auflage des Treffens in diesem Jahr ist es endgültig gelungen, die Aphoristiker aus dem Schattendasein ans Licht zu führen. In Hattingen haben sie eine viel beachtete Plattform gefunden, sie schreiben längst nicht mehr im Verborgenen. Dass das Aphoristikertreffen keine geschlossene Veranstaltung ist, belegen das umfangreiche Begleitprogramm und Freiluftaktionen, die Aphorismen und Feuerwerk, Musik und gewürzte Denkweite verbinden, sowie Lesungen von Autoren an weiterführenden Schulen im Ennepe-Ruhr-Kreis. Allein in diesem Jahr konnten zu der Fachtagung, die unter dem Motto »Witz – Bild – Sinn: Facetten des Aphorismus« stand, 40 Experten aus Deutschland und seinen Nachbarländern sowie 500 Zuhörer begrüßt werden.

Kammermusik

Auch die Wittener Tage für neue Kammermusik sind ein erfolgreiches Nischenprodukt. 1936 wurde die Veranstaltung vom Komponisten Robert Ruthenfranz gegründet. Seit 40 Jahren wird sie vom WDR unterstützt. Längst strahlt sie weit über die Grenzen Nordrhein-Westfalens hinaus und gilt als bedeutendes Festival für Gegenwartsmusik. An drei Tagen im Frühling präsentieren international renommierte Musiker neue Ton- und Klangschöpfungen der wichtigsten Komponisten. Offenheit für die Strömungen in Grenzbereiche hat Priorität für das Festival, das zum wichtigen Treffpunkt für die musikalische Avantgarde aus Ost und West avancierte. Komponistinnen und Komponisten aus aller Welt haben für Witten gearbeitet, etliche Werke gingen nach ihrer Premiere im Ennepe-Ruhr-Kreis buchstäblich um die Welt. Witten war und ist damit ein Fenster und Forum für neueste Trends der Kammermusik.

Die Villa Vorsteher, Bürgerhaus der Stadt Wetter (Ruhr) mit Konzert- und Ausstellungsprogramm

Auch die jüngsten Künstler finden im Ennepe-Ruhr-Kreis eine Bühne – wie hier auf der Maiwoche in Herdecke.

Hochrangige Stammgäste sind beispielsweise das Arditti String Quartet, das Klangforum Wien und das »ensemble recherche«.

Auf große Resonanz stößt auch das Festival Kemnade International, es gilt als das älteste und traditionsreichste Festival der Weltkulturen in Nordrhein-Westfalen. Die Veranstalter – zu denen neben den Städten Bochum und Hattingen auch der Ennepe-Ruhr-Kreis zählt – bieten den Fans der Weltmusik dabei an drei Tagen auf der Wasserburg Haus Kemnade in Hattingen ein opulentes Open-Air-Programm mit Live-Musik, Ausstellungen, Lesungen und Performances aus zahlreichen Ländern. Der breite musikalische Bogen wird stets von mehr als 60 Gruppen und Einzelkünstlern gespannt. Das Festival hat über drei

Das Stadtmuseum Hattingen in Blankenstein

Jahrzehnte die kulturelle und sozialpolitische Entwicklung begleitet und sein Musikprogramm aus der folkloristischen Tradition der 1970er Jahre zu einem Forum für klassische Musik und Volksmusik anderer Kulturkreise sowie für zeitgenössische Weltmusik weiter qualifiziert. Mit der Verpflichtung von international renommierten Künstlern hat Kemnade International in den letzten Jahren einen anerkannten Platz in der internationalen Festivallandschaft erworben. Von Beginn an war die Partizipation örtlicher und regionaler Künstler mit Migrationshintergrund ein wichtiger Bestandteil des Konzepts.

Das Märkische Museum in Witten

Museumskultur

Viel beachtete Veranstaltungen sind das eine – sehenswerte Museen und Gebäude das andere. Dank der gelben Banane, die der Kölner Künstler Thomas Baumgärtel auf die Hauswand des Hattinger Stadtmuseums in Blankenstein gesprüht hat, steht das Haus in einer Reihe mit dem Centre Pompidou in Paris und dem Guggenheim-Museum in New York. Seit 1986 hat Baumgärtel weltweit mehr als 4000 Häuser mit dem Spraybild der berühmten Südfrucht gekennzeichnet. Anfangs umstritten, gilt das Symbol heute unter Architekten, Museumsleitern und Galeristen durchaus als Auszeichnung und wird als praktizierte Kunstaktion verstanden.

In Hattingen wurde ein Museum ausgewählt, das Geschichte, Kunst und Kultur unter einem Dach bietet. Seit 2001 ist es in den alten Amtshäusern in Blankenstein Zuhause. Hinter eleganten Sandsteinfassaden informiert eine Dauerausstellung über die Geschichte der Stadt und ihrer Region. Besucher erleben sie durch ein begehbares Geschichtsbuch sowie großformatige Themenbücher, die in Text und Bild Vergangenes dokumentieren und zum Blättern und Stöbern einladen. Neben der Dauerausstellung bietet das Museum auch ständig wechselnde Präsentationen, für bundesweites Interesse sorgte beispielsweise eine Bauhausausstellung.

Immer wieder sind auch Fachleute über die kulturelle Breite und Fülle, die an Ennepe und Ruhr zu finden ist, überrascht.

Da ist die kulturelle Tradition, die beispielsweise in klassischen Heimatstuben wie denen in Sprockhövel oder Herdecke und in heimatkundlichen Museen wie in Breckerfeld greifbar wird. Da sind Spezialmuseen wie das Bandwebereimuseum, das ebenfalls in Hattingen zu finden ist und das sich ganz auf die Textilgeschichte spezialisiert hat. Da ist das Haus Martfeld in Schwelm, das neben einigen Kuriosa wie einem Brief Goethes oder der Brieftasche des Dichters Friedrich Gottlieb Klopstock reiche kulturgeschichtliche Bestände bietet. So haben die Besucher Gelegenheit, die Wohnkultur, die bergisch-märkische Möbelkunst sowie die Produkte des Handwerks und der frühen Textilindustrie kennen zu lernen. Da ist das Märkische Museum der Stadt Witten, das mit seiner einzigartigen Sammlung deutscher Kunst des 20. Jahrhunderts den Bereich der bildenden Kunst abdeckt. Da ist das Henriette-Davidis-Museum in Wetter. Dort wird nicht nur die Welt des 19. Jahrhunderts mit Kochbüchern, Küchen und Kinderkaufläden lebendig, gleichzeitig zeichnet das Museum das Leben der Frau nach, die als berühmteste Köchin und Kochbuchautorin Deutschlands gilt. Da sind die Altstädte in Herdecke, Niedersprockhövel, Schwelm, Wetter und Hattingen, die ebenso wie die Burgen und Herrenhäuser im Ruhrtal wie ein riesiges Freilichtmuseum des Mittelalters wirken. Da sind die ungezählten Chöre, Musikschulen und Orchester, die Theatergruppen, freien Kultureinrichtungen und Tanzgruppen. Vielfalt an jeder Ecke.

Kultur und Industrie sind auch an Ennepe und Ruhr längst zur Industriekultur verschmolzen. Insbesondere die Westfälischen Indusriemuseen Henrichshütte in Hattingen und Zeche Nachtigall in Witten zeigen, dass es nicht immer gleich ein Weltkulturerbe sein muss. In der Henrichshütte wurde 1987 der Hochofen 3, der älteste im Revier, ausgeblasen, 10 000 Arbeitsplätze waren Vergangenheit. Das Gelände mit Hochofen, Besemer Stahlwerk und Gebläsehalle wurde Schritt für Schritt zum Museum. Auf Fotos, in Filmen und Interviews begegnen Museumsgäste heute Menschen, die über ihre Arbeit auf der Hütte berichten. Eine Schaugießerei, Abendführungen und Sonderausstellungen lassen die Blüte und das Sterben der großindustriellen Produktion von Eisen- und Stahl an der Ruhr lebendig werden. Und in Witten, quasi an der Wiege des Bergbaus, können Interessierte zu einem echten Steinkohleflöz vorstoßen. Sie erleben am eigenen Leib und ausgerüstet mit Helm und Grubenlampe die Arbeitsbedingungen im Kohlebergbau vergangener Tage.

(Quelle: www.enkreis.de)

»Route der Industriekultur« im Kreis

Breite Palette von Schwerindustrie über Eisenbahngeschichte bis Kraftwerkstechnik

Hochöfen, Gasometer und Fördertürme prägen bis heute das Gesicht des Ruhrgebiets. Sie sind wichtige Zeugen der 150-jährigen industriellen Vergangenheit, aber auch des sich vollziehenden Strukturwandels. Denn die ehemaligen Produktionsstätten haben sich längst zu »lebendigen« industriekulturellen Räumen und attraktiven Veranstaltungsorten entwickelt. Das regionale Tourismus-Projekt »Route der Industriekultur« ist ein etwa 400 Kilometer langer Rundkurs durchs Ruhrgebiet.

Die Harkortsche Fabrik

Ein kleines Stück Industriekultur ist der Haferkasten bei Haus Martfeld in Schwelm.

Auch die Schwelmer Brauerei ist Bestandteil der »Route der Industriekultur«.

Wasserwerk Hengstey

52 herausragende Zeugnisse bilden die Route der Industriekultur. Dazu gehören überregional bedeutende Industrieanlagen ebenso wie von namhaften Architekten entworfene Arbeitersiedlungen, Museen oder Panoramen. 25 Ankerpunkte bilden das Rückgrat der Route. Sie sind die Ausgangspunkte für 25 Themenrouten, auf denen Interessierte zum Beispiel die Geschichte einer Region erforschen beziehungsweise den Spuren eines speziellen Aspekts wie der Bergbau-, der Schifffahrts- oder Eisenbahngeschichte folgen können.

Trotz der Bezeichnung »Route der Industriekultur« handelt es sich nicht um eine einzige Strecke, sondern um ein Netz, das Museen, Ausstellungen, Panorama-Aussichtspunkte und historisch bedeutsame Siedlungen miteinander verbindet. Die »Route der Industriekultur« ist ein Projekt des Regionalverbandes Ruhrgebiet und vor allem zur Förderung des Tourismus gedacht. Die Route entstand zwischen 1989 und 1999. Ein riesiger Maschinenfriedhof wurde dabei zum größten Freilichtmuseum der Welt.

Mehr als nur Schwerindustrie

Die Henrichshütte in Hattingen und die Zeche Nachtigall in Witten sind natürlich wichtige Ankerpunkte. Zu den Wurzeln der Industrialisierung führen die Themenrouten im Ennepe-Ruhr-Kreis darüber hinaus nicht mit spektakulären Standorten der Schwerindustrie. So bedeutet Industriekultur im Kreis auch Eisenbahngeschichte oder Kraftwerkstechnik. Zur Industriekultur dieses Raumes gehören aber auch zahlreiche herausragende Persönlichkeiten wie Freiherr vom Stein oder Friedrich Harkort, die mit Pioniergeist und Visionen diese Region entscheidend mitgestaltet haben.

Zur »Route der Industriekultur« im Ennepe-Ruhr-Kreis gehören unter anderem der Mühlenhof in Breckerfeld, der Bahnhof Milspe und das Straßenmuseum in Ennepetal, die Glörtalsperre, die Ennepetalsperre und die Heilebecketalsperre, die Brauerei, das Museum Haus Martfeld und das Ibach-Haus in Schwelm, die Kornbrennerei Saure und das Brennereigebäude der Firma Niedernberg & Krüner sowie der Kruiner Tunnel in Gevelsberg, das Henriette-Davidis-Museum in Wengern, die Märkische Seifenindustrie (heute Degussa), das Haus Witten, die Ruhrschleuse in Herbede, die Edelstahlfabrik Lohmann, das Hebezeug-Museum, die Kleinzeche Egbert und der Wetterkamin Buchholz in Witten, Haus Harkorten, die Harkortsche Fabrik, Burg Wetter und Harkorthaus, das Harkortsche Herrenhaus auf Gut Schede, das Gemeinschaftswasserwerk Volmarstein, das Kraftwerk Harkort, das Bildnis des Freiherr vom Stein am Rathaus Wetter, Villa Vorsteher, das Ruhrviadukt Herdecke, das Laufwasserkraftwerk Hengstey, das Koepchenwerk, das Wasserwerk Hengstey, Haus Ende, die Buschmühle in Herdecke und einige mehr.

Prominente aus Ennepe-Ruhr Prominente in Ennepe-Ruhr

Kloppo lebt in Herdecke – die neue Mutter der Nation als Kind in Hattingen

Roy Black lebte mehrere Jahre in einem Doppelhaus Tür an Tür mit dem befreundeten Schlagersänger Tommy Steiner in Herdecke.

Was haben Roy Black und Gustav Heinemann, was haben Mutter Beimer Marie-Luise Marjan und Meistertrainer Jürgen Klopp gemeinsam? Sie alle wissen entweder um ihre Wurzeln im Ennepe-Ruhr-Kreis oder sie haben – zumindest für eine Zeit lang – EN zu ihrem Lebensmittelpunkt ernannt. Aus teils ganz unterschiedlichen Gründen. Ein paar Beispiele gefällig?

Am 9. Oktober 1991 starb der Sänger und Schauspieler Roy Black mit 48 Jahren an Herzversagen in seiner Fischerhütte im oberbayerischen Heldenstein. Sein früher Tod war für alle Fans ein Schock. Roy Black wurde in Strassberg, unter seinem bürgerlichen Namen Gerhard Höllerich, beigesetzt. Neben seinen beruflichen Erfolgen sah es bei Roy Black nicht immer so toll aus. Im November 1985 wurde er von seiner Frau Silke geschieden und am 25. Mai 1986 brach er auf Grund eines Herzfehlers zusammen, wurde ins Gemeinschaftskrankenhaus Herdecke eingeliefert und erhielt einige Wochen später zwei neue Herzklappen. Am 3. Dezember 1986 trat er, leidlich genesen, in Berlin wieder vor den Fans auf.

Seit den 1980er Jahren bis zu seinem Tod wohnte Roy Black mehrere Jahre in Herdecke, in einem Doppelhaus Tür an Tür mit dem befreundeten Schlagersänger Tommy Steiner. Seine neue Lebensgefärtin Carmen Böhning, die er bei einem Konzert kennenlernte, brachte am 14. September 1991 seine Tochter Nathalie zur Welt.

Gabriele Susanne Kerner kam am 24. März 1960 in Hagen zur Welt. Zu dieser Zeit wohnten ihre Eltern in Breckerfeld. In einem Spanienurlaub – als Gabriele drei Jahre alt war – wurde sie von den Spaniern »nena« gerufen, ein umgangssprachliches spanisches Wort für »kleines Mädchen«. Anschließend etablierte sich in ihrer Familie der Spitzname Nena. Nena verbrachte die ersten fünf Jahre ihrer Kindheit in Breckerfeld.

Nena, Gabriele Susanne Kerner, verbrachte ihre Kindheit in Breckerfeld.

Später zog sie mit ihrer Familie nach Hagen, wo sie ihre Jugend verlebte und schließlich das Gymnasium nach der elften Klasse vorzeitig verließ. Sie absolvierte auf Wunsch ihrer Eltern eine Ausbildung zur Goldschmiedin.

Ihre musikalische Karriere begann in Hagen mit der Band »The Stripes«. Nena war acht Jahre mit dem Schlagzeuger Rolf Bredel zusammen. In Berlin gründete sie später mit ihm und dem Gitarristen Carlo Karges, Uwe Fahrenkrog Peteresen und Jürgen Dehmel die Band NENA. 1982 nahmen sie die Single »Nur geträumt« auf. Ein Fernsehauftritt brachte den Erfolg: 40 000 Singles an einem Tag. Goldene Schallplatte. 1983: Die zweite Single »99 Luftballons« wurde zum Hit-Giganten und hielt sich 23 Wochen auf dem ersten Platz der Hitparaden. Im Kinofilm »Gib Gas, ich will Spaß« spielte Nena eine Hauptrolle.

Vor einigen Jahren startete Nena ihr Solo-Comeback. Sie lebt heute mit Philipp Palm, einem zwölf Jahre jüngeren Schlagzeuger und Musikproduzenten, in Hamburg-Rahlstedt.

Alt-Bundespräsident Gustav Heinemann wurde 1899 in Schwelm geboren.

Alt-Bundespräsident Gustav Heinemann wurde am 23. Juli 1899 in Schwelm geboren. Der Politiker war von 1946 bis 1949 Oberbürgermeister von Essen, von 1949 bis 1950 Bundesinnenminister. Wegen der von Konrad Adenauer eingeleiteten Wiederbewaffnung der Bundesrepublik trat er 1950 als Minister zurück. 1952 verließ er die CDU und gründete die Gesamtdeutsche Volkspartei (GVP). 1957 trat er der SPD bei. 1966 bis 1969 war er Bundesjustizminister in der Großen Koalition, von 1969 bis 1974 Bundespräsident. Heinemann war, wie sein Vater und Großvater, radikaldemokratisch, linksliberal und patriotisch eingestellt und gehörte keiner Kirche an. Heinemann starb am 7. Juli 1976 in Essen.

Auch aktuell steht der Ennepe-Ruhr-Kreis politisch ganz weit oben. Erwin Sellering, seit dem 6. Oktober 2008 Ministerpräsident von Mecklenburg-Vorpommern, wurde 1949 in Sprockhövel geboren. Nach dem Studium der Rechtswissenschaften legte er 1975 das erste juristische Staatsexamen ab und war seit 1978 als Verwaltungsrichter tätig, zuletzt als Vizepräsident des Verwaltungsgerichts. 1994 wechselte Erwin Sellering an das Verwaltungsgericht Greifswald und zog mit seiner Familie in die Hansestadt. 2000 wurde er Justizminister in Schwerin, 2006 wechselte er als Minister in das Ressort Soziales und Gesundheit. Er ist seit 2007 SPD-Landesvorsitzender.

Marie-Luise Marjan verlebte ihre Jugend in Hattingen.

Mecklenburg-Vorpommerns Ministerpräsident Erwin Sellering kam 1949 in Sprockhövel zur Welt.

Erwin Sellering lebt mit seiner Frau Britta in Schwerin. Seine beiden erwachsenen Töchter studieren. Sellering interessiert sich für Fußball und Handball. Fit hält er sich durch Wandern und Kraft- und Ausdauertraining. Leidenschaften wie Schach und Doppelkopf fallen dagegen meist der Termindichte zum Opfer.

Die nach Inge Meysel »aktuelle« Mutter der Nation verlebte ihre Jugend in Hattingen. Marie-Luise Marjan heißt eigentlich Marlies Wienkötter, ihr Adoptivname ist Marlies Lause. Sie wurde am 9. August 1940 in Essen geboren. Riesenbekanntheit erlangte die Schauspielerin durch ihre Rolle als Helga Beimer in der Fernsehserie »Lindenstraße«.

Schon als kleines Kind kam Marlies Wienkötter nach Hattingen zu Pflegeeltern, dem Ehepaar Hanni und Emil Lause, 1949 wurde sie schließlich adoptiert und bekam deren Familiennamen. Marie-Luise Marjan besuchte das Hattinger Mädchengymnasium, wo sie schon früh bei Schulaufführungen ihr schauspielerisches Talent unter Beweis stellte. Nach dem Gymnasium absolvierte sie 1958 bis 1960 die Hochschule für Musik und Theater Hamburg. Marie-Luise Marjan lebt heute in Köln.

Drei Etappensiege und im Gelben Trikot bei der Tour de France, Dritter bei der Vuelta a España,

Querfeldein-Weltmeister bei den Profis, 16-facher Deutscher Meister ... Die Liste der Erfolge ist lang und der Name Klaus-Peter Thaler war und ist bei allen Radsport-Fans mit dem Zusatz »aus Gevelsberg« verbunden. Nach seinem Ausstieg aus dem aktiven Sport betreibt der 1949 geborene Klaus-Peter Thaler heute in seiner Heimatstadt einen Fahrradhandel.

Seine größten Erfolge feierte Klaus-Peter Thaler bei Querfeldeinrennen. 1973 und 1976 wurde er in dieser Disziplin Weltmeister der Amateure. Dennoch konnte man ihn auch regelmäßig bei Straßenrennen beobachten. Seine erste Teilnahme bei der Tour de France verlief mit einem Etappensieg schon recht positiv. Später trug er sogar das Gelbe Trikot und gewann eine weitere Etappe. Insgesamt fünf Mal stellte sich der mittlerweile diplomierte Radsporttrainer dem Abenteuer Tour de France. 1983 verabschiedete sich Thaler vorläufig vom aktiven Sport und startete ein Zwischenspiel als Bundestrainer. Nach einem überaus erfolgreichen Comeback nahm Klaus-Peter Thaler 1988 nach fast 25 Jahren aktiver Laufbahn schließlich seinen endgültigen Abschied vom Radsport.

Ralf Waldmann (geboren 1966) ist ein außerordentlich erfolgreicher Motorradrennfahrer aus Ennepetal. Sein Vater, in dessen Ennepetaler Betrieb er seine Lehre als Gas-Wasser-Installateur absolvierte, unterstützte ihn in seinen Anfangsjahren. Sein Debüt in der Motorrad-Weltmeisterschaft gab Waldmann 1986 beim Großen Preis von Baden-Württemberg auf dem Hockenheimring in der 80-Kubikzentimeter-Klasse. In der Saison 1992 führte er nach fünf Läufen in der Weltmeisterschaftswertung souverän, allerdings konnte er nach einigen technischen Defekten die Saison nur als Dritter beenden.

1998 wechselte Waldmann in die 500-Kubik-Klasse. Das Jahr 2000 sollte das letzte komplette WM-Jahr von Ralf Waldmann werden. Mit zwei Siegen in Jerez und Donington Park wurde er am Ende Siebenter des Gesamtklassements. 2005 erklärte Ralf Waldmann seinen Rücktritt. In seiner WM-Karriere bestritt Waldmann 169 Grand-Prix-Rennen, von denen er 20 gewinnen konnte. Er ist damit der erfolgreichste Pilot der WM-Geschichte, der nie Weltmeister wurde. 2009 wurde bekannt, dass Waldmann zusammen mit Martin Wimmer das Motorrad- und Zweiradwerk Zschopau kaufen und sanieren wird.

Ralf Waldmann ist ein Motorradrennfahrer aus Ennepetal.

Musikerin Inga Humpe erlebte ihre Kindheit in Herdecke.

Sie war nicht nur Deutschlands erster Soap-Star, sie spielte auch in etlichen Rosamunde-Pilcher-Filmen mit. Die Schauspielerin Tanja Wedhorn kam am 14. Dezember 1971 in Witten zur Welt. Sie stand bereits als Kind im Schultheater auf der Bühne. Nach dem Abitur begann sie jedoch ein Lehramtsstudium, das sie abbrach. Alternativ stand auch noch das elterliche Reisebüro zur Berufswahl. Ab 1994 studierte sie jedoch Schauspiel an der Universität der Künste in Berlin, wo sie vier Jahre später ihren Abschluss machte.

Tanja Wedhorn bekam bereits während ihres Schauspielstudiums kleine Nebenrollen in Fernsehserien wie »Wolffs Revier« und »SK-Babies«. Ab 1999 war sie als Serientochter von Sabine Postel in der Serie »Die Nesthocker – Familie zu verschenken« zu sehen. Von 2004 bis 2005 stand sie als Titelheldin in der ersten deutschen Telenovela »Bianca – Wege zum Glück« vor der Kamera. Anschließend war sie vermehrt in größeren Rollen zum Beispiel auf dem »Traumschiff« zu sehen. Ab 2008 verkörperte sie die Hauptrolle Hanna Sander in der Filmreihe »Meine wunderbare Familie«. Nebenbei ist sie auch als Theaterschauspielerin aktiv. Tanja Wedhorn lebt mit Mann und Kind in Berlin.

Zur Musik: Annette Humpe kam am 28. Oktober 1950 in Herdecke zur Welt. Die Pop-Sängerin und Musikproduzentin gehörte zusammen mit Schwester Inga als »Ideal« zu den bedeutendsten und auch stilbildenden Vertretern der Neuen Deutschen Welle. Seit 2004 war sie nach langer Pause mit dem Projekt »Ich + Ich« auch wieder als Sängerin aktiv. Annette Humpe verbrachte ihre Kindheit in Herdecke und Bad Pyrmont. Nachdem sie in Köln Komposition und Klavier studiert hatte, zog sie 1974 nach Berlin und sammelte erste Erfahrungen in Bands.

Ihre 1956 geborene Schwester Inga Humpe erlebte ihre Kindheit ebenfalls in Herdecke, wo sie auch ihr Abitur machte. Ab 1975 studierte sie in Aachen und Berlin. Seitdem lebt sie in der Hauptstadt. Inga Humpe ist als Solistin und in verschiedenen Gruppen aufgetreten. 1983 und 1984 war sie zum Beispiel Bandmitglied von »DÖF« und wurde mit deren Hit Codo (»Ich düse, düse im Sauseschritt«), einem der großen Hits der Neuen Deutschen Welle, bekannt.

Apropos Neue Deutsche Welle: Trio-Sänger Stephan Remmler, der heute in Berlin im selben Haus wie Inga Humpe lebt, wurde am 25. Oktober 1946 in Witten geboren. Der Sänger, Komponist und Musikproduzent wurde bekannt mit dem Lied »Da Da Da ich lieb dich nicht du liebst mich nicht aha aha aha«.

Johannes Joachim Kardinal Degenhardt (1926 bis 2002) erblickte in Schwelm das Licht der Welt.

Der deutsche Liedermacher, Schriftsteller und promovierte Rechtsanwalt Franz Josef Degenhardt wurde 1931 in Schwelm geboren. Nach dem Studium arbeitete er ab 1961 für das Institut für Europäisches Recht der Universität des Saarlandes. Er promovierte zum Thema »Die Auslegung und Berichtigung von Urteilen des Gerichtshofs der Europäischen Gemeinschaften«. 1968 beschäftigte sich Degenhardt mit den Prozessen der APO, wo er meist Sozialdemokraten oder Kommunisten verteidigte. Als Liedermacher war er eine Stimme der 68er-Bewegung. Berühmt wurde Degenhardt vor allem mit dem Lied »Spiel nicht mit den Schmuddelkindern«. 1967 produzierte er im Quartett mit Hanns Dieter Hüsch, Wolfgang Neuss und Dieter Süverkrüp die gemeinsame Platte »Da habt ihr es!«

Sein Cousin ist der ebenfalls in Schwelm zur Welt gekommene Johannes Joachim Kardinal Degenhardt (1926 bis 2002). Johannes Joachim Kardinal Degenhardt war Erzbischof von Paderborn. Er besuchte in Hagen das humanistische Albrecht-Dürer-Gymnasium. Nach dem Krieg studierte er Philosophie und Theologie. 1952 wurde er zum Priester geweiht. Papst Paul VI. ernannte Degenhardt 1968 zum Weihbischof in Paderborn.

Eine echte »Fußballerstadt« ist Herdecke nicht nur wegen dem 100. Jubiläum, das die TSG Fussball Herdecke 1911 im Jahr 2011 feiert. Denn nicht nur BvB-Meistertrainer Jürgen Klopp lebt heute in der Stadt, sondern auch etliche weitere aktuelle und Alt-Borussen nennen Herdecke ihr Zuhause. Die Palette reicht von Dedé und Antonio da Silva über Lars Ricken bis hin zu Neven Subotic. Auch Borussia Dortmund- und Liga-Präsident Reinhard Rauball hat seine eigenen vier Wände in Herdecke.

Meistertrainer Jürgen Klopp lebt in Herdecke.

Der Medicus aus Sprockhövel

Prof. Dr. Dietrich Grönemeyer: Privatpraxis, Lehrstuhl und Stiftung

Prof. Dr. Dietrich Grönemeyer lebt in Sprockhövel.

Prof. Dr. med. Dietrich H. W. Grönemeyer (geboren am 12. November 1952 in Clausthal-Zellerfeld) ist Arzt und Lehrstuhlinhaber für Radiologie und Mikrotherapie an der Universität Witten/Herdecke. Der Bruder des Sängers wuchs mit Herbert und Wilhelm (der 1998 verstorbene Galerist) in Bochum auf. Von 1976 bis 1982 studierte er an der Christian-Albrechts-Universität zu Kiel Humanmedizin. 1982 promovierte Grönemeyer zum Thema »Quantitative Blutfluss-Bestimmung mit Hilfe digitaler Röntgenbildverarbeitung im Modell- und Tierversuch«.

Der Arzt und Autor setzt sich für eine verstärkte Kooperation verschiedenster medizinischer »Disziplinen« zwischen High-Tech und Naturheilkunde ein. Nach seiner Tätigkeit als Assistenzarzt im Fach Radiologie wurde er 1997 an der Universität Witten/Herdecke auf den Lehrstuhl für Radiologie und Mikrotherapie berufen. Seine Sachbücher, wie zum Beispiel »Mein Rückenbuch«, sowie die Kinder- und Familienbücher »Der Kleine Medicus«, »Die neuen Abenteuer des Kleinen Medicus« und das »Körper-ABC« dokumentieren seinen aufklärerischen Ansatz und zeigen, wie spannend die Reise durch den eigenen Körper für Kinder und Jugendliche sein kann.

Für sein medizinisches und humanitäres Engagement wurde er mehrfach ausgezeichnet. 2007 gründete der die Dietrich Grönemeyer Stiftung. Dietrich Grönemeyer vertritt besonders die von ihm so bezeichnete Mikrotherapie und damit schmerztherapeutische Eingriffe unter computer- oder kernspintomografischer Kontrolle, häufig im Rahmen orthopädischer Indikationen. Grönemeyer vertritt einen ganzheitlichen Medizinbegriff, unter dem er High-Tech-Medizin und Therapieformen aus dem Bereich der Naturheilkunde und anderen Kulturkreisen (zum Beispiel die Traditionelle Chinesische Medizin oder Ayurveda) versteht.

Seit 1997 leitet Dietrich Grönemeyer das Institut für Mikrotherapie auf dem Gelände der Ruhr Universität Bochum und seit 2005 seine Privatpraxis. Grönemeyer ist seit 1977 mit Christa Enste verheiratet. Das Paar hat drei Kinder und lebt in seinem Haus in Sprockhövel.

Eindrucksvolle Festivitäten-Agenda

Das ganze Jahr über hochkarätige Festveranstaltungen an Ennepe und Ruhr

Sie verstehen es vortrefflich zu feiern. Lange, intensiv, mit viel Kreativität und Hingabe. Nicht zuletzt deshalb haben einige der Festivitäten zwischen Ennepe und Ruhr einen weit über die jeweiligen Stadtgrenzen hinaus guten Ruf. Die Reihe der auf diesen Seiten genannten Festivitäten erhebt absolut keinen Anspruch auf Vollständigkeit; dementsprechend ist eine »Nichterwähnung« keinesfalls das Resultat böser Absicht oder Ignoranz. Vielmehr soll die kleine Übersicht nur eines dokumentieren: Die Menschen in den neun EN-Städten sind »Feierbiester« mit Leib und Seele ...

Weithin sichtbar laden die Breckerfelder im Mai auf dem Wengeberg zum Bauernvogelschießen ein.

Seit mehr als 300 Jahren Bauernvogelschießen

Der Bauernschützenverein von 1396 veranstaltet in Breckerfeld seit mehr als 300 Jahren das traditionelle Bauernvogelschießen. Schützentradition ist wichtig in Breckerfeld. Die im Sommer stattfindenden Junggesellen-Schützenfest und Jakobuskirmes locken jedes Jahr viele Besucher in die Hansestadt.

Groß und Klein vergnügen sich auf den Fahrgeschäften und im Autoscooter.

Bürgermeister Wilhelm Wiggenhagen vollzieht den Fassanstich bei der Voerder Kirmes.

Produkte aus der Breckerfelder Land- und Forstwirtschaft werden Ende September auf dem Breckerfelder Bauernmarkt angeboten. Der Breckerfelder Weihnachtsmarkt findet immer am 2. Adventswochenende rund um die evangelische Jakobuskirche statt.

Vier Tage Kirmes-Trubel in Voerde

Vier Tage Kirmestrubel auf Plätzen, Straßen und Gassen. Egal ob Fahrgeschäfte, Losbuden oder Imbissstände – auf der Kirmes in Voerde geht es im Juni rund. Mittlerweile ist der Kirmeszug mit Teilnehmern aus allen Stadtteilen bestückt – den Nachtwächter wird es freuen. Daneben lassen es sich die Ennepetaler bei Stadtteilfesten oder auf Weihnachtsmärkten gut gehen.

Auf dem Boulevard

Sicher: Es gibt in Gevelsberg im Mai den »Boulevard Gevelsberg« als verkehrsberuhigten Quellenfest-Nachfolger in der Mittelstraße und es gibt etliche weitere Festivitäten. Aber es gibt nur eine, die Gevelsberger Kirmes am letzten Wochenende im Juni, die alles Vergleichbare in der Region in den Schatten stellt. Unzählige Fahrgeschäfte, aber auch Getränkestände und Fressbuden der heimischen Vereine, werden aufgebaut. Höhepunkt ist der große Kirmeszug am Sonntag. Die Kirmes, die alljährlich rund 80 000 Besucherinnen und Besucher aus nah und fern anlockt, klingt mit einem fantastischen Höhenfeuerwerk aus.

Buntes Hattinger Jahresprogramm

Abwechslungsreich gestaltet sich auch der festive Jahreskalender in Hattingen. Der Maikirmes schließt sich die Pfingstkirmes in Blankenstein an. Köstlich wird es für die Besucherinnen und Besucher des Kulinarischen Altstadtmarktes. Viele Gäste von außerhalb können auch zum Hattinger Altstadtfest begrüßt werden. Auf dem Rathausplatz findet die Herbstkirmes statt. Nach Niederwenigern pilgern die Fans der Mauritiuskirmes, ehe es zu den beliebten Weihnachtsmärkten zurück in die Hattinger Altstadt und nach Blankenstein geht.

Herdecker Maiwoche lockt

Die Herdecker Maiwoche lockt jedes Jahr in der Christi-Himmelfahrt-Woche in die Stadt. Die viertägige Veranstaltung mit historischem Kunst- und Töpfermarkt, mittelalterlichen Elementen sowie Musik, Tanz und Sport wird von der Stadt organisiert. Ergänzt wird das Programm durch Stadtführungen, den »Sackträgerlauf« und die »Kreative Straße«.

Sportlich geht es zu beim Herdecker Citylauf, dem vom TSV Herdecke veranstaltetem Volkslauf in der Innenstadt, beim Ender Citylauf des TuS Ende und beim Nikolauslauf, dem Volkslauf zum Jahresabschluss, veranstaltet vom RC Westfalen Herdecke. Der Schützenverein Herdecke und der Schützenverein Ende-Schnee laden zu Schützenfesten ein.

Etwa 50 000 Besucherinnen und Besucher werden beim großen Festzug zum Schwelmer Heimatfest gezählt.

Maiwoche in Herdecke

Heimatfest wichtigstes Fest in Schwelm

Das wichtigste Fest im Schwelmer Veranstaltungskalender ist das Schwelmer Heimatfest, das an den Tagen um das erste September-Wochenende stattfindet. Dieses Volksfest dauert fünf Tage. Der Umzug ist mit einem Karnevalszug vergleichbar und umfasst neben Lauf- und Musikgruppen auch Motivwagen, die von den Schwelmer Nachbarschaftsvereinen über das Jahr hinweg gebaut werden. Den Heimatfestzug sehen sich rund 50 000 Zuschauer an. Das Motto des Heimatfestes wechselt von Jahr zu Jahr und ist stets auf Plattdeutsch formuliert. Der historische Vorgänger des heutigen Heimatfestes war die St. Märtens-Kirmes, die zwischen 1497 und 1897 in Schwelm stattfand.

Weitere regelmäßige Veranstaltungen in der Innenstadt sind das Altstadtfest und das Internationale Folklorefest. Einmal im Jahr wird nach den Auftritten verschiedener Komiker und Kabarettisten der Schwelmer Kleinkunst-Preis verliehen. Im Frühjahr und im Herbst findet jeweils ein Bauernmarkt auf dem Märkischen Platz statt und auf dem angrenzenden Altmarkt ist seit 2001 am ersten Adventswochenende ein Weihnachtsmarkt aufgebaut. Darüber hinaus findet am Haus Martfeld im Frühling ein Markt für Kunst und Kunsthandwerk statt. Der bedeutendste Markt in Schwelm ist jedoch der Trödelmarkt, der seit den 1970er Jahren im Mai und im Oktober stattfindet. Er ist weit über die Stadtgrenze hinaus bekannt und zieht jedes Mal mehrere zehntausend Besucher an.

Feste in Sprockhövel

Regelmäßige Festverstanstaltungen prägen auch das Leben in der Stadt Sprockhövel, eine der herausragenden ist das Stadtfest in Niedersprockhövel im September.

Seefest am Harkortsee

Das Seefest am Harkortsee im Juli, das populäre Ruhrbike-Festival am Harkortberg und das Kartoffelfest in Wengern stehen auf der Agenda der wichtigen Feierlichkeiten in Wetter (Ruhr).

In der Innenstadt von Witten findet jährlich am 1. Wochenende im September mit der Zwiebelkirmes ein traditioneller Jahrmarkt statt. Daneben gibt es die Himmelfahrtskirmes und das Herbeder Oktoberfest (Straßenfest mit Live-Musik, Kleinkunst und Kunsthandwerk). Jährlich im Juni startet der Kanu-Club Witten die »Days of Thunder«, eine Drachenboot-Veranstaltung auf der Ruhr kurz vor dem Kemnader Stausee.

Kulinarische Köstlichkeiten allerorten

Das Seefest in Wetter (Ruhr) am Harkortsee ist insbesondere bei schönem Wetter ein Genuss.

Rubbeldikatz no'm Kiärmisplatz

Gevelsberger Kirmes mit großem Kirmeszug lockte auch 2011 bei Kaiserwetter rund 80 000 Besucher in die Stadt

»Rubbeldikatz no'm Kiärmisplatz« hieß das Motto der traditionsreichen Gevelsberger Kirmes im Jahr 2011 – und das hatte mit den Meisterschaftsfeierlichkeiten von Borussia Dortmund am Borsigplatz eigentlich recht wenig zu tun. Der Kirmeszug als Highlight lockte einmal mehr zigtausende Menschen in die Stadt und findet bereits – mit Kriegsunterbrechungen – seit 1934 statt. 1949 startete der Zug noch am Dienstag. Industrie und Einzelhandel machten seinerzeit an diesem Tag früher Schluss, damit die Gevelsberger ihren Kirmeszug auch sehen und genießen konnten.

Heutzutage wird diese Festivität allererster Vergnügungsgüte sonntags begangen. Dabei sind neben den Motivwagen zahlreiche Fuß-, Frauen-, und Kindergruppen zu erleben. Fanfaren- und Musikgruppen begleiten den Zug. Jede Kirmesgruppe hat einen eigenen Motivwagen, auf dem sie ihre selbst gebaute Inszenierung vorstellt.

Zum Teil werden die Darstellungen in mühevoller Kleinarbeit, in mehreren hundert Arbeitsstunden, erstellt. Der Kirmeszug wird auf seiner zweieinhalb Kilometer langen Strecke zwischen Drehbank und Nordstraße in schöner Regelmäßigkeit von etwa 80 000 Zuschauern entlang der Zugstrecke bewundert und die zwölf Kirmesgruppen sorgen für beste Partystimmung in der Stadt. Die Besucherinnen und Besucher kommen aus dem Ruhrgebiet genauso wie aus dem Sauerland und dem Bergischen Land.

Mit vier Böllerschüssen wird die Gevelsberger Kirmes im und rund ums »Dorf« jeweils am Freitag abend eröffnet. Anschließend drehen sich die Karussells. Die Gevelsberger Kirmes läuft immer am letzten Wochenende im Juni von Freitag bis Dienstag. Offizielles Festgelände ist hinter dem Kirmestor an der Ecke Mittelstraße/Nordstraße die Elberfelder Straße bis zum Stupprock. Die Strecke ist von zahlreichen Fahrgeschäften, Kirmesbuden, aber auch von Bierständen der Gevelsberger Vereine geprägt.

Und die Tuba bläst der Huber ...

Willkommen auf der Gevelsberger Kirmes

Pokerface

Aufwändige Inszenierungen

Geschmackssache

Auch für die Kleinsten gab es etwas.

Traumschiff Gevelsprise

Menschenmassen

Reges Kirmestreiben

Herzlichen Glückwunsch

Gemütlichkeit am Straßenrand

Hilfe naht

Nur keine Bange

Kirmesvergnügen

»Kommen Sie besser gleich zu uns, bevor es Ihr Gegner tut«

Kanzlei Schauwienold Daniel und Kollegen (Witten) setzt auf individuelle Betreuung

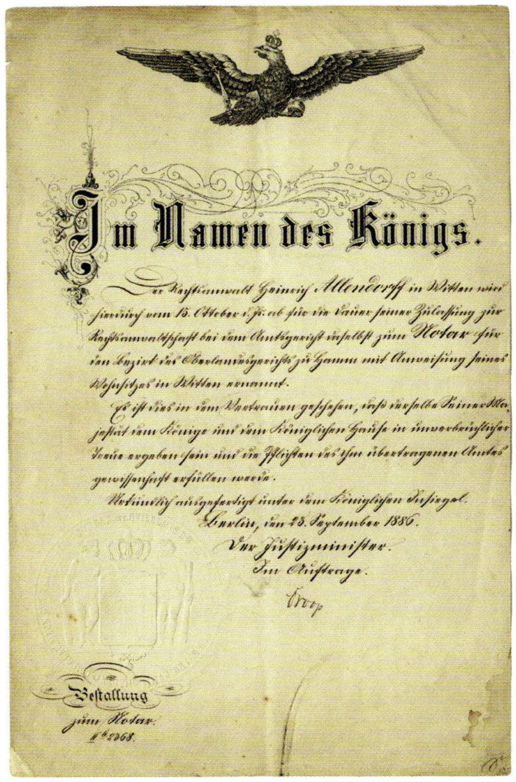
Im Namen des Königs.

Der Rechtsanwalt Heinrich Allendorff in Witten wird hierdurch vom 15. Oktober d. J. ab für die Dauer seiner Zulassung zur Rechtsanwaltschaft bei dem Amtsgericht daselbst zum Notar für den Bezirk des Oberlandesgerichts zu Hamm mit Anweisung seines Wohnsitzes in Witten ernannt.

Es ist dies in dem Vertrauen geschehen, daß derselbe Seiner Majestät dem Könige und dem Königlichen Hause in unverbrüchlicher Treue ergeben sein und die Pflichten des ihm übertragenen Amtes gewissenhaft erfüllen werde.

Urkundlich ausgefertigt unter dem Königlichen Insiegel.

Berlin, den 23. September 1886.

Der Justizminister.
Im Auftrage.

Bestallung zum Notar.
N° 2368.

Eine Kanzlei mit Geschichte

Für den Laien ist der Fall kompliziert. Und – so scheint es für ihn zunächst – noch viel ärgerlicher und auch teuer ... Der Anlass selbst könnte trauriger kaum sein: Die Eltern starben kurz nacheinander. Der Vater vor vier Wochen, die Mutter überlebte ihn gerade einmal 14 Tage. Die Eltern hatten mit 350 000 Euro (Vater) und 300 000 Euro (Mutter) erhebliches Vermögen zusammengespart. Die Mutter wurde aufgrund des von den Eheleuten verfassten »Berliner Testaments« Alleinerbin des Vaters, so dass sich beide Vermögen in ihrer Person »vereinigten«. Als die Mutter kurze Zeit später nachverstarb, verfügte sie über ein Vermögen von 650 000 Euro. Der Tochter steht nach der Mutter steuerlich ein Freibetrag von 400 000 Euro zu, so dass sie an sich den überschießenden Betrag von 250 000 Euro mit elf Prozent Erbschaftsteuer – also 27 500 Euro – unterwerfen müsste.

Was nun, was tun? Die Tochter will den hohen Steuerbetrag nicht wirklich einsehen und sucht Rat bei der renommierten Wittener Anwalts- und Notarkanzlei Schauwienold Daniel und Kollegen. Sie möchte wissen, ob es für sie eine Möglichkeit gibt, diesen nicht unbeträchtlichen Erbschaftsteuerbetrag zu verringern ...

Noch bevor das Finanzamt auf den Plan trat, wussten Rechtsanwalt und Notar Reinhard Schauwienold und sein Partner Rechtsanwalt Christoph Daniel, die mit dem Slogan: »Kommen Sie besser gleich zu uns, bevor es Ihr Gegner tut!« auf sich aufmerksam machen, Rat. Für sie bedeutet die Begründung eines Mandats stets einen Vertrauensvorschuss, »den wir in jedem Fall rechtfertigen wollen«. Und dazu gehört in erster Linie die individuelle Betreuung der Mandanten.

Reinhard Schauwienold, der zudem Fachanwalt für Steuerrecht ist: »Wir sehen unsere Aufgabe darin, durch vorausschauende, ergebnisorientierte und präventive Rechtsberatung Konflikte und nachhaltige Schäden für unsere Mandanten zu vermeiden.«

Rechtsanwalt und Notar Reinhard Schauwienold (rechts) und Rechtsanwalt Christoph Daniel

Die bekannte Kanzlei in der Nähe des Wittener Rathauses blickt inzwischen auf eine 125-jährige erfolgreiche Arbeit zurück. Sie steht bereits seit 1886 im Dienste des Rechts und wurde von Rechtsanwalt und Notar Heinrich Allendorff I gegründet. Nachfolger wurde Ende des Ersten Weltkriegs sein Sohn. Nach dem Zweiten Weltkrieg übernahm Otto Hülsmann die Kanzlei und führte diese weiter.

Rechtsanwalt und Notar Reinhard Schauwienold trat 1970 in die Kanzlei ein. 40 Jahre später schließlich schloss sich mit dem Eintritt von Rechtsanwalt Christoph Daniel vorerst der Kreis und die Sozietät Schauwienold Daniel & Kollegen war gegründet.

Neben Einzelpersonen setzen sich die Mandanten von Schauwienold Daniel & Kollegen aus Unternehmen der Elektronik, der Chemie und der Metallindustrie sowie aus mittelständischen Betrieben der Bereiche Werk- und Maschinenbau, Bauträgern, Tief- und Hochbauunternehmen, Groß- und Einzelhandelsunternehmen, Wohnungsgenossenschaften, Autohäusern, Waschstraßenbetreibern, Kreditinstituten und Versicherungen zusammen. Aber auch Freiberufler suchen bei den Rechtsexperten in der Beethovenstraße gerne Rat. In gleicher Weise zählen sie Architekten, Ärzte, Zahnärzte, Apotheker, Unternehmens- und Steuerberater sowie zahlreiche Handwerker und Vereine zur Mandantschaft. Allen sonstigen Mandanten stehen die Rechtsexperten ebenfalls jederzeit mit Rat und Tat zur Seite.

»Frühzeitige Interessenwahrnehmung verringert nicht nur die Prozessrisiken, sondern auch den Aufwand an sich«, erläutert Christoph Daniel. »Anstelle geschickter Prozessführung erweist sich häufig die außergerichtliche Verhandlung als schneller und kostengünstigerer Weg zum Erfolg.« Die Durchsetzung der wirtschaftlichen Interessen ihrer Mandanten verfolgen Schauwienold Daniel & Kollegen mit größtmöglicher Effizienz. Reinhard Schauwienold: »125 Jahre Kanzleigeschichte und 40 Jahre Berufserfahrung haben gezeigt, dass Fachkompetenz, Taktik, Psychologie und Strategie in gleicher Weise geeignete Mittel zum Erreichen der gesteckten Ziele sind.«

Permanente Fort- und Weiterbildung sehen die heutigen Kanzleiinhaber als ihre berufliche Pflicht an. »Auch wenn jeder Rechtsanwalt unserer Kanzlei auf allen Gebieten des Wirtschaftsrechts Erfahrungen besitzt, so vertritt er ungeachtet dessen einen oder mehrere Schwerpunktbereiche«, so Schauwienold. »Wir betreuen unsere Mandanten umfassend und persönlich. Sie gewinnen dadurch einen Ansprechpartner, der zu 100 Prozent ihre individuelle Vertrauensperson ist.« Das Prinzip der individuellen Betreuung zieht sich bei der Kanzlei Schauwienold Daniel & Kollegen durch die gesamte Beratungstätigkeit.

Das Haus Beethovenstraße 15 in Witten wurde 1902 als Bankgebäude errichtet.
Die Kanzlei Schauwienold befindet sich in der zweiten Etage.

Auch bei der jungen Frau, deren Eltern innerhalb kürzester Zeit verstorben waren. Da der Tod des Vaters noch nicht länger als sechs Wochen zurücklag, konnte sie als Erbin der Mutter die Erbschaft des Vaters als testamentarische und gleichzeitig auch als gesetzliche Erbin ausschlagen. Auf diese Weise wurde die Tochter anstatt der Mutter unmittelbar Erbin des väterlichen Vermögens, ohne dass dieses sich mit dem Vermögen der Mutter »vereinigte«. Reinhard Schauwienold erläutert: »Auf diese Weise reduziert sich die Erbschaftsteuer für die Tochter auf 0,- Euro, da sie nun zweimal den Freibetrag von 400 000 Euro geltend machen kann, und zwar sowohl nach dem Vater als auch nach der Mutter.«

Der Frau konnte also geholfen werden. Der Weg zu den Rechtsanwälten Schauwienold Daniel & Kollegen hat sich damit wieder einmal ausgezahlt ...

Beitrag von:
Schauwienold Daniel und Kollegen
Beethovenstraße 15 · 58413 Witten
Tel. (0 23 02) 58 08 20
Fax (0 23 02) 5 80 82 22
info@schauwienold.de · www.schauwienold.de

Universität Witten/Herdecke

Engagiert im Herzen der Gesellschaft

Die Universität Witten/Herdecke

»Die Universität Witten/Herdecke wird sich verstehen als Esprit Engagé, als engagierter Geist, der entwickelt und eingesetzt werden muss, um dabei mitzuhelfen, die Entwicklung unserer Gesellschaft zu fördern.« (30. April 1983, Alfred Herrhausen – aus der Gründungsrede zur Universität Witten/Herdecke (UW/H))

Der in der Eröffnungsrede Alfred Herrhausens ausgesprochene Gedanke vom engagierten Geist ist zum Ausdruck eines gelebten Selbstverständnisses der UW/H und ihrer Rolle in der Gesellschaft geworden.

Mitten im wirtschaftlichen und kulturellen Brennpunkt des Ruhrgebietes im Jahr 1983 ins Leben gerufen, begreift die Universität Witten/Herdecke den intensiven Dialog zwischen Universität und Gesellschaft als einen Gründungsauftrag, der gleichrangig neben der praxisnahen Ausbildung junger Menschen und der Generierung von innovativen Forschungsergebnissen steht.

Seit ihrer Gründung sieht sich die UW/H als ein Ort, der – getragen vom engagierten Geist – neue Modelle, Innovationen und Überraschungen hervorbringt. Die UW/H ist eine Universität, die ausprobiert und verwirft, die als lernende Organisation selbst neue Lernwege beschreitet und ihre Erfahrungen weitergibt, die Urteilskraft stärkt, den Unternehmergeist beflügelt und die sich als Impulsgeber aktiv in gesellschaftliche Veränderungsprozesse einmischt und diese mitgestaltet. Als Modelluniversität setzt sich die UW/H für eine ganzheitlich-humanistisch geprägte Alma Mater ein, die sich an den Werten Freiheit, Verantwortung und Persönlichkeitsbildung orientiert. Dabei sind wir der Universitätsidee Wilhelm von Humboldts verpflichtet und denken sie gleichzeitig weiter: Im Mittelpunkt steht der Studierende, die Entfaltung seiner individuellen Neigungen und persönlichen Potenziale.

Gemeinnützig und unternehmerisch

Als private Universität in gemeinnütziger Trägerschaft erwirtschaftet die UW/H den größten Teil ihres Budgets durch eigene Erträge und private Fördermittel sowie durch Forschungsförderungen und Drittmittel. Das unternehmerische Moment birgt gewisse Risiken, eröffnet uns aber auch zahlreiche Chancen. Wenn die UW/H dafür einen Bedarf sieht, gründet sie neue Studiengänge. Wie etwa den konsequent multidisziplinär und ganzheitlich ausgerichteten Bachelorstudiengang Philosophie, Politik und Ökonomik. Oder den deutschlandweit ersten Masterstudiengang Family Business Management, entwickelt und umgesetzt von der Fakultät für Wirtschaftswissenschaft unter der Führung des ebenfalls multiperspektivisch aufgestellten Wittener Instituts für Familienunternehmen. Mit unserem Zentrum für nachhaltige Unternehmensführung (ZNU) und dem neu gegründeten Reinhard-Mohn-Institut für Unternehmensführung und Corporate Governance setzen wir in Lehre, Forschung und Dienstleistung weitere innovative und nachhaltige Akzente.

Undiszipliniert und interdisziplinär

Die auf die Gesellschaft zukommenden ökonomischen, ökologischen und gesellschaftlichen Herausforderungen sind undiszipliniert – sie interessieren sich nicht für akademische Fachgrenzen. Universitäre Schwerpunktthemen der UW/H liegen deshalb im interdisziplinären Verbindungsbereich zwischen Gesundheit, Wirtschaft und Kultur. Als Schnittmenge ergeben

Studierende präsentieren im Rahmen des Studiengangs »Philosophie und Kulturreflexion« eine Aufführung der Carmina Burana.

sich Fächer wie Gesundheitsökonomik, Global Responsibility oder Soziologie der Medizin. Unternehmer, Manager und Berater benötigen in einer zunehmend von Komplexität und Unsicherheit geprägten Welt neben einem exzellenten ökonomischen Wissen auch ökologische, ethische und soziale Kompetenzen. Schließlich bildet ethische Wertschätzung die Voraussetzung für ökonomische Wertschöpfung. Dieser Einsicht verdankt das in Witten intensiv beforschte Fachgebiet der Wirtschaftsethik schon seit mehreren Jahren seine Berechtigung. Der interdisziplinär angelegte Bachelorstudiengang Philosophie, Politik und Ökonomik trägt dieser Erkenntnis auch curricular Rechnung.

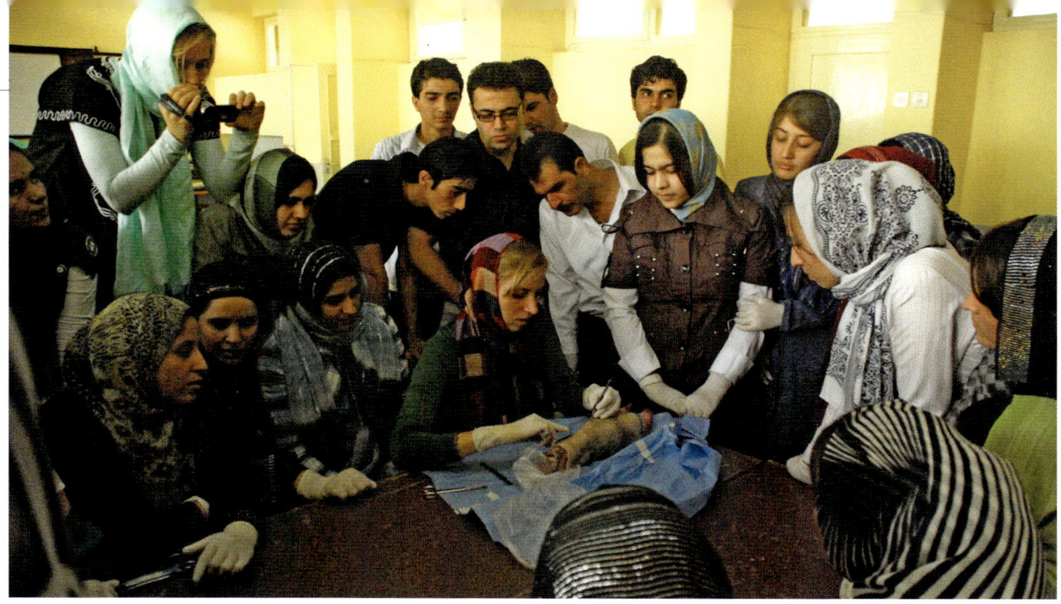

Sechs Studierende und ein Dozent der afghanischen Universität Balkh erlernten an der Universität Witten/Herdecke internistische Untersuchungen und Notfallmedizin. Ziel des Austausches ist es, praxisorientierte Prüfungen in die Ausbildung der Ärzte in Afghanistan einzubringen.

Engagiert studieren

Gegen den professionellen Tunnelblick hilft auch der systematisch geübte Blick über den Tellerrand. Das 2006 im Bundeswettbewerb »Schlüsselqualifikationen Plus« vom Stifterverband für die deutsche Wissenschaft und von der Stiftung Mercator mit dem ersten Preis ausgezeichnete und für alle Studiengänge obligatorische »Studium fundamentale« steht als interdisziplinäres Herzstück und fachübergreifender Identitätskern der Universität Witten/Herdecke für eine undisziplinierte Perspektivenvielfalt zwischen Reflexion, Kommunikation und Kunst. Unsere Studierenden werden dazu ermutigt, in größeren Zusammenhängen zu denken, um gesellschaftliche Verantwortung auch jenseits der Grenzen ihrer eigenen Fachdisziplin übernehmen zu können. Ein Studium an der UW/H bedeutet folglich nicht nur praxisbezogene Wissensvermittlung, sondern gleichzeitig auch hochschulpolitische Mitwirkung, unternehmerische Initiative und Übernahme sozialer und kultureller Verantwortung. Fachliche und methodische sowie soziale und kulturelle Kompetenzbildung geht an der UW/H immer Hand in Hand mit Werteorientierung und Persönlichkeitsentwicklung. Witten wirkt. In Forschung, Lehre und Gesellschaft. In und zwischen Gesundheit, Wirtschaft und Kultur.
Weitere Informationen unter:
www.uni-wh.de/wittenwirkt.

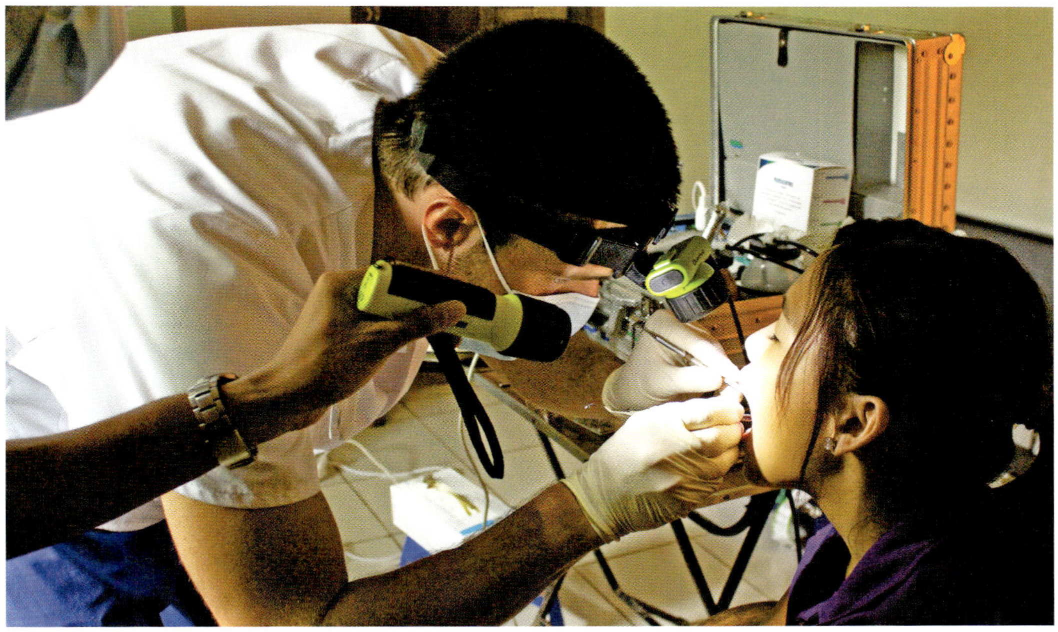

Die Flutkatastrophe 2008 hat Myanmar, das ehemalige Burma, und die gegen westliche Hilfe lange zögerliche Militärregierung weltweit bekannt gemacht. »Zahnpflege ist dort quasi unbekannt, dementsprechend sehen die Zähne der Menschen aus. Und Zahnärzte haben die meisten dort noch nie gesehen«, beschrieb Mathias Benedix die Lage. Statt die Semesterferien im Sommer 2010 auf dem Sonnendeck oder mit Lernen zu verbringen, reisten er und Felix Käpernick, zwei Studierende der Zahnmedizin, nach Myanmar, dem ehemaligen Burma. Sie halfen dort, abseits der Großstädte, bei der zahnmedizinischen Versorgung.

Ein zahnmedizinisches Projekt betreibt die UW/H im afrikanischen Gambia. Mittlerweile bestehen landesweit dreizehn Zahnstationen, die unter der Schirmherrschaft der Universität Witten/Herdecke aufgebaut werden.

Beitrag von:
Private Universität Witten/Herdecke gGmbH
Alfred-Herrhausen-Straße 50 · 58448 Witten
Tel. (0 23 02) 92 60 · Fax (0 23 02) 92 64 07
public@uni-wh.de · www.uni-wh.de

Verschwistert mit der Welt

Sprockhövel mit Drei-Millionen-Stadt in China verschwistert, Witten mit 900-Seelen-Dorf in den Hohen Tauern

Breckerfeld

Gençay – Frankreich
Die französische Gemeinde Gençay zählt gerade mal 1700 Einwohnerinnen und Einwohner und liegt im Département Vienne im Westen Frankreichs etwa 20 Kilometer südlich von Poitiers. Ein erster Besuch der Menschen aus dem Ennepe-Ruhr-Kreis fand 1970 statt, zwei Jahre später wurde die Städtepartnerschaft mit einem offiziellen Festakt besiegelt.

Ennepetal

Vilvoorde – Belgien
»Hartelijk welcom« rufen die Ennepetaler, wenn Gäste aus der belgischen Stadt Vilvoorde ankommen. Aus ersten Kontakten 1928 ist im Jahre 1973 eine offizielle Städtepartnerschaft entstanden. Quer durch die Bevölkerung beider Städte besteht eine enge Freundschaft. Vilvoorde ist eine Stadt in Flandern, Provinz: Flämisch-Brabant. Die Stadt hat rund 38 000 Einwohner und liegt nördlich von Brüssel. Vilvoorde ist eine traditionelle Industriestadt.

Das Saganer Tor in Gevelsbergs polnischer Partnerstadt Szprotawa (Sprottau)

Imposant: Gevelsbergs sizilianische Partnerstadt Butera

Gevelsberg

Die Stadt Gevelsberg pflegt Partnerschaften mit drei europäischen Städten:

Vendôme – Frankreich
Mit Vendôme kann im Jahr 2013 40-jährige Städtepartnerschaft gefeiert werden. Die französische Kleinstadt mit etwa 17 000 Einwohnern liegt im Departement Loir-et-Cher in der Region Centre an der Loire.

Szprotawa (Sprottau) – Polen
Die Partnerschaft zu Szprotawa (Sprottau) wird 2021 bereits 15 Jahre alt. Szprotawa, eine Stadt von 22 000 Einwohnern, gehört zum Bezirk Grünberg (Zielona Gora). Der Ort liegt im ehemaligen Niederschlesien, rund 50 Kilometer von der deutsch-polnischen Grenze bei Cottbus.

Butera – Italien
Butera ist ein Dorf im südwestlichen Sizilien. Knapp 1000 Italiener in Gevelsberg haben ihre familiären Wurzeln in Butera oder der umliegenden Region Caltanissetta. Die Urkunde wurde am 8. Mai 2004 unterzeichnet. Butera liegt rund 50 Kilometer südlich von Caltanissetta. Die Menschen leben von der Landwirtschaft.

Hattingen

Die Stadt Hattingen pflegt weder nationale noch internationale Städtepartnerschaften.

Herdecke

Blankenburg (Harz/Sachsen-Anhalt)
Es besteht eine Städtepartnerschaft mit Blankenburg (Harz). Die Partnerstadt ist jedes Jahr auf der Herdecker Maiwoche vertreten, wo neben typischen Speisen und Getränken aus dem Harz auch touristische Angebote vorgestellt werden.

Blankenburg im Harz, Herdeckes Partnerstadt

Die Kirche in Schwelms französischer Partnerstadt Fourqueux

Blankenburg zählt 22 000 Einwohner und liegt dicht am Nordrand des Harzes.

Schwelm

Fourqueux – Frankreich
Seit September 2007 besteht eine Städtepartnerschaft zwischen Schwelm und der französischen Stadt Fourqueux, mit der es bereits vor der Unterzeichnung des Partnerschaftsvertrags über mehr als zehn Jahre hinweg einen regen Austausch in den Bereichen Jugend, Sport und Kultur gab.

Sprockhövel

In der Stadt gibt es den aktiven IFK (Internationaler Freundschaftskreis Sprockhövel).
Die Stadt Sprockhövel unterhält insgesamt fünf Städtepartnerschaften:

South Kirkby and Moorthorpe – England
Seit 1981 besteht ein Freundschaftsvertrag mit der Stadt South Kirkby and Moorthorpe in West Yorkshire. Die Stadt liegt auf halber Strecke zwischen den Städten Doncaster und Wakefield. 1881 entstand das Kohlenbergwerk »South Kirkby Colliery«. In der Blütezeit waren 3000 Bergleute in der Zeche beschäftigt. 1984 gab es den

einjährigen Streik der Bergleute, um das Sterben der Zechen aufzuhalten. Vergebens, 1988 wurde »South Kirkby Colliery« geschlossen und später dem Erdboden gleich gemacht.

Zaozhuang – China
Der Freundschaftsvertrag mit der 2,8 Millionen Einwohner zählenden Großstadt besteht seit 1987. Zaozhuang liegt im Süden der Provinz Shandong. Man spricht dort Mandarin. Die Stadt besitzt große Kohlevorkommen

Dario – Nicaragua
1988 wurde der Freundschaftsvertrag mit der Stadt Dario in Nicaragua unterzeichnet.

Lutterbach – Frankreich (Elsass)
Im Jahr 1995 unterschrieben die Verantwortlichen den Freundschaftsvertrag mit der elsässischen Stadt Lutterbach. In Lutterbach leben 6000 Menschen.

Oelsnitz – Erzgebirge (Sachsen)
Seit 2000 besteht eine Städtepartnerschaft mit Oelsnitz im Erzgebirge. 1844 wurde in der Gemarkung die erste Steinkohle gefördert und damit der Bergbau begründet. Die Steinkohle trug wesentlich zur Entwicklung des Maschinenbaues im nahen Chemnitz bei. Der Bergbau wurde 1971 eingestellt.

Das Bergbaumuseum in Sprockhoevels Partnerstadt Oelsnitz im Erzgebirge

Wittens österreichisches 850-Seelen-Höhen-Partnerdorf Mallnitz in den Hohen Tauern

Wetter (Ruhr)

Stadtilm (Thüringen)
Die älteste Schwelmer Partnerschaft wurde 1990 mit der thüringischen Stadt Stadtilm (Nähe Erfurt) gegründet. Neben guten Kontakten der Stadtverwaltungen wird der Austausch derzeit vor allem auf Vereinsebene betrieben. Die 6000-Einwohner-Stadt verfügt über interessante Sehenswürdigkeiten.

Turawa – Polen
Seit 1998 sind Wetter (Ruhr) und die polnische Gemeinde Turawa ein Städtepaar. Der kleine Ort im Kreis Oppeln unterhält besonders gute Beziehungen zur katholischen Kirchengemeinde Wengern und zum Vereinsring Wengern. Kein Wunder: Sowohl Wetter (Ruhr) als auch Turawa haben beide einen Ortsteil, der Wengern heißt, beziehungsweise so übersetzt wird.

South Elmsall – England
Jüngstes Mitglied im Partnerbund ist die englische Gemeinde South Elmsall, die im April 2000 die Städtefreundschaft beurkundete. Die Partnerschaft mit der Kommune in Yorkshire ist derzeit die am wenigsten vitale und beschränkt sich auf den Kontakt zwischen Privatpersonen.

Witten

Das aktivste internationale Freundschaftsleben im Kreis führen mit Abstand die Wittener, die gleich sieben Städtepartnerschaften und eine Städtefreundschaft pflegen.

Barking & Dagenham – England
Der London Borough of Barking and Dagenham ist ein Stadtbezirk von London und hat 146 000 Einwohner. Die Partnerschaft besteht seit 1979.

Beauvais – Frankreich
Die Partnerschaft besteht seit 1975. Beauvais ist eine Stadt im Norden Frankreichs, etwa 60 Kilometer nördlich von Paris. Beauvais ist die Hauptstadt des Département Oise. Die Zahl der Einwohner beträgt rund 55 000.

Mallnitz – Österreich
Mallnitz ist seit 1979 Partnerstadt. Die Gemeinde mit gerade mal 850 Einwohnern liegt im Bezirk Spittal in Kärnten. Die Gemeinde liegt in 1200 Meter Höhe eingebettet im Gebirgsstock der Goldberg- und der Ankogelgruppe, die zum Nationalpark Hohe Tauern gehören. Die Gemeinde grenzt im Norden an das Bundesland Salzburg. Bei Mallnitz liegt der südliche Eingang des Tauerntunnels.

Lew haScharon – Israel
Lew haScharon (hebräisch: Herz des Scharon) ist ein Regionalverband in Israel. Er liegt 30 Kilometer nördlich von Tel Aviv. Mit Lew haScharon besteht seit 1979 eine Partnerschaft.

Das Schloss in Wetters polnischer Partnerstadt Turawa

Wittens russische Partnerstadt Kursk

Bitterfeld-Wolfen – Sachsen-Anhalt
Seit 1990 bestand die Städtepartnerschaft mit Wolfen. Bitterfeld-Wolfen ist heute die größte Stadt im Landkreis Anhalt-Bitterfeld. Bitterfeld-Wolfen entstand am 1. Juli 2007 durch die Fusion der Städte Bitterfeld und Wolfen sowie angrenzender Gemeinden.

Kursk – Russland
Kursk liegt im europäischen Teil Russlands und rund 500 Kilometer südlich von Moskau nah der Grenze zur Ukraine. Kursk zählt etwa 400 000 Einwohner. Westlich der Stadt befindet sich ein Meteoritenkrater mit 5,5 Kilometern Durchmesser. Die Städtepartnerschaft besteht seit 1990.

Tczew – Polen
Tczew (deutsch Dirschau) ist eine Stadt im Nordosten der polnischen Woiwodschaft Pommern mit etwa 60 000 Einwohnern.

San Carlos – Nicaragua
Mit San Carlos existiert seit 1990 ein Freundschaftsvertrag.

Orts-, Personen-, Firmen- und Sachregister

13-Bogen-Brücke ... 20

A

Abfallentsorgungsbetrieb ... 54
activ-club drexelius ... 196
active logistics GmbH ... 223
AHE GmbH ... 54
A. Linnepe GmbH ... 242
Alt-Wetter ... 163, 166
Aluminium ... 206
Alu-X-Press GmbH ... 206
Annekes, Mathilde Franziska ... 157
Annen ... 184
Antonius, decanus in Wittene ... 182
AOK-NORDWEST ... 249
Aphorismus ... 88
Arbeitskreis Kluterthöhle e.V. ... 63
Architekten ... 50
Ardeygebirge ... 162
Arthur Habermann GmbH & Co. KG ... 218
Asbeck ... 74
Augenoptik G. Schäfer GmbH + eco-optic ... 149
August Vormann GmbH & Co. KG ... 46
Aust, Matthias ... 219
Autobahnkreuz Wuppertal-Nord ... 19, 20, 128
Autohaus Schneider GmbH & Co. KG ... 146
Autohaus Tepass + Seiz GmbH + Co. KG ... 126
Autokennzeichen ... 23
Automatendreherei ... 73
AVU Aktiengesellschaft für Versorgungs-Unternehmen ... 13

B

Baggerpumpe ... 218
Bahnhof Altenvoerde ... 64
Bahnhof Breckerfeld ... 18
Bahnhof Ennepetal (Gevelsberg) ... 18
Bahnhof Herdecke ... 19
Bahnhof Milspe-Tal ... 64
Bahnhof Schwelm ... 20
Bahnnetz ... 18
Barking & Dagenham ... 273
Bartz, August ... 63
Baugesellschaft ... 50
Baumann, Klaus ... 27
BayWa ... 227
Beauvais ... 273
Bergbau ... 100, 154, 167, 182
Bergbaugeschichte ... 228
Bergbauwanderweg ... 228
Berge ... 74
Berger-Denkmal ... 191
Bergisch-Märkische Eisenbahn-Gesellschaft ... 18, 138
Bethaus der Bergleute ... 228
Bever, Johann Daniel ... 12
Bever & Klophaus GmbH ... 12
Bildung ... 268
Bilstein, August ... 210
Bitterfeld-Wolfen ... 273
Black, Roy ... 258
Blancken Steyn ... 92, 101
Blankenburg ... 272
Blankenstein ... 93, 100
BleistahlProduktions-GmbH & Co. KG ... 204
Bockwindmühle ... 30
Boldt + Faßbender GmbH ... 135
Boulevard Gevelsberg ... 75
Branchenmix ... 207
Brauerei Schwelm ... 148, 215
Breckerfeld ... 26
Breckerfelder Bauernmarkt ... 29, 41, 262
Breckerfelder Heimatmuseum ... 35
Breckerfelder Weihnachtsmarkt ... 29, 41, 262
Brotbäckerei Artur Müller GmbH & Co. KG ... 138
Bruchmann, Achim ... 61
Bruchmann & Buchenauer GmbH ... 61
Brux, Dr. Arnim (Landrat) ... 4, 171
Buchenauer, Peter ... 61
Bügeleisenhaus ... 16, 137
Bülbringen ... 49
BüMi Präzisionszerspanung GmbH & Co. KG ... 69
Burg ... 100
Burg Blankenstein ... 87, 101
Burg Hardenstein ... 195
Burghotel Volmarstein ... 175
Burg Isenberg ... 68
Burgruine Hardenstein ... 186
Burg Volmarstein ... 101, 167, 174
Burg Wetter ... 101, 173
Busche, Frank ... 156
Busche Zeltanlagen GmbH & Co. KG ... 156
Butera ... 272
Büxenstein, Johann Ludwig ... 12

C

Castringius, L. ... 62
Christuskirche ... 128, 136
Clostermann, Volkhard-Hagen ... 43
Coiffeur Team Iris Debes ... 59
Conti, Luca ... 139
Crengeldanz ... 20
Cuno-Kraftwerk ... 120

D

Dampfmaschine ... 215
Dario ... 273
Davidis, Henriette ... 171
Degenhardt, Franz Josef ... 261
Degenhardt, Johannes Joachim Kardinal ... 260
Demag Cranes & Components GmbH ... 164
Denkmalschutz ... 232
Der Transporter Heile ... 99
Destillerie & Brennerei Heinrich Habbel ... 158
Deutsche Edelstahlwerke GmbH ... 212
Deutsches Aphorismus-Archiv ... 88
Diebel, Frauke ... 222
Dörken-Gruppe ... 114
DORMA Holding GmbH + Co. KGaA ... 47
Dorp Herricke ... 116
Drexelius, Heike ... 196

E

Eckardt, Christian ... 89
Einkaufs-Galerien ... 96
Einrichtungshäuser Hüls ... 134, 202
Einwohnerstatistik ... 15
Eiscafé Conti + Caffè[3] ... 139
Eis Pampanin ... 101
Elbschebachtal ... 163
Elektrische Straßenbeleuchtung ... 82
Elling, Wilhelm ... 16
EN-Agentur ... 199, 203
Ende ... 113, 119
Energieversorger ... 13
Engelbert-Tunnel ... 70
Engel & Völkers ... 21
Ennepe ... 239
Ennepebogen ... 75, 239
Ennepetal ... 44
Ennepetalbahn ... 64
Ennepetaler Straßenbahn ... 64
Ennepetalsperre ... 241
Erdgas ... 13
Erfurt & Sohn KG ... 148
Erholungsort ... 28
Erzbischof ... 70
Erzbischof Anno II. von Köln ... 38
Erzbischof Engelbert, Graf von Berg ... 68, 82
Esborn ... 24, 167
Europa-Diplom ... 28
Europas Nieten ... 23
Evangelische Jakobuskirche ... 28, 34
Eversberg, Heinrich ... 16
Ewald Dörken AG ... 114
Existenzgründungshilfe ... 207

F

Fahrwerktechnik ... 210
Faßbender, Annette ... 200
Faßbender, Thomas ... 200

Faust, Britta 248
Ferdinand Bilstein GmbH + Co. KG 226
FEUER.WEHRK 109
Feuerwehrmuseum 109
Fitness-Studio Schwelm 147
Flächenstatistik 15
Fliesen Sistermann GmbH....155
Fourqueux 272
Fraczkiewicz, Zbigniew 86
Freiformschmiede 56
Freiheit Wetter 173
Freiherr vom Stein....166
Frey-Bau GmbH 50
Frey & Frey Architekten PartG 50
Frey, Sandra 50
Frey, Wolfgang....50
Friese, Dr. Joachim....90
Fritz Eckhardt KG....140
Fromme, Dipl. Oec. Ekkehart....218
Fronhof....136
Fuchs, Guido 83
Fuchsination 58

G

Gebr. vom Bruch GmbH & Co. KG....72
Gecko-Centrum....104
Gemeinschaftskrankenhaus Herdecke....246
Gençay....28, 272
Gennebreck....154
Gerbracht GmbH 144
Gerhard, Cornelia....135
Gerhard, Udo 135
Germania 189
Gerüstbau Büchner....76
Gesenkschmiede 201
Gesundbrunnen....137
Gesundheitswirtschaft 199
Getränke Kuypers Verwaltungs GmbH....180
Getriebe 217
Gevelsberg 66
Gevelsberger Kirmes.... 71, 262, 264
Gevelsberg Hauptbahnhof....19
Gevelsberg-Kipp....19
Gevelsberg-Knapp 19
Gevelsberg West....19
Gewerbegebiet »Am Nielande« 199
Gewerbegebiet Oelkinghausen....49
Gipfel 31
Glörtalsperre 29, 241
Goch, Dr. Dagmar....85
Graf Adolf I. von der Mark....68
Graf Dietrich von der Mark....39
Graf Engelbert III.
von der Mark....92, 100, 116, 167
Graf Engelbert von Berg....70
Graf Friedrich von Isenberg 68
Grafschaft Mark....52
Grönemeyer, Prof. Dr. Dietrich 261
Groß, Nikolaus 98
Gülich Gruppe
Gebäudedienste GmbH & Co. KG 269
Gülich, Jürgen....269
Gussstahlproduktion....212
Gut Ahlhausen....49

H

Habbel, Michael....158
Habbel's essen und trinken....158
Habermann, Arthur 218
Hafen Heveney....197
Hahn, Ingo 147
Haldenplatz....16
Haltepunkte....19
Haltepunkt Wittbräucke....19
Hammerwerke....48, 52
Hanse....36, 100
Hansestadt....28, 100
Hansestadt Hattingen 37
Harkortberg....162
Harkort, Friedrich 163, 215
Harkort, Friedrich Wilhelm....172, 173
Harkortsche Fabrik 257
Harkortsee....112, 120, 244
Harkortturm 170, 172
Hasenberg, Frank 161
Hasper Talsperre....49, 241
Haßlinghausen....152
Hathwigis 116
Hattingen 84
Hattingen-Mitte 19
Hattuarier....92
Haus Ende....119
Haus Herbede 190
Haus Kemnade 102
Haus Martfeld....129, 142, 257
Haus Witten 192
Hebezeug-Museum 188
Heider Kopf....28
Heile, Carsten....22, 99
Heilenbecker Tal....46
Heilenbecketalsperre 241
Heilhöhle 48, 62
Heilquelle....137
Heimatverein Hattingen-Ruhr 16
Heimatverein Rüggeberg 51
Heimatverein Voerde....58
Heinemann, Gustav....258
Helenenberg....184
Helenenturm 193
Hengsteysee....112, 123, 244
Henrichshütte....87, 106
Henriette-Davidis-Museum....171
Herbede....186
Herdecke....110, 112
Herdecker Citylauf....262
Herdecker Maiwoche 262
Herdecker Ruhr-Viadukt 240
Hermes, Wolfgang....83
Hermichen, Thorsten....89
Heuser, Thilo 22
Heven 184
Hiddinghausen 154, 157
Hirsch, Andrea 242
Hirsch, Nicolaus 242
Höchste Erhebung 29
Hohenstein....191, 238, 240
Hohmann, Carsten....131
Hohmann Fahrzeugtechnik....131
Hörakustik Faust e. K. 248
Horkenstein 86
Hülsenbecker Tal....49, 51
Humpe, Annette....260
Humpe, Inga....260
Hundeberatungszentrum Jutta Stoye 89
Hüttenwerke....106
Hybrid-Bus 25

I

Ibach-Haus....133
Ibach, P. A. Rudolf....132
Immobilien 21
Intensivmedizinische Betreuung....90
Irish-Folk-Festival....175
Isenburg 92

J

Jacobi, Claus....67, 75
Jakobus....38
Jakobusbrunnen....34
Johanniskirche 184
Johanniter-Unfall-Hilfe e.V. 118
Junggesellen-Schützenfest....29, 262

K

Kaiser, Carl Arnold....33
Kaiser + Co. GmbH 32
Kammermusik....255
Kampschulte, Matthias....144
Kampschulte, Viola....144
Kanu-Club Wetter....237
Kanupolo....237
Karl Sichelschmidt GmbH & Co. KG....73
Katholische Kirche St. Jakobus 28, 34
Kemnader See 197
Kerner, Gabriele Susanne....258
Kindertageseinrichtung 105
Kingly fashion & style,
Eckardt/Hermichen GbR....89
Kirchende....119
Kirmes in Voerde....262
Kissing GmbH 200
Klavierbauer 133
Kleinbahn Haspe-Voerde-Breckerfeld 18
Klein, Johannes....148
Kleinzeche Tiefendorf....230
Klimahöhle....63
Klinik Blankenstein....100
Klophaus, Wilhelm 12
Klopp, Jürgen....261
Kloster der Unbeschuhten Karmelitinnen....189
Kluterthöhle....48, 62, 64, 252

Knippschild, Fritz 74
Kochbuch 171
Koepchen, Arthur 123
Koepchenwerk 123
Königliches Schleusenwärterhaus 186
Königlich Preußische Eisenbahn 64
Kraft, Hannelore 75
Krankentransporte/Taxi/Mietwagen
vor der Brück 122
Kreisstadt 128
Krell, Ulrich 201
Krenzer Hammer 56
Krenzer, Wilhelm 56
Kriegerdenkmal 189
Kruiner Tunnel 65
KSV Witten 07 235
KUBISCHU –
Kulturinitiative Hattingen Ruhr 88
Kultur 254
Kunst 254
Kunststraßen 19
Kursk 273
Kurzdolch 39
Kuypers, Hermann 180

L

Lapan, Ralf 21
Laufwasserkraftwerk 123
Lechner, Christel 75, 178
Leidemann, Sonja 177
Leimkasten 170
Lew haScharon 273
Lipka, Claudia 133
Lohmann, Susanne 50
Loipen 31
Luible-Elberfeld, Yvonne 222
Luible, Günter 222
Luible Transport und Logistik GmbH 222
Lusebrink, Marcus 126
Lustwäldchen 137
Lutherkirche 167
Lutterbach 273

M

Mach, Jana Irina 33
Malakow-Turm 152, 231
Mallnitz 273
Malmendier-Rüggeberg, Marlies 30
Malschule MALDUMAL 73
Mankel, Christine 47
Mankel, Karl-Rudolf 47
Mankel, Stephanie 47
Marjan, Marie-Luise 259
Mark-E Aktiengesellschaft 120, 121
Märkisches Museum 187, 256
Märkisches Sauerland 31
Martini-Markt (St. Märtens-Kirmes) 136
Maschinenbau 221
Maschinenhersteller 200
Mechanische Werkstätten
Harkort und Co. 163, 164, 173
MedCareProfessional GmbH 90
Medizintechnik 42
Melzer Maschinenbau GmbH 227
Melzer, Rainer 227
Melzer, Reinhold 227
Melzer, Roland 227
Metal Motion Bikes 193
MICHAEL Rechtsanwälte und Notare 83
Michael, Rolf W. 83
Milspe 49, 52
Mittag, Birgit 104
Mittag, Frank 69
Mohr, Hans-Dietrich 12
Mühlenhof 30
Mühlinghausen 52
Müller, Heidi 138
Muttenbach 228
Muttental 194, 228, 232
Mylinghausen 82

N

Nachbarschaften 129, 145
Näscher-SNV GmbH 165
Naskar, Nikhil 185
Nena 258
Niedersprockhövel 152, 231, 263
Niederwenigern 92, 98, 238
Niggemann, Thomas 22
Nikolaus-Groß-Museum 98

O

Oberbauer 58
Oelkinghausen 52
Oelsnitz 273
O&K Antriebstechnik GmbH 216
Ökostrom 121
Orthopädische Klinik
in Wetter-Volmarstein 199
Ostende 119
Ostvoerde 52

P

P4IT Professionals for IT e.K. 99
Packheiser, Kai-Uwe 43
Peddenöde 33
Pfarrkirche »Johannes der Täufer« 52
Photovoltaikanlage 13
Piano Manufaktur GmbH 133
Pilgern 34
Popp, Alexandra 80
Postkutsche 20, 40
Praxisteam Hasslinghausen –
Zahnärzte und Zahntechniker 250
Präzisionszerspanung 69
Private Universität
Witten/Herdecke gGmbH 270
Pure & Colorful by Ingrid Kiffen 60

R

Radfernwege 20
Rafflenbeuler Kopf 40
Rath-Druck GmbH 168
Rath, Kurt 168
Ratskeller Witten 181
Rauendahl 95
Regeniter, Jens 22
Reichshof Hattingen 92
Reittherapie 35
Remmler, Stephan 260
ReschopCarré Hattingen 96
Route der Industriekultur 257
Roxlau, Franziska 21
Rüdinghausen 184
Rüggeberg 24, 51
Ruhr 238
Ruhrbergbau 152, 232
Ruhrgebiet 172, 228
Ruhrgebietsindustrie 212
Ruhrschifffahrt 232
Ruhrschleuse 186
Ruhrtal 191, 252
Ruhrtalbahn 100, 252
Ruhrtaler
Gesenkschmiede GmbH & Co. KG 201
RuhrtalRadweg 20, 253
Ruhrverband 245

S

Saalbau Witten 179
Sackträger 112, 178
Sackträgerbrunnen 112, 178
San Carlos 273
Sankt-Georgs-Kirche 92, 94
Sauerland 28
Schäfer & Flottmann GmbH & Co. KG 81
Schäfer, Gunther 149
Schauwienold Daniel und Kollegen 266
Scheffer, Ralf 193
Schlafsysteme Schmerbeck 141
Schlebusch 77
Schley, Christoph 108
Schlossindustrie 166
Schloss Steinhausen 194
Schmidt, Heinrich 62
Schmidt, Salomon 16
Schmieden 48
Schneider, Kristin 146
Schneider, Werner 146
Schöpplenberg 40
Schraubenfabrik 30
Schraubenfabrik W. Rüggeberg GmbH 30
Schubeis, Norbert 206
Schulte-Hermes, Maike 83
Schulten, Emil 62
Schulten, Ewald 62

Schweflingausen 52
Schwelm 124, 128
Schwelmer Baskets 2006 234
Schwelmer Brauerei 257
Schwelmer Heimatfest 263
Seefest 162, 263
Seiz, Hans 126
Sellering, Erwin 259
Sicherheitskonzept 22
Silschede 24, 74
Silscheder Kohlenbahn 77
Sindern, Franz 16
Sistermann, August 155
Skiclub 31
Skilift 29
SNS Security 22
South Elmsall 273
South Kirkby and Moorthorpe 272
Spannverschlüsse 33
SPAX-Cup 236
Spiess, Gisela 33
Spiess, Stephan 33
Sprockhövel 150
Staats, Gregory 22
Stadtarchiv 179
Stadt Bochum. 102
StädteSchnellBus 25
Stadtfest 263
Stadtilm 273
Stadtmuseum Hattingen 88, 100, 256
Stefansbachtal 70
STEIN Industrie-Anlagen 225
Steinkohle 230, 231
Steinkohlebergwerk 233
Stein, Wilfried R. 225
St. Elisabeth-Krankenhaus 100
St. Georgs-Kirche 87
St. Mauritius-Kirche 98
Stobbe, Jochen 125
Stoßdämpfertechnologie 210
Stoye, Jutta 89
St. Philippus und Jakobus 113
Straßen-Industriemuseum 53
Straßenverkehrsamt 18
Strauss-Köster, Dr. Katja 111
Strukturwandel 49
Stucke, C. H. 62
Südlich Westerfeld 28
Swelm 136
Szprotawa (Sprottau) 272

T

Tangostudio Ruhr 185
Tarrach, Marc 83
Tczew 273
TE Fittings GmbH 108
Tempergussverfahren 72
Tepass, Hans 126
Thaler, Klaus-Peter 260
ThyssenKrupp Bilstein Tuning GmbH 210
Tourismus 101, 199, 203, 252
Trier, Anna-Katharina 35
Turawa 273
Türschlossbau 12

U

Umbecke-Vorsperre 239
Universität Witten/Herdecke 179, 199

V

Vendôme 272
Verkehrsgesellschaft Ennepe-Ruhr mbH 24
Verkehrsunfallstatistik 23
Versorgungsunternehmen 13
Viadukt 170
Villa Kunterbunt Hattingen,
Cordula Budde & Elke Rothe GbR 105
Villa Lohmann 178, 184
Villa Vorsteher 255
Vilvoorde 272
Voerde 48, 52
Voerder Kirmes 48
Vogelsang 24
Volkshochschulzweckverband
Ennepe-Ruhr Süd 71
Volkssternwarte Ennepetal 57
Vollmann Group –
Otto Vollmann GmbH & Co. KG 78
Vollmann, Alexandra 79
Vollmann, Axel 79
Vollmann, Otto 79
Vollmann, Viktoria 79
Volmarstein 24, 166, 167, 174
Volmarsteiner Eselslauf 163
vom Bruch, Annette 73
vom Bruch, Hans Werner 72
vom Stein, Gustav 101
von der Mark, Graf Adolf III. 136
von der Mark, Graf Eberhard I. 174
von der Recke-Volmarstein, Graf Philipp 174
von der Reck, Mordio 182
von Frentz, Adolf Wilhelm Raitz 137
von Hardenberg, Heinrich II. 195
von Heisterbach, Caesarius 68
von Isenberg, Friedrich 70, 82, 92
von Kleve-Mark, Herzog Johann 174
von Preußen, Friedrich Wilhelm I. 40
von Syberg, Friedrich 103
von Syberg, Johann Georg 100
von Witten, Bernhard 194
von Witten, Rötger 194
Vorberg, Peter 175
vor der Brück, Rainald 122

W

Waldbauer 40
Waldkindergarten 153
Waldmann, Ralf 260
Waldrich, Jörg 96
Walkmühle 239
Walterscheid, Klaus 151
Wanderwege 29
Wasserschloss 102
Wasserwerk Hengstey 257
Weber, Michael 90
Wedhorn, Jutta 187
Wedhorn, Tanja 260
Weltmarktführer 214
Weltmusik 254
Wengeberg 28, 31
Wengern 24, 167, 171
Werbegemeinschaft Schwelm 214
Werbetechnik Dorau GmbH 130
WERK°STADT 187
Werkzeugbau 46
Westende 119
Westfälische Feuerwehrmuseum 87
Westfälischer Hansebund 28
Westfälischer Jakobsweg 34
Westvoerde 52
Wetter (Ruhr) 160
Wiggenhagen, Wilhelm 45, 262
Willecke, Hans 209
Willecke Hebe- und Fördergeräte GmbH 209
Willecke, Jens 209
Windgassen, Andre 76
Wirtschaftsförderungsgesellschaft 203
Wisniewski, Joachim 108
Witten 176
Wittener Hauptbahnhof 20
Wittener Industrie und Technologie Park 198
WITTENER REISEBÜRO
GERD WEDHORN e.K. 187
Wittener Technologie- und Gewerbepark 224
Witten-Herbede 238
Wuppertal Nord 70

Z

Zaozhuang 273
Zeche Alte Haase 231
Zeche Gibraltar 197
Zeche Nachtigall 232
Zerspanungstechnik 61
Zisterzienserinnenkloster 68, 82
ZL Microdent-Attachment GmbH & Co. KG 42
Zurstraße (Waldbauer) 28

Bildquellennachweis

Umschlag vorne: HK (11), Stadt Ennepetal (1), Stadt Wetter (2), Kluterthöhle (1), ZL Microdent Attachment (1), Verkehrsgesellschaft (1), Landschaftsverband Westfalen Lippe (LWL) (1), Dr. G. Schmitz (1), Stadt Gevelsberg (1), Schwelmer Baskets (1);
Umschlag hinten: HK (7), Ingo Niemann (1), Landschaftsverband Westfalen Lippe (LWL) (1), Stadt Wetter (Ruhr) (1), Kanu.Club Wetter (1), Wikipedia/Frank Vincentz (1); Seite 3: Ennepe-Ruhr-Kreis, Abteilung Vermessung und Kataster, 2011 (1); 4: HK (1), Stadt Wetter (Ruhr) (1), Ennepe-Ruhr-Kreis (1); 5: Michael Bergmann (2); 8: Wikipedia/Klaus Gorzny (1), Wikipedia/Gerd Helbeck (1), Wikipedia/Günter Voigt (1); 9: Wikipedia/Marku1988 (1), Wikipedia/Julia Neumann (1), Wikipedia/Fülle, Barmen (1); 10: HK (1), Ennepe-Ruhr-Kreis (1); 11: HK (1), Kluterthöhle (1); 12: Bever & Klophaus (3); 13: AVU (3); 14: HK (1), Landschaftsverband Westfalen-Lippe (1); 15: Annette Hudemann, LWL-Industriemuseum (1); 16: Stadt Ennepetal (1), HK (1), Wikipedia/Frank Vincentz (1); 17: Michael Bergmann (1), Daniela Stotz (1), HK (1); 18: Stadt Sprockhövel (1); 19: HK (2), Wikipedia/A. Savin (1); 20: Wikipedia/Marku1988 (1), HK (1), Stadt Wetter (Ruhr) (1); 21: Engel & Völkers (3); 22: SNS Security (3), Regeniter+Heuser (1); 23: HK (4); 24/25: Verkehrsgesellschaft (7); 26: RVR Essen (1); 27: HK (1), Stadt Breckerfeld (1); 28/29: HK (5); 30: HK (1), W. Rüggeberg (2); 31: HK (3), MSM Medienberatung+Verlag (3); 32/33: Kaiser+Co. (4); 34: HK (3); 35: HK (1), Christof Wippermann (1), Anna Trier (2); 36-41: HK (16); 42/43: ZL Microdent Attachment (9); 44: RVR Essen (1); 45: Stadt Ennepetal (1), HK (2); 46: August Vormann GmbH (2); 47: DORMA (3); 48: Stadt Ennepetal (3), HK (1); 49: HK (2), Stadt Ennepetal (1); 50: HK (1), Frey & Frey (3); 51: HK (2), Stadt Ennepetal (1); 52/53: HK (6); 54/55: AHE (8); 56: Krenzer Hammer (4); 57: Verein Volkssternwarte Ennepetal (4); 58: Stadt Ennepetal (8); 59: Coiffeur Team Iris Debes (4); 60: I. Kiffen (5); 61: Bruchmann & Buchenauer (5); 62/63: Kluterthöhle (6); 64: Stadtarchiv Ennepetal (5), F. Böhm (1); 65: Wikipedia/Knochen (1), Ruhrtalbahn (1); 66: Stadt Gevelsberg (1), HK (1); 67: Stadt Gevelsberg (2); 68: HK (2), Wikipedia/Sir Gawain (1); 69: BüMi Präzisionszerspanung (4); 70: HK (3); 71: HK (2), Wikipedia/Ennepetaler86 (1); 72: Gebr. vom Bruch (3); 73: Maldumal (2), Karl Sichelschmidt (3); 74: Stadt Gevelsberg (2); 75: Stadt Gevelsberg (3), HK (2); 76: Gerüstbau Büchner (4); 77: Wikipedia/Knochen (3); 78/79: Vollmann Group (6); 80: Christian Mittelbach, FCR Duisburg (2); 81: Schäfer & Flottmann (3); 82: HK (4); 83: Kanzlei Michael (4); 84: Stadt Hattingen (1); 85: HK (3), Stadt Hattingen (1); 86-88: HK (9); 89: HK (2), Stoye (1); 90/91: MedCareProfessional (6); 92: Wikipedia/Frank Vincentz (1), HK (2); 93: HK (1), Wikipedia/Simplicius (1); 94/95: HK (5); 96: Landschaftsverband Westfalen-Lippe (1), HK (2); 97: HK (2), Reschop-Carré (2); 98: HK (2), Wikipedia/Frank Vincentz (1), Wikipedia/Stahlkocher (1); 99: Heile (1), Professionals4IT (4); 100: HK (4); 101: HK (1), Pampanin (2); 102: HK (3); 103: HK (1), Wikipedia/Frank Vincentz (3); 104: Gecko-Zentrum (3); 105: HK (3), Villa Kunterbunt (1); 106: Annette Hudemann, LWL-Industriemuseum (2), Bundesarchiv (1); 107: Annette Hudemann, LWL-Industriemuseum (1), Walter Fischer, LWL-Industriemuseum (2); 108: HK (2), TE Fittings GmbH (1); 109: FEUER.WEHRK (4); 110: RVR Essen (1), HK (1); 111: HK (1), Stadt Herdecke (1); 112/113: HK (7); 114/115: Ewald Dörken (6); 116: HK (3); 117: HK (3), Wikipedia/Werner Herdecke (1); 118: Die Johanniter (4); 119: Wikipedia/Werner Herdecke (2), Gemeinschaftskrankenhaus Herdecke (1); 120/121: ENERVIE AG (7); 122: Vor der Brück (4); 123: Wikipedia/Tbachner (2), HK (1); 124: Stadtverwaltung Schwelm (1), HK (3); 125: HK (1), Stadt Schwelm (1); 126/127: Autohaus Tepass + Seiz (11); 128: HK (4); 129: HK (2), Wikipedia/F. Broer (1); 130: Werbetechnik Dorau (4); 131: HK (3); 132: Wikipedia/Gryffindor (1), Piano Manufaktur (1), Repro (1); 133: Wikipedia/Gryffindor (1), Piano Manufaktur (2), HK (1); 134: Einrichtungshäuser Hüls (6); 135: Boldt + Faßbender (3); 136/137: HK (5); 138: HK (2), Brotbäckerei Müller (2); 139: HK (2), Conti (3); 140: Fritz Eckhardt KG (3); 141: Schlafsysteme Schmerbeck (4); 142: HK (1); 143: HK (3), Wikipedia/Frank Vincentz (1); 144: Gerbracht (2); 145: Wikipedia/Frank Vincentz (1), HK (1), Wikipedia/Magnus Manske (1); 146: Autohaus Schneider (4); 147: Fitness-Studio Schwelm (5); 148: HK (2), Erfurt & Sohn KG (4); 149: Optik Schäfer (5); 150: Stadt Sprockhövel (1); 151: HK (2), Stadt Sprockhövel (1); 152: HK (3); 153: HK (3), Stadt Sprockhövel (1); 154: HK (1), Stadt Sprockhövel (3); 155: HK (3); 156: Jürgen Venn (1), Christian Barth (1), Busche Zeltanlagen (2); 157: Wikipedia/Qwaiseipp (1), Wikipedia/Morty (1), Repro (1); 158: Habbel (3), Schröder (1), Bergmann (1); 159: Bergmann (4); 160: RVR Essen (1); 161: Stadt Wetter (Ruhr) (3); 162: HK (1), Stadt Wetter (Ruhr) (2); 163: Stadt Wetter (Ruhr) (2), HK (1); 164: Demag Cranes (3); 165: Näscher SNV (4); 166: Stadt Wetter (Ruhr) (1), Wikipedia/Mbdortmund (1); 167: HK (1), Wikipedia/Asio Otus (1); 168/169: Rath Druck (8); 170: Stadt Wetter (Ruhr) (3), Wikipedia/Bukk (1), Wikipedia/Markus Schweiß (1); 171: Stadt Wetter (Ruhr) (4), Wikipedia/Tolanor (1); 172: Wikipedia/Kurt Pfläging (3), Wikipedia/Werner Walz (1), Wikipedia/Janericloebe (1); 173: Stadt Wetter (Ruhr) (2); 174: Burghotel Volmarstein (2), HK (1); 175: HK (1), Burghotel Volmarstein (2); 176: RVR Essen (1), HK (2), Wikipedia/Marku1988 (1), Wikipedia/A. Savin (1); Landschaftsverband Westfalen-Lippe (1); 177: Wikipedia/Matthias Bigge (2), Stadt Witten (1); 178: HK (5); 179: HK (2), Dr. G. Schmitz (1); 180: Getränke Kuypers Verwaltungs GmbH (1), pixelio/Anja Müller (1), pixelio/Rainer Sturm (1); 181: Ratskeller Witten (3); 182-184: HK (7); 185: Tango Studio Ruhr (2); 186: Wikipedia/Frank Vincentz (2), HK (1); 187: Wikipedia/Mbdortmund (1), Wittener Reisebüro (3); 188: Wikipedia/Marku1988 (1), Wikipedia/Frank Vincentz (2); 189: HK (1), Wikipedia/Marku1988 (1); 190: Wikipedia/Frank Vincentz (2); 191: HK (3); 192: Wikipedia/Mbdortmund (4); 193: HK (1), Metal Motion Bikes (3); 194: Wikipedia/Klaus Gorzny (1), HK (2); 195: HK (1), wikiepdia/Wikifantexter (1), Wikipedia/Martin Meschkat (1); 196: Activ-Club drexelius (7); 197: Hans-Jürgen Wiese (1), Michael Bergmann (1), Wikipedia/Marku1988 (1), Wikipedia/Stahlkocher (1); 198: HK (2); 199: Universität Witten/Herdecke (1), HK (1), Wikipedia/Bubo (1); 200: HK (1), Firma Kissing (4); 201: Ruhrtaler Gesenkschmiede (4); 202: Einrichtungshäuser Hüls (8); 203: Stadt Wetter (Ruhr) (1), pixelio/Konastantin Gastmann (1); 204/205: Bleistahl (9); 206-208: HK (8); 209: Willecke Hebe- und Fördergeräte GmbH (6); 210-211: ThyssenKrupp Bilstein Tuning GmbH (12); 212/213: Deutsche Edelstahlwerke GmbH (5); 214/215: HK (4); 216/217: O+K Antriebstechnik (7); 218/219: Habermann GmbH & Co.KG (8); 220: HK (2); 221: HK (1), Stadt Wetter (Ruhr) (1); 222: Luible (2), HK (2); 223: activ logistics (3); 224: HK (2); 225: Stein (4); 226: Ferdinand Bilstein (4); 227: Melzer Maschinenbau (4), BayWa (3); 228/229: HK (5); 230: Landschaftsverband Westfalen-Lippe (4); 231: HK (3); 232/233: Landschaftsverband Westfalen-Lippe (5); 234: Schwelmer Baskets (5); 235: KSV Witten (3); 236: TuS Ennepetal (3); 237: Kanu-Club Wetter (3); 238: HK (3), Stadt Wetter (Ruhr) (1); 239: Wikipedia/Frank Vincentz (2), HK (1); 240: Ingo Niemann (1), Wikipedia/Mbdortmund (1), Wikipedia/Stefan Scheer (1); 241: Wikipedia/Mbdortmund (1), Stadt Ennepetal (2), Wikipedia/Frank Vincentz (1); 242: Linnepe (2), HK (1); 243: Linnepe (2), HK (1); 244: HK (4); 245: Ruhrverband (3); 246/247: Gemeinschaftskrankenhaus Herdecke (5); 248: Faust Hörakustik (8); 249: AOK (4); 250/251: Praxisteam Hasslinghausen (5); 252: Landschaftsverband Westfalen-Lippe (1), Stadt Wetter (Ruhr) (1), Ruhrtalbahn (1), Wikipedia/FordPrefect42 (1); 253: HK (1), Stadt Wetter (Ruhr) (1), Ruhr.Tourismus (1); 254: Stadt Wetter (Ruhr) (1), Piano Manufaktur (1), Stadt Gevelsberg (1); 255: Stadt Wetter (Ruhr) (1), HK (1); 256: HK (2); 257: HK (1), Wikipedia/Knochen (1), Wikipedia/Morty (2); 258: André D. Conrad (1), Bundesarchiv (1), Wikipedia/Kungfuman (1); 259: Fabian Pohlmann (1), SPD Mecklenburg-Vorpommern (1); 260: Franz Richter (1), Wikipedia/Pressestelle EGV (2); 261: Christopher Neundorf (1), Kilian Kessler (1); 262: HK (1), Stadt Ennepetal (2); 263: Wikipedia/Schwelmer (1), HK (3); 264/265: HK (15); 266/267: Schauwienhold Daniel & Kollegen (3); 268: Stadt Wetter (Ruhr) (1); 269: Gülich Gruppe (5); 270/271: Universität Witten/Herdecke (6); 272: Wikipedia/Mazbin (1), Wikipedia/Henry Salomé (1), Wikipedia/Mohylek (1), Wikipedia/Lu Alf (1); 273: Wikipedia/Gabriel Tendera (1), Wikipedia/Sergei Rubliov (1), Wikipedia/Norbdert Kaiser (1), Wikipedia/Wowox (1); 280: MSM Medienberatung+Verlag (1)

Bildmaterial, das in den mit Adressabbindern gekennzeichneten Beiträgen zu finden und in obiger Auflistung nicht aufgeführt ist, wurde dem Verlag von den Protagonisten des Buches ohne Bildautoren-Nennung zur Verfügung gestellt. Bilder der im Buch vertretenen Institutionen und Protagonisten sind demnach von diesen geliefert und verantwortet.
Alle Bilder, die im Nachweis mit HK gekennzeichnet sind, stammen von Holger Krieg.

Protagonistenliste, alphabetisch

- A. Linnepe GmbH – www.linnepe.eu
- activ-club drexelius – www.activ-club.de
- active logistics GmbH – www.active-logistics.com
- AHE GmbH – www.ahe.de
- Alu-X-Press GmbH – www.flutz.de
- Anna-Katharina Trier – www.hof-wengeberg.de
- AOK-NORDWEST, Regionaldirektion Schwelm – www.aok.de
- Arthur Habermann GmbH & Co. KG – www.habermann-gmbh.de
- Augenoptik G. Schäfer GmbH + eco-optic – www.augenoptic-schaefer.de
- August Vormann GmbH & Co. KG – www.vormann.com
- Autohaus Schneider GmbH & Co. KG – www.schneider-schwelm.de
- Autohaus Tepass + Seiz GmbH + Co. KG – www.ah-tepass.de
- AVU Aktiengesellschaft für Versorgungs-Unternehmen – www.avu.de
- BayWa – www.baywa.de/hattingen, www.baywa.de/witten
- Bever & Klophaus GmbH – www.bever-klophaus.de
- BleistahlProduktions-GmbH & Co. KG – www.bleistahl.com
- Boldt + Faßbender GmbH – www.boldt-fassbender.de
- Brotbäckerei Artur Müller GmbH & Co. KG – www.brotbaeckerei-mueller.de
- Bruchmann & Buchenauer GmbH – www.bb-ennepetal.de
- BüMi Präzisionszerspanung GmbH & Co. KG – www.buemi.de
- Burghotel Volmarstein – www.burghotel-volmarstein.de
- Busche Zeltanlagen GmbH & Co. KG – www.busche-zelte.de
- Coiffeur Team Iris Debes
- Demag Cranes & Components GmbH – www.demagcranes.de
- Der Transporter Heile
- Destillerie & Brennerei Heinrich Habbel – www.brennerei-habbel.de
- Deutsche Edelstahlwerke GmbH – www.dew-stahl.com
- DORMA Holding GmbH + Co. KGaA – www.dorma.de
- Einrichtungshäuser Hüls – www.huels-in.de
- Einrichtungshäuser Hüls – www.huels-in.de
- Eis Pampanin
- Eiscafé Conti + Caffè³ – www.eiscafeconti.com
- Engel & Völkers Hattingen – www.engelvoelkers.com/Hattingen
- Engel & Völkers Witten-Herdecke-Hagen – www.engelvoelkers.com/Witten-Herdecke
- Erfurt & Sohn KG – www.erfurt.com
- Ewald Dörken AG – www.doerken.de
- Ferdinand Bilstein GmbH + Co. KG – www.febi.com
- Fitness-Studio Schwelm – www.fitness-studio-schwelm.de
- Fliesen Sistermann GmbH – www.fliesi.de
- Frey & Frey Architekten PartG – www.frey-en.de
- Frey-Bau GmbH – www.Frey-Bau-EN.de
- Fritz Eckhardt KG – www.eckhardt-schrott.de
- Gebr. vom Bruch GmbH & Co. KG – www.Gebr-vom-Bruch.de
- Gecko-Centrum – www.gecko-centrum.de
- Gemeinschaftskrankenhaus Herdecke gemeinnützige GmbH – www.gemeinschaftskrankenhaus.de
- Gerbracht GmbH – www.gerbracht-gmbh.de
- Gerüstbau Büchner – www.geruestbau-buechner.de
- Getränke Kuypers Verwaltungs GmbH – www.getraenke-kuypers.de
- Gülich Gruppe Gebäudedienste GmbH & Co. KG – www.guelichgruppe.de
- Heuser + Regeniter – www.ra-heuser-regeniter.de
- Hohmann Fahrzeugtechnik · Carsten Hohmann – www.hohmann-fahrzeugtechnik.de
- Hörakustik Faust e. K. – www.faust-hoerakustik.de
- Hundeberatungszentrum Jutta Stoye · Mit Hunden leben – www.mithundenleben-hattingen.de
- Johanniter-Unfall-Hilfe e.V. – www.juh-ruhr-lippe.de
- Kaiser + Co. GmbH – www.kaiser-fasteners.de
- Karl Sichelschmidt GmbH & Co. KG – www.karl-sichelschmidt.de
- Kingly fashion & style · Eckardt/Hermichen GbR – www.kingly-fashion.de
- Kissing GmbH – www.kissing-vertrieb.de
- Krankentransporte/Taxi/Mietwagen vor der Brück – www.vor-der-brueck.de
- Luible Transport und Logistik GmbH – www.luible.de
- Malschule MALDUMAL
- Mark-E Aktiengesellschaft – www.mark-e.de
- MedCareProfessional GmbH
- Melzer Maschinenbau GmbH – www.melzermaschinenbau.de
- Metal Motion Bikes – www.metal-motion-bikes.de
- MICHAEL Rechtsanwälte und Notare – www.rae-michael.de
- Näscher-SNV GmbH – www.naescher-snv.de
- O&K Antriebstechnik GmbH – www.carraro.com
- P4IT Professionals for IT e.K. – www.p4it.de
- Piano Manufaktur GmbH – www.pianomanufaktur.com
- Praxisteam Hasslinghausen, Zahnärzte und Zahntechniker – www.ph-zahnaerzte.de
- Private Universität Witten/Herdecke gGmbH – www.uni-wh.de
- Pure & Colorful – www.pureandcolorful.nl
- Rath-Druck GmbH – www.rath-druck.de
- Ratskeller Witten – www.ratskeller-witten.com
- ReschopCarré Hattingen – www.reschop-carre.de
- Restaurant Habbel's Bistro Manufactur – www.habbel-restaurant.de
- Ruhrtaler Gesenkschmiede GmbH & Co. KG – www.ruhrtaler.de
- Ruhrverband · Körperschaft des öffentlichen Rechts – www.ruhrverband.de
- Schäfer & Flottmann GmbH & Co. KG – www.sfs-net.de
- Schauwienold Daniel und Kollegen – www.schauwienold.de
- Schlafsysteme Schmerbeck – www.guter-schlaf-aus-schwelm.de
- Schraubenfabrik W. Rüggeberg GmbH – www.rueggeberg-schrauben.de
- SNS Security – www.sns-security.de
- STEIN Industrie-Anlagen – www.sit-2000.de
- Tangostudio Ruhr – www.tangostudio-ruhr.de
- TE Fittings GmbH – www.tefittings.de
- ThyssenKrupp Bilstein Tuning GmbH – www.bilstein.de
- Verkehrsgesellschaft Ennepe-Ruhr mbH – www.ver-kehr.de
- Villa Kunterbunt Hattingen – www.villa-kunterbunt-hattingen.de
- Vollmann Group · Otto Vollmann GmbH & Co. KG – www.vollmann-group.com
- Werbetechnik Dorau GmbH – www.werbetechnik-dorau.de
- Willecke Hebe- und Fördergeräte GmbH – www.willecke.de
- WITTENER REISEBÜRO GERD WEDHORN e.K. – www.wittener-reisebuero.de
- ZL Microdent-Attachment GmbH & Co. KG – www.zl-microdent.de

Dank

Ein Buch über einen ganzen Kreis samt seiner neun Städte und unzähligen Kostbarkeiten jeglicher Art innerhalb vergleichsweise kurzer Zeit zusammenzustellen, das ist ohne die Hilfe Anderer schlicht und einfach nicht leistbar. An dieser Stelle darf nicht nur, sondern muss deshalb der herzliche und ehrlich gemeinte Dank an all diejenigen gehen, die dem Autor bei diesem Buch im wahrsten Wortsinne in Wort und Bild unter die Arme gegriffen haben.

Selbstverständlich – diese Floskel sei jedoch erlaubt – können nicht alle, die beratend oder unterstützend mitgewirkt haben, genannt werden. Und da es dann letzten Endes ungerecht wäre, wenn sich hier nur eine Auswahl wiederfindet, und sich die anderen definitiv vernachlässigt fühlen würden, sei denn auch niemand namentlich erwähnt.

Der Autor hat dabei ein gutes Gewissen, denn er weiß: Diejenigen, die es verdient haben – sie würden nie daran zweifeln, im Zweifelsfall erwähnt worden zu sein.

Der Autor

Holger Krieg, geboren 1966 im hessischen Gelnhausen, ist freier Journalist und betreibt in Halver eine PR- und Werbeagentur.

1989 bedeutete auch für ihn ein Jahr der Veränderung: Den gelernten Tageszeitungsredakteur verschlug es beruflich nach Südwestfalen. Sein Einsatzgebiet war von nun an die Region im Dreieck Lüdenscheid – Hagen – Arnsberg.

Früh suchte Krieg die Selbstständigkeit und gründete seine Agentur, heute mit Sitz in Halver. Journalistisch ist er nach wie vor aktiv und nutzt die großen Vorteile, »beide Seiten des Schreibtischs« gut zu kennen. In Breckerfeld gab er eine eigene Monatszeitung heraus. In seiner Arbeit heute bilden Shopping-Center, das deutsche Schornsteinfegerhandwerk, für das er eine eigene Werbelinie entwickelte, und seine Tätigkeit als Redenschreiber die Arbeitsschwerpunkte.

Zu seinen Veröffentlichungen zählt auch ein Buch über bedeutende Unternehmen im südlichen Märkischen Kreis.

Im Internet ist er via www.media-msm.de oder www.schorni-print.de erreichbar.